KB096864

역사 속으로 산책

개정증보판

# 역사 속으로 산책

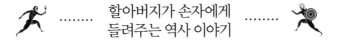

........ 할아버지가 손자에게 ........
들려주는 역사 이야기

## 정창환 지음

열린지평

'이 책을 부모님 영전에 바칩니다'

# 책을 펴내면서

5년 전에 '오후의 한담'이라는 졸저를 출간한 적이 있다. 커가고 있는 손자들이 대학생이 되면 읽히고 싶어서, 써서 모아두었던 원고를 정리해 책으로 출판한 것이었다.

그런데 많은 분들이 관심을 가져주셔서 송구함을 금할 수 없었다. 그 중에서도 특히 역사에 관한 글을 두고 많은 분들이 공감한다는 뜻을 전해 와서 더욱 더 부담감을 느꼈다. 그러면서도 또 한편으로는, 역사에 관한 좀 더 수준 높은 책을 출판해서 보답해야 되겠다는 사명감과 용기를 갖게 되었다.

학업을 위해서이거나 직업상 필요해서 읽어야 하는 책이 아니라 취미로 읽는 책은 재미있어야 한다. 특히 역사에 관한 책은 더욱 더 그 점이 고려되어야 한다. 그러나 흥미에 치중하다 보면 역사의식이 결여되기 쉽고 역사의식을 강조하다 보면 흥미가 없는 책이 되기 쉽다.

그래서 흥미롭게 역사의식을 뚜렷이 담은 그런 책을 쓰겠다고 다짐하면서 역사에 관해 써둔 글들을 다시 정리해 보았다. 그리고 이전에 출판한 '오후의 한담'에 게재된 역사에 관한 글 스물한 꼭지를 보완하고, 새로운 글 열여덟 편을 추가해 엮게 된 것이다.

원고를 다 정리하고 보니, 처음 마음먹은 대로 역사의식이 흠뻑 담겨있으면서도 흥미가 진진한 그런 책과는 거리가 먼 것 같다. 미흡한 점이 한,두 가지가 아니다.

애초에 문필가도 아니고 역사를 전공하지도 않은 자신이 그런 책을 쓰겠다고 마음먹은 것이 외람된 것이었던 것 같다. 아무튼 독자들이 필자의 성의만 인정해주면 감사할 뿐이다.

이제 나도 칠순 중반을 넘어 노령에 접어들었다. 부모님 살아생전에 불효했던 나 자신을 평생 뉘우치면서도 그 은혜의 만분의 일도 갚지 못한 채 나 역시 부모님 가신 곳을 따라가야 할 그런 처지가 되었다. 그래서 보잘 것 없는 이 책이나마 부모님의 영전에 바치면서 용서를 빌 뿐이다.

2018년 여름
광안리 해변에서
정 창 환

# 개정판을 내면서

2년 전에 이 책 초판을 출판하고 나서 들여다보니, 미흡한 점이 많았다. 내용뿐만이 아니라, 교정이 제대로 되지 않은 곳이 눈에 띄어 늘 께름칙했다. 그러던 중에, 책을 읽어보고 싶은데 구할 수 없다는 말이 여기저기서 들렸다. 초판 발행 부수가 적다 보니 그렇게 된 것 같았다.

개정판을 내기로 마음먹고 초판의 미흡한 점을 보완하기로 했다. '십자군 전쟁' 부분을 다시 쓰고, 이승만, 박정희 두 대통령에 관한 부분은 여러 군데 보완하기로 한 것이다.

서양을 이백 년 동안 소용돌이치게 한 십자군 전쟁은 그 역동성이나 서양 역사에서 차지하는 비중이 엄청난데, 초판에서는 그 점이 제대로 드러나지 못한 것 같았기 때문이다. 지면이 한정된 단행본에서 한 타이틀의 글이 너무 많은 분량을 차지할 수 없다는 생각이 들어서, 줄이고 줄이다 보니 그렇게 된 것 같았다. 그래서 개정판에서는 이 부분을 다시 썼다.

그리고 이승만, 박정희 두 대통령을 서술하며, 그 전제가 되는 사실에 관한 언급을 빠뜨렸다는데 생각이 미쳤다. 필자는 그 시대를 직접 체험했기 때문에 누구나 다 알고 있으리라 여기고, 서술의 전제가 되는 사안 설명을 생략했기 때문이다. 그러나 이후의 세대는 그 시대를 직접 경험하지 못한 터라 이해하기 어려울 것이라는 생각이 들었다. 그래서 개정판에서는 이 점을 보완하기로 했다.

아무쪼록 개정판을 내도록 졸저를 애독해주시고 격려해주신 여러분에게 깊은 감사의 뜻을 표하는 바이다.

2020년 3월
우거에서
정 창 환

# 차례

# 1부 역사의 물결

# 들어가기 전에

.
.
.
.

기원전 42년 여름, 안토니우스는 그의 보스 카이사르를 저격한 브루투스, 카시우스 일당을 소탕했다. 그리고 카이사르의 연인이었던 이집트 여왕 클레오파트라를 초청해 그리스 근처 지중해와 소아시아 연해에서 유람선을 타고 밀월을 즐겼다.

이천 년이 지난 1968년 여름 그 바다에서 오나시스는 재클린을 초청하여 유람선을 타고 결혼 전 밀월을 즐겼다. 오나시스는 '그리스 해운업계의 왕자'라 일컬어지는 세계적인 무역상이었으며, 재클린은 존. F. 케네디 대통령의 미망인이었다. 같은 바다에서 이천 년이라는 시간의 간격을 두고 비슷한 사건이 연출된 것이다.

동서고금의 역사는 시대와 장소에 따라 많은 부분이 다르지만, 인간의 역사라는 점에서 많은 유사점을 갖고 있다. 그런 까닭에 역사적 사실에서 닮은 점을 찾고 의미를 되새기며 역사의 흐름을 파악하는 것은, 역사 연구에서 중요한 부분이라 생각한다.

# 역사와 진실

　기원 전 44년 3월 15일 로마 원로원 앞에서 당시 최고의 실권자였던 카이사르가 브루투스, 카시우스 등 공화파 일당에게 저격을 당했다. 카이사르는 그 때 '브루투스 너마저'라고 했고, 브루투스는 '카이사르를 미워해서가 아니라 로마를 사랑하기 때문이다'라고 응답했다고 역사는 전하고 있다.

　이렇게 기록된 브루투스에 대한 두 가지 설이 있다. 통설은 이 브루투스가 카이사르의 평생 연인인 세르빌리아의 아들 '마르쿠스 브루투스'라는 것이고, 소수의 의견은 카이사르가 갈리아 원정을 했을 때 그의 참모였던 '데키우스 브루투스'라는 설이다. 두 사람 다 카이사르가 생명의 은인이며 카이사르의 비호 아래 정치적으로 성장했다. 이처럼 끊을 수 없는 관계인데 이런 일을 벌였으니 엄청난 배신을 한 것이다.

　그러나 어느 설이 옳은지 따지는 것 자체가 부질없는 논쟁이라 여겨진다. 왜냐하면, 죽느냐 사느냐 하는 마당에 이처럼 의미심장한 대화를 주고받을 경황이 있었겠는가 싶기 때문이다. 역사가들이 마치 그 당시 현장에서 들었던 것처럼 서술하는 그 자체가 이상하다.

　냉정히 생각해보면 그 말은 지어낸 것이 아닌가 싶다. 그렇다면 저격당하는 자가 '부루투스 너마저'라고 하고, 저격하는 자가 '카이사르가 미워서가 아니라 로마를 사랑하기 때문이다.'라고 한 기록을 한낱 거짓에 불과하다고 무시해 버릴 수 있을 것인가.

나는 결론적으로 그렇게 볼 수 없다고 생각한다. 그 대화는 카이사르가 저격을 당하는 것에 대해 의미심장한 역사적 의미를 담고 있기 때문이다. '마르쿠스 브루투스'이든, '데키우스 브루투스'이든, 갈리아 전쟁 때나 로마내전 때 카이사르의 은혜를 입고 목숨을 건졌으며 카이사르의 비호 아래 출세한 자들이다.

그렇다면 그들은 왜 은인을 저격하는 그런 배신을 했을까. 그들의 사적인 감정 때문인가, 아니면 사적인 감정을 뛰어넘은 공적인 사명감 때문에 어쩔 수 없이 그런 끔찍한 행동을 한 것일까.

당시 로마는 포에니전쟁, 갈리아전, 동방정벌 등으로 통치 영역이 확장되었고, 사회 자체도 복잡해져서 여러 가지 갈등이 분출될 수밖에 없었다. 그런데 지금까지 해온 것처럼 작은 도시국가 시절의 통치체제인 공화제로는 문제를 해결할 수가 없었다.

결국 갈리아전과 내전에서 승리한 카이사르에게 권력이 집중되었고, 자연스럽게 제정으로 갈 수밖에 없었다. 한편, 도시국가가 거대한 국가로 성장하는데 독재 체제가 아닌, 권력이 견제를 받는 공화제 통치 체제가 그 밑거름이 된 것만은 분명하다.

그래서 당시 로마 사회 지도층 내부에서는 제정으로 가느냐, 공화제를 유지할 것이냐 하는 문제로 심한 갈등이 있었다. 그리고 제정으로 바뀐 후, 저질적인 세습 황제들에 의해 로마가 쇠퇴하게 된 것만은 분명하다. 《로마제국 흥망사》를 저술한 기번이 '로마가 제정이 된 후 쇠망의 길을 걸었다'고 한 점에 비추어 보면, 브루투스 등 공화파들이 카이사르를 저격한 것이 수긍이 간다.

이런 관점에서 보면, '브루투스 너마저'라고 하고 그에 대한 응답으로 '카이사르가 미워서가 아니라 로마를 사랑하기 때문이다'라고 한 것은, 당시 로마의 상황과 저격의 의미를 글로 쓰면 수십 페이지에 달할 것을 요약해서 쉽게 표현하려고 역사가들이 그렇게 기록한 것이라고 생각한다. 즉, 그 대화는 카이사르의 피살이라는 사실이 내포하고 있는 진실을 표현한 것이다. 그런 관점에서 '브루투스 너마저' 라고 카이사르가 말했던 그 브루투스는, 거사에 보다 주동적인 역할을 했으며 카이사르가 연인의 아들이라고 평생 보살펴줬던 마르쿠스 브루투스라고 보는 것이 적절하다.

이제 기원 64년 로마 네로황제 때 발생한 화재를 들여다보기로 하자.

이 화재는 7월 18일 로마 대경기장 관중석에 있는 가게에서 일어났다. 당시 로마는 번창하여 건물이 다닥다닥 붙어 있었는데, 계절풍인 시로코가 거세게 불어 불이 나자마자 삽시간에 전 시가지로 번졌다. 고무가 발견되기 전이라 호스 대신 물동이에 물을 담아 릴레이식으로 전달해야 했으므로 소화 작업이 더딜 수밖에 없었다.

화재가 발생한 후 엿새째 되는 날 저녁에 간신히 불길을 잡았지만, 동쪽에서 불어온 강풍에 불씨가 되살아나 불길은 또다시 맹위를 떨쳤다. 결국 당시 세계의 수도였던 로마는 불에 완전히 농락당하고 말았으며, 아흐레 동안 로마 대부분을 불태웠다.

이 화재를 두고 네로황제는 그리스도교도들이 그들에 대한 탄압의 보복으로 불을 질렀다고 했다. 그리스도교가 득세한 후, 사학자들이 당시 소방관들이 소화용 물을 공급하면서 불이 번지는 것을 막기 위해 미처 불타지 않는 건물을 부수었다는 기록을 보고, 네로 황제가 고의로 불을 질렀다고 주장했다. 심지어 네로황제가 시를 쓰는 것을 좋아하는 자칭 시인이라, 방화를 한 후 이재민들이 발버둥 치며 울부짖는 것을 바라보며 눈물을 받는 그릇을 받쳐놓고 눈물을 흘리며 시를 읊었다고 했다. 그러나 이 모든 것은 지어낸 이야기다.

그 때 네로 황제는 무더위를 피해 로마로부터 50km 떨어진 남쪽 해안 안치오 별장에 있다가 화재 발생 소식을 듣고 로마로 달려왔다. 그리고 소화 작업을 지시하고, 신전이나 공공건물을 이재민 숙소로 제공했으며, 창고에 저장된 것뿐만이 아니라 선적되어 있는 식량도 전부 털어 이재민을 구호했다고 분명히 기록되어 있다. 그렇다고 그리스도교도가 방화했다는 것도 있을 수 없는 일이다. 그리스도교도가 방화를 했다면 그들은 화재의 피해를 당하지 않았거나 덜 당해야 했을 터인데, 기록에 의하면 그리스도교도가 밀집되어 있는 곳이 피해가 더 컸다고 한다.

후세 역사는 로마 대화재가 네로황제나 그리스도교도의 소행이 아니라고 정리했다. 대경기장 관중석 밑에 있던 가게 주방에서 불이 난 후 지중해 계절풍이 거세게 불어 손 쓸 수 없이 불길이 커져서 피해가 확대된 것이라고 본 것이다.

역사적 사실은, 그 당시에는 설령 잘못 기록될 수 있다 하더라도 시간이 흐른 뒤에 여러 기록과 상황을 검토하면서 수정되어 결국 진실을 기록하게 된다. 흔히 역사를 두고 '승자의 기록', '기록이 아닌 작문'이라고도 한다. 이러한 표현처럼 역사는 과연 허구의 서술일까.

인류의 역사는 시대의 흐름이요, 사건은 그 시대의 상징이다. 한 사건은, 그 이전의 어떤 사건의 결과인 동시에 그 뒤에 발생하는 다른 사건의 원인이 되기도 한다. 그래서 역사적으로 의미가 없는 사건, 예를 들면 로마의 베스비오스 화산 폭발이나 우리나라 백두산 폭발 같은 사건은 거의 기록으로 남아있지 않다.

한 가지 역사적 사건을 거짓으로 쓰기 위해서는 전제가 되는 앞 사건도 거짓으로 쓰고, 또 그것이 원인이 되어 훗날 발생하게 되는 사건도 거짓으로 써야 하니 쉽지 않은 일이다. 설령 그렇게 쓴다 하더라도, 써 놓고 보면 앞뒤 상황이 맞지 않으니 스스로 거짓이라는 것을 드러내게 된다. 물론 승자가 자신에게 유리하게 역사를 기록하고 싶은 충동을 느끼거나 사학자에 따라 자신의 사관에 맞추어 역사를 서술하는 경우도 없지 않다. 그러나 시대를 초월한 영원한 승자란 없고, 역사가 시대를 초월한 한 사학자의 독단에 휘둘릴 수도 없는 일이다.

그래서 한 시대의 잘못된 역사 기록은 시대의 변천에 따라 바르게 수정되어 왔다. 그리고 사학자는 말할 것도 없고 역사를 기록하는 사람 또한 진실을 밝히고자 하는 양심과 사명감을 갖고 있는 것이 보편적이다. 특히 역사를 중시하는 우리나라를 비롯하여 중국에서는 기록을 맡은 사관들이 사실을 사실대로 쓰기 위해 엄청난 고난을 겪었다. 그리고 개중에는 진실을 위해 목숨을 버린 사람도 있었다.

우리나라와 중국에서는 왕이 죽고 나면 그 다음 왕이 집권하고 있을 때 전왕 시대의 역사를 정리한 실록을 편찬했다. 그때 왕이 그 기록을 보지 못하게 하여 곡필의 위험을 막았다. 그리고 한 왕조가 망하면 다음 왕조에서 전 왕조의 역사를 편찬했는데 역사의 왜곡을 막기 위해 모든 자료를 객관적으로 검토하도록 조치하였다.

또한 후세에 읽어보고 이전에 편찬했던 실록이나 왕조사가 허술하거나 의심이 가는 부분이 있으면 이를 다시 쓰기도 했다. 단적인 예가 《선조실록》과 《선조수정실록》이다.

《선조실록》은 광해군 시대에 북인北人이 중심이 되어 편찬한 터라 공정하지 못한 점이 많았다. 훗날 인조반정으로 북인이 물러가고 서인이 정권을 잡게 되자 실록을 수정하자는 의견을 받아들여 인조 때 선조수정실록을 편찬한 것이다. 그리고 중국에서도 《구당서》가 허술하다 하여 《신당서》를 편찬하였다.

그러나 기존 실록이나 왕조사를 비판하여 다시 역사를 편찬하면서도 기존 것을 폐기하지 않고 그대로 남겨두어 서로 대조하도록 한 것은 높이 평가할 만하다. 사실을 사실대로 기록하고 싶은 것은 인간의 본능이기도 하여 이를 억압하기란 극히 어려운 것이기도 하다.

이와 관련된 그리스신화 중 재미있는 이야기가 하나 있다. 그리스신화에 나오는 미다스왕은 자기 귀가 당나귀 귀처럼 생긴 것이 보기 싫어서 항상 귀를 덮는 모자를 쓰고 있었다. 그래서 이발을 할 때마다 이발사에게 "내 귀가 당나귀 귀 같다는 말이 퍼지면 너를 죽이겠다"고 엄명을 내렸다.

그래서 이발사는 임금님 귀에 대한 비밀을 지킬 수밖에 없었는데, 그 말을 하고 싶어서 견딜 수가 없게 되자 사람이 볼 수 없는 먼 외진 곳에 가서 땅에 구멍을 뚫고 그 구멍에 입을 대고 "임금님 귀는 당나귀 귀"라고 외쳤다고 한다. 그런데 바람결에 "임금님 귀는 당나귀 귀"라는 소리가 들려 임금님이 그 소리가 나는 곳을 따라 가보니 구멍 속에서 그 소리가 울려 나오더라는 거다. 이 이야기는, 진실은 아무리 숨기려고 해도 결국 밝혀지고 만다는 것을 시사하고 있다.

조선왕조 7대 왕 세조는 자신에게 임금 자리를 내어준 조카 단종을 사사하였는데, 실록은 세조의 그런 불륜 행위를 제대로 기록하지 않았다. 거짓으로 단종이 금성대군의 역모사건에 책임감을 느껴 자진했다고 기록한 것이다. 그러나 그 실록의 기초가 된 《승정원일기》는 세조가 단종을 사사하도록 어명을 내린 기록을 그대로 남겨두어 후세에 알려지게 했다.

앞서 서술한 바와 같이 역사적 사실은 앞뒤로 연관되어 있어서 한 가지 사실을 거짓으로 기록한다 하더라도 훗날 거짓이 탄로가 날 수밖에 없다는 또 다른 예는, 고려 32대왕 우왕에 관한 것이다.

조선 왕조에서 편찬한 《고려사》 중에서 우왕에 관한 부분을 보면, "신우의 아명은 모니노이니 신돈의 비첩 반야의 소생이다. 공민왕이 항상 대를 이을 아들이 없음을 걱정하던 차에 하루는 미행으로 신돈의 집에 가니 신돈이 아이를 가리키며 전하께서는 이 아이를 양자로 삼아 뒤를 이으시라고 말했다. 이때에 왕은 곁눈으로 아이를 보며 웃기만 하고 대답하지 아니했다. 그러나 마음속으로는 이에 동의하였던 것이다"라고 기록해 우왕이 공민왕의 핏줄이 아닌 양자라고 서술하였다.

이처럼 우왕이 공민왕의 양자라고 기록한 것은, 같은 《고려사》 공민왕 편과 모순이 된다. 거기에는 신돈을 수원으로 귀양을 보낼 때 공민왕이 근신들에게 "내가 일찍이 신돈의 집에 갔을 때 그 집 여종과 내통하여 아들을 낳았으니 그 아이를 놀라게 하지 말고 잘 보호하라"고 말해, 신돈은 버렸지만 아이만은 만덕 태후전에 데려다 키우도록 했다는 것이다. 그 뒤 공민왕은 신돈을 죽인 후 권신 이인임에게 "신돈의 집에 아름다운 여자가 있는데 자식을 낳을 수 있다는 말을 듣고 내가 가까이 하였더니 이 아이를 낳았다."라고 했다고 기록하였다. 앞서 말한 우왕 부분과는 딴판이다.

공민왕이 양자인 우왕과 한번 부자의 인연을 맺은 이상 버릴 수가 없어서, 근신들에게 자기 핏줄이라고 속여 세자로 삼은 것이라고 상상할 수도 있다. 그러나 이는 지나친 비약이다. 한번 인연을 맺은 우왕이 불쌍하면 잘 보호하고 키워주면 될 일이지 이가 갈릴 정도로 미운 역적 신돈의 핏줄에게 왕위를 계승케 한다는 것은 있을 수 없는 일이기 때문이다.

결국 여러 기록을 검토해 보면, 우왕은 신돈의 핏줄이 아닌 공민왕의 핏줄임이 틀림없다. 우왕이 공민왕의 핏줄이 아니라고 한 것은, 조선왕조 초기에 《고려사》를 편찬하면서 조선의 역성혁명을 합리화하기 위해서였다. 그러는 한편, 태조 이성계 같은 사람이 또다시 나타나 조선왕조를 엎는 일이 결코 일어나지 않도록 통치이념을 '충효'로 삼고 이를 강화시키고 세뇌했다.

그런데 이상한 점은 우왕의 핏줄을 부인하려면 중국 사기열전 중 여불위 편의 서술처럼, 신돈이 반야에게 자기 씨를 심어 놓은 후 이를 속이고 공민왕에게 몸을 바치게 했다고 하면 될 터인데, 그렇게 서술하지 않았다는 점이다.

새 왕조의 창건을 합리화하기 위해 핏줄에 대해 엉터리로 기록을 하면서도 일말의 양심은 있어서 후세 사가들이 모순점을 찾아 진실을 밝혀주기를 바라는 마음으로 《고려사》에서 우왕의 핏줄에 대해 앞뒤가 맞지 않는 서술을 하고 서로 모순되게 기록한 것이 아닐까 싶다.

조선왕조 중기 이후에 편찬된 역사서인 안정복의 《동사강목》이나 유계의 《여사제강》에서는 고려사의 그런 모순을 지적하고 있다. 그리고 우왕이 신돈의 핏줄이 아닌 공민왕의 핏줄이라고 기록했다. 지금은 어느 역사학자도 우왕이 신돈의 핏줄이라고 생각하지 않는다.

후세 사람들이 역사의 기록을 읽다 보면 거짓이라는 것을 쉽게 알아차릴 수 있는 문장들을 발견하게 된다. 그런데 그 속에서도 진실을 엿볼 수 있다.

없어진 고려왕조실록에 의해 편찬된 고려사 중에서 고려 2대왕 혜종의 출생에 관한 내용을 살펴보기로 하자.

"태조 왕건은 궁예의 신하로 있을 때 전라도 나주를 정벌하고 그곳에서 두 번째 왕비 오 씨를 만났다. 두 사람은 돗자리를 깔고 동침을 했다. 왕건은 오 씨와 관계를 맺었지만 그녀의 출신이 미천하여 차마 자기의 정액을 그녀의 질 내에 넣어주고 싶지 않아 돗자리에 배설했다. 그러자 오 씨가 귀한 성수를 버릴 수 없다고 하여 손으로 쓸어 담아 자기의 질 내에 집어넣었다. 그런 후 열 달이 지나 아이를 낳았더니 이상하게도 아이의 이마에 돗자리 무늬가 새겨져 있었다."는 기록이다.

이 기록은 그야말로 전 왕비와 왕을 폄훼하는 것이 도가 지나치다. 그런데 이와 같은 기록을 통해 우리는 두 가지 사실을 짐작할 수 있다. 하나는 고려 2대왕 혜종이 얼굴에 주름이 많았다는 점이다.

그리고 또 다른 하나는 태조 왕건이 고려 왕조를 창건하며 지방 호족들을 포섭하기 위해 여러 호족의 딸들과 결혼해 왕비를 여럿 두었으며 왕자가 많았다는 점이다. 각 호족들은 자신의 외손인 왕자가 후계자가 되기를 바라며 치열하게 투쟁했다. 혜종은 외가가 미약해 왕이 되어서도 별로 힘을 펴지 못하고 결국 배다른 형제에게 왕위를 세습시켜 주지 않을 수 없었다.

또한 《혜종실록》을 편찬할 당시 혜종의 왕위 계승을 반대했던 호족세력이 집권했다는 것을 알 수 있다. 그렇지 않고서야 왕조 국가에서 전왕을 그렇게 비하할 수 있었겠는가.

이처럼 여러 역사적 기록 중에는 진실과 동떨어진 기록이 없지 않아 있다. 그러나 진실을 영원히 거짓으로 위장할 수는 없었으며, 시간이 흐른 후 진실은 드러나게 마련이다. 역사의 기록 중에서 잘못되었거나 모순된 점을 발견했다고 해서 대단한 것을 발견한 것처럼 이를 비약하여 '승자의 자기 합리화의 기록', '기록이 아닌 작문'이라고 역사 그 자체를 비하시켜서는 아니 될 것이다.

오늘날 우리가 알고 있는 대부분의 역사는 시대를 거치면서 수많은 역사가들에 의해 밝혀진 진실의 서술이다. 여러 가지 고찰을 거치며 거짓으로 판명되기 전까지는 사실대로의 기록이라고 추정하고 배워 거기서 역사적 교훈을 얻어야 할 것이다.

# 역사의 줄기

　그리스신화에 나오는 트로이전쟁은 트로이의 둘째 왕자 파리스가 스파르타의 왕비 헬레네를 유혹하여 데리고 오는 바람에 일어났다. 트로이의 첫 왕자 헥토르는 그리스 연합군이 성을 함락시키기 위해 트로이의 성벽 아래 진을 치고 있는 것을 보고, 동생 파리스에게 말한다. "가증스러운 파리스여, 외모만 멀쩡하지 계집에게 미쳐 조국의 운명도 생각하지 않고 처신을 하다니… 차라리 태어나지 않거나 장가가기 전에 죽는 것이 더 바람직한 일이었다."

　그러자 파리스는 "헥토르 형, 형이 나를 나무라는 것은 당연한 일이야. 그러나 여자들이 반할 정도로 잘생긴 것이 내가 원해서 그렇게 된 것은 아니잖아. 미의 여신 아프로디테가 주는 마법의 벨트를 매고 아버님 심부름으로 스파르타 궁에 가보니 왕비 헬레네가 너무 아름다웠어. 어느 남자가 그녀를 보고 반하지 않겠니. 헬레네 역시 나를 보고 반했으니 신은 나에게 헬레네를, 헬레네에게 나를 선물로 준 거야. 신이 준 선물을 거역할 수 없어서 둘이 함께 아버님의 궁으로 온 것뿐이야." 라고 대답했다.

　성 밖에 양 진영 군대가 대치한 채 헬레네의 전 남편인 스파르타의 왕 메넬라오스와 현 남편인 트로이 왕자 파리스가 각자의 군대를 뒤에 두고 일대일 결투를 했다. 그때 성안에서 이를 바라보고 있던 트로이 왕 프라이모스가 헬레네를 불렀다. "헬레네야, 이리 와서 내 앞에 앉아 네 전남편과 친척 및 친구들을 보도록 해라. 그동안 말은 못해도 보고 싶었겠지." 그러자 헬레네는 "아버님을 뵈오니 실로 황공하고 두렵습니다. 침실과 친척들과 귀염둥이 딸과 사랑스런 친구들을 버리고 아버님의 아드님을 따라 이리 오기 전에 이 사악한 한 몸 죽음을 택했더라면 좋았을 것을 그렇게 하지 못해 저는 눈물 속에서 시들어가고 있습니다."라고 했다.

그러자 프라이모스 왕은 "네게는 잘못이 없다. 이 피눈물 나는 전쟁은 전쟁을 일으킨 신들에게 잘못이 있다."라고 하였다.

그리스신화의 이 장면은, 역사는 이미 정해진 대로 진행되는 것이며 등장하는 인물들은 정해진 운명이 시키는 대로 행동할 뿐이라는 것을 말해주고 있다. 즉, 시나리오 작가가 쓴 스토리에 따라 연극은 진행되며 배우들은 연출자에게 뽑혀 시나리오에 적혀 있는 대로 대사를 외우고 연기를 하는 것과 같다.

역사는 신이 예정한대로 진행되며 역사의 진행은 예측할 수 있는 것일까. 아니면 역사는 그때그때 주인공들에 의해 진행이 바뀔 수도 있는 것이며 그래서 예측할 수 없는 우연의 연속인 것일까.

'클레오파트라의 코가 조금만 더 낮았더라면 세계 역사가 바뀌었을 것이다'라고 한 파스칼의 말은, 한 여인의 매혹적인 미모와 같은, 우연한 사실에 의해 역사가 바뀔 수도 있다는 것을 강조한 말이다.

그러나 카이사르가 클레오파트라와 연정을 나누며 그녀를 이집트 프톨레마이오스 왕조의 명실상부한 왕이 되게 하고 카이사르가 저격당한 뒤에 그의 부하 안토니우스가 클레오파트라와 결혼한 것은, 클레오파트라의 미색 때문만은 아니다. 카이사르가 클레오파트라를 연인으로 삼은 것은 그녀를 가까이 해 로마가 지중해 세계를 제패할 전비를 조달하기 위해서였다. 클레오파트라 입장에서도 왕권을 둘러싼 왕조의 내분을 수습하기 위해서는 지중해 연안에서 제일 강한 로마의 실력자를 가까이하여 이용할 필요가 있었다.

카이사르가 사망한 후 안토니우스도 옥타비아누스와 대결하기 위해 클레오파트라와 가까워져야 했으므로, 마찬가지라 할 수 있을 것이다. 안토니우스가 악티움해전에서 패배한 원인은, 그가 클레오파트라의 미색에 빠졌기 때문만은 아니다. 카이사르의 유언에 의해 그의 상속자로 지정된 옥타비아누스가 로마 시민의 지지를 더 많이 받아 군비 면에서 훨씬 더 우세했기 때문이었다. 그 당시 로마 시대의 사회적 흐름은, 옥타비아누스가 안토니우스를 제거하고 공화정에서 제정으로 나아가는 것이 필연적이었다.

이는 제1차 세계대전에서도 마찬가지이다. 사람들은 흔히 1914년 6월 28일 오스트리아 페르디난트 황태자 부부가 사라예보에 있는 자신의 군대 사열을 하기 위해 가다가, 세르비아 청년이 쏜 권총 두 발이 명중되는 우연한 사건으로 제1차 세계대전이 일어났다고들 한다. 이 역시 너무 단순한 생각이다.

그 당시 열강들은 산업혁명으로 한꺼번에 많은 상품을 만들 수 있게 되었다. 그래서 그 원료를 구하고, 또 상품을 판매할 식민지 쟁탈에 혈안이 되어 있었다. 특히 발칸반도를 중심으로 유럽 전체가 민족주의로 들끓어 언제 터질지 모르는 잠재적 요인들이 꿈틀고 있었다. 3국 동맹과 3국 협상으로 대표되는 비밀군사동맹체제, 군국주의의 대두, 이에 선동적인 언론매체의 보도 등이 국가와 민족 간의 갈등을 증폭시켜 전운이 감돌았다. 사라예보의 총성은 화약고에 불을 붙이는 도화선이 되었지만, 그 도화선이 아니더라도 화약고는 폭발했을 것이다.

그렇게 본다면, 역사 속에서 주인공들의 개인적인 운명은 우연이라 할 수 있을지 모른다. 세계역사의 흐름 즉, 로마가 공화정에서 제정으로 바뀌고, 제1차 세계대전이 일어나는 것은 필연적인 것이었다. 그렇다면 역사적인 사실은 꼭 필연적이라고 할 수 있을까?

스페인은 콜럼버스의 신대륙 발견 및 마젤란의 세계일주 항해 등으로 해외식민지를 개척해 그 방면에서 절대적인 우선권을 장악하고 있었지만, 영국 엘리자베스 1세에게 무적함대를 격파 당함으로써 그 지위를 잃게 되었다. 그리고 영국이 세계 최강의 나라로 부상浮上하여 해가 지지 않는 나라가 된 것을 보면, 여기에는 필연적인 것이 아닌 우연적인의 요소가 많다.

엘리자베스 1세는 태어날 때부터 부왕인 헨리 8세의 미움을 받았고 이복동생 에드워드 6세를 거쳐 왕이 된 이복언니 메리 여왕은 엘리자베스를 모질게 탄압했으므로, 그녀가 살아남아 왕이 될 것이라고는 아무도 예상할 수 없었다. 그런데 일설에 의하면, 스페인의 콜럼버스가 신대륙을 발견했을 때 선원 중 한 사람이 신대륙에서 매독에 걸렸고 알 수 없는 경로로 헨리 8세에게 이 병이 전염되었으며 아들인 에드워드 6세도 감염이 되었다고 한다. 그가 왕위를 오랫동안 지키지 못하고 사망하게 되자 엘리자베스 여왕이 임금이 되었다.

엘리자베스 여왕은 이복 언니인 메리 여왕 즉위 기간 동안 온갖 모진

박해를 받으며 고통 속에서 강인해졌다. 그런 일이 없었더라면, 평생 독신으로 지내며 영국을 세계 최강의 나라로 만들 수 없었을 것이다. 당시 세계 최강국이었던 스페인 펠리페 2세의 구혼을 수락하여 영국에서는 여왕이요 스페인에서는 왕비로서의 호화로운 삶을 선택할 수도 있었을 텐데, 그녀는 그것을 거절했다. 그리고 오히려 스페인과 대결하여 승리함으로써 영국을 세계 최강의 나라로 만들었다.

한편 미국은 로키 산맥 서부를 개척하긴 했지만 개발이 제대로 되지 않았다. 1839년 세크라멘토Sacramento 강과 아메리카 강이 합류하는 지점에 있는 계곡에 존 어거스터스 서터가 개척지를 건설한 후, 1848년 서터의 목수장長이던 제임스 W.마셜이 아메리카 강 북동쪽에 있는 서터의 물방앗간에서 최초로 금을 발견했다. 모래에서 황금빛이 반짝이는 것을 보고 그것이 사금임을 알게 된 것이다.

두 사람은 사금을 발견한 사실이 소문이 나면 많은 사람들이 찾아와 자신들의 이재理財에 지장이 올 것을 염려하여 절대 비밀을 지키기로 했다. 그런데 비밀이란 누설되기 마련이라 주둔 군부대까지 소문이 퍼지게 되자 군사령관이 이를 확인하고 정부에 보고를 했다. 그리고 대통령이 정식 공표를 하게 되면서 금을 찾는 무리들이 떼를 지어 서부에 가게 되었다. 이것이 1849년에 있었던 미국의 '골드러시'이다.

땅을 개간하여 헐값에 불하하겠다고 해도 황무지인 서부로 가는 사람이 없다가 강바닥에서도 사금이 보인다는 소문이 나자, 가산을 정리해 서부로 가는 무리가 늘어나게 된 것이다. 험한 로키 산맥을 넘어가는 도로가 생기고 급기야 대륙 간 횡단철도가 개설되었다.

금광이 있으니 언젠가는 발견되었겠지만, 광산 전문가가 발견해 상부에 보고하는 방식이었더라면 그와 같은 골드러시는 일어나지 않았을 것이며 서부 개발이 그렇게 급속도로 진전되지 않았을 것이다. 쉬쉬하면서 소문이 퍼지니 호기심을 더 불러일으키게 되었고 부에 대한 욕구가 불을 지펴 골드러시를 가져 왔다. 그로 말미암아 서부 개발은 속도를 내게 되었고, 서부에 매장되어 있던 다른 지하자원도 많이 얻게 되어 미국은 부국이 되었다. 모든 것은 때가 있어서 때를 놓쳐 망치면 버리는 수도 많다. 그런 관점에서 보면, 흐르는 물밑에서 사금을 발견한 것이 미국 서부 개발을 촉진시킨 요인이 된 것이다.

이처럼 무적함대의 격파와 골드러시는, 앞서 말한 로마가 제정으로 바뀐 것, 제1차 세계대전이 발생한 것과는 달리 우연한 요인 때문이라고 할 수 있다. 역사적 사실은 우연인 것도 있고 필연인 것도 있고 또 우연과 필연이 섞여 있는 경우도 있다. 우리 주위에서도 언뜻 보기에는 우연히 일어난 사건 같은데 생각해 보면 필연적인 경우도 많다.

그리고 우연히 일어난 사실도 그 일을 경험하는 사람에 따라 그 결과가 달라지기도 한다. 만유인력의 법칙이 만고불변의 진리이긴 하지만 뉴턴은 사과가 떨어지는 것을 보고 어떻게 이것을 생각해 낸 것일까. 사과가 떨어지는 것을 뉴턴만 본 것이 아니고, 나무에 달리는 사과는 그냥 두면 떨어지게 마련이다. 그런데 그것을 보고 뉴턴은 만유인력의 법칙을 발견한 것이다.

콩 심은데 콩 나고 팥 심은데 팥이 나지 콩 심은데 팥이 나고 팥 심은데 콩이 나지 않는다. 그래서 미시적인 관점에서 보면 우연인 것이 거시적인 관점에서 보면 필연인 경우도 있다. 역사적인 사건이 물리학이나 화학 실험처럼 일정한 조건을 가한다고 해서 일정한 반응이 일어나지는 않는다. 역사의 전개과정에서는 항상 그 시대 인물들의 의식과 의지가 상호작용을 하고 있어서 고정적인 인과법칙과 수많은 우연적인 사건이 결합되어 일어난다. 콩 심은 데서도 홍수 때문에 콩이 나지 않고, 흘러와 묻혀 있던 팥이 날 수 있다. 그래서 역사의 줄기는 우연과 필연이 뒤엉켜 뻗어간다.

그러면 그 줄기는 어디로 뻗어가는 것일까. 헤겔이 '인류 역사는, 개인 자유 확장의 역사'라고 설파한 것처럼 시대가 흐르며 개인의 자유는 분명히 확대되어 왔다. 절대군주제에서 당연하게 여겨지던 군주나 그의 측근들에 의한 횡포, 지배계급이나 피지배계급에 대한 착취 같은 것이 점차 눈에 띄게 줄어들고 있다. 역사가 흐를수록 그런 일들이 점차 없어질 것만은 틀림없다.

개인의 자유란, 그가 소속되어 있는 국가와 같은 단체에 의해 규제를 받느냐 안 받느냐 하는 문제이다. 개인의 자유가 확대되면 국가는 소멸되어 모든 규제가 없어지게 되는 것은 아닐까. 그래서 공산주의자들은 변증법적인 정반합의 원리에 따라 지배계급에 의한 피지배계급의 착취가 일어나지 않는 계급 없는 사회이며, 내 것과 네 것의 구분 없이 능력에 따라 일하고 필요에 따라 충족되는 그런 공산사회를 향해 역사는 진행된다고 주장하고 있다. 하지만 그런 유물사관이 오류라는 것을 지나온 역사가 실증하고 있다.

여러 사람이 어울려 사는 사회에서 개인의 자유란 서로 충돌하고 마찰을 일으키기 마련이다. 그러므로 이를 조절하는 국가와 같은 단체가 필요하며, 그것은 역사가 증명하고 있다. 국가와 사회는 개인의 자유와 복리를 증진하기 위해 존재해야 하며, 이를 무시하고서는 존재해서도 안 되며, 또 존재할 수도 없다.

개인이 무제한으로 자유를 누리고 모든 사람들이 똑같이 부를 이루는 것은 결코 있을 수 없는 일이며, 그런 사회는 행복하지도 않을 것이다. 오늘보다 내일 좀 더 잘 살아 보겠다는 희망이 있어야 행복하며, 그런 행복은 차별 없이는 있을 수 없고, 차별 없는 사회는 조화롭지 않고 아름답지도 않을 것이며 행복을 누리고도 행복이라고 느끼지 못할 것이다. 그렇다면 우리가 사는 사회는 어떤 모습이어야 바람직한 것일까. 그 바람직한 사회를 향해 역사의 줄기가 뻗어가고 있는 것일까.

바람직한 사회란, 정직하고 성실한 사람이 그렇지 않은 사람보다 잘 사는 정의로운 사회일 것이다. 동양 역사학의 원조인 중국의 사마천은 그의 명저 《사기열전》의 첫 장, '백이' 편에서, '혹자는 말하기를 천도는 공평무사해서 항상 착한 사람을 돕는다고 하였다. 그러나 백이숙제와 같은 착하고 인덕을 쌓으며 행실이 깨끗한 사람이 굶어 죽지 아니했는가. 어디 그뿐이랴. 공자는 천도를 부르짖었지만, 그의 문도 칠십 명 중에서 가장 뛰어난 안연은 술 찌꺼기나 곡식 껍질로도 배를 채우지 못한 채 끝내 요절하고 말았다. 하늘이 착한 사람에게 보상을 해준다면 어찌 이럴 수가 있단 말인가. 도척은 수천 명이 떼를 지어 천하에 몹쓸 짓을 다하고 살다가 천수를 누리고 죽었다. 그에게 덕행이 있어 그랬단 말인가.

이런 것들은 다 뚜렷한 사례이지만 그 밖에도 사람들이 꺼리고 싫어하는 일만 하면서 종신토록 안일향락하고 부귀한 예가 많다. 갈 곳을 골라 가고, 때를 기다려 말하며, 길을 갈 때에는 좁은 길로 가지 않으며, 공명정대한 일이 아니면 하지 않으면서도 재화를 당하는 사람이 헤아릴 수 없을 만큼 많은 것은 어찌된 것인가. 나는 이것이 매우 의아스럽다. 만약 이런 것이 이른바 천도라고 한다면 그 천도는 과연 맞는 것인가 틀린 것인가.'라고 하였다.

우리가 살고 있는 이 사회는 의롭고 덕 있는 사람이 그렇지 못한 사람보다 더 불행하게 사는 경우가 많다. 협잡질이나 하고 남의 신체나 재산을 마구 해코지 하는 사람이 아무 거리낌 없이 행세하는 것은 말할 것도 없고, 그렇지 않는 사람보다 더 큰소리치고 잘사는 것을 흔히 볼 수 있다. 같은 형제 중에서도 부모와 형제에게 인정을 더 베푸는 이가 부모 형제도 몰라보는 이보다 잘 살지 못하는 일도 허다하다.

수십 명, 수백 명의 생명을 앗아가는 불의의 사고가 일어나 아무 죄 없는 사람이 억울하게 죽든지 불구자가 되는 수도 있다. 그들 가운데 사고로 부모를 잃은 갓난아이는 무슨 죄를 지었기에 어려서부터 부모를 잃고 평생 고아로 설움을 받고 살아야 하는가. 이런 모순된 일들을 생각할 때 과연 신이 있는지 의심스럽다. 왜 정직하고 성실한 사람이 그렇지 않은 사람보다 더 불행하게 살아야 하는가 말이다.

그래서 사마천은 그의 사기열전 첫머리에 그 점을 문제 삼았다. 그러면 역사는 그런 모순을 시정하면서 발전하고 있는 것일까.

한편으로는 독재자의 횡포도 탐관오리의 착취도, 없는 자에 대한 있는 자의 멸시도 점점 줄어들고 있는 것 같긴 하다. 그리고 지배계급과 피지배계급의 구별도 점점 사라지고 있다. 사회가 투명해져 죄를 지었으면 숨기고 살아가기가 어려운 사회가 되어가고 있으며 불의의 사고도 점점 줄어들고 있는 것 같다. 그래서 우연과 필연이 뒤엉켜 뻗어가는 역사의 큰 줄기는 때로는 정지를 하고, 때로는 후퇴하기도 하지만 그 기본 방향만은 정직하고 성실한 사람이 잘 사는 정의로운 사회를 향해 뻗어가고 있다. 그리스도교에서 말하는, 말세가 도래하여 하느님에 의한 최후의 심판 이후에 나타나는 세계, 불교에서 미륵불이 이 지상에 내려와 중생을 구제하는 세계가 바로 정직하고 성실한 사람이 잘 사는 그런 사회가 아니겠는가.

# 핏줄의 정통성

오늘날 국가의 주인은 국민이다. 그러므로 통치권의 정당성은 합법적인 선거에 의해 선출되었느냐에 따라 결정된다. 그러나 군주가 절대적인 권력을 갖고 있던 왕조시대에는 군주인 왕의 뜻에 따라 권력이 세습되는 것이 당연한 일이었다. 왕은 자신의 핏줄인 친자식에게 권력이 세습되기를 원했고, 그 핏줄이 정통성 유무를 결정하게 되었다. 강보에 쌓여 유모의 젖을 물고 있는 간난아이에게 예순 살인 노 재상이 '폐하'라고 읊조리며 머리를 조아리는 것은, 그 아이가 임금의 핏줄로서 통지권의 정통성을 갖고 있기 때문이 아니겠는가.

소설 삼국지에서 가장 극적인 장면은, 다음의 두 장면이다. 하나는 관우가 화룡도에서 적장 조조를 기다리고 있다가 조조가 패잔병을 거느리고 나타나자, 과거 자신이 조조에게 신세진 일을 생각하여 그냥 보내주는 장면이다. 그리고 또 다른 하나는 유비가 죽음에 임박하여 제갈량에게 유언을 하는 소위 '백제탁고白帝托孤'이다.

유비는 의동생 관우와 장비의 원한을 풀기 위해 동오東吳로 원정을 갔지만, 이릉전투에 패하여 전멸한 것과 다름없는 상황이 되고 말았다. 유비는 백제성으로 피한 후 면목이 없어서 궁이 있는 성도에 들어가지 못한 채 머무르는 사이 병이 들었고, 병세는 점점 더 나빠졌다.

어느 날 유비가 잠을 자는데 꿈속에 죽은 관우와 장비가 나타나서 "이제 형님과 함께 모일 날이 머지않았습니다."라고 말했다. 잠에서 깬 유비는 자신이 죽을 날이 머지않았다는 것을 알아채고 승상 제갈량을 급히 오라고 해 유명을 남긴다.

유비는 제갈량의 손을 잡고, "그대의 도량이 조비보다 열 배는 나으니 반드시 천하를 안정시키고 큰 뜻을 이룰 것이오. 태자를 도울 만하면 돕되, 그만한 그릇이 못되거든 그대 스스로 성도의 주인이 되시오."라고 하였다.

제갈량은 유비의 간곡한 말을 듣자 온몸에 땀이 흐르고 손발이 떨렸다. 땅에 엎드려 고하며 머리를 땅에 찧으니 이마에 피가 흘렀다. 유비는 아들인 유영, 유리 형제에게 제갈량에게 절을 올리라 하고 승상 대하기를 부모 섬기듯 하라고 당부했다 한다.

'백제탁고'는 정사가 아닌 역사소설에 나오는 이야기로 유비의 훌륭함을 드러내기 위해 지은 이야기인지, 아니면 역사적 사실인지 알 수 없다. 그러나 그것이 역사적 사실이라면 유비의 유언을 한번 분석해 볼 필요가 있다. 자식에 대한 애착을 버리고 진심으로 제갈량에게 양위할 생각이 있다면 바로 선위하면 될 것을 굳이 자신이 죽은 후 여차하면 당신이 황제가 되라고 할 것까지 없지 않았을까. 자신의 사후에 막강한 권한을 가지게 될 제갈량에게 먼저 선수를 쳐 양심에서 우러나오는 맹세를 받고 싶어서 그렇게 한 것은 아니었을까 하는 생각이 든다.

로마의 카이사르는 유언장에 자신과 클레오파트라 사이에서 낳은 카사리온 대신, 누나의 외손자인 옥타비아누스를 후계자로 지목했다. 이를 두고 사람들은 세기적으로 훌륭한 자기희생적인 후계자 선정이라고

들 한다. 그러나 카이사르가 카사리온을 후계자로 삼지 않는 것이 정말 자기희생적인 결정이었는지 한번 생각해 볼 필요가 있다.

클레오파트라가 다른 남자의 씨를 받고서도 카이사르의 핏줄이라 속인 것인지 의심이 되어 그렇게 한 것은 아니었을까. 클레오파트라는 능히 그럴 수 있는 여자가 아니던가. 제왕들이 친자식을 두고 다른 사람에게 제위를 물려 준다는 것은 쉽지 않은 일이다.

중국의 5대 10국五代十國時代, 907년~960년을 통일한 송나라 태조 조광윤은, 창업을 할 때 동생인 광의, 광미의 도움을 받았다. 그래서 태후는 아들들에게 아래와 같이 유언을 남겼다. '형제들이 순서대로 황제에 오르기를 바라오. 태조의 아들이 아직 어리니 태조가 죽으면 제위를 진왕 광의에게 전하고, 진왕은 동생 광미에게 전하고, 광미는 태조의 장남 덕소에게 전하도록 하시오.'라고 했다. 태조가 태후에게 그렇게 하겠노라고 하자, 중신 조보를 불러 그 약조를 작성하게 하고 그와 함께 이름을 쓰고 도장을 찍게 했다.

몇 년 후, 태조가 병으로 위독해지자 광의가 나타나 그 서약에 따라 제위를 물려줄 것을 요구하고 황제가 된다. 이가 바로 송태종이다. 그때 태조가 죽은 것을 두고 태종에게 의심을 품는 사람도 있다. 제위에 오른 태종은 태조의 큰아들 덕소를 영흥군 절도사로, 둘째 아들 덕방을 서산남도 절도사로 임명했다.

그리고 태종은 덕소를 대동하고 가서 요의 유주를 공격했다. 그런데 어느 날 태종의 모습이 보이지 않자, 영내가 소란스러워졌다. 성급한 일부 군사들이 덕소를 천자로 세우려 책동했기 때문이다. 소란은 즉시 진정되었지만 태종은 그 일이 몹시 언짢았다.

태종은 유주를 열흘 동안 끈질기게 공격했으나 함락이 되지 않자 군대를 철수시켰다. 수도로 돌아온 후 논공행상이 없어 장병들이 불만을 갖고 있다는 것을 알고, 덕소가 조심스럽게 이를 태종에게 건의했다. 그러나 태종은 크게 노하여 "네가 천자가 되거든 시행하라. 그때까지 기다려도 늦지 않을 것이다."라고 무안을 주었다. 덕소는 이 꾸지람을 듣고 궁궐에서 물러나와 자결을 했다.

그로부터 2년 후, 태조의 둘째 아들 덕방도 이유 없이 죽었다. 이렇게 태조의 두 아들이 잇달아 죽자 태종의 동생 광미는 신변의 부담을 느꼈다. 태종은 태조가 사망할 때 작성한 서약서에 서명한 조보를 불러 물었다. "나는 장차 천자 자리를 제왕광미에게 물려줄까 하는데 어떻게 생각하오?"

그러자 조보는 천자의 자리를 자식에게 전하는 전통이 이미 깨뜨려졌다는 뜻으로, "태조께서는 이미 과오를 범하였습니다. 폐하께서는 다시 선제의 과오를 되풀이해서는 아니 됩니다."라고 하였다. 조보의 이 말은 태종의 심중을 꿰뚫은 것으로 서약서를 무효화 시키고자 하는 태종의 뜻에 영합하는 말이었다. 이를 계기로 한동안 관직에서 물러나 있던 조보는 다시 조정에 들어와 재상이 되었다. 그리고 그 후 제왕 광미는 죄를 뒤집어쓰고 유배되었다가 죽임을 당하였다.

16세기 말 일본 천하를 통일한 도요토미 히데요시는 늙도록 자식이 없자 누나의 아들 히데쓰구를 양자로 삼아 세습시키고자 했다. 그런데 측실인 요도기미가 아들 히데요리를 낳자, 히데쓰구를 모반의 혐의가 있다며 유배를 보낸다. 그리고 히데쓰구에게 자결을 명하고 그의 목을 효수한 후 그의 가족들과 측근들을 모두 죽이고 그가 있던 취락제聚樂

第주라쿠다이, 대저택를 파괴했다. 신하들과 대명大名,다이묘들에게 히데요리에게 충성을 하겠다는 서약을 받았다. 히데요시는 심복인 5봉행奉行과 도쿠가와 이에야스를 비롯한 5대명으로부터 충성을 하겠다는 서약을 받고도, 거듭 5대명에게 손가락을 베어 피로서 도장을 받고 서약서를 쓰도록 했다.

이처럼 중국의 송 태종이나 일본의 도요토미 히데요시의 경우, 권좌를 물려줄 자신의 혈육에게 장애가 될 여지가 있으면 형제나 조카라 하더라도 희생을 시켰다. 이처럼 권력의 정통성은 핏줄로 결정되었다. 왕조시대에는 현재의 왕보다 더 정통성이 있는 핏줄이 있으면 반드시 제거한 것이다. 카이사르의 후계자가 된 옥타비아누스는 악티움해전에서 승리하자마자 이집트에 상륙하여 클레오파트라가 낳은 카이사르의 아들, 카사리온을 찾아 죽였고, 우리나라 수양대군은 단종을 죽였고, 광해군 시절 영창대군도 결국 죽었다. 왕의 핏줄을 받은 자는 항상 요주의 인물이었다.

조선왕조 때 왕족들이 많은 수난을 당했다는 것은 다 아는 사실이다. 콘스탄티노플을 함락한 마메드 2세는 술탄으로 등극하자마자 하렘에 들어가 자신의 형제들을 전부 죽였다. 그리고 술탄이 된 자는 술탄이 되지 않는 왕자를 모두 죽일 수 있는 제도를 만들었다. 그리고 혹시 제왕들이 핏줄을 보존하고자 거짓 핏줄을 만들지 않도록 그들이 거처하는 왕궁에서 일하는 남자들은 모두 거세하도록 했다.

고대 스파르타에 핏줄과 관련된 재미있는 이야기가 있다. 기원전 8세기 스파르타에는 라쿠스고스라는 걸출한 인물이 있었다. 그의 아버지인 부왕이 싸움을 말리다가 칼에 찔려 죽게 되자 왕위는 그의 형에게 넘어갔고, 오래지 않아 형 플리테크테스 마저 갑자기 세상을 떠나게 되자 라쿠르고스에게 왕위가 넘어오게 되었다.

플리테크테스의 아내였던 라쿠르고스의 형수는 자기와 결혼하면 왕위 계승을 둘러싸고 문제가 발생하지 않도록 자기 뱃속에 있는 아이를 지우겠다고 약속했다. 그러나 라쿠르고스는 형수가 아이를 지우지 않는 조건으로 결혼을 하자고 했다.

그 후 형수가 아들을 낳자 라쿠르고스는 아이를 안아 올리며 "스파르타 사람들이여, 그대들의 진실로 참된 왕이 태어났소이다."라고 선언하고 스스로 왕좌에서 물러나 섭정의 자리에 앉았다. 자신이 왕이었음에도 불구하고 선왕의 아들에게 권좌를 물려줌으로써, 그는 스파르타 사람들의 존경과 지지를 한 몸에 받게 되었다.

그러한 지지를 바탕으로 체제를 안정시키는데 전력을 다했으며 쿠데타 등, 어려움을 겪으면서도 법 체제를 완성했다. 법을 완성하게 되자 그는 델피아 신전에 가서 이 법이 옳고 그른지 답을 듣고 오겠다고 선언하고 시민들에게는 그가 돌아올 때까지 법을 바꾸지 않겠다는 맹세를 받았다.

그리고 델피아 신전에서 이 법이 훌륭하다는 신탁을 받게 되자 그 내용을 스파르타에 보낸 후, 물과 음식을 거부했고 그 자리에서 스스로 굶어 죽었다. 조카인 왕이 성장해 섭정이 필요 없게 되었고, 자신의 존재가 왕에게 부담을 주게 될까봐 자결한 것이다. 스파르타 사람답게 처신을 한 그의 태도는 중국의 송 태종과는 극명하게 대조가 된다.

핏줄에 대한 애착은 동서양이 다 같지만 서양보다는 동양이, 동양 중에서도 우리 민족이 속하는 몽고 계통 민족이 더 강하다. 몽고족은 칸

황제이 죽으면 피가 섞인 친어머니나 친할머니를 제외한 칸의 아내들은 대를 잇는 새로운 칸의 아내가 된다.

그리고 여자들이 다른 가문의 남자와 불륜을 저지르면 엄격하게 다스린다. 그러나 우리나라에서 금기시하는 근친상간 중에서 손위 여자가 손아래 남자와 상간하는 것에 대해서는 아주 관대하다. 가문의 핏줄을 그대로 보존하면서 가문을 번성케 했다는 의식이 잠재해 있기 때문이라고 생각한다.

몽고족이 세운 원나라는 한때 가장 넓은 영토를 지배했던 강대국이었으나, 중국 대륙에서 쫓겨난 후 몽고고원으로 도망칠 수밖에 없었다. 그러나 15세기 중엽 몽골족 오이라트 부족의 에센이 타이시국무총리 급. 에센은 칭기즈칸의 씨족이 아니라서 칸이라는 호칭을 사용하지 못하고, 대신 그 아래 지위인 타이시라 칭하게 됨.로서 정권을 장악했으며 한 때 명나라 천순제영종를 포로로 잡을 정도로 막강했다. 그는 전통에 따라 칭기즈 칸 후예인 보르지긴황금씨족가문에서 후계자를 뽑아 칸으로 추대해 몽고제국을 재건하려고 했다.

그러나 칸들이 자신을 배신하려고 하자 혐오감을 느껴 보르지긴 가문을 멸족시켜야겠다고 결심한다. 그리고 보르지긴 가문의 사람을 초대해 잔치를 벌인 후 무사를 시켜 죽이고, 심지어 자신의 딸이 보르지긴 가문과 결혼해 아들을 낳자 외손자마저 죽이려 했다.

에센의 친할머니는 보르지긴 가문에서 시집 온 사무르군주공주였는데, 친정 핏줄을 보존하기 위해 아기를 여자애라고 속이고 갖은 어려움 속에서 아기를 돌봤다. 그러다가 자신의 죽음이 머지않았다는 것을 알고 보호자를 물색해, 아기를 데리고 멀리 도망가게 했다. 그 아기가 뒤에 태자가 된 바얀뭉케다. 바얀뭉케는 척박한 산골로 도망 다니다가 훗날 평민 시게르와 결혼한다.

에센의 횡포가 너무 심하자 반란이 일어났고 에센은 반란군에 잡혀 죽는다. 그러자 투르크판 군벌 베그아르슬란이 에센 대신 타이시가 되면서 정권을 장악한다. 그는 보르지긴 가문이며 바얀뭉케 할아버지의 배다른 형제인 만둘을 칸으로 추대한다. 그리고 자신의 딸 예케카바르투와 결혼시켜 그녀가 카툰<sup>황비</sup>이 되게 한다.

베그아르슬란은 자신의 친족 잇시마이스마일을 궁에 들여보내어 칸을 감독하도록 했다. 만둘 칸은 칸으로 추대되긴 했지만 늙도록 자식이 없자, 그동안 숨어 살고 있던 형제의 손자인 바얀뭉케를 찾아 자기의 태자로 삼는다.

그런데 이상한 소문이 나돌기 시작했다. 태자인 바얀뭉케와 카툰인 예케카바르투가 정을 통했다는 것이다. 만둘 칸은 그 소문을 믿지 않았고, 자신에게 그 사실을 밀고한 자를 오히려 윗사람을 고발한 죄로 몰아 죽였다.

한편 군벌 이스마일은 만둘 칸이 죽으면 실권을 장악하려고 호시탐탐 노리고 있었으므로 칸에게는 불륜의 현장을 목격했다고 이야기 하고, 바얀뭉케에게는 칸이 화가 나서 너를 죽이려 한다는 거짓말을 했다. 만둘 칸은 자신이 죽으면 카툰은 결국 황태자인 바얀뭉케가 차지할 것인데 성급한 짓을 벌였다며 불쾌하게 생각하긴 했지만, 보르지긴 가문의 유일한 핏줄에게 자신의 대를 잇게 하고 싶어서, 바얀뭉케가 잘못을 해명하면 그 사건을 덮으려고 했다.

그러나 태자인 바얀뭉케는 칸의 진심을 모르고 도망을 가다가 이스마일의 추격병에 잡혀 죽는다. 그리고 그의 처 시르게는 이스마일의 아내가 되고, 갓 태어난 아들 바투뭉케는 행방이 묘연해졌다. 황태자와 정을 통했다는 예케카바르투 역시 행방불명이 되고, 만두하이가 카툰이 된다. 그 후 1467년 만둘 칸이 늙어 죽었을 때 만두하이는 스무세 살이었다. 죽은 칸은 그녀를 아내로 거두어 줄 후계자를 남겨두지도 않았고, 보르지긴 가문에는 그녀의 배필이 될 상대도 없었다.

이제 만두하이는 카툰에서 태후로 승격되어 새로운 칸이 추대될 때까지 국정을 다스려야 할 위치가 되었고 이렇게 되자 만두하이와 결혼하기를 원하는 사람이 많았다. 그 중 가장 먼저 떠오른 사람은, 칭기즈 칸의 직계는 아니지만 같은 보르지긴 가문의 우네 볼로도였다. 그 다음으로 칸의 자리를 탐내는 사람은 이스마일이었다. 그는 태자 바얀뭉케를 도망가게 하고 그를 추적해 죽인 후, 타이시로서 실권을 가진 무슬림 군벌이었다. 그리고 중국의 남쪽 명나라에서도 만두하이가 항복하면 황비와 대등한 대우를 하겠다고 제안했다.

우네 볼로도는 칭기즈 칸 직계는 아니지만 그 동생 카자르의 후손으로 보르지긴 가문이며, 장군으로서 국가에 공로를 많이 세운 사람이었다. 훤칠한 장부로 미모인 만두하이의 남편감으로 손색이 없었다. 그래서 사람들은 그가 만두하이와 결혼해 칸이 될 거라고 예상했다.

우네 볼로도는 만두하이에게 사랑을 고백하고 청혼했다. "철새가 오고 헤어진 연인들이 만날 때가 왔습니다. 당신의 화로에 불을 피워주고 당신의 목초지를 보살피겠습니다."라고 했다. 자기의 피로 보르지긴 가문의 씨를 심어 번성시키겠다는 뜻이었다.

그러나 만두하이는 단호히 거절했다. '들어갈 수 없는 문이 있다',

'넘어설 수 없는 문턱이 있다'고 했다. 자신은 칭기즈 칸 가문의 며느리이므로 칭기즈 칸 가문이 아닌 당신은 감히 나를 차지할 수가 없다는 뜻이다. 만두하이가 이런 태도를 보이니 이스마일은 더 이상 말을 붙일 수 없었다.

그러고나서 태자 바얀뭉케의 아들 바투뭉케를 찾았다. 바투뭉케는 칭기즈 칸의 직계자손임이 밝혀지면 생명의 위험이 있어 어느 노파가 산골에 몰래 숨겨서 키우고 있었다. 그러다가 태후가 그 아이를 찾는다는 소리를 듣고 궁으로 데리고 왔다.

바투뭉케는 그때 다섯 살이었는데 위장병이 있고 영양실조라 발육이 제대로 안되어 꼽추처럼 보였다. 만두하이는 극진히 보살피며 칸이 될 수 있도록 교육을 시켰다. 그리고 일곱 살이 되자, 만두하이는 제일왕비의 사당에 가서 여러 사람이 보는 가운데 바투뭉케를 몽고제국의 대칸으로 추대한다고 서약하고 자신이 어린 칸과 결혼을 하겠다고 했다. 우리나라 같으면 왕대비가 손자인 왕과 결혼하는 셈이다. 서른 세 살의 농익은 여인이 언제 남자 구실을 할지 알 수 없는 일곱 살 젖내 나는 아이와 결혼을 한 것이다.

그 아이가 자라서 남자 구실을 할 때쯤이면, 젊은 여인들의 침실을 드나들며 자신은 뒷방 늙은이 취급을 받을 수 도 있고 최악의 경우에는 자신의 카툰 자리를 뺏길 수도 있다. 그런데도 만두하이 카툰은 몽고제국을 세우고자 하는 일념으로 칭기즈 칸 핏줄로 대칸을 추대해 자신을 희생시켰다.

다행히 바투뭉케는 성장한 후에도 만두하이 카툰을 사랑해 끝까지 해로했다. 그리고 둘 사이에 일곱 명의 아들까지 낳아 멸족 위기의 보르지긴 가문을 다시 번창시켰다. 두 사람이 힘을 합쳐, 훗날 누르하치가 세운 후금에 합병될 때까지 약 이백여 년 동안 존속한 몽고제국을 재건한 것이다.

핏줄로 권력의 정통성을 인정하던 왕조시절, 그 핏줄에 얽히고설킨 사연들이 이처럼 많고 역사는 그것들을 중요하게 다루고 있다.

# 냄새를 쟁취하라

아무리 좋은 절경이라도 오래 보면 지겹다. 처음 보았을 때 절경이라고 경탄해 마지않던 그 기분을 잊지 못해 다시 가보면, 별 것이 아니었구나 하는 생각이 들게 되는 것이다. 여자도 그와 같아서 처음엔 미인이라 감탄하지만 오랫동안 자주 보다 보면 그저 그렇구나 하게 되는 것이 상례이다.

이처럼 시각은 권태를 빨리 느낀다. 그러나 후각은 그렇게 빨리 권태를 느끼지 않을 뿐만 아니라, 좋은 향기가 나는 곳에서는 더 오래 있고 싶고 아름다운 향내를 풍기는 여자와 떨어지면 더 가까이 하고 싶은 마음이 간절해진다. 천하 절세미인이라고 일컫는 '양귀비'나 '향비'같은 여인들도 얼굴 생김새가 꼭 아름다워서라기보다 남자를 고혹시키는 육체에서 풍기는 독특한 향내 때문이라고 생각한다.

청나라 건륭황제 때의 일이다. 회부에 집단 거주하는 위구르 족이 반란을 일으키자 건륭황제는 진압을 하기 위해 총사령관을 선별해 출전시키게 되었다. 건륭황제는 반란군의 두목 형제 중에서 절세미인이라고 하는 호한지한의 처 향비를 죽이지 말고 꼭 생포해 오라고 특별히 지시했다.

향비는 태어날 때부터 몸에서 특이한 향기를 뿜어내 사람들이 말

그대로 향비라 불렀다. 그런데 그 소문이 북경에 퍼져 황제의 귀에까지 들어가게 되자 황제가 출전하는 장군에게 그와 같은 명령을 내린 것이다.

회부를 평정한 총사령관은 명령에 따라 향비를 압송해 북경에 데려왔는데 그녀는 완전무장을 하고 칼을 든 채 황제의 접근을 막았다. 향비는 몸에서 풍기는 향기 못지않게 절개 역시 진하였다. 그렇게 무장을 한 터라 용모를 제대로 볼 수 없는데도 건륭황제는 첫눈에 반하고 말았다. 건륭황제는 향비의 마음을 돌리기 위해 베르사이유 궁전을 닮은 해안당이라는 궁궐을 짓고 금은보화로 꾸민 선물을 전했다.

그러자 건륭황제의 어머니 성헌 황태후는 혹시 황제가 향비에 대한 애욕을 못 참고 접근하다가 신변의 위험이 있을까 두려워 향비를 죽이든지 그렇지 않으면 고향으로 돌려보내라고 권했다. 그러나 건륭황제는 향비에 대한 연모의 정을 버리지 못해 결정을 할 수가 없었다.

성헌 황태후는 황제가 향비에게 잘못 접근하다가 신변의 해를 입을까 염려하다가 황제가 궁정에 나간 틈을 타 환관에게 명하여 향비를 목졸라 죽여 버렸다. 궁정에 돌아온 건륭황제는 그 사실을 알고 며칠을 통곡했다고 한다. 건륭황제가 향비에게 이처럼 매혹당한 까닭은, 천하를 통치하는 황제인 자신에게 관심을 보이지 않고 오히려 목숨을 걸고 정절을 지키려는 그 마음가짐과 그녀의 몸에서 풍기는 특수한 향내 때문이 아닌가 싶다.

건륭황제와 향비의 이야기보다 천 년 전에 있었던 당나라 현종과 양귀비의 이야기는 더 흥미롭다. 당나라 현종은 중국 역사상 개원의 치開元之治, 당 현종이 713년부터 741년까지 당 태종 이세민이 이룩한 태평성세에 버금가는 훌륭한 치세를 했으므로 후세 사람들이 당시 연호인 개원開元을 따서 이렇게 불렀음.로 일컫는 선정을 한 황제이다. 그러나 그런 황제가 양귀비라는 여인에게 혹해 정사를 제대로 돌보지 않게 되자 황제의 자리마저 물려주지 않을 수 없게 되었다.

현종이 쉰여섯 살일 때 사랑하는 무혜비가 사망하자 실의에 빠져 있었는데 귀에 솔깃한 소문을 듣게 되었다. 자신의 열여덟째 아들인 수왕의 부인이 보기 드문 절세미인이라는 것이었다. 현종은 환관을 시켜 수왕비를 자신의 술자리에 불러 오도록 했고, 수 왕비를 보자마자 한눈에 끌리고 말았다. 노 황제는 체통을 잃고 스물두 살밖에 안된 며느리 수왕비와 사랑을 불태우게 되었는데 그 수 왕비가 훗날 귀비로 책봉된 양귀비이다.

현종은 중신들의 반대에도 불구하고 양귀비를 궁에 들어오게 하여 별도의 왕궁을 마련해주고 금은보화로 가구를 장식해주었다. 양귀비에 대한 현종의 총애는 대단했다. 두 사람은 동짓달 긴긴 밤도 짧은 듯 해가 중천에 높이 떠오를 때까지 뒤엉켜 떨어질 줄 몰랐다. 근정전에서 아침 일찍부터 밤늦게까지 정무에 열중하던 현종 황제는 정치에 대한 흥미를 완전히 상실한 것처럼 다른 사람이 되어 버렸다.

현종은 양귀비가 질투가 심해 말썽을 일으키자 두 번이나 쫓아내기도 했으나, 그때마다 양귀비 생각에 밥도 먹지 못하고 잠도 들지 못해 다시 그녀를 불러들이지 않을 수 없었다. 두 사람은 '비익조', '연리지'를 연상하며 늙어서도 오랫동안 함께 있기를 맹세했다. '비익조'는 암수가 한 몸이 되어 태어난다는 전설에 나오는 새인데 사이좋은 부부를 상징한다. '연리지' 또한 중국 전설에 나오는 나무로 뿌리는 둘이지만 가지는 하나로 합쳐지는 데서 부부의 깊은 애정을 상징하고 있다.

현종이 양귀비에게 정신을 빼앗겨 정사를 돌보지 않게 되자, 당 왕조는 부패할 수밖에 없었고 번영 뒤에 숨어있던 위기가 날로 깊어졌다. 그 와중에도 음탕한 양귀비는 늙은 현종만으로는 색욕을 채울 수가 없자 돌궐 계통인 안록산과 놀아나게 되었다. 안록산은 신체가 건장하고 성격도 쾌활하여 양귀비에게는 안성맞춤이었다. 처음에는 양자로 삼아 아들이 어머니 방에 드나드는 것이라며 무상출입하도록 해 불륜을 맺었다. 이러한 소문이 궁중에 널리 퍼졌지만 현종은 이를 전혀 의심하지 않았다.

국정은 날로 어지러워지고 백성들의 불만이 고조되어 곳곳에서 민란이 일어났다. 이 틈에 평토 절도사로 부임해 있던 양귀비의 정부 안록산이 반란을 일으켜 당 왕조는 패망의 위기에 몰렸다. 현종은 양귀비와 함께 피난을 가다가 반란군을 진압하는 병사들과 만나게 되었다. 병사들이 어가를 막고 "양귀비를 죽이지 않으면 우리는 폐하를 위해 싸울 수 없습니다."라고 하자, 현종은 어쩔 수 없이 양귀비에게 자결을 명하였다. 그리고 태자에게 황제의 자리를 물려주고 상황으로 물러나자 반란은 진압되었다.

그러나 그 후로도 현종은 죽은 양귀비를 잊지 못하였다고 한다. 현종이 양귀비를 그렇게 깊이 총애한 것은 양귀비의 미모와 매력 때문이기보다는, 양귀비의 몸에서 풍기는 남자를 고혹시키는 독특한 채취에 중독되어 벗어나지 못하였기 때문이다. 후세 사가들은 양귀비가 몸에서 고약한 암내를 뿜어낸 것이 결점이라고 했지만, 그것이 양귀비의 결점이 아니라 장점 중의 장점이 아니었나 싶다. 양귀비를 처음 가까이 하면 소위 암내라는 역겨운 냄새가 나지만, 이상하게도 애정을 갖고 있는 사람이 자주 맡으면 더 고혹되어 그 냄새를 맡고 싶어 견딜 수 없게 된다고 한다. 현종도 양귀비의 다른 장점보다 몸에서 풍기는 독특한 향내 때문에 그리 되었을 것이다.

모든 냄새의 공통적인 특징은, 처음 맡을 때는 낯설고 이상하지만 계속 맡다 보면 그 냄새에 도취되어 그 냄새가 그리워진다는 점이다. 음식 중에도 처음 먹으려고 하면 이상한 냄새 때문에 먹기 힘든 음식이 자꾸 먹다보면 그 냄새 때문에 오히려 더 식욕을 느끼게 된다.

사향노루라는 노루가 있다. 사향노루 수놈의 배꼽과 고환 사이에는 사향주머니가 있는데 발정이 나면 암놈을 매혹시키는 독특한 향내를 풍겨 암놈이 찾아오게 만든다고 한다. 그런데 그 사향을 채취하여 여자들이 비단으로 싸서 겨드랑이나 사타구니에 넣고 있으면, 그 냄새가 몸에 배어 남자를 고혹시켰다. 그렇다 보니, 많은 여자들이 사향을 구하려고 애를 태웠다.

우리나라에서도 수백 명의 궁녀들이 오직 임금 한 사람만 바라보며 살다 보니 임금의 관심을 끌기 위해 사향을 몸에 지니고 싶어 했다. 그래서 중국에 다녀오는 사신에게 사향을 비롯해 몸에 바르면 좋은 향기가 나는 화장품을 구해달라고 많은 돈을 주며 매달렸다고 한다.

남자에게 사랑을 받고 대접을 받으려면 여자는 남자를 고혹시키는 향기를 가져야 한다. 그래서 동서고금을 막론하고 그 향기를 쟁취하기 위해 부단히 노력해 왔다. 콜럼버스의 신대륙 발견이나 마젤란의 세계 일주 항해 역시 향유와 향수의 원료인 향료를 얻기 위해서였다. 특히 마젤란의 세계 일주는 240여 명이 향료를 얻기 위해 그 위험한 항해를 선택한 것이다.

1519년 9월 20일 마젤란은 다섯 척의 배와 240여 명의 선원을 이끌고 지구가 둥글다는 확신 아래 향료가 많이 난다는 인도를 향해 스페인 산루카르데바라메다 항을 출발했다. 그들은 아프리카를 돌아가는 동쪽 항로보다 콜럼버스가 발견한 신대륙을 거쳐 가는 서쪽 항로가 오스만 트루크의 영역을 벗어나 더 쉽게 항해할 수 있을 거라고 생각했다.

그러나 마젤란 일행이 항해를 계속하는 동안 위험한 일들이 꼬리를 물고 일어났다. 1520년 4월 2일 선원들의 반란이 일어났고, 5월에는 산디아고 호가 난파당했으며, 11월에는 성 안토니오 호가 달아나버렸다. 11월 28일 마젤란 일행은 남아메리카 대륙 최남단 끝과 티에라델푸에고 섬 사이의 좁은 해협을 구사일생으로 통과했다. 이를 기념하기 위해 그 해협을 마젤란 해협이라고 부른다.

마젤란 해협을 통과한 그들 앞에 나타난 바다는 여태껏 항해한 대서양보다 몇 배나 넓고 잔잔했다. 그래서 그들은 이를 '태평양'이라고 이름 지었다. 마젤란 일행은 태평양을 북서진하기 시작했다. 무시무시한 항해였다. 보이는 것은 바다뿐, 어디에도 육지는 없었다. 식량이 다 떨어지고 괴혈병이 돌아 선원들은 하나둘씩 쓰러져 갔다.

이듬해 3월, 일행은 드디어 육지를 발견했다. 망망대해를 떠돌아다닌 지 4개월만이었다. 그들이 도착한 곳은 마리아나 군도였다. 그리고 4월, 필리핀에 도착한 이들은 원주민에게 식량을 제공해주고 그리스도교로 개종할 것을 요구했다. 반항하면 가차 없이 죽일 생각이었다.

친절하게 마젤란 일행을 맞이했던 원주민들은 이들이 너무 거칠게 나오자 저항하기 시작했다. 마젤란 일행이 대포와 화승총으로 단번에 제압하려 했지만, 원주민의 저항도 만만찮았다. 결국 지리를 잘 아는 원주민들이 전투에서 승리했고 마젤란은 전사하고 말았다. 나머지 선원들은 패전 후 남은 두 척의 배로 도망쳐 항해를 계속했다. 이들이 찾는 곳은 향료가 나는 나라였지만, 지휘자를 잃자 해적으로 변해 중국 무역선을 공격하고 향료를 비롯한 값진 물건들을 몽땅 빼앗았다.

1522년 9월 6일, 스페인의 산루카르데바라메다 항구에 낡은 배 한 척이 나타났다. 이름은 빅토리아호. 3년 전에 마젤란이 인솔하여 떠났던 다섯 척의 배 중에서 하나였다. 아프리카를 도는 머나먼 항해 끝에 마침내 출발지로 돌아온 것이다. 이백사십여 명의 승무원 가운데 살아 돌아온 자는 열여덟 명뿐이었지만, 그들이 해적이 되어 약탈한 향료는 비싼 값에 팔려 항해 비용을 충당하고도 남았다.

마젤란 일행의 세계일주 항해 성공으로 사람들은 지구가 둥글다는 것을 더욱 확신하게 되었다. 그러나 마젤란 일행은 죽음을 무릅쓴 항해를 통해 향료의 집산지를 찾지는 못했다. 그 뒤 마젤란이 전사한 필리핀 군도를 스페인이 점령했다. 그리고 드디어 그 인근에서 향료 집산지인 말리카드 군도를 찾았다. '냄새'를 쟁취하기 위한 생명을 건 항해라고 할 수 있을 것이다.

동의보감에 의하면, 달여 먹으면 몸에서 향내를 풍기게 하는 '영릉향'이라는 약초가 제주도에 있다고 한다. 지금도 그 약초가 자라고 있는지 찾아봐서, 만일 있다면 이를 증식 재배하여 외화 획득에 이바지하도록 해야 할 것이다.

고등학교 때 세계사 선생님이 수업 중에 잡담삼아 말씀하셨다. "프랑스 시민혁명은 시민이 일으킨 것이 아니라 그 부인들이 일으킨 것이다.

왜냐하면 귀족 부인들은 동양에서 수입해 온 비싼 향료를 몸에 발라 좋은 냄새를 풍기는데, 시민의 부인들은 돈이 없어서 그렇게 할 수 없으니 매일 남편에게 바가지를 긁어 시민들이 참다못해 혁명을 일으킨 것이기 때문이다."

지금 생각해보니, 그 농담에 일말의 진실이 내포되어 있는 것 같다.

# 신화로 추정해 보는 고대 지중해 역사

그리스 신화에 나오는 여신들 중에서 서양 사람들에게 가장 인기가 있는 여신은 미의 여신 아프로디테로마명:비너스이다. 그러나 그녀에게는 정절이나 부덕婦德 같은 것이 손톱만큼도 없어 보인다. 아프로디테는 신들 중에서 가장 추남이고 절름발이인 대장간의 신 헤파이스토스와 결혼했는데 그가 얼마나 못생겼던지 어머니인 헤라는 아들이 태어났을 때 그 모습을 보고 실망해 하늘에서 던져버릴 정도였다.

헤파이스토스는 자라면서 자기가 못생겼다고 땅으로 던져 버린 어머니 헤라에 대한 증오가 쌓여갔다. 그는 대장장이 기술을 배워 대장장이 신이 되자, 황금의자를 만들어 어머니 헤라에게 선물했다. 그런데 헤라가 기뻐하며 황금의자에 앉는 순간 쇠사슬이 나와 그녀를 옭아매어버렸다.

헤라는 어떤 방법으로도 쇠사슬을 풀 수 없었고, 헤파이스토스만이 쇠사슬을 풀 수 있다는 사실을 알게 되자 헤파이토스를 불렀다. 헤파이토스는 쇠사슬을 풀어달라는 어머니에게 기막힌 조건을 내놓았다. "아프로디테와 결혼시켜 주면 풀어드릴 수 있습니다."

이렇게 하여 올림포스 최고의 추남은 올림포스 최고의 미녀를 아내로 얻을 수 있게 된 것이다. 그러나 헤파이토스와 결혼한 후에도 아프로디테는 남자 신들을 비롯한 여러 인간 남자들과 불륜을 저지르고, 헤아릴 수 없는 자녀들을 낳았다. 동양에서는 이런 여자에 관한 얘기는 귀가 더럽혀진다고 들먹거리는 것조차 하지 않으려 한다.

제우스의 아버지인 크로노스는 자신의 아버지인 하늘의 신 우라노스가 자신의 어머니인 대지의 신 가이아를 괴롭힌다고 아버지 우리노스의 생식기를 잘라 집어 던졌다고 한다. 그러자 생식기에서 흐르는 피가 바다에서 거품으로 피어났고, 거기서 아프로디테가 태어나 아시아에서 가장 가까운 지중해의 키프로스 섬에 상륙했다고 한다.

이런 신화에서 볼 수 있듯이 서양 문명은 정신보다 물질을, 내면보다는 외면을 중시하는 그런 문명이다. 오늘날 서양 문명이 세계를 지배하고 있지만, 서양 문명도 아시아 메소포타미아 지방에서 발생한 것이다. 그리고 그 중심이 시계 바늘 방향으로 지중해 바다를 통해 그리스, 로마를 거쳐 알프스 산을 넘어 프랑스에 갔다가, 바다 건너 영국을 거쳐 대서양을 건너 현재 미국에 와 있다는 생각이 든다.

메소포타미아에서 그리스와 로마로 갈 때 소아시아 북쪽 산악지대와 흑해를 통하지 않고 지중해를 건넜다는 것은, 그리스 신화를 읽으면 알 수 있다. 우리가 말하는 서양문명은 바로 유럽 문명인데, 유럽Europe의 어원은 그리스 신화에 나오는 에우로페에서 유래되었다. 에우로페는 현재 시리아와 레바논에 걸쳐 있는 페니키아의 왕 아게노르의 외동딸이었다.

제우스는 에우로페가 시녀들과 함께 강가에서 꽃을 따며 산책을 즐기는 것을 보고 첫눈에 반했다. 제우스는 에우로페가 소를 사랑한다는 것을 알고, 잘 생긴 수소로 변신해 에우로페에게 다가갔다. 소가 너무나 아름다워 에우로페가 탄성을 지르며 손짓을 하자 소는 에우로페에게 다가와 무릎을 꿇었다. 에우로페는 소가 등에 타라고 하는 것인 줄 알아채고 소등에 탔다.

그러자 수소는 흥분을 감추지 못하고 지중해의 에게 해로 달려가 헤엄을 쳐서 크레타 섬에 상륙해 자신이 제우스라는 것을 밝히고 사랑을 고백한다. 둘은 서로 사랑했으며 아들 미노스, 라다만티스, 사르페돈을 낳았는데 장남 미노스가 훗날 크레타 왕이 되었다. 크레타 섬은 제우스가 아버지 크로노스에게 잡혀 먹일까봐 숨어있던 곳이었다.

서양문명은 그리스로부터 시작되었다. 그리스 중에서도 유럽 제일 동쪽에 있는 크레타 섬에서 시작된 것이다. 그래서 역사 교과서에서 '크레타 문명' 혹은 왕의 이름을 따 '미노스 문명'이라고 일컫는다. 이 크레타 문명이 아시아에서 건너올 때 바로 건너오지 않고 그 사이에 있는 키프로스 섬을 경유했다는 것은, 앞서 말한 미의 여신 아프로디테의 탄생을 보면 알 수 있다.

에우로페의 조국 페니키아는 셈족이 세운 해양국가로 고대 지중해 연안에 여러 식민도시를 건설했다. 에우로페의 남동생 카드모스는 테베왕국을 건설했고 크레타의 왕 미노스의 동생들도 모두 왕국을 건설했다. 그 중에서도 크레타와 카르타고가 가장 강성해서 대제국이 되어 많은 식민지를 거느리게 되었다. 훗날 그리스 도시국가 중 수장인 아테네도 한 때 크레타의 식민지였다는 것을 그리스 신화를 읽으면 쉽게 추정할 수 있다.

앞서 말한 크레타의 왕 미노스는 파시파에와 결혼했다. 그들은 결혼식 때 바다의 신 포세이돈에게 황소를 제물로 바치기로 약속했는데 제물로 준비한 황소가 너무 아름다워 왕비 파시파에가 소를 살려달라고 애원하자 미노스 왕이 청을 들어주었다.

화가 난 포세이돈은 파시파에가 그 황소와 사랑에 빠지게 해버렸다. 황소와 파시파에 사이에서 태어난 기이한 괴물이 황소의 머리에 인간의 몸통을 가진 미노타우로스다. 미노타우로스가 자신의 아들이라 믿었던 미노스는 창피하기 짝이 없었지만 아들이라 죽일 수가 없었다.

그래서 미노타우로스를 다른 사람이 보지 못하게 미궁 속에 가두고, 미로를 만들었다. 그 미로는 길과 교차로가 복잡하게 얽혀 있어서 누구도 그 안에서 길을 찾을 수 없었다. 그리고 결코 되돌아 나올 수 없었으므로 미노타우로스의 밥이 되고 말았다.

그 후 미노스는 아내와 함께 평화로운 몇 해를 보냈다. 그러다가 큰아들 안드로게오스가 나이가 들자 세상 구경을 시키기 위해 아테네로 보내며, 아들을 특별히 보살펴달라는 자신의 편지를 아테네 왕 아이게우스에게 전하도록 했다.

안드로게오스가 아테네 궁에 도착했을 때 아이게우스는 사냥 갈 채비를 마치고 막 궁을 나서려던 참이었다. 그래서 안드로게오스를 데리고 사냥 길을 떠나게 되었는데 안드로게오스가 난생 처음 사냥을 하게 되자 미숙하게 대처해 사자에게 물려 죽었다고 한다.

미노스는 이에 격분하여 아테네에 토벌군을 보내 쳐부수고 아테네를 저주하며 신에게 기도를 올렸다. 이로 인해 아테네에 전염병이 돌게 되었다. 미노스는 "아테네 귀족 출신 젊은 남녀 각각 일곱 명을 검은 돛단배에 실어 보내라. 그들은 미노타우로스의 먹이가 될 것이다." 라고 명했고, 아이게우스는 전염병에서 벗어나기 위해 이 말을 따르지 않을 수 없었다.

처음 아테네는 그 조약대로 이행했다. 그런데 두 번째 제물이 될 사람을 보낼 때가 되자, 아버지 아이게우스 왕에게 왕자 테세우스가 간청했다. 자신을 그 중 한 사람으로 보내주면 미노타우로스를 죽이고 돌아오겠다고 말했다. 왕은 아들의 청을 들어 주었고, 테세우스와 열세 명의 일행은 크레타 섬에 도착해 미노스 왕을 만나게 되었다. 미노스 왕은 다음날 미로에 들어가라는 말과 함께, 자신은 예의를 지키는 사람이니 오늘 저녁 왕실 성찬에 꼭 참석해달라고 했다.

테세우스 일행이 성찬에 참석하니, 왕의 두 딸 아리아드네와 파이드라가 있었다. 테세우스는 두 사람 사이에 앉았는데, 자신은 둘째 파이드라가 마음에 들지만 파이드라는 자신에게 전혀 관심이 없는 것 같고, 첫째 아리아드네가 자신에게 끌리고 있다는 것을 알아챘다.

테세우스가 성찬을 끝나고 숙소에 돌아와 새벽이 되니 아리아드네가 찾아왔다. 그녀는 테세우스가 자신과 결혼을 약속하면 미로를 빠져 나올 수 있는 방법을 가르쳐 주겠다고 했다. 테세우스는 마음이 전혀 끌리지 않았지만, 미로를 빠져나오기 위해 결혼을 약속했다.

그러자 그녀는 미로를 빠져 나오는 요령을 말했다. "여기 두툼한 실타래가 있으니 미로에 들어갈 때 이 실타래 끝을 입구 철책에 묶어두고 어디를 가든 실이 몸에서 떨어지지 않도록 하세요. 되돌아오는 길을 찾으려면 이 길을 거꾸로 따라 오기만 하면 될 거예요."

테세우스는 아리아드네가 시킨 대로 미노타우로스를 찾아 칼로 찔러 죽인 후, 일행과 함께 무사히 미로 밖으로 나왔다.

신화 중에서 동화적인 요소를 빼고 보면, 아테네가 크레타에 미노타우로스의 먹잇감이 될 사람들을 보냈다는 것은 식민지가 종주국에 조공을 받쳤다는 것이고, 왕자가 미노타우로스를 죽이고 왔다는 것은 종주국을 쳐서 독립을 쟁취했다는 것을 의미한다. 그리고 아리아드네가 한 행동이 고구려 호동왕자에게 반한 낙랑공주가 자명고를 찢은 것과 비슷하다는 것을 짐작할 수 있다.

강성했던 셈족의 페니키아 계열 크레타 왕국도 이 무렵부터 쇠잔해지기 시작한다. 그리고 문명의 중심이 유럽계 아리안 족이 주류를 이루는 미케네로 옮겨진다. 미케네는 그리스 펠로폰네소스 반도의 해안지방을 일컫는다. 펠로폰네소스라는 이름은, 소아시아의 프리기아에서 건너와서 이곳 공주 히포다메이아와 결혼한 펠롭스에서 유래한 것이다. 이 신화에 비추어 보면, 중앙아시아에서 흑해를 건너온 유럽계 아리안 족이 그리스를 세웠다는 것을 추측할 수 있다.

이렇게 건너온 그리스 문명의 중심은 로마로 이동하게 된다. 그런데 지중해 동쪽 이오니아 해를 건너 이탈리아반도로 바로 이동하지 않고, 반도 서남단에 있는 시칠리아 섬을 거쳐 북쪽으로 이동했음을 신화를 통해 엿볼 수 있다.

강의 신 알페이오스는 숲 속의 님프이며 아르테미스 여신의 시녀인 아레투사가 시냇가에서 목욕하는 장면을 엿보고 그녀에게 반해 쫓아가지만, 그녀는 알페이오스를 피해 달아난다. 아레투사가 시칠리아 섬의 시라쿠시까지 달아나자, 아르테미스 여신은 그녀가 샘이 되도록 도와준다. 그녀가 샘이 된 것을 알게 된 알페이오스는 바다 밑으로 자신의 강물을 흐르게 해서 샘의 물과 섞이게 했다고 한다. 지금도 그 곳에 있는 아네투사 샘에서 물이 솟고 있다고 전해진다.

또, 저승의 신 히데스가 곡물의 신 데미데르의 딸 페르세포네를 납치해 아내로 삼은 곳도 시칠리아 섬이다. 그러나 정작 이태리 반도에 그리스 신화와 얽힌 지역이 없는 것은 그리스 문화가 시칠리아를 거쳐 이태리 반도로 북상했다는 것을 말해주고 있다.

다음으로 그리스 신화의 클라이맥스를 장식하는 트로이 전쟁에 관해 살펴보기로 보자.

터키를 여행하면서 트로이 전쟁의 현장인 트루바 마을을 찾아가보았다. 터키 동남부에서 지중해의 동쪽 에게해 해안도로를 따라 이스탄불로 가는 도중에는 허물어진 트로이 성이 있었다. 그곳은 산에서 토사가 내려와 바다가 매립되는 바람에 지금은 내륙지방이 되었지만, 다르다넬스고대에는 '그리스의 문호'라는 뜻으로 헬레스폰투스, 또는 헬레스폰트라고 불렀다. 해안이었음을 쉽게 짐작할 수 있었다.

다르다넬스 해협은 곡물이 잘 생산되지 않는 그리스에서 흑해나 카스피해 연안의 곡창지대로 가는 마르마라해, 보스포루스 해협을 연결하는 길목이었다. 이곳은 바다 폭은 좁지만 수심이 100m 내외여서 아무리 큰 배라도 쉽게 통과할 수 있다고 한다. 그래서 이 해로海路는 예나 지금이나 중요한 바닷길이다. 기원전 334년 알렉산더대왕이 동방원정을 하였을 때도 이 해협을 건너 트로이에 상륙했다.

부동항을 갖고 싶었던 러시아 역시 19세기 말부터 발칸반도와 지중해로 진출하려고 항해권을 가지기 위해 여러 차례 시도를 했다. 그리고 그리스, 영국과 프랑스는 그러한 러시아를 저지하고자 끊임없이 싸웠다. 그 대표적인 것이 크리미아 전쟁이었다.

제1차 대전 때 영불연합군이 터키로 처음 진격할 때도 다르다넬스 해협을 건너 트루바로 상륙했다. 제1차 대전 후 1923년 연합국과 터키 공화국이 로잔조약을 맺었는데 그때 터키는 유럽 국가로 인정받고 싶고 또 오스만 트루크를 계승했다는 의미에서 그 수도 이스탄불을 차지하고 싶어 했다. 그래서 유럽 쪽 이스탄불을 자신의 영토로 하는 대신 에게해 연안의 거의 모든 섬을 그리스 영토로 하기로 했다.

그렇게 하고서도 다르다넬스 해협, 마르마라해, 보스포루스 해협 등을 잇는 해로海路는 너무나 중요한 곳이라 어느 한 특정국가의 영해로 정할 수 없다고 판단했다. 그래서 어느 나라 선박이나 군함, 항공기가 자유롭게 통과할 수 있는 공해公海로 두기로 했고, 훗날 1936년 몽트리 조약에서도 그대로 계승되었다.

제2차 대전 후에는 지중해 국가가 아닌 미·소 양국이 중근동의 석유 이권과 세계의 화약고로 불리는 동부 지중해 해역을 서로 차지하려고 하자, 다르다넬스 해협의 군사적 중요성은 더욱더 커졌다. 이와 같은 점을 고대에서도 오늘날처럼 중요하게 생각했다는 것이 그리스 신화에 여실히 나타나 있다. 트로이 전쟁도 이 해로의 중요성 때문에 일어난 것이고, 그것보다 한 세대 앞선 이아손과 아르고호 원정 이야기도 이 해로와 관계가 있다.

이아손이 태어났을 때 그의 부친인 아이손은 테살리아 지방의 소도시 이올코스의 왕이었다. 그러나 얼마 지나지 않아 아이손이 이복형제 펠리아스에게 왕위를 빼앗기고 추방당하자 아들의 생명을 걱정한 이아손의 어머니는 아들을 데리고 이웃나라에 숨었다.

그리고 그로부터 16년이 흘렀지만 아무도 펠리아스의 권력을 넘보지 못했다. 그러나 펠리아스는 신발을 한 짝만 신고 그를 찾아오는 남자를 경계하라는 신탁을 받은 후 불안에 떨고 있었다. 그래서 펠리아스는 방문객을 맞을 때면 먼저 발부터 보았다.

이아손이 열여섯 살이 되자 그의 어머니는 그가 합법적인 왕위 계승자임을 알려주고 찬탈자에게 가서 왕위를 요구하라고 말했다. 어머니의 얘기를 듣고 이아손은 펠리아스를 찾아가기로 마음먹었다. 그런데 걸어가는 동안 신발 한 짝이 찢어졌다. 그는 찢어진 신발 한 짝을 버리고 다리를 절면서 목적지에 도착했다.

이아손이 펠리아스의 왕궁에 도착하자, 신발 한 짝을 신은 이방인을 알아본 펠리아스는 경비에게 그를 붙잡아 오라고 했다. 그러자 이아손은 내가 바로 당신 조카인데 당신이 아버지로부터 빼앗은 왕위를 돌려받으려 왔다고 말했다. 펠리아스 왕은 이아손을 그대로 죽이거나 감옥에 집어넣을 수도 있었지만, 좀 더 명분을 세워 죽이기로 했다.

"나도 늙어서 이제 모든 권력을 너에게 물려줄 생각이다. 하지만 네가 그만한 자질이 있는지 보여줘야겠다. 너의 아버지와 내가 절취당한 황금 양털 가죽을 찾아오너라." 펠리아스는 황금 양털 가죽을 찾아오는 어려운 임무를 맡기면, 그가 돌아오지 못할 것이라고 확신했다.

그러나 이아손은 젊은이다운 패기로 그 조건을 받아들였다. 그리고 먼 여행을 떠나기 위해서는 선박과 선원이 필요했으므로 유명한 건축 기사 아르고나우타이를 불러 선박을 건조시키고 원정 계획을 공고하여 사람을 모집했다.

모집에 응한 사람은 헤라클레스를 필두로 테세우스와 파리토모스 그리고 헬레네의 쌍둥이 형제인 카스트로와 플리데우게스 그리고 뛰어난 음악가 오르페우스, 아킬레스의 아버지 펠로우스도 참가했다. 그야말로 그리스 신화에 등장하는 쟁쟁한 인물들이 총망라 되었다.

배는 건축한 건축기사의 이름을 따 '아르고'라고 지었다. 아르고 원정대가 편성된 것이다. 아르고호는 헬레스폰투스다르다넬스 해협을 건너 마르마라해를 경유하고 보스포루스 해협을 거쳐 흑해 연안으로 가는 당시 그리스에서 곡물을 수입해 오는 무역로를 항해하여 흑해 연안에 있는 황금양털가죽이 있는 코르키스에 도착했다.

이아손 일행은 코르키스 왕 아이에테스에게 황금 양털 가죽을 돌려 달라고 했지만, 아이에테스는 거절했다. 그러자 테세우스는 크레타 공주 아리아드네 덕분에 미노타우로스를 죽인 경험담을 이아손에게 들려주었다. 이 얘기를 듣고 이아손은 왕의 만찬에 참석한다. 그리고 공주 메데이아 옆에 앉아 남자로서의 매력을 아낌없이 보여준다.

메데이아 공주가 이아손에게 마음이 끌린 것 같아 보이자, 이아손은 황금 양털 가죽을 자신이 가질 수 있게 해주면 공주와 결혼하겠다고 말한다. 그러자 공주는 황금 양털 가죽이 있는 곳을 안내하고, 아르고 원정대는 경비병을 죽이고 황금 양털 가죽을 찾아 공주와 함께 도망쳤다.

그런데 여기서 중요한 것은, 아르고호 원정대가 황금 양털 가죽을 가지고 도망칠 때, 갈 때 이용했던 항해길인 보스포루스, 마르마라해, 헤레스폰도스로 되돌아오지 않았다는 점이다.

그들은 흑해를 가로질러 아스트라 강다뉴브 강을 따라 곡창지대인 발칸 반도 내륙지방으로 가서, 라인 강과 포 강이 합류하는 켈트 호수에서 포 강을 타고 내려가 지금의 프랑스 남쪽 마르세이유 항구에서 지중해로 나와 동진을 했다. 그리고 곡물이 있을만한 여러 섬을 거쳐 아프리카 리비아에 잠깐 상륙했다가 크레타 섬에 머문 후, 넉 달 만에 처음 출발했던 펠리아스 왕이 있는 궁으로 돌아왔다.

이 신화에서 우리가 추측할 수 있는 것은, 아르고호가 황금 양털 가죽을 찾으러 갔다고 하지만 그것은 동화적인 표현이라는 점이다.

그리스 대부분은 산악지대이고 땅이 척박해 식량이 부족하다 보니 해안에 도시가 발달했다. 그리고 흑해나 카스피해 연안에 있는 곡창지대에서, 자신들이 만든 포도주나 올리브유와 도자기 등을 팔아 곡물을 수입해 오는 해양무역으로 지탱해 왔다. 말이 해양무역이지 경우에 따라 해적질을 하며 살았다고 볼 수도 있을 것이다.

이아손이 해적왕인지도 알 수 없다. 지중해는 중세 때까지 '해적이 날뛰는 바다'라는 표현이 지나치지 않을 정도였다. 아르고호의 원정도 말이 황금 양털 가죽이지, 그 당시 그리스 전역에 흉년이 들어 기근이 심해 곡창지대인 흑해와 카스피해 연안에 곡물을 구하려 간 것일 것이다. 곡물을 주지 않으면 약탈이라도 할 생각으로 전쟁 준비를 하고 떠났던 것이다.

그 곳 왕의 측근으로부터 숨겨진 곡물창고가 어디 있는지 알게 되자 창고를 다 털었지만 그 양이 부족하자, 갔던 길로 되돌아오지 않고 다뉴브 강 유역에 있는 발칸반도를 거쳐 프랑스까지 가게 된 것으로 본다. 지중해를 가로질러 동쪽으로 가서 곡창지대인 리비아와 크레타에서 곡물을 구한 것을 보면 알 수 있다.

트로이 전쟁도 마찬가지다. 동화적인 흥미를 돋우기 위해 트로이 왕자 피라스가 스파르타 왕비를 유혹해 전쟁이 일어났다고 한다. 그런데 흑해 카스피해 부근 곡창지대로 들어가는 헤레스폰토스 해협의 길목에

트로이가 있었으므로, 해협을 지나가는 배들로부터 비싼 통행세를 받고 선적된 화물마저 빼앗았을 수도 있다. 그래서 이를 막기 위해 그리스 도시국가들이 연합을 하여 트로이를 공격했는지도 모른다.

파괴된 옛 트로이 성을 보니 전쟁으로 함락된 것 같지 않고 지진에 의해 파묻힌 것을 발굴해낸 것 같았다. 그리스 신화이기 때문에 그리스가 승리한 것이라 했지만, 실상은 긴 기간 동안 싸우다가 지진에 의해 성이 붕괴되었을 가능성이 높다. 그리스 연합군이 전쟁으로 함락시켰다면, 그 중요한 요새에서 바로 귀환할 것이 아니라 그곳에 군사기지를 설치하고 헤레스폰토스 항해권을 확고히 했을 것이다. 그런데 그렇게 하지 않았다.

마지막으로 아르고스의 페르세우스를 살펴보기로 하자. 아르고스는 스파르타와 함께 페르폰네소스 반도에 있는 조그만 도시국가이다. 그런데도 맹주 스파르타에게 복종하지 않고 끝까지 대항했다. 뿐만 아니라 기원전 480년경 페르시아가 그리스에 원정을 왔을 때 전 그리스 도시국가가 연합하여 대항했는데 아르고스만 이에 가세하지 않았다. 그래서 그리스의 다른 도시국가들이 아르고스가 페르시아와 내통한 것이 아닌지 의심했다. 그런데 아르고스가 왜 그렇게 했는지 그리스 신화를 읽으면 의문이 풀린다.

아르고스의 왕 아크라시오스는 외손자가 자기를 죽일 것이라는 신탁을 받았다. 그래서 공주 다니에를 청동으로 만들 밀실에 가두었다. 그러나 공주에게 마음을 두고 있던 제우스가 황금 비로 변신하여 지붕으로 스며들어가 정을 통한 후 페르세우스를 낳았다.

왕은 이를 알고 모자母子를 방주에 실어 바다에 떠내려 보냈고, 방주는 세리포스 섬에 도착해 그곳 왕 폴리테크테스의 보호를 받았다. 그후 폴리데크테스는 다니에를 사랑해 결혼하고 왕자 페르세스를 낳았다. 이 페르세스가 페르시아를 건설했다고 한다.

한편, 폴리데크테스는 의붓아들인 페르세우스를 미워했다. 그래서 고르곤고르고네스, 고르고 중의 하나이며, 바라보면 누구나 돌이 되고 만다는 메두사의 목을 베어 오라고 명했다. 페르세우스는 지혜의 여신 아테나와 도둑의 신 헤르메스의 도움으로 하늘을 나는 신발과 모습을 감추는 마법의 모자를 쓰고 메두사에게 접근해 목을 벤다. 그리고 메두사의 목을 의붓아버지인 폴리데크테스에게 보이자, 폴리테크테스는 돌맹이가 되어버렸다.

페르세우스는 그 후 아르고스에 간다. 마침 원반경기가 있어서 참가했는데 그가 던진 원반이 아르고스의 왕 아크라시오스에게 날아가 맞추어 왕이 목숨을 잃게 된다. 그리고 페르세우스는 아르고스의 왕이 된다. 신탁의 예언이 적중한 것이다. 신화에서는 아르고스 공주인 다니에의 아들 페르세스가 페르시아를 건국했다고 하며 페르시아가 아르고스의 후예라고 한다.

그러나 페르세우스는 원래 아시아 사람이었으며 페르시아 인의 조상이었다는 페르시아 역사가 더 신빙성이 있다. 어떤 설을 믿든지 아르고스와 페르시아가 서로 혈통 관계가 있다고 오랫동안 믿고 가까이 지내온 것만은 틀림없다. 그래서 페르시아와의 전쟁 때 아르고스가 페르시아를 두둔했다는 생각이 든다.

# 역사의 방향을 튼 3대 해전

비행기가 있는 현대에서는 국가 간에 전쟁을 하면 어느 쪽이 제공권을 장악하느냐에 따라 승패가 좌우되지만, 비행기가 없던 시절에는 국가와 국가 사이에 있는 바다를 누가 장악하느냐에 따라 승패가 갈라지는 경우가 많았다. 그래서 역사상 수많은 해전이 있었는데 그 중에서 인류 역사의 방향을 결정한 해전이 세 번 있었다고 할 수 있다.

그것은 고대 그리스와 페르시아 사이에 있었던 '살라미스 해전'과 로마의 옥타비아누스 원정군과 로마의 안토니우스와 이집트의 클레오파트라 연합군이 싸운 '악티움 해전' 그리고 영국의 넬슨이 이끄는 영국 해군과 나폴레옹이 이끄는 프랑스 해군이 맞붙은 '트라팔가르 해전'이다. 이들 3대 해전을 시대 순으로 살펴보고 그 결과가 역사에 어떤 영향을 미쳤는지 알아보자.

먼저 살라미스 해전을 살펴보기로 하자. 살라미스 해전은 동서양이 처음으로 맞붙은, 그리스 도시연합군과 페르시아와의 전쟁에서 승자를 결판 짓는 해전이었다.

페르시아는 동쪽으로는 인더스 강, 서쪽으로는 이집트와 소아시아에 이르는 오리엔트를 통일한 대제국이었던 반면에 그리스는 통일된 국가가 아니라 수많은 도시들로 구성되어 있었다. 게다가 이 도시들은 서로 대립되어 항쟁을 하고 있었다. 그럼에도 불구하고 이러한 도시 연합군이 강대한 페르시아를 상대로 전쟁을 하여 어떻게 승리를 거둘 수 있었던 걸까?

기원전 5세기 초, 페르시아가 이오니아 지역 그리스 도시국가들을 점령하자, 이 지역 사람들은 페르시아 폭정에 항거하여 반란을 일으켰다. 그러자 같은 도시국가로서 연대감과 동족의식을 가지고 있던 아테네가 자유와 독립을 쟁취하려는 그들의 반란을 돕기 시작했다. 이에 페르시아는 그리스 본토에 대한 응징을 시도했다.

그런데 기원전 492년, 페르시아가 함대를 이끌고 그리스로 쳐들어갔으나 폭풍우 때문에 실패하고 말았다. 그리고 기원전 490년, 페르시아의 다리우스1세가 직접 원정군을 이끌고 아테네 북동쪽 30km 떨어져 있는 마라톤 평야에 상륙했다. 페르시아는 기동성을 살려 투창 전술을 사용했다. 그리스는 새로운 전술 유형인 중장 밀집대형으로 맞섰고, 일사불란한 밀어붙이기 전법으로 페르시아 군을 바다 쪽으로 몰아 완벽한 승리를 거두었다.

아테네 병사 필리피데스는 아테네까지 달려와 시민들에게 이 승전보를 알리고 죽었는데, 이를 기념하기 위해 올림픽에서 마라톤 경기가 시작되었다고 한다. 그가 급히 아테네에 승전보를 알리고자 한 까닭은, 바다로 밀린 페르시아 군이 해상으로 올라와 아테네를 공격하기 전에 아테네가 미리 이를 방어하도록 하기 위해서였다.

그러나 동양의 패자 페르시아는 그리스 정복을 포기하지 않았다. 다리우스 황제가 사망한지 10년 후인 기원전 480년, 그의 아들 크세르크세스가 페르시아 2차 전쟁 패배를 설욕하기 위해 전보다 규모가 몇 곱절이나 더 되는 원정군을 이끌고 바다와 육지 양면을 재침공했다.

중무장한 페르시아 대군 앞에서 초반부터 그리스 도시연합군은 속수무책으로 연전연패하였다. 그래서 진을 치고 대항하다가 가져올 수 있는 것은 다 가져오고 가져올 수 없는 것은 불에 태워버린 후 퇴각하는, 소위 청야전을 전개했다.

한편, 페르시아 군은 그리스 전역을 거의 점령했고, 원정의 목적을 완벽히 달성할 단계가 온 것 같아 보였다. 그런데 승전의 기쁨에 찬 페르시아군은 아테네를 점령하고 나서 큰 실수를 저질렀다. 퇴각하는 그리스 군을 곧바로 추격해 섬멸해야 하는데, 약탈을 한다고 며칠 동안 시간을 허비한 것이다.

이때 그리스 군은 전투를 회피하고 아테네의 외항인 피레우스와 좁은 해협을 마주한 사르미스로 퇴각했다. 아테네 군을 지휘한 자는 최고행정관인 아르콘의 직책을 맡은 테미스토클레스였다. 테미스토클레스는 2차 페르시아 원정이 끝난 후 페르시아 군이 다시 쳐들어올 것을 예상하고 전선戰船을 만들고 해군을 많이 양성했다.

그는 군대를 일단 사르미스로 퇴각시킨 후 페르시아의 크세르크세스 황제에게 서신을 비밀리에 보냈다. 자기는 아테네를 배반할 것이며 지금 아테네 군이 도망오느라 지쳐있으니 페르시아 군이 추격하여 공격을 하면 자기는 그리스 군 내부에서 호응을 하겠다고 하였다.

페르시아 황제는 이 말을 믿고 전군을 사르미스 해협으로 직결시켰다. 그러자 그리스 군은 육지와 바다에서 재빨리 공격하기 시작했다. 페르시아 군 함대들은 좁은 해협에서 움직이기가 어려운데 반해 아테네의 작은 전선들은 그 사이를 재빠르게 요리조리 움직이며 공격하니 페르시아 군은 섬멸되지 않을 수 없었다.

페르시아 황제는 테미스토클레스의 속임수에 완전히 농락당한 것이다. 그런데 페르시아를 대파한 아테네의 총사령관 테미스토클레스는 그 뒤 아테네의 민회에서 결정한대로 추방을 당하게 되자 페르시아로 망명해 거기서 후한 대접을 받으며 여생을 보냈다고 한다. 참으로 아이러니한 일이다.

스파르타의 육군은 육군대로 육지에서 페르시아 대군을 격파했다. 이 두 전쟁에서 참패한 페르시아 군은 전력이 많이 약화되긴 했지만, 여전히 그리스 군보다 전력이 월등히 우세했다. 그러나 장기전이 되자 보급 등이 원활하지 않았다. 원정군의 약점이 드러날까봐 페르시아 황제 크세르크세스는 원정군을 지휘하여 페르시아로 철수했다. 이렇게 3차 페르시아 원정도 실패로 끝나고 말았다. 그리고 그리스가 살라미스 해전에서 승리함으로써 서양의 그리스는 동양의 페르시아를 이긴 것이다.

오늘날 세계문명을 주도하는 서양문명은 메소포타미아에서 발생하여 그리스, 로마를 거쳐 알프스 산맥을 넘어 프랑스, 영국을 거쳐 대서양을 건너 미국으로 그 중심이 시계 방향으로 움직였다. 만약 페르시아의 그리스 원정이 성공을 거두었더라면 그 중심의 축이 시계의 방향과는 달리 그리스에서 거꾸로 페르시아, 인도, 동남아시아를 거쳐 우리나라가 있는 동북아시아로 움직였을지도 모른다.

그리스도는 그의 제자들에게 '너희들은 로마로 가라'고 하지 않고 '페르시아로 가라'고 계시하였을 수도 있고, 지금 로마에 있는 베드로성당이 이란의 테헤란에 있다고 상상해 볼 수도 있을 것이다.

다음은 악티움 해전을 살펴보자.

로마의 카이사르, 폼페이우스, 크라수스 세 사람이 이끄는 제1회 3두정치는 크라수스가 전사하자, 카이사르와 폼페이우스로 압축되었다. 카이사르가 막강한 군사력을 장악하여 갈리아를 평정하고 그 지역 총독이 되자 권력의 축은 카이사르에게 기울었다. 이를 우려한 폼페이우스 일파가 로마 원로원을 주도하여, 카이사르가 로마로 귀환할 때 군대를 이끌고 루비콘 강을 건너지 못하게 하자고 결의했다.

그러나 카이사르는 그런 원로원의 결의에 따르지 않고 군대를 이끌고 루비콘 강을 건넜다. 카이사르가 쿠데타를 일으킨 것이라 할 수 있다. 그러자 폼페이우스를 비롯한 카이사르의 정적들은 로마를 버리고 자신의 군대를 이끌고 그리스로 도망쳤고, 카이사르는 바로 뒤따라가 폼페이우스 군대를 격파했다.

폼페이우스는 단신으로 이집트로 도망했다. 당시 이집트는 프톨레마이오스 왕조였다. 프톨레마이오스 1세는 알렉산더 대왕의 군대 총사령관으로 알렉산더 대왕이 동방세계를 정복한 후 사망하자, 정복한 이집트에 프톨레마이오스 왕조를 세웠다.

그런데 카이사르가 폼페이우스를 추격하여 이집트에 상륙할 때 클레오파트라는 그의 동생이며 남편인 프톨레마이오스 13세와 공동 통치를 하면서 서로 반목하여 내전상태에 있었다. 그런 상황이었으니 이집트로 피신해 온 폼페이우스를 프톨레마이오스 왕조가 좋아할 리 없었다. 일개 패잔병에 불과한 그를 구원했다가 그의 정적인 카이사르에게 미움을 사면 큰일이었다. 그래서 그들은 폼페이우스를 암살해 버렸고, 그 후 카이사르는 군대를 이끌고 이집트에 상륙했다.

클레오파트라는 대제국 로마의 명실상부한 실권자가 이집트에 상륙한 것을 절호의 기회로 삼았다. 그를 이용해 정적인 프톨레마이오스 13세를 제거해 내란을 종식시키고, 자기가 명실상부한 왕이 되고 싶었기 때문이다. 그래서 그녀는 자신의 알몸을 카펫에 돌돌 말아 신하들을 시켜 카이사르에게 예물로 보내달라고 했다.

카이사르가 침실로 전달된 예물로 받은 카펫을 펼치자, 여왕이 나체로 나타났다. 카이사르는 클레오파트라의 좋은 적수였다. 그는 클레오파트라의 미인계를 즉시 수용해 그녀를 연인으로 받아들이고 그녀의 요구를 들어주는 동시에, 이집트로부터 군비 조달을 받고자 했다. 두 남녀는 육체의 향연과 함께 정치적 협상을 했다.

클레오파트라는 카이사르의 군사적 힘으로 프톨레마이오스 13세를 제거해 실질적인 왕이 되었고 카이사르 역시 삼두체제를 증식시키고 종신 집정관이 되어 실질적인 황제의 위치를 차지하게 된 것이다. 그리고 의심스러운 점이 있긴 하지만, 두 사람 사이에 카이사리온이라는 자식까지 낳았다. 이러한 두 사람의 관계는 기원전 44년 3월 15일 로마 공화파가 카이사르를 암살함으로써 끝나고 말았다.

카이사르가 사망할 당시 클레오파트라는 로마에 있었다. 그런데 카이사르는 유언장에 자신의 아들 카이사리온이 아닌 옥타비아누스를 후계자로 지목했다. 클레오파트라는 프톨레마이오스 왕조를 지키기 위해 그동안 기울인 모든 정성이 카이사르의 죽음으로 물거품이 될 위기에 처했다는 것을 깊이 깨달았다. 그래서 이집트로 돌아온 클레오파트라는 로마 권력 투쟁의 전개 과정을 지켜보며 조국을 위해 새로운 처신을 해야겠다고 각오했다.

클레오파트라는 카이사르의 반대파가 카이사르를 암살한 후 그리스로 달아났다. 그리고 안토니우스가 그들을 쫓아가 격파시켰다는 소식을 들었다. 클레오파트라는 호화유람선을 준비해 안토니우스에게 가서 추파를 던지며 함께 즐겼다. 그 후 안토니우스는 카이사르의 유언장에 적힌 후계자인 옥타비아누스를 비롯해, 레피두스와 제2차 삼두체제를 갖추었지만, 레피두스는 곧 실각하고 로마의 통치체제는 이두체제가 되었다.

안토니우스는 옥타비아누스의 누이와 재혼을 한 후 페르시아 원정을 가지만 원정은 실패로 끝난다. 안토니우스는 연인이 있는 이집트의 알렉산드리아로 왔다. 안토니우스는 카이사르에 비해 미남이고 또한 호색한이었지만, 애송이었다. 카이사르는 클레오파트라를 연인으로 대하는 한편, 정치적 흥정의 대상으로도 이용했는데, 안토니우스는 클레오파트라에게 홀딱 빠져 사랑의 노예가 되어버렸다.

클레오파트라의 입장에서는, 안토니우스가 실력은 갖추고 있으나 참으로 만만하기 짝이 없는 상대였다. 안토니우스는 클레오파트라의 조종에 따라 옥타비아와 이혼을 선언하고 이를 옥타비아누스에게 통보했다. 그리고 알렉산드리아에서 패전한 페르시아 원정을 승전한 것처럼 군중을 속였다.

안토니우스와 클레오파트라는 공동 통치하는 또 하나의 새로운 로마제국을 만들기라도 하는 듯이 거창한 개선식을 거행하였다. 한편, 로마에 있던 옥타비아누스는 안토니우스로부터 자신의 누이와 이혼하고 협조체제를 끊겠다는 통보를 받자, 안토니우스의 유언함 속에 들어있던 유언장을 끄집어내어 로마 군중에게 공개했다. 그 내용은 안토니우스와 클레오파트라가 로마를 공동지배하며 수도를 알렉산드리아로 옮긴다는 것이었다.

그 내용이 사실이든 아니든, 그 말을 들은 로마 군중들은 흥분해서 옥타비아누스의 이집트 원정을 열광적으로 지지했다. 옥타비아누스는 이집트 원정군을 편성해 이집트로 갔다. 전투는 이집트 근해 악티움 해상에서 벌어졌는데, 시간이 갈수록 안토니우스와 클레오파트라 연합군의 전세가 불리해졌다.

그러자 영악한 클레오파트라는 같은 배를 타고 있던 안토니우스를 두고 다른 배로 옮겨 탔다. 안토니우스는 눈치를 채지 못하고 클레오파트라가 타고 있는 배를 찾아가 승선했다. 클레오파트라는 말상대도 해주지 않고 다시 배를 바꾸어 탄 후 상륙했다. 그리고 자살하지 않았으면서도 자살한 것으로 꾸며 이를 전투중인 안토니우스에게 전했다.

클레오파트라가 예상한대로, 안토니우스는 그 소식이 진실인 줄 알고 실의에 빠져 자살을 시도한다. 그러나 숨이 끊어지기 전에 상륙해 클레오파트라를 만난 안토니우스는 살아있는 클레오파트라를 보고 배신감을 느낀다. 그렇지만 안토니우스는 옥타비아누스와 협상을 권하고 목숨을 끊는다.

클레오파트라는 승전자인 옥타비아누스에게 협상 조건을 제시하며 추파를 던졌다. 그러나 옥타비아누스는 카이사르와 같은 능수능란한 플레이보이가 아니고, 안토니우스처럼 정열적이지도 않았다. 그는 건전한 한 여자의 남편이며, 로마제국을 건설하기 위한 사명감으로 가득찬 사람이었다. 그는 클레오파트라의 요구 조건을 단번에 거절했다.

클레오파트라의 미인계는 한계에 부딪혔다. 실의에 빠진 클레오파트라는 옥타비아누스가 로마에서 거행하는 개선식에서 포로로 끌려 다닐 수모를 당하지 않기 위해 코브라라는 독사에게 자기 손을 물게 하고 안토니우스의 영혼 곁으로 떠났다.

이집트의 프톨레마이오스 왕조는 이로서 끝나고 이집트는 로마의 속주가 되었다. 기원전 31년 9월 2일에 있었던 악티움 해전에서 안토니우스와 클레오파트라의 연합군이 로마군을 격퇴하였다면, 로마는 그때부터 동서 두 제국으로 갈라져서 싸웠을 것이다. 그렇지 않다 하더라도 로마는 공화정이 더 연장되었을 것이므로, 세계 역사가 달리 진행되었을 것만은 틀림없다.

다음은 1805년에 있었던 트라팔가 해전에 관해 살펴보기로 하자. 1789년부터 시작된 프랑스 시민혁명은 프랑스 사회를 혼란스럽게 했다. 그 반동으로 프랑스 국민이 강력한 통치자를 원하던 1799년, 나폴레옹은 이집트 원정군에서 빠져나와 정권을 장악하고 유럽 전체를 정벌하여 고대 중국에서 제후를 거느리는 은나라나 주나라 황제와 같은 위치에 있게 되었다. 그리하여 나폴레옹은 유럽 각국의 국경을 자신이 원하는 대로 긋고, 그 나라 중 일부는 자신이 왕을 직접 임명하기도 했다. 이렇게 유럽 열강이 나폴레옹으로부터 피해를 입었는데 유일하게 재앙을 면한 나라가 영국이었다.

나폴레옹은 지상전에는 강했지만 바다는 낯설었다. 영국은 나폴레옹에게 끝까지 대항했다. 그러자 나폴레옹은 자신이 임명한 자신의 형이 왕으로 있는 스페인 함대와 연합하여 스페인의 남쪽 트라팔가 해상에서 영국 함대와 격돌했다. 영국 함대를 지휘한 사람은 넬슨 제독이었다. 넬슨 제독은 이때 전사했지만, 영국은 전투에서 크게 이겼다. 나폴레옹으로서는 처음 맛보는 쓰라린 패전이었다. 그 길로 그는 내리막길을 걸었다.

나폴레옹은 그 보복으로 영국으로 통하는 전 유럽의 항만을 봉쇄하고 해상교통을 엄금하는 대륙 봉쇄령을 내렸다. 그러자 영국 측에서도 유럽의 항만들을 봉쇄해 유럽 여러 나라들이 아메리카를 비롯한 여러 나라와 무역을 하지 못하도록 차단했다.

나폴레옹의 대륙 봉쇄령은 양쪽 모두 극심한 경제란을 겪게 만들었다. 영국보다 대륙이 더 심했고 그 중에서도 러시아가 가장 타격이 컸다. 러시아는 비밀리에 영국과 무역을 재개했다. 그러자 이를 눈치 챈 나폴레옹이 러시아를 응징하기 위해 1812년 겨울, 모스크바 원정을 감행했다. 나폴레옹 원정군은 모스크바에 무사히 입성을 하긴 했다. 그런데 러시아군은 퇴각하면서 가져갈 수 있는 것은 다 가져가고, 가져갈 수 없는 것은 불태워버리는 청야전술을 전개했다.

나폴레옹의 군대는 먹을 것과 잘 곳이 없는 곳에서 추운 겨울을 견뎌낼 수가 없어서 결국 퇴각을 하게 된다. 러시아군은 퇴각하는 나폴레옹의 군대를 기습적으로 공격해 나폴레옹의 군대는 지칠 대로 지쳐 패잔병처럼 되어버렸다. 부상병과 도망병들은 계속 늘어났고 원정군 중에서 살아남아 귀환한 자는 극소수였다. 게다가 오스트리아, 영국, 프로이센 연합군이 이들을 라이쁘니쯔에서 기다리고 있다가 공격을 하는 바람에 나퐁레옹의 군대는 섬멸당할 수밖에 없었다.

나폴레옹은 황제의 자리를 부로봉 왕가 루이 18세에게 내어주고 엘바 섬에 유배되었다. 그러나 일 년 후 나폴레옹은 엘바 섬에서 탈출해 다시 프랑스의 황제가 되어 유럽연합군과 대결한다. 하지만 이미 약해질 대로 약해진 프랑스군은 예전과는 달랐다. 1814년, 브뤼셀 근처에 있는 워털루 평원에서 프랑스군은 영국의 웰링턴 장군이 지휘하는 연합군에게 참패를 당하고 말았다. 그리고 나폴레옹은 대서양에 있는 절해고도인 세인트 헤레나 섬에 유배되어 생을 마감했다.

나폴레옹이 패망하자 오스트리아 수도 빈에서 오스트리아 수상 메테르니히가 주도하는 승전국 회의가 열렸다. 영국의 캐슬러, 나폴레옹을 배반한 프랑스 부르봉 왕가의 대표 탈레강 및 러시아 자르 정권과 프로이센의 대표도 참석했다. 그들은 연미복을 입고 파트너를 바꾸어가며 춤을 즐기다가 휴식시간을 이용해 회의를 열어 나폴레옹이 그어놓은 국경을 바꾸었다. 그들에게는 인민이 무엇을 원하는지가 조금도 중요하지 않았다. 한 나라의 자연과 언어적인 국경이 어떻게 되어 있는지도 실제로 조사하지 않았다. 지도를 펴놓고 인위적으로 국경을 그어버린 것이다.

그리고 나폴레옹의 원정으로 프랑스 병사들을 통해 유럽 전역에 전파된 자유 평등을 이념으로 하는 혁명사상을 억압하고, 왕의 권한을 신으로부터 부여받았다는 왕권신수설에 입각한 군주제를 강화하는 신성동맹을 체결했다.

이때 잘못 만들어진 국경은 1919년 제1차 세계대전 후 체결된 베르사이유 조약에 의해 변경되기 전까지 유지되었다. 한 국가 내에 언어와 문화를 달리하는 민족이 공존하게 됨으로써 모순과 갈등은 심화되었고, 역사의 흐름인 민주화를 후퇴시켰다.

제1차 세계대전이 있기까지 백 년 동안, 유럽은 산업혁명이 절정을 이루었다. 원료 보급과 제품 판매를 위해 식민지 쟁탈전이 벌어지고 이로 인해 민족주의는 더욱더 고조되어 언제 터질지 모르는 화약고와 같았다. 이 모든 것이 나폴레옹이 트라팔가 해전에서 패배했기 때문이다. 그때 나폴레옹이 승전을 했더라면, 세계는 통일된 체제를 유지하며 제1, 2차 세계대전을 거치지 않고 평화적으로 민주화가 되었을지도 모른다.

# 유언의 조작

사람이 죽고 나서 후세에 훌륭한 사람이었다는 말을 듣는 것은 쉬운 일이 아니다. 주위를 아름답게 물들이며 일몰처럼 사라지는 것은, 감히 바랄 수 없는 어려운 일이다. 하지만 적어도 자신의 죽음 때문에 말썽이 일어나는 것은 사전에 막아야 한다. 재산이 없으면 모르되, 그 재산 때문에 자녀들 사이에 분쟁이 일어난다면 재산을 남기지 않고 죽는 것만 못하다.

변호사로서 남의 송사를 맡아서 하다 보면, 부모가 죽고 나서 형제끼리 부모의 유산이 서로 내 것이라며 분쟁하는 것을 종종 보게 된다. 피는 물보다 진한 것이어서 그런지, 그 분쟁 역시 진해서 남보다 더 치열하다. 이런 분쟁은 주로 죽은 부모가 유언을 분명히 하지 아니하여 그런 결과를 가져오게 된다. 그래서 유언은, '분명히', '조작될 수 없도록' 해야 한다. 법률도 유언에는 일정한 형식을 갖추도록 하고 있고, 그런 형식을 갖추지 않는 것은 유언으로 인정하지 않는다.

개인의 유언이 조작되어 분쟁을 일으키는 예도 많지만, 역사상 임금이 자기의 뒤를 이을 임금을 정하지 못하고 있다가 죽게 되자 후사에 관한 유언이 조작되어 나라를 망치는 경우도 있다.

제정로마시대에 다섯 현제 중의 한 사람인 트라야누스의 황후 폴리티나는 재색을 갖춘 미모의 여성이었다. 그는 남편의 부관인 연하의 하이드라누스를 정신적으로 연모하여, 하이드라누스가 황후 덕택에 출세한 것으로 잘 알려져 있다. 그들이 정신적으로만 연인 관계였는지 그 진위 여부와는 상관없이 말하기 좋아하는 사람들의 입에 자주 거론이 되곤 한다.

트리야누스 황제는 서기 117년 파르티아 원정 중에 병이 나서 로마로 귀국하는 도중에 사망했다. 황후 폴리티나는 황제가 죽으며 하이드라누스를 양자로 삼는다고 유언 했다고 증언했다. 그 덕분에 하이드라누스는 황제의 지위를 계승하게 되었다. 그 유언이 조작되었다는 설이 유력하지만 하이드라누스는 훌륭한 황제로 치적을 많이 남겼다.

그러나 동양에서 유언의 조작에 의해 왕위를 물려받은 경우는 그렇지 못했다. 천하를 통일한 중국의 진시황은 태자가 될 장자 부소가 분서갱유를 일으키는 등, 포악한 정치를 하는 자신에게 극간을 하자, 격분하여 수도 함양에서 내쫓는다. 그리고 만리장성을 쌓는데 총감독을 하라며 변방에 있는 몽염 장군에게 보냈다. 진시황이 부소를 몽염 장군에게 보낸 것은 화가 나서 그렇게 한 것처럼 보였지만, 변방에서 대군을 거느리고 있는 몽염이 변심하여 반란을 일으킬까봐 그 감독용으로 보낸 것이었다.

그 후 진시황은 자기가 통일한 천하를 순시했다. 그때 유명한 간신으로 손꼽히는 승상 이사와 환관 조고가 수행했고, 평소 귀여워하던 막내아들 호해가 자원해 동행하였다. 그런데 진시황이 순행 중 갑자기 병이 들어 죽음에 이르게 되자, 조고를 시켜 장자 부소에게 줄 유서를 만들었다.

그 유서의 내용은 '군사를 몽염에게 맡기고 함양에 와서 나의 영구를 맞아 장례를 거행하라.'는 것이었다. 이는 자신의 뒤를 이어 황제가 되라는 유서라 할 수 있는데, 그 유서를 봉함하여 사자使者에게 주기 전에 진사황은 죽고 말았다.

유서와 옥새는 다 조고에게 있었고, 또 아들 호해와 승상 이사 및 환관 대, 여섯 명이 조고와 함께 진시황의 죽음을 알 뿐 그 밖의 신하들은 알지 못했다. 이사는 진시황이 궁궐 밖에서 죽었고 진정한 태자가 없으므로 시황의 죽음을 발표할 경우 예기치 않았던 사태가 발생할 것을 우려하여 국상을 비밀에 붙였다.

그리고 이들 세 사람이 공모하여 유서를 위조하고 호해를 태자로 삼았으며 부소와 몽염에게 죄를 씌워 자결을 명했다. 진시황의 유해가 함양에 이르자 황제의 죽음이 발표되고, 가짜 태자 호해가 2세 황제로 즉위하게 되었다. 진시황의 유해가 함양까지 운구되는 동안 악취를 막기 위해 소금에 절인 생선을 실은 수레까지 동원되었다고 한다.

위조된 유서를 받은 부소는 곧바로 자결하였으나, 몽염은 이를 의심하여 재차 명령을 청문하였다. 그러나 몽염의 출세를 두려워한 조고가 음모를 꾸며 결국 사약을 내려 죽게 하였다.

유서 조작은 그 후의 역사에도 있었다. 중국의 5대 10국시대에 난세를 평정하고 송 제국을 창건한 송 태조 조광윤과 그 다음 황제가 된 송 태종 조광의 사이에도 의심스러운 면이 있다. 송 태조가 병이 들어 임종에 이르자, 황후는 환관 왕계은에게 황자 덕방을 데려오도록 했다. 그러나 송 태조의 동생 광의와 내통하던 환관 왕계은은 이를 먼저 광의에게 전했고, 광의가 바로 달려왔다. 태조는 측근들을 물리치고 광의 즉, 태종에게 후사를 부탁했다고 한다. 그런데 태조가 여러 사람이 보는데서 후사를 부탁해 그 내용에 대해 의문을 갖지 않도록 했어야 하는데, 있던 측근들조차 물리쳤다는 것이 의심스럽기만 하다.

그리고 근거 없는 이야기이긴 하지만, 측근이 밖에서 보니 등불에 비친 두 사람의 그림자 중에서 태종인 듯한 사람이 갑자기 자리를 뜨더라는 것이다. 송 태조가 갑자기 큰 도끼를 끌어당겨 마룻바닥에 우뚝 세우면서 "이렇게 해버리겠다."고 부르짖는 큰소리가 들렸고, 뒤이어 태조가 숨을 거두었다는 것이다.

이처럼 왕위 계승에 관한 유언 조작은 우리나라 역사에도 있다. 고구려 9대 고국천왕이 그 뒤를 이을 아들 없이 급사했다. 왕비 우 씨는 자신의 앞날을 생각해봤다. 그리고 왕의 죽음을 밖으로 알리기 전에, 자신이 후계자를 골라 그의 아내가 되어 계속 왕비의 자리에 있어야겠다고 결심했다.

그녀는 곱게 단장하고 고국천왕의 바로 아래 동생인 발기에게 밤중에 달려갔다. 그리고 "왕이 아직 후사가 없으니 그대가 뒤를 이어야겠습니다."라며 왕이 되어 자신을 왕비로 삼도록 은근히 조건을 내세웠다. 그러나 발기가 왕이 세상을 떠난 줄 모르고, "왕의 후계자는 모든 중신들이 모여 왕이 선포해야 하는 것이니 경솔하게 이 자리에서 의논할 수 없소. 더구나 이 밤중에 부인의 몸으로 함부로 찾아오니 어찌 예절이라 하겠소."라고 대답하자, 왕비 우 씨는 무안하고 화가 나서 그 길로 셋째 시동생 연우의 집 대문을 두드렸다.

연우는 의관을 갖추고 형수를 안으로 모시어 술자리를 베풀었다. 왕비 우 씨는 그 자리에서 "대왕께서 돌아가셨는데 아들이 없으므로 순서

대로 하면 발기 시동생이 대를 이어야겠지만, 그가 나를 싫어하니 그대가 대를 이어주면 좋겠다 싶어서 이렇게 찾아왔습니다."라고 했다.

이에 연우가 극진히 왕비를 대접했다. 친히 칼을 잡고 고기를 썰다가 손가락을 다치니, 왕비는 자신의 치마끈을 끊어 그의 다친 손을 싸매어 주며 정의情義를 표했다. 왕비 우 씨는 시동생 연우와 함께 왕의 사후처리에 관해 의논했다. 그리고 죽은 왕의 유언을 조작해 연우가 왕이 된 다음, 형수를 왕비로 맞아들이기로 약속했다. 시동생과 형수 사이가 부부로 돌변해 함께 궁으로 돌아왔다.

다음날 왕비 우 씨는 신하들을 소집한 자리에서 선왕의 유언이라고 하며 연우를 왕으로 세우고 자신이 왕비로 앉았다. 이에 발기가 노하여 군사를 동원해 궁성을 포위하고 소리쳤다. "형이 죽으면 그 다음 서열에게 왕위가 돌아가는 것이 순서인데, 너는 이를 무시하였으니 큰 죄악이다. 속히 나와라. 그러지 않으면 쳐들어가 목을 벨 것이다."

그러자 고구려 10대 산상왕이 된 연우는 성문을 굳게 닫고 발기와 대치해 사흘 동안 싸웠다. 그 결과 발기 군사의 전세가 불리해지게 되자, 발기는 요동으로 달아나 요동 태수 공손도에게 하소연을 했다.

"나는 고구려왕 남무의 동복 아우입니다. 남무가 아들 없이 죽자, 아우인 연우가 왕비 우 씨와 공모하여 임금이 되었습니다. 이는 천륜을 어긴 것이므로 그들에게 항거했는데 그만 패하고 말았습니다. 내가 너무 분해서 상국에 왔는데 군대를 빌려주면 그들을 평정해 고구려가 상국의 속국이 되도록 하겠습니다."라고 하자, 요동 태수가 발기의 부탁을 들어주었다.

이리하여 발기가 요동 군사를 이끌고 고구려로 쳐들어오자, 연우는 막내 동생 계수를 선봉장으로 내세워 형의 군사를 막게 했다. 두 형제의 싸움은 계수가 이끄는 고구려의 승리로 끝났다.

계수는 패잔병과 함께 달아나는 형을 생포했다. 생포된 발기는 동생 계수에게, "너는 어찌 형제간의 의리를 모르고 왕위를 도둑질한 자의 편을 드느냐?"고 하자, 계수는 "연우 형이 왕위를 사양하지 않은 것은 도리가 아니라고 생각하오. 그러나 형이 노하여 적국과 짜고 조국을 멸망시키려 했으니, 그것은 무슨 도리이고 선조들에게 무슨 면목이 있는 짓이요?"하니, 발기는 부끄러워 냇가에 가서 자결했다.

왕비 우 씨의 유언 조작이 없었더라면, 왕위 계승이 정상적으로 이루어졌을 것이고 골육간의 상쟁도 없었을 것이다. 이는, 이사 조고가 담합하여 진시황의 유언을 조작해 마땅히 황제의 지위를 승계하게 될 장자 부소를 자결케 하고 아둔한 호해가 황제로 즉위케 함으로써 천하를 통일한 진나라가 곧 망하게 된 것과 그 궤를 같이 한다.

유언은 그 말한 주체가 죽었으므로 진위를 캐기가 어려울 것이라는 생각에, 조작하고 싶은 유혹을 떨쳐내기 어렵다. 그러나 조작하려는 사악한 사람들은 반드시 비극적인 결말을 맞게 된다. 그래서 임금이 임종을 할 때는 가급적이면 여러 대신들을 현장에 있게 한 후 유언을 했다고 한다.

# 악독한 여제들

"일부함원—婦含怨은 오월비상五月飛霜이다."라는 말이 있다. 여자에게 한을 품게 하면 오월에 서리를 맞는다고 했다. 한 맺힌 여자가 최고의 통치자가 되어 매섭고 악랄한 짓을 한 예가 역사에 있다.

그 첫째로 중국 한나라 여 태후를 보자.

동양 역사학의 원조인 사마천이 쓴 사기는 시대 순으로 쓰는 편년체를 택하지 않고, 인물 유형별로 쓰는 기전체를 택했다. 천하를 지배한 황제들의 전은 '본기'에 기록하고, 지방 정권인 제후의 전은 '세가'에 기록하며, 그 밖의 인물전은 '열전'에 기록하는 형식을 취한 것이다.

그런데 '본기'를 보면 한나라 유방 고조 뒤에 황제가 된 이는 고조의 아들 혜제 영이었는데도 혜제 본기라 하지 않고 고조의 황후로서 태후가 된 '여후 본기'라 하였다. 사마천이 형식보다 실질적인 무게를 중요하게 생각했으며, 실질적으로 황제 역할을 한 사람이 혜제가 아닌 여 태후였기 때문이다.

여후는 고조가 살아 있을 때도 정치에 관여했다. 한나라가 천하를 통일하기 전에 고조 유방의 충복으로 혁혁한 공을 세운 충신들이 통일 후에 부담스러운 존재가 되자 이를 제거하고자 했는데, 이때 앞장 선 사람이 여 태후였다. 그때 희생된 사람은 한신, 팽월, 경포 등이다.

고조가 죽고 혜제가 황제가 되자 여 태후는 자기가 낳지 않은 고조의 아들들을 악랄한 방법으로 죽이고, 친정 식구들을 요직에 앉혔다. 여 태후가 한 악랄한 짓은 말할 수 없이 많지만, 그 중 대표적인 것만 적어 보기로 한다.

고조가 죽자 여 태후가 제일 먼저 떠올린 사람은 고조가 사랑한 척 부인이었다. 척 부인으로 말미암아 자신이 낳은 아들이 태자 자리에서 폐할 뻔 했고, 자신의 제부가 죽을 뻔 했던 일을 생각하니 절로 화가 났다. 사실, 고조가 죽자 가장 난감해진 사람은 척 부인이었다. 여 태후는 많은 지지자들을 포섭하고 있는데다 태후로서 막강한 힘을 가지게 되었는데 비해, 척 부인은 유일한 배경이었던 고조가 죽자 그야말로 고립무원이었다.

시앗을 보면 '돌부처도 돌아앉는다.'라는 말이 있듯이 여 태후는 남편 유방이 척 부인만 좋아해 젊은 날 독수공방이었던 것을 생각하니, 척 씨와 척 씨가 낳은 아들 조왕 여의를 그냥 둬서는 안 되겠다는 생각이 들었고, 이를 바로 실천하기로 했다. 잔인하게 오랫동안 고통스럽게 죽이기로 작정한 것이다. 여후는 우선 척 부인을 영항후궁들의 거처에 가두었다. 그리고 척 부인 머리를 깎이고 재갈을 물렸으며 죄수복을 입고 방아를 찧는 벌을 내렸다.

그리고 척 부인을 가둔 여후는 척 부인의 아들 여의를 장안으로 불렀다. 여의는 조나라 왕으로 조나라에 가 있었다. 고조는 자신이 죽으면 여후가 여의를 해칠 것이라 생각했다. 그래서 그 방어책으로 중신인 건평후 주창을 조나라 재상으로 여의 곁에 두게 했다. 여태후가 여의를 부르자, 주창은 주상이 아파서 장안에 갈 수 없다고 거절했다. 여후는 주창이 여의 곁에 있는 한, 계획을 실행하기 어려울 것이라 생각하고 주창을 장안으로 소환했다. 이제 주창은 고조 유방의 유명을 구실로 삼아서는, 그에 응하지 않을 수 없었다. 여 태후는 주창이 장안에 이르자 다시 사자使者를 보내어 조왕 여의를 불렀다.

그런데 황제 혜제는 동생 여의와 우애가 남달리 깊었다. 여의가 궁중에 들어오면 여 태후에 의해 살해될 것을 알고, 여의가 궁에 도착하기 전에 먼저 자기가 밖으로 나가 여의를 데리고 들어와 침식을 같이 했다. 여 태후는 황제가 조왕 여의를 끼고 도는 바람에 좀처럼 기회를 잡지 못했다. 그러던 어느 날 황제가 아침 일찍 사냥을 나갔다는 것을 알게 됐다. 여의가 너무 어려서 사냥에 데려가지 못한 것이다. 여 태후는 기회다 싶어 사람을 시켜 여의를 데려오게 해 권하는 술에 독을 넣어 여의를 즉사 시켰다.

그리고 여후는 영항에 있는 척 부인을 끌고 오도록 했다. 여 태후는 척 부인의 두 손과 두 다리를 끊고 눈을 빼고 귀를 잘라 귀머거리로 만든 다음, 약을 먹여 벙어리로 만들었다. 그리고 변소에 갖다 놓고 인체人彘 인간 돼지라고 불렀다.

며칠 후 여 태후는 이 인체를 아들인 황제 혜제에게 보였다. 혜제는 이 인간 돼지가 척 부인임을 알고 충격을 받은 나머지 병이 들어 병석에 드러눕게 되었다. 혜제는 사람을 시켜 여 태후에게 자신의 심정을 털어놓았다. "이것은 인간으로서 차마 할 짓이 아닙니다. 나는 어머님의 아들로서 양심상 도저히 천하를 다스릴 수 없습니다." 혜제는 정치를 태후에게 맡긴 후, 술과 여자를 가까이 하다가 일찍 죽었다. 그리하여 여 태후는 황제처럼 국정을 제 마음대로 휘두르게 되었다.

그런데 이러한 여 태후를 성희롱하는 사람이 있었다. 흉노 선우흉노 대장을 가리키는 호칭였다. 그가 사신 편에 서신을 보냈는데 그 내용이 매우 외설적이었다. "고독에 번민하고 있는 나는 늪지대에서 나서 말이 마구 달리는 평원광야에서 자랐다. 이따금 국경을 넘어 중국에서 노닐기를 원했다. 지금 폐하여태후도 혼자의 몸이고 나 또한 혼자 있어 두 임금이 모두 쓸쓸하니, 우리 있는 것으로 없는 것을 바꾸는 것이 어떠하리." 한마디로 요약하면, 혈기가 넘쳐 욕정을 견디지 못하겠고 여 태후 당신도 과부가 되어 그럴 것이니 기회를 보아 잠자리를 같이 하자는 능멸과 조롱이 섞인 글이었다.

여 태후는 화가 나서 당장 흉노 사자使者의 목을 베고 싶었으나 차마 그러지 못하고 제신들을 불러 논의해 보았지만, 뾰족한 수가 없었다. 고조 때 고조가 직접 40만 대군을 이끌고 흉노를 정벌하러 갔으나 오히려 포위되어 수모를 당하고 도망 온 적이 있기 때문이다. 무시무시한 여태후도 흉노 선우만을 어찌할 수가 없었다.

이번에는 당나라 측천무후를 살펴보기로 하자.

측천무후는 성은 무이고 이름은 조인데 궁에 들어온 후 미랑이라고 불렀다. 궁녀로 들어와 황후가 되었으며, 중국 한족 중에서 유일하게 황제 자리에 등극한 여인이었다. 측천무후의 아버지는 원래 목재상이었으나 나중에는 당나라를 개국한 고조 이연에게 가서 관리가 되었다. 측천무후인 무조는 명문 귀족 출신은 아니었지만, 총명하고 아름다운 자태로 사람들의 관심을 끌었다.

무조는 열네 살 되던 637년에 당 고종의 아버지 당태종의 후궁으로 입궁했다. 후궁 중에서도 서열이 낮은 재인이었는데, 태종이 죽자 관례에 따라 감업사 비구니로 출가했다. 그런데 무조가 다시 태종의 아들 고종의 후궁으로 입궁하게 된 경위에 대해서는 두 가지 설이 있다.

하나는 무조가 태종의 후궁으로 있을 때, 태종이 늙어 곧 죽을 것 같아 보이자 장차 황제가 될 태자 치고종를 유혹했는데, 고종이 황제가 되자 무조가 그리워 감업사에 가서 무조를 데려왔다는 설이다. 또 다른 설은 고종의 황후인 왕 황후가, 고종이 후궁인 소 숙비를 총애하여 자신을 멀리하니 무조를 시켜 이를 끊기 위해 입궁시켰다는 것이다. 필자는 이 두 가지 설이 다 옳다고 생각한다.

무조는 환궁하자 온갖 방법을 다 써가며 고종을 유혹했고, 총애를 받게 되어 소의가 되었다. 이제 궁에서 자신보다 윗자리에 있는 여자는 황후를 비롯해 다섯 명뿐이었다. 머리 회전이 빠른 무조는 왕 황후와 황제의 아들까지 낳은 소 숙비가 황제의 총애를 두고 치열하게 다투고 있다는 사실을 간파했다. 그리고 자기가 궁에서 살아남기 위해서는 이 두 사람의 갈등을 이용해야 한다는 것을 직감했다.

무조는 양쪽을 때리고 어르다가 결국에는 두 사람 모두에게 치명타를 입히고 자신은 어부지리를 얻는 방법을 택하기로 했다. 그런데 소 숙비는 자신이 넘어뜨릴 수 있는 상대라고 판단했지만, 황후는 배경이 막강해 지금 자신의 처지로는 범접할 수 없다는 것을 알았다. 그래서 우선 황후의 편이 되어 먼저 소 숙비를 거꾸러뜨리기로 결심했다.

그녀는 왕 황후에게 손톱만큼도 예의에 어긋난 언행을 하지 않았다. 황제가 침소에 찾아오면, "황후마마가 혼자 이 밤을 외롭게 지낼 것을 생각하니 신첩은 도저히 폐하를 맞이할 수 없습니다."라고 하면서 황후전으로 돌려보내는 등, 능수능란하게 연극을 했다.

왕 황후는 무조를 전폭적으로 신뢰하기 시작했다. 무조는 틈만 나면 고종에게 황후에 대한 소 숙비의 무례함을 비판했다. 고종은 소 숙비가 점점 미워졌고 왕 황후의 비호를 받는 무조가 더 좋아져 그 사이에 황자까지 낳았다. 황자를 낳고 측근이 생기게 되자 무조의 지위는 견고해졌다. 그러자 무조는 황후에 대한 소 숙비의 무례함을 탓하며 소 숙비를 탄핵해 유배를 보내게 했다. 이제 다음 차례는 왕 황후였다.

그러나 왕 황후는 여전히 지위가 견고했고, 황후 역시 무조를 견제하기 시작했다. 무조가 임신을 하고 인맥을 형성하기 위해 여러 수단을 강구하고 있다는 사실을 알게 된 것이다. 왕 황후는 그녀와 싸워서 이기지 않으면 소 숙비처럼 될지 모른다는 것을 직감했다.

왕 황후는 재상으로 있는 외삼촌 유석, 조정 원로대신 장손무기, 저수량 등과 상의했다. 그리고 그들이 고종에게 청하여 출신이 미천한 유씨 소생 열 살 된 연 왕을 태자로 봉하게 해서 무조가 낳은 아들이 태자가 되는 것을 차단했다. 무조는 황후를 물러나게 할 계획을 강구했다. 그러나 고종은 황후에 대한 정이 식어버리기는 했지만, 국모를 폐할 생각은 없어 보였다.

그러던 어느 날, 무조가 딸을 낳자 황후가 위로를 해주러 방문했는데, 무조는 황후가 가자마자 갓난아이를 질식시켜 죽이고 이불을 덮어놓았다. 그리고 고종이 처소에 오자 웃는 얼굴로 황제를 맞이했다. 그리고 아이가 죽은 것을 발견한듯이 놀라며 울부짖었다. 고종은 좌우 시중들에게 무슨 일이 있었느냐고 묻자, 시중들은 황후께서 방금 다녀가셨을 뿐이라고 대답했다.

고종은 황후가 내 딸을 죽였다며 크게 노했다. 무조는 울면서 황후의 온갖 죄상을 지어내어 고해 바쳤다. 황후는 변명할 길이 없었다. 고종은 황후를 폐위할 마음을 먹고, 여러 차례 중신들 앞에서 거론했지만 장손무기 등의 중신들이 강경하게 반대하여 뜻을 이루지 못했다.

그러나 처세에 능한 사람들은 고종의 마음이 무조에게 옮겨간 것을 알아채고 무조 편에 섰다. 무조 역시 그들을 적극적으로 포섭해 자기 사람으로 만들었다. 대표적인 인물로 후세에 곡필가로 이름을 날린 허경종을 비롯해 이적, 최의현 등이 있었다.

폐후 찬반으로 조정이 시끄러워지자, 이적은 고종에게 "폐비 여부는 폐하의 사생활 문제인데 어찌 조정 중론으로 결정하려 하십니까?"라고 했다. 이 말은, 오늘날에 비추어 보아도 극히 타당한 말이다. 고종은 용기를 내어 사생활이니 경들은 왈가왈부하지 말라고 하며 폐비를 선언했다.

그리고 얼마 후 영휘 6년655년, 무조는 황후가 되었다. 이제 무조는 측천무후가 된 것이다. 측천무후는 황후에 등극하자마자 장손무기 등, 자신을 반대한 신하들을 다 유배 보내고 죽였다. 무후에게 잘못 보이면 죽는다는 것을 알게 되자 아무도 거슬리는 말을 하지 못했다.

그 후 고종은 유배를 보내긴 했으나 왕 황후와 소 숙비가 불쌍해서 유배지로 방문을 하려고 했다. 그러나 이 소식을 들은 무후는 두 여인을 곤장 백 대를 치고 손발을 잘라, 여 태후와는 달리 술독에 넣어버렸다. "두 계집년의 뼈가 흠뻑 취하게 하여라."고 했다고 한다.

며칠이 지나 두 사람이 죽자, 무후는 그 시체를 다시 베었다고 한다. 무후는 그때까지 황태자로 있던 유 씨 소생 태자 이충을 폐하고 자신이 낳은 다섯 살 된 이홍을 황태자로 책봉했다.

이홍은 곱게 자라서 그런지 마음이 고왔다. 이홍은 소 숙비가 낳은 배다른 누나들이 서른이 넘도록 시집을 가지 못한 것이 딱해보였던지 황제에게 누나들을 시집보내달라고 건의했다. 그러자 무후는 어미 마음도 모르는 놈이라면서 태자 자리에서 폐하고 죽여 버렸다. 그리고 옹왕 이현李賢을 새롭게 황태자로 책립했다.

이현李賢은 무후가 출산한 것으로 되어 있지만 무후의 언니 한국 부인이 과부가 된 후 궁중에 드나들다가 고종과의 사이에서 낳은 아들이다. 그런데 소문이 날까봐 무후가 언니를 죽였다는 소문이 자자했다. 황태자가 된 이현李賢은 학식이 풍부하고 훌륭한 인물이었다. 그러나 자신의 출생에 대한 비밀을 알게 된 것 같은 낌새가 보이자, 무후는 이현李賢을 태자 자리에서 폐하고. 자신의 일곱 번째 아들 이현李顯을 태자로 책봉했다.

이처럼 측천무후는 자존심을 건드리거나 권력 유지에 장애가 되겠다 싶으면 자식이라도 가차 없이 죽였다. 심지어 황후라고 하면 황제와 지위에 차이가 있는 것처럼 보인다며, "황제나 황후라 하지 말고 천제, 천후라고 하라."고 했다.

그리고 지금까지는 아버지가 죽으면 삼 년, 어머니가 죽으면 일 년 동안 상복을 입었는데, 아버지, 어머니 다 삼 년 동안 상복을 입도록 했다. 또, 말을 탈 때에도 남자는 두 다리를 벌리고 타고, 여자는 두 다리를 가지런히 하여 말 등에 걸쳐 앉았는데, 여자도 다리를 벌리고 타게 했다. 무후가 그때부터 남녀평등을 구현했다고 볼 수도 있다.

고종은 측천무후의 악랄함에 질려 재상 상관의와 모의하여 무후를 제거할 것을 계획한다. 그러나 무후는 밀고가 거짓으로 판명되어도 밀고자를 처벌하지 않는다는 규칙을 만들어 권력 유지에 이용해 왔던 터라, 누군가의 밀고로 황제가 자신을 제거하려고 모의 중이라는 것도 알게 되었다. 무후를 제거하고자 했다는 것이 탄로가 나자 고종은 모든 책임을 재상인 상관의에게 돌리고 자신은 빠진다. 상관의와 그 측근들은 이 일로 몰살을 당했다.

고종이 죽고683년 이현李顯이 즉위하니, 이가 바로 중종이고, 무후는 황태후가 되었다. 중종은 황후 위 씨의 말을 듣고 위 씨의 아버지를 문하시중으로 임명했다. 그러자 태후인 무후는 아들이 계집 말에 놀아난다며 인사권을 침범당한 것을 불쾌해하며 중종을 폐하고 여덟 째 아들 이달을 황제로 옹립하니, 그가 예종이다.

예종은 여러 사람이 죽고 형 중종이 폐위되는 것이 모두 무후에게 못 보여서 된 것임을 알고 모든 정치 문제는 태후인 측천무후에게 맡기고 자신은 구경만 했다. 측천무후는 국정을 혼자서 독단하면서 인사권도 마음대로 전횡하면서 북방계 민족 출신인 황족과 개국 공신의 후예들을 모두 몰아내고 자기친정 무 씨 일족과 한족 중심으로 요직을 메꾸었다. 어찌 보면 개혁 정책을 실행했다고도 할 수 있다.

드디어 측천무후는 군신들의 청원에 응한다는 형태로 제위에 올라 성신 황제라 칭하게 되었고 국호를 '주'로 고치고 연호를 '천수'로 정했다.690년 이름뿐인 당나라 예종은 성을 무 씨로 고치고 태자가 되었다. 참으로 기묘하게 중국 역사상 전무후무한 여황제가 탄생한 것이다.

그리고 15년 후, 황태자는 일전에 폐립되었던 중종 이현李顯으로 바꾸었다. 황태자 문제는 미묘한 것이어서 친정조카인 무 씨 무승사와 무삼사가 그 지위를 두고 다투었으며 늙은 측천무후도 동요했던 것 같다.

하지만 재상 적인걸이 조카가 고모의 후사가 되어 제사를 모신다는 것은 고대로부터 들어본 적이 없다면서 반대했다.

측천무후가 말년에 미소년 장역지, 장창종 두 형제를 가까이 두고 총애했으므로 이 두 사람이 거리낌 없이 궁궐을 활보하며 권세를 휘둘렀다. 황태자의 아들이고 무후의 손자인 이중윤은 그 때 열아홉 살이었다. 이중윤은 젊은 나이에 정의감이 불타올라 누이동생인 영태군주의 남편이요, 측천무후의 조카인 무승사의 아들 무연미와 더불어 장 씨 형제를 비판했다.

그러자 측천무후가 이 사실을 알고 이중윤과 무연미 부부를 모두 죽여 버렸다. 장 씨 형제가 자신과 무슨 관계이기에 그들을 흉봤다는 이유로 혈육을 죽이기까지 했는지 이해가 잘 되지 않는다. 그래서 사람들은 장 씨 형제가 측천무후의 성희롱 감이었다고 말하기도 한다. 또 어떤 사람은 무후가 장 씨 형제를 알게 된 것이 일흔 살 넘어서인데 그런 불륜관계를 맺었을 리가 없다고 하니, 각자의 생각에 맡길 뿐이다.

측천무후도 나이가 많아지니 정신이 혼미해졌다. 그 때 여든 살이었던 재상 장간지는 결심했다. 먼저 군대 지휘관을 자기편으로 끌어들여 만전의 태세를 갖추었다. 그리고 황태자를 옹립하여 무후가 있는 장생전으로 향했다. 복도에서 장 씨 형제를 칼로 쳐 죽이고 측천의 병실로 들어가 장 씨 형제가 모반하여 주살했다고 아뢰었다. 그리고 연이어 퇴위를 재촉했다.

반세기에 걸쳐 군림한 여걸도 나이가 늙고 병이 드니 어쩔 수 없었다. 그해 정월에 퇴위 당하고 2월에 당의 국호가 부활되어 무 측천무후의 주나라는 물거품처럼 사라졌다. 그리고 그해 12월, 측천무후는 죽었다. 그때 무후의 나이가 일흔일곱 살이라는 설도 있고 여든 셋이라는 설도 있다.

일대를 풍미했던 통 크고 남다른 지모를 지닌 풍운의 여걸은 죽음을 앞두고 마지막 모략 하나를 구사했다. 그것은 남편 고종 무덤 옆 무후의 무덤에 있는 무자비無字碑다. 무후는 생전에 그 비에 글자를 새기지 못하게 했다. 그 이유는 치적이 너무 많아 다 쓸 수 없어서 그렇게 했다는 설과 자기의 치적은 후세 사가들이 평가할 것이므로 그들에게 맡기기 위해 그렇게 했다고 설이 있다. 지금은 마모된 비문이 있지만, 그 뜻은 알 길이 없다. 비문 중에는 여진 문자도 있다.

어떤 역사가들은 측천무후시대에 정국이 안정되고 서민생활이 비교적 윤택했던 것과 측천무후의 몇 가지 치적을 두고 높이 평가하기도 한다. 그러나 남편을 핍박하고 혈육을 마구 죽이고 국호마저 없애고 자신이 황제가 된 그런 여인은 통치자 이전에 한 인간으로서 있을 수 없는 살인마이므로 절대로 높이 평가해서는 아니 될 것이다.

다음은 청나라 서태후를 보자.

서태후는 몰락한 만주 귀족 가문에서 태어났다. 자랄 때 가난해 고생을 했지만 야망이 있었다. 서태후는 약혼한 남자가 있었지만 결혼을 포기하고 열일곱 살에 궁녀 선발에 응하여 궁녀가 되었다. 황궁에 들어간 서태후는 황제의 총애를 받기 위해 일 년 동안 노력했다.

그녀는 황제의 내시들에게 부탁해 황제를 자신이 있는 곳으로 안내하게 한 후, 미리 연습해둔 황제가 좋아하던 노래를 불렀다. 산책을 하던 황제가 은은한 노래 소리를 듣고 그 소리가 나는 곳으로 가보니 아름다운 자태의 궁녀가 사색에 잠긴 채 노래를 부르고 있지 않은가. 이

것이 계기가 되어 서태후는 함풍 황제와 가까워졌다. 서태후로부터 뇌물을 받은 환관들은 황제가 짬이 있을 때마다 산책을 권해 서태후가 있는 곳으로 안내했는데, 황제 역시 이를 싫어하지 않았다.

그러다가 정비나 다른 후궁들이 하지 못했던 황자를 출산하게 되자 그 일을 계기로 서태후는 갑자기 두각을 나타내게 되었다. 서태후는 그 후 48년 동안 권력을 휘둘렀다. 함풍 황제가 죽고 그의 외아들인 동치 황제가 즉위하니, 서태후는 황비에서 황태후가 되었다. 함풍 황제의 황후 동태후는 동쪽에 거처가 있었고, 서태후는 서쪽에 거처가 있어서 서태후라 불렀다고 한다.

즉위한 동치 황제 나이가 여섯 살밖에 되지 않았기 때문에 두 태후는 수렴청정을 하기 시작했다. 두 태후의 태도는 대조적이었다. 서태후는 야심가였으며 정치에 관심이 많았고, 동태후는 정치에 흥미가 없었다. 인자하고 분별력 있는 동태후는 정비로서의 권위도 있어서 황제를 비롯한 대신들 사이에 서태후보다 신망이 두터웠다.

서태후는 동 태후를 질시했다. 동치 황제가 자라 열일곱 살이 되면 두 태후는 섭정을 끝내고 물러나기로 했다. 그러나 서태후가 계속 정치에 간섭하며 황제를 괴롭히니, 황제는 인자한 동태후를 좋아하고 서태후를 멀리했다. 그리고 황후를 택할 때에도 서태후가 추천하는 여인은 거절하고 동태후가 추천하는 여자를 선택했다. 서태후는 자기가 낳은 자식에게조차 무시당했다는 모욕감을 견디기 어려웠다.

그러던 어느 추석날 두 태후는 궁중에 있는 사람들을 거느리고 함풍 황제의 능에 가서 제사를 지냈다. 제사를 지낼 때 동태후는 서태후에게 한 발짝 뒤에 서라고 했다. 자신은 함풍황제의 황후이고 서태후는 그보다 서열이 낮은 황비였기 때문이다. 그것은 당연한 일인데 서태후는 수모를 당했다며 앙심을 품고 동태후를 죽여야겠다고 결심했다.

그러나 서태후는 동태후를 함부로 어찌 할 수 없었다. 함풍제가 서태후 성질을 잘 알고 있었으므로 자신이 죽고 나서 서태후가 황제의 생모라는 것을 내세워 동태후를 해할 것을 예상하고, 그 방책으로 밀서를 써서 동태후에게 준 것이다. 그 밀서에 의하면 함풍제 자신이 특별히 부탁한 심복들이 있으니, 동태후가 위급하면 그 심복들과 상의하여 서태후를 죽이라는 것이었다.

서태후는 그 밀서 때문에 골머리를 앓고 있었는데 마침내 기회가 왔다. 동태후가 감기가 걸려 앓고 있다는 소식이었다. 서태후는 동태후 문병을 갔다. 동태후는 문병 온 서태후의 허벅지에 붕대가 감긴 것을 보고 그 연유를 물었다.

서태후는 눈물을 흘리며 "태후마마가 편찮으시다는 소식을 듣고 안타까워 점을 쳤더니, 그 점쟁이가 탕약에 사람의 살을 떼어 섞으면 병이 곧 나아질 거라고 했습니다. 그래서 신첩이 살을 떼어 태후마마 탕제에 넣었는데 마마의 병이 호전되었다는 소식을 들으니 기쁘기 그지 없습니다."라고 했다.

마음이 약한 동태후는 감동해서 눈물을 흘리며 태후가 이토록 나를 생각하는데 무엇으로 보답하겠느냐고 하면서 함풍제가 준 밀서를 불살라 버렸다. 그 후 다시 동태후가 아파서 자리에 눕게 되자, 서태후가 약을 지어 보내왔다. 동태후는 아무 거리낌 없이 그 약을 먹었다. 그리고 며칠 지나지 않아 죽었다.

동태후가 죽었다는 소식이 전해지자 많은 사람들이 이를 믿지 못했다. 동 태후가 죽을병이 든 것이 아니었기 때문이다. 서태후는 동 태후를 제거하고 나자 아들 동치 황제의 황후를 겨냥했다. 황후를 선택할 때 자신의 뜻을 따르지 않은 것을 두고 황후를 핍박했으며 황제와 자주 만나지 못하게 했다.

황후를 만나지 못하는 사이, 동치 황제는 밤이면 변복을 하고 사창가에 드나들었고 성병이 걸려 죽고 말았다. 아들이 죽자 서태후는 자신이 계속 수렴청정을 하기 위해, 남편을 핍박했다는 죄를 둘러씌워 동치 황제의 황후를 죽였다. 그리고 세 살밖에 안 되는 광서 황제를 황제의 자리에 올려놓고 수렴청정을 계속했다. 광서 황제는 함풍제의 동생과 서태후의 여동생 사이에서 태어난 아이다.

광서 황제가 열아홉 살이 되자 정치에 눈을 뜨게 되었다. 그는 개혁을 하기 위해 강유희, 양계초 등과 상의하여 입헌군주제로 체제를 바꾸고, 서태후 세력을 제거하기 위한 무술변법戊戌變法을 실시하고자 했다. 그러나 함께 추진하기로 한 원세개가 배신해 서태후에게 밀고했다.

서태후는 무술변법을 진압하고 광서제를 가택연금 시켰다. 그리고 무술변법에 가담한 강유희, 양계초는 간신히 외국으로 망명했고 나머지는 다 살해되었다. 광서황제는 십 년간 가택연금 상태로 지내다가 1908년 서태후가 죽기 얼마 전에 원세개가 보내준 약을 먹고 죽었다.

서태후는 몹시 사치스럽고 타락한 생활을 했다. 그녀가 축조한 이궁離宮 이화원은 지금도 북경 관광 코스에서 빠지지 않는 곳으로, 인공으로 만든 호수인데도 호수인지 바다인지 헷갈릴 정도로 드넓다. 거기서 파낸 흙으로 산을 만들 정도였으니 놀라지 않을 수 없다.

서태후의 한 끼 식사는 128가지 산해진미로 차려지는데 만 명이 하루에 먹는 쌀값과 맞먹었다 하고, 3천 상자에 이르는 옷을 하루에도 몇 번씩 갈아입곤 했으며, 비취로 식기와 악기를 만들어 사용했다고 한다. 그리고 매일 모유를 먹었다. 저녁마다 아기 엄마 두 사람이 목욕을 한 후 몸을 붉은 천으로 감고 젖만 내놓은 후 침상 옆에서 서태후가 젖을 쉽게 빨 수 있도록 무릎을 꿇고 있었다고 한다.

서태후는 잔혹해서 내시가 실수를 하자 그 내시에게 자신의 인분을 먹여 죽였다고 한다. 또, 음탕해서 건강하고 잘생긴 남자를 매일 밤 침실로 불러 즐긴 후, 그냥 두면 소문이 날까봐 그 남자들을 죽여 버렸다는 설도 있다.

그런 서태후도 한 가지 한이 있었는데 자금성의 정문인 오문의 가운데문을 통과해보지 못한 것이었다. 그 문은 황제만 드나들 수 있으며, 황후도 황제와 결혼하는 날 가마를 타고 들어갈 수 있는 문이다. 서태후는 48년 동안 중국을 통치했지만 결국 황제도 황후도 아니었다.


다음으로 서양의 경우를 보자.

여성이 억압당하는 동양과는 달리 서양은 비교적 여성의 지위를 인정해 한 맺힐 일이 덜했는지 동양처럼 악랄한 여제들이 없었다. 굳이 있다고 하면 러시아의 예카테리나 2세 여제 정도이다.

러시아 최고 전성기는 17세기 말부터 18세기 초까지 표트르 대제가 통치하던 시대이다. 표트르 대제가 후계자를 지목하지 못하고 죽은 후, 황제의 왕관은 황족들 사이에 이리저리 떠돌다가 1741년 그의 딸 옐리자베타 페트로브나에게 돌아갔다. 옐리자베타는 조카인 독일 홀슈타인가의 카를 울리히 공자표트르 3세를 후계자로 지명했다. 그리고 표트르

공자의 배필로 독일 안하르트 체르포스트 공의 딸 소피아를 자신이 직접 뽑았다. 이 처녀가 바로 예카테리나 2세이다.

예카테리나는 명석하고 열정적이며 의지가 굳센 여걸이었다. 그녀는 러시아어를 익히고 러시아에 대한 해박한 지식을 갖추었다. 그에 반해 그녀의 남편 표트르는 주정뱅이인데다가 행동이 천박하기 짝이 없었다. 남편을 경멸했던 예카테리나는 표트르가 즉위한 후 6개월 만에 쿠데타를 일으켜 그를 폐위시키고 자신이 여제로 등극했다. 그리고 남편 표트르를 죽였다.

예카테리나 여제의 지시에 따라 앞장서서 쿠데타 계획을 실천에 옮긴 사람은, 여제의 애인이며 근위대 젊은 장교인 오를로프였다. 예카테리나의 애정행각은 유명했다. 그녀는 죽을 때까지 스물한 명의 애인이 있었다고 한다. 여제는 자기의 애인들에게 충성을 요구했고 또 충성의 대가로 토지와 재물을 주었다. 그리고 관계를 끊게 되더라도 중국의 서태후처럼 옛 애인을 죽이지 않고 생활에 불편함이 없도록 정기적으로 은급을 하사했다.

예카테리나 2세는 독일인이고, 남편을 죽였으며, 제위를 찬탈한 여자라는 비난이 두려웠다. 그래서 적극적인 정책을 써서 민심을 얻고자 했다. 그녀는 민족 우선, 자유 확대, 귀족 우대정책을 폈다. 여제는 쿠데타 후에 반란을 진압하는데 공이 큰 귀족과 충신들에게 대규모 서훈을 행하고 농노가 딸린 국유지를 나누어주어 세력을 확장하는 한편, 자신을 반대하는 사람은 철저히 찾아내어 가차 없이 죽였다.

예레테리나 2세 치하에서 러시아는 정국이 안정되고 경제적으로 여유가 있었지만, 여제의 애인들과 황족 및 귀족들에게 사치스러운 생활을 하게함으로써 농민들의 생활은 극도로 비참했다. 그러나 예카테리나 여제의 악랄함은 앞서 말한 중국의 악랄한 여제들에 비추어 보면 그야말로 약과다.

일찍이 괴테는 "여자를 아는 것은 역사의 진실을 아는 것이다. 그 시대를 알려면 그 시대의 여자를 조사해보면 될 것이다."라고 했다. 전제독재를 한 동양과 서양 여제의 차이는 남존여비 사상이 진한 동양과 그렇지 않는 서양의 차이에서 비롯되었고, 이것이 동서양 문명의 차이인 것 같다.

# 후계자 선정

요즘처럼 최고통치권자의 임기가 정해져 있고, 선거라는 방식을 통해 후계자를 선출을 하는 경우에는 통치권자가 후계자 선정에 신경을 쓸 필요가 없다. 하지만 왕조시대에는 후계자 선정이 정말 중요하다. 선정을 베풀고 업적을 남겼다 하더라도 다음 왕이 이를 무시하면 업적은 물거품이 되고 만다. 그래서 왕을 역사적으로 평가를 할 때 후계자 선정이 재위기간 중의 업적만큼 평가 기준이 되어야 한다.

세계에서 후계자를 가장 잘 선정한 최고통치권자는 로마의 카이사르이다. 카이사르가 피살당한 후 봉함된 그의 유언을 개봉했다. 놀랍게도 유언에서 그가 지목한 후계자는 그와 클레오파트라 사이에 낳은 아들 카이사리온이 아니었으며, 충복이었던 안토니우스도 제외되었고, 전혀 예상하지 못했던 누나의 외손자 옥타비아누스였다.

그때까지만 해도 옥타비아누스는 나이가 어리고 두각을 별로 나타내지 않았는데 카이사르는 무엇을 보고 후계자로 삼은 것일까. 옥타비아누스는 로마를 공화정에서 제정으로 바꾸면서 세계를 지배하는 대제국으로 이끌었으니 참으로 멋진 후계자 선정이라 하겠다.

우리나라 조선조에서도 후계자 선정을 잘한 임금으로 3대 태종과 20대 경종이 있고, 후계자 선정을 잘못한 왕으로 조선조를 창업한 태조와

9대 성종이 있다.

태조 이성계는 한 왕조를 창업하였으니 영웅이라 할 수 있다. 그러나 말년에 후계자 선정을 잘못하여 자식들이 왕 자리를 다투느라 골육상쟁을 벌이고 끝내 부자가 전쟁까지 하게 되었다.

태조 이성계에게는 사망한 전처 신의황후 한 씨의 소생으로 훗날 임금이 된 방원을 비롯한 출중한 아들들이 많이 있었다. 그러나 계비 강씨를 총애하여 그 소생인 열한 살 밖에 안 된 방석을 세자로 책봉하였다. 그렇다 보니, 개국에 공로가 있는 방원을 비롯한 전처소생들이 불만을 품어 두 차례에 걸친 왕자의 난이 일어나게 되었다.

결국 세자 방석이 죽자, 태조 이성계는 자신에게 대항하여 왕이 된 태종의 처사에 앙심을 품고 있었던 터라 군사를 동원해 전쟁을 하기에 이르렀다. 이 모든 것은 한 나라를 창업할 정도로 영웅이라 할 수 있는 태조 이성계가 여자로 인해 후계자 선정을 잘못 하는 바람에 비롯된 것이다.

이보다 더 후계자 선정을 잘못한 것은, 성군이라고 일컫는 성종이 연산군을 후계자로 삼은 사실이다. 성종은 첫째 부인인 한명회의 딸 공혜왕후 한 씨가 죽자, 후궁이었던 윤 씨를 왕비로 책봉했다. 왕비가 된 윤 씨는 왕비로 책봉되기 전에 여러 후궁들과 경합했는데, 성종은 윤 씨를 왕비로 책봉한 후에도 그 후궁들과 계속 깊은 관계를 유지했다.

그러자 질투심이 강한 윤 씨는 이를 이유로 부부싸움 끝에 임금의 얼굴에 손톱자국을 남기게 되었다. 지존인 임금의 얼굴에 손톱자국을 남긴다는 것은 크나큰 사건이었다. 이 사건이 터지자, 왕비 책봉 때부터 이를 반대했던 성종의 어머니 인수대비는 왕비 윤 씨의 약점을 잡아 폐비시키고 끝내 사약까지 내려 죽게 한다.

그런데 폐비 윤 씨에게 사약을 내렸으면 그의 소생인 연산군이 세자로 책봉되어 있다 해도 폐세자 해야 할 것인데, 세자 책봉도 되어 있지 않았던 연산군을 굳이 세자로 책봉하게 만든 것이다.

왕이 된 연산군은 그의 생모가 폐비가 된 사연을 알고 복수심이 발동하여 살육전을 전개하였으니 이것이 역사상 유명한 갑자사화이다. 피를 본 연산군은 더욱더 포악해져서 전국 기생을 모아놓은 흥청을 만들어 음탕한 짓을 하는 것을 비롯하여 그가 저지른 폭정과 황음무도한 짓은 쑥스러워 입에 담기조차 어렵다.

결국 연산군은 조선조 스물일곱 명의 왕 중에서 가장 질이 낮은 왕이 되었다. 연산군을 후계자로 선정한 성종은 후계자 선정을 잘못한 임금으로 역사의 평가를 받아야 한다.

이와 반대로 조선조에서 후계자 선정을 가장 잘한 왕은, 조선조 왕 중에서 가장 성군인 세종대왕을 후계자로 지정한 3대 태종이다. 세종대왕은 태종의 셋째 아들이었으므로 처음부터 세자로 책봉되지는 않았다. 큰형님인 양녕대군이 세자였다가 교체가 되었고, 세자로 책봉되고 두 달 후 태종의 양위로 등극하게 되었다.

조선조 역사를 통틀어, 책봉된 세자를 폐한 것은 양녕대군과 사도세자 두 명밖에 없다. 한번 세자로 책봉되면 폐세자 되기란 거의 불가능한 일이었기 때문이다. 그럼에도 불구하고 양녕대군이 폐세자가 된 것은 실록 상으로는 양녕대군이 황음무도하였기 때문이라고 하고, 야사에는 태종이 세자 책봉을 후회하는 것을 눈치 채고 양녕대군이 부모에게 효도하기 위해 거짓으로 황음무도한 짓과 미친 짓을 하여 폐세자의 길을 택하였기 때문이라고 한다.

양녕대군이 세자였던 시절, 실록에 기록된 바와 같이 황음무도하고 지각없는 짓을 한 것만은 사실인 것 같은데, 어떤 의도로 그와 같이 처신한 것인지 의심스러운 점이 있다.

양녕대군이 명나라 사신으로 가서 남긴 일화를 보면, 참으로 멋있게 처신했다는 생각이 절로 든다. 그는 명나라 황제를 만나 그동안 바치던 조공을 줄여달라고 요청했고, 우리나라에 오는 명나라 사신들의 횡포를 자제하도록 부탁했다. 그밖에도 그가 남긴 글씨나 시를 보면, 그렇게 분별력이 없고 지각없는 사람은 아닌 것 같아 보인다. 조선조 재상 중에서 으뜸이라고 할 수 있는 황희 정승이 양녕대군의 폐세자를 극구 반대하다가 귀양 간 사실만 보아도 분명하다.

그렇다고 해서 양녕대군이 왕 자리마저 초월한 출중한 분이었느냐 하면 그건 아닌 것 같다. 그는 수양대군이 왕이 된 후 종친의 어른으로 가만히 있으면 되었을 터인데, 자신을 극구 보호한 세종대왕이 애지중지한 손자 단종을 사사할 것을 앞장서서 세 번이나 상소하였다.

그리고 세자시절에 아버지 태종에게 잘 보이기 위해 태종이 제거하고자 하는 자신의 외삼촌을 밀고하는 등, 교활하게 처신한 점도 엿보인다. 이런 점들을 보면 양녕대군은 권력을 초월할 정도로 큰 사람은 아니었던 것이 확실하다.

양녕대군이 폐세자가 된 것은 아버지인 태종이 첫째 아들인 자신을 세자로 삼은 것을 후회하고, 셋째 아들인 충녕대군을 세자로 삼고 싶어 하는 마음을 눈치챘기 때문이 아닌가 싶다.

태종이 어떤 분이냐. 자신을 세자로 책봉하지 않았다고 쿠데타를 일으켜 형제들을 죽였으며 또 자신의 동복형제와 싸워 조카를 죽이고 급기야 아버지 태조와 갈등을 일으켜 부자간의 전쟁도 불사하는 그런 분이 아니던가. 태종이 결단을 내리면 왕조의 안녕과 번영을 위해 자신과 식솔들의 생명 따위는 문제 삼지 않을 분인 것을 알고 일찌감치 보신의 길을 모색한 것이 아닌가 싶다.

양녕대군은 자신이 거처하는 동궁에 잡인들과 기생들을 불러들여 음탕한 짓을 하고, 사대부의 첩실인 어리라는 여자가 절색이라는 소문을 듣고 월담을 하여 겁탈한 후 대궐로 끌어들여 동거까지 했다. 그리고 아버지 태종에게 들킨 후, 어리를 궁 밖으로 내보내라는 어명을 듣자 '전하는 기생을 불러들여 후궁을 삼는데 신은 그렇게 하지 못할 이유가 어디 있느냐.'고 항의하였다. 이는 '나를 폐세자 시켜달라'는 말이지 무엇이겠는가.

양녕대군은 이처럼 자신의 생명 보존을 위해 스스로 폐세자의 명분을 제공하려고 황음무도한 짓을 하고, 또 이를 질책하는 아버지에게 무례하게 저항했던 것이다. 양녕대군이 폐세자의 길을 걸을 때 자신이 은근히 세자가 되기를 기대했던 둘째 효령대군 역시 승려의 길을 선택했다. 아버지가 셋째 충녕대군을 세자로 책봉하는데 부담을 덜어주기 위해 그렇게 했던 것이 분명하다.

그리하여 태종은 마음에 두고 있던 셋째 아들 충녕대군을 부담 없이 후계자로 선정할 수 있었다. 세종대왕이 조선조 스물일곱 명 임금 중에서 가장 훌륭하다는 것은 말할 필요조차 없다. 태종은 건국 초기에 왕조의 기반을 튼튼히 한 것과 함께, 훌륭한 후계자를 선정한 업적 역시 높이 평가할 만하다.

그리고 후계자 선정을 잘한 왕을 한 분 더 꼽으라면, 조선조 20대 왕인 경종이다. 경종은 재위 기간도 짧고 업적이 별로 없는 왕이라고 하지만, 후계자 선정은 참으로 멋들어지게 잘한 분이다.

경종의 아버지 숙종은 한국판 헨리 8세이고 그의 어머니 장희빈은 한국판 앤 불린이었다. 경종은 세자 때 생모 장희빈이 폐비가 되고 사약을 받고 죽게 되자, 구명을 위해 울며불며 중신들을 찾아다니고 아버지 숙종에게 사정했지만 거절당하고 말았다.

그 후 장희빈을 폐비에 이르게 한 원인을 제공한 숙빈 최 씨의 아들인 연잉군영조으로 세자를 교체해야 한다는 의견이 거론되었다. 그럼에도 불구하고 경종은 몸이 약해 후사가 없자 왕으로 즉위한 후 이복동생인 연잉군을 바로 세제로 책봉했다.

경종에게 연잉군은 정적이라 할 수 있었으므로 왕의 지지파인 소론에서는 연잉군의 세제 책봉을 반대하는 여론을 일으켰다. 연잉군 역시 입장이 난처해 세제 자리를 극구 사양했다. 그러나 경종은 그런 연잉군을 만류하면서 세제는 자신이 적극 보호하겠으니 안심하라고 했다. 경종은 세제가 밤늦게 책 읽는 소리를 듣기 좋아해서 세제에게 들키지 않도록 조심스레 세제의 방 가까이 가서 그의 글 읽는 소리를 듣고 즐거워했다고 한다.

그러나 경종의 즉위를 반대했던 노론은 세제의 대리청정을 주장해 왕이 은근히 실권을 내놓기를 바랐고, 또 왕을 독살시키는 음모를 꾸미기도 했다. 그런데도 경종은 그 음모를 꾸민 사람들만 처형하고, 세제에게는 조금도 화가 미치지 않도록 배려했다. 연잉군은 이복형인 경종의 특별한 비호로 세제의 지위를 유지할 수 있었으며 등극까지 하게 된 것이다. 그리하여 영조는 조선시대 임금 중에서 가장 긴 기간 51년 7개월 동안 재위한 임금이 되었다.

영조는 당쟁을 해소시키는 탕평책과 양민들이 국방의무 대신 납부하는 세금을 감액하는 균역법을 시행하는 등, 많은 업적을 남기는 왕이 되었다. 경종이 이복동생인 연잉군을 깊은 우애로 남다르게 배려해주지 않았더라면 세제 책봉은 불가능한 일이었다.

이처럼 왕조시대에는 세습제로 후계자를 선정하게 되니, 선왕이 누구를 후계자로 지목하느냐에 따라 한 나라의 운명이 달라질 수밖에 없다. 역사적으로 악명 높은 걸왕, 주왕, 로마의 칼리굴라, 네로, 우리나라의 연산군 같은 왕들은 모두 세습제에서 비롯된 산물이다.

핏줄을 중시한 세습제는 문제점이 많아 이를 시정하고자 한 것이 로마 5현제 시대이다. 네르바, 트라야누스, 하드리아누스, 안토니누스 피우스, 마르쿠스 아우렐리우스, 이 다섯 황제가 다스리던 시기에는 핏줄에 의해 제위를 세습하지 않았다. 핏줄과 상관없이 원로원의원 중에서 가장 유능한 인물을 황제로 지명했던 것이다.

청나라에서는 후계자를 선출할 때 저위밀건법儲位密建法 혹은 태자밀건법太子密建法을 사용했다. 순치제가 유조로 황태자를 선출하는 방법에서부터 시작되었는데, 강희제 때 잠정 폐지되었으나, 미리 정해놓은 황태자 윤잉이 옳지 못한 짓을 하자 폐위하고 다시 저위비건법儲位祕建法으로 후계자를 선출하게 되었다.

이는 태자를 끝까지 확정하지 않고 있다가 여러 왕자 중에서 마음에 드는 이가 있으면 이름을 적어 비단 갑에 넣어 밀봉해서 자신이 집무하는 곳의 옥좌 뒤에 '정대공명'이라는 액자를 만들어 넣어두었다가, 변경하고 싶을 때 자신만이 개봉할 수 있게 해놓고 황후를 포함해 어느 누구도 손을 대면 처형하도록 법을 만들어 놓은 것이다. 그리고 황제가 죽으면 여러 사람 앞에서 이를 개봉해 거기 적힌 자가 황제로 즉위하도록 하였다.

이렇게 하니 왕자들이 황제의 마음에 들기 위해 경쟁을 하느라 스스로 자질을 향상시키게 되었다. 강희제 자신은 물론이고 옹정제, 건륭제 같은 명 황제가 뒤를 이어 청나라가 융성해지는데 힘을 보탰다. 도광제, 함풍제 역시 이러한 방식으로 황위에 올랐는데 그 뒤인 동치제 때는 동치제가 함풍제의 유일한 황자여서 저위비건법이 필요치 않았기 때문에 저위비건법을 통한 황위 계승은 더 이상 없었다.

# 출신이 야릇한 황비들

역사에 이름을 남긴 황제의 황후들을 살펴보면, 그 출신이 아름답지 못하거나 기이한 여자들이 더러 있다. 남자가 대범해서 여자의 순결을 대수롭지 않게 여겨서 그런 것인지, 황후가 과거에 사귀었던 남자들과 비교하더라도 자신감이 있어서 그런 것이 아닌가 싶다.

고대 로마가 공화정에서 제정으로 넘어오면서 처음으로 아우구스투스라는 존칭을 받은 초대 황제 옥타비아누스의 황비 리비아를 보자. 리비아는 옥타비아누스보다 다섯 살 어렸지만, 이미 네로 클라디우스와 결혼한 유부녀였고 티베리우스라는 세 살배기 아들을 둔 어머니였다. 둘째 아이를 임신 중이었는데도 옥타비아누스는 그런 것을 아랑곳하지 않고 리비아를 좋아했다.

셰익스피어는 옥타비아누스를 냉혹하고 비정한 남자로 묘사했지만, 옥타비아누스가 리비아를 사랑한 것을 보면 의지와 정열의 소유자였음이 분명하다. 옥타비아누스에게는 임신 중인 유부녀라는 신분도 사랑의 장애가 되지 않았다. 당시 옥타비아누스는 정략결혼을 한 스크리보니아와 이혼한 스물네 살의 독신 청년이었다.

로마의 명문 귀족으로 자존심이 강한 네로 클라디우스는 옥타비아누스와의 담판 끝에 아내를 옥타비아누스에게 양보했다. 그리하여 기원전 38년 1월 두 사람은 결혼했다. 신부 들러리는 전 남편이 맡았다. 결혼 후 석 달 만에 리비아는 아들을 낳았다. 그리고 아들의 핏줄을 존중해 네로 클라디우스 집안에 대대로 내려오는 드라수스라는 흔한 이름을 붙여 주었다.

여기서 이해가 잘 되지 않는 것은 한 여자를 두고 옥타비아누스와 네로 클라디우스가 남자 대 남자로 담판을 벌일 수는 있지만, 여자도 엄연한 인격체인데 리비아가 자신의 남편감을 선택할 권리를 포기하고 남자들의 담판에 자신을 맡겼다는 점이다.

하여간 이러한 과정을 거쳐 옥타비아누스와 리비아는 특이한 결혼을 했다. 그리고 당시 로마 상류층 여자는 재혼을 하면 전 남편의 자식은 데려오지 않는 것이 보통인데, 옥타비아누스는 친자가 아닌 세 살배기 티베리우스와 갓난아기 드라수스의 양육을 자신이 맡았다.

옥타비아누스와 같은 정열적인 남자는 쉽게 정열이 식기 마련인데, 옥타비아누스와 리비아는 당시 로마 상류층에서는 보기 드물게 평생을 해로했다. 그리고 의붓아들 티베리우스가 옥타비아누스의 대를 이어 2대 황제가 되었다.


이제 동로마 황제 유스티니아누스의 경우를 살펴보자.

유스티니아누스는 로마가 잃었던 영토를 회복하고 로마 대법전을 편찬하는 등, 훌륭한 업적을 남긴 황제이다. 그런데 유스티니아누스 황제의 황후인 데오도라는 출신 성분이 황후가 될 수 없는 여자였다. 그녀의 아버지는 원형경기장에서 곰을 다루는 일을 했고 어머니는 곡예사였으니, 도저히 귀족사회로 진입할 수 없는 이력의 소유자였다고 할 수 있다.

곰 아저씨로 불리는 데오도라의 아버지 아카키우스가 죽자, 어머니는 일찌감치 재혼했고 대신 세 딸을 무대에 내보냈다. 딸들은 나이가 듦에 따라 미모가 출중해졌고, 여러 무대에서 공연을 펼치며 사람들에게 즐거움을 선사했다.

큰언니 코미토의 뒤를 이어 무대에 오르게 된 데오도라는 노예 복장으로 머리에 의자를 올리는 등, 자신만의 재주를 뽐내곤 했다. 데오도라는 춤을 추거나 노래를 부르거나 플루트를 연주하지는 못했다. 그 대신 무언극에 탁월한 재능을 가지고 있었다. 익살꾼이나 광대 흉내를 잘 냈으며, 이상한 몸짓과 목소리로 극장에 웃음과 박수 소리가 울려 퍼지게 했다.

무엇보다 데오도라의 인기는 균형 잡힌 몸매와 아름다운 얼굴이었다. 창백해 보이는 얼굴빛은 자연스러웠고 생기 넘치는 두 눈동자는 숨김없이 자신의 감정을 드러내고 있었다. 그녀를 사랑하거나 추종했던 사람들은 한결같이 그녀의 뛰어난 외모를 시나 그림으로는 도무지 표현할 수 없다고 말했다.

그녀의 빼어난 자태가 대중의 눈에 노출되자 음탕한 욕정을 빌미로 뭇사람들의 관심을 끌었다. 극장에서 그녀는 스스럼없이 나체를 드러냈고, 관능적인 쾌락에 몸을 맡겼다. 그러나 운 좋게 데오도라와 하룻밤의 즐거움을 약속받았다 하더라도, 더 강하거나 더 부유한 자가 나타나면 그녀의 침대에서 쫓겨나야 했다.

데오도라는 티르 출신 에케불르스와 동거를 하기도 했다. 그는 아프리카 펜타폴리스를 다스리는 임무를 맡고 있는 사람이었는데, 돈이 많이 들고 정절을 지키지 않는 데오도라에게 염증을 느껴 헤어졌다. 그러자 생계가 어려워진 데오도라는 어쩔 수 없이 알렉산드리아에서 콘스탄티노플로 돌아오게 되었다.

콘스탄티노플로 돌아온 데오도라는 비너스의 화신 같았다. 그녀는 교묘하게 사람들을 유혹해 성관계를 했지만 필요한 피임 조치를 잘했다. 그러나 단 한번 어머니가 되었고, 갓난아이는 아버지 보호 아래 자랐고 교육을 받았다. 아이 아버지는 임종하는 순간에 아들에게 황후의 아들임을 알렸다고 한다.

세상 물정을 모르는 젊은이는 희망에 부풀어 콘스탄티노플 궁에 가서 어머니 데오도라를 알현했다. 그러나 그 후 그 젊은이를 본 사람이 없다. 데오도라가 자신의 치명적인 약점이 소문날까 봐 아들을 쥐도 새도 모르게 죽였다는 추측만 지금까지 난무하고 있다.

난잡한 생활을 계속하게 되면 대중은 싫증을 내게 되고 평판 또한 나빠지기 마련이다. 데오도라 역시 인기가 떨어져 흥행이 안 되자 침울한 나날을 보내게 되었다. 그러다가 무슨 계기가 있었는지 자신이 강력한 군주의 배우자가 될 것이라는 예감에 사로잡히게 되었고 그것을 확신했다.

그녀는 종전의 난잡한 생활을 청산하고 품위 있는 여자로 가장한 채 세월을 보냈다. 양모를 손질해 털실로 만드는 노동을 하며 작은 집에서 정절을 지키며 고독한 생활을 했다. 그리고 우연인지 아니면 책략에 의한 것인지 몰라도 장차 황제가 될 유스티니아누스를 만나게 되었고 그녀의 재색은 장래 황제가 될 사람의 마음을 사로잡았다.

이미 유스티니아누스는 황제인 숙부의 이름을 빌려 절대적인 영향력을 행사하고 있었다. 데오도라는 비천한 남자들에게 마구 뿜어내던 타고난 매력의 가치를 제대로 보여줄 기회를 갖게 된 것이다. 그래서 지극한 신앙심과 원래 타고난 성품 덕분에 오랫동안 철야기도를 하며 절제된 생활을 하던 젊은이를 매혹시켰다.

유스티니아누스는 기꺼이 사랑하는 여인을 부유하게 해주고, 신분을 높여주고 싶었다. 그는 데오도라를 아내로 삼기로 결심했다. 하지만 당시 로마법은, 원로원 의원이 미천한 출신이거나 무대에서 불명예스러운 일들을 한 경력이 있는 여자와 결혼하는 것을 허락하지 않았다. 숙모인 황후 루피키나는 교양이 없는 이민족이었지만 정절이라는 면에서 나무랄 데 없는 여인이었으므로, 창녀 출신의 여자가 다음 황제의 황후가 되는 것을 반대했다.

그러나 황후의 고집도 양자의 한결같은 애정과 불굴의 의지를 이길 수는 없었다. 황후가 사망하자 두 사람의 결혼에 장애가 되었던 법을 폐지하는 법령이 공포되었다. 그 법은 '명예를 회복시켜주는 회개'를 하면 극장에서 몸을 팔았던 여인도 직분이 높은 사람과 결혼할 수 있다는 것이었다. 그리고 새로 제정된 법에 의하여 유스티니아누스와 데오도라는 결혼을 하였다.

황제가 조카 유스티니아누스에게 자색 옷을 걸쳐주자 콘스탄티노플 대주교는 동로마제국의 새로운 황제와 황후 머리 위에 왕관을 올려주었다. 하지만 엄격한 로마의 관습이 황후에게 허용하는 통상적인 영예 정도에 데오도라와 유스티아누스는 만족할 수 없었다.

유스티니아누스는 황후를 자신과 동등한 제위에 올려주고 공동 통치자로 인정했다. 모든 속국 총독들과 제신들에게도 자신에게 하듯이 데오도라에게 충성을 서약하도록 의무를 부과했다. 극장무대에서 뭇 남성의 희롱감이었던 곰 아저씨의 딸은 그 도시에서 여제로 추앙받게 되었다. 근엄한 얼굴의 고관과 정통신앙을 고수하는 주교 그리고 전승을 거둔 장군들과 속국의 군주들은 그녀를 알현해야 했고 그때마다 꿇어앉아 그녀의 발가락에 키스를 해야 했다.

다음으로 나폴레옹 황제의 첫 황비 조세핀을 살펴보자.

나폴레옹은 코르시카 섬에서 태어나 사관학교를 졸업한 후 군에 입대하여 포병사령관으로 쿠데타를 일으켜 정권을 장악하고 황제에 등극한 후 전 유럽을 점령한 불세출의 영웅이다.

그의 첫 번째 황비 조세핀은 1763년 서인도제도 마르티니크 섬 트로와-릴에서 태어났다. 부모는 프랑스에서 옮겨온 이주민이었다. 1779년 열 여섯 살일 때 그녀는 부유한 프랑스 청년장교 알렉산드르 드 보아르네 자작과 결혼해 프랑스로 건너왔고 두 남매를 낳았다. 그러나 애정이 없었던 두 사람은 긴 시간 별거를 했다.

보아르네 자작은 프랑스혁명의 소용돌이에 휩쓸려 처형당했고, 조세핀은 투옥되었다. 그러나 혁명지도자 중 한 사람으로 공포정치를 진두지휘했던 로베스피에르가 몰락하게 되자 석방되었다. 그 후 그녀는 파리 사교계에 뛰어들어 미모로 이름을 날리게 되었다. 그리고 총재 정부의 실력자인 바라스의 정부가 되었다.

바라스는 조세핀과의 만남에 싫증이 났다. 그러나 한 시대를 풍미한 풍운아로 자처했던 자신과 정을 나누던 여자를 비참하게 만들 수 없다고 생각했으므로 자신의 파티에 청년 장교 나폴레옹을 초대해 조세핀을 소개했다.

당시 나폴레옹은 스물여섯 살이었고 조세핀은 서른두 살이었는데, 조세핀에게는 양육해야 하는 두 남매가 있었다. 그러나 나폴레옹은 첫눈에 조세핀에게 반했다. 아이가 둘 딸린 여섯 살이나 나이가 많은 기혼녀이고 정부情夫가 단물을 다 빨아먹고 이제 귀찮아지자 자신에게 떠넘기려는 그런 여자라는 것을 알면서도 개의치 않고 그녀를 좋아했다.

조세핀은 나폴레옹이 키가 작고 촌뜨기라 마음에 들지 않았다. 그러나 나폴레옹이 포기하지 않고 자신에게 매달려 사랑을 애걸하자 그 의지에 감복했으며, 그에게 원대한 야망이 있음을 직감하고 나폴레옹과의 결혼을 허락한다.

그 후 나폴레옹은 쿠데타를 일으켜 총재 정부를 무너뜨리고 정권을 장악했으며, 1804년 12월 1일 나폴레옹과 조세핀은 황제와 황후 즉위식을 거행하게 되었다. 지금도 프랑스 루부르 박물관에 가면, 화가 다비드가 그린 노트르담 사원에서 거행된 나폴레옹과 조세핀의 화려한 대관식 그림을 볼 수 있다.

결혼 후 두 사람은 프랑스 북서쪽에 있는 말메종 성에서 지내며 정열적으로 사랑을 나누었다. 조세핀은 쾌활하고 남에게 호감을 주는 매력적인 여인인데다 아름다운 육체와 열정을 지니고 있어서 나폴레옹의 마음을 사로잡았다.

그러나 그녀는 사치가 심하고 색욕이 강해 나폴레옹이 원정을 가거나 출장을 가면 젊고 잘생긴 남자를 자신의 침실로 불러들여 난잡한 생활을 한다는 소문이 떠돌아 나폴레옹의 속을 썩혔다. 그녀가 노출이 너무 과한 옷을 입는다며 나폴레옹이 옷을 찢어버리면, 조세핀은 일부러

옷장에 걸려 있는 수많은 옷 중에서 야릇한 옷을 골라 입었다. 한 여인에 대한 사랑과 질투로 가득 찬 나폴레옹의 이러한 면은, 사랑 때문에 헤매고 상처받는 현대인들의 모습과 다르지 않다.

나폴레옹은 조세핀이 자신의 후계자가 될 아이를 낳지 못하자 이혼을 하고, 오스트리아 공주 마리 루이즈와 결혼한다. 그러나 재혼 후에도 나폴레옹은 조세핀을 말메종 성에서 계속 지내게 했고 서신을 주고받았으며 생활비를 보내주었다. 그 때에도 역시 조세핀은 거액의 계산서를 나폴레옹에게 보냈다고 한다.

나폴레옹은 세계를 제패한 영웅이었지만 조세핀의 마음을 완전하게 정복하지 못해 고통스러워했는데 스스로 자신을 지배한 진정한 정복자는 조세핀이라고 고백하기도 했다. 나폴레옹이 러시아 원정에 실패하고 엘바 섬에 유배될 무렵 조세핀은 사망했다.

그 후 나폴레옹이 엘바 섬에서 탈출해 황제로 다시 등극했지만 워털루 전투에서 패하게 되자 다시 유배길에 오르게 된다. 그는 유배지로 가는 길에 조세핀과 열렬한 사랑을 나누었던 말메종에 들른다. 그리고 죽은 조세핀을 그리워하며 "나의 불쌍한 조세핀, 사랑하던 장미를 꺾으며 길을 걷는 그녀의 모습이 눈에 어른거리는구나!" 하며 눈물을 흘렸다고 한다.


마지막으로 중국의 오호십육국五胡十六國시대에 흉노족이 세운 '후한'이었다가, 이름을 '조趙'로 바꾼 전조前趙 유요 황제의 황후, 양헌용惠황후을 살펴보기로 하자.

양헌용은 2개의 황조 즉, 한족 황제의 황후였다가 야만족이라고 멸시하던 흉노족 황제의 황후가 되었다. 양헌용은 서진 말기 대문벌 집안인 태산 양씨 집안의 딸이었다. 그녀는 진혜제 사마충과 결혼했는데, 사마충은 "가난한 사람들이 양식이 없어 밥을 굶는다고 하는데, 그러면 고기를 먹으면 되지 않느냐?"고 할 정도로 세상 물정을 모르는 얼간이었다.

사마충의 첫 황후는 가남풍이었다. 추악하고 악랄한 그녀 때문에 '팔왕의 난'이 일어나 결국 그녀가 주살 당하게 되자, 양헌용이 황후 자리에 오르게 된 것이다. 양헌용은 당시 권신인 손수에게 외조부가 힘을 써서, 비어 있던 황후 자리를 차지하게 되었다.

그녀는 첫 황후 가남풍과는 달리 재색을 갖춘 미모의 여인이었다. 그녀가 황후가 될 무렵에도 팔왕의 난이 치열했으므로, 슬기롭게 처신을 하지 않으면 하루아침에 패가망신을 하게 되는 상황이었다. 양헌용의 친정 역시 시류에 따라 이쪽으로 저쪽으로 어울리며 처신을 해야 했는데, 어떨 때는 제대로 판단할 시간조차 없어서 집안사람들이 편을 갈라 서로 죽이기도 했다.

이러한 골육상쟁의 시기에 정권은 주마등처럼 바뀌었다. 양헌용도 황후의 지위에서 다섯 번 폐위당하고 다섯 번 복위되었다. 영흥 원년 2월에 폐위되고, 7월에 복위되었으며, 다시 8월에 폐위되고, 11월에 복위되었는데, 이 모든 일이 2년도 채 되지 않는 기간 동안 일어났다. 한 제국의 국모가 몇 명의 무사에 의해 폐위가 되고 복위가 된 것이다. 심지어 낙양 현령에 의해 폐위가 된 적도 있었다.

그런 와중에도 생명은 보존했지만 그 수모는 오죽하였겠는가. 결국 혜제가 주살되면서 팔왕의 난은 평정되었고 황제의 동생 사마치가 황제가 되었는데, 그가 바로 회제이다. 회제는 형수인 양헌용에게 혜황후라는 존호를 주고 흥신궁에 거처하도록 했다.

그녀의 삶에서 두 번 꽃이 피었는데 두 번째 꽃이 피도록 한 것이 흉노족이다. 흉노족인 유연이 나라를 세워 후한이라 하고 황제를 칭하면서 계속 중원의 진나라를 공격했다. 결국 진의 낙양이 함락되었고 유연의 양자 유요가 양헌용을 부인으로 취한 후 황제로 등극해 나라 이름을 '조趙'로 바꾸었다. 양헌용은 전조前趙의 첫 황후가 되었고 현무황후라는 시호까지 받았다.

고대의 전쟁에서 여자는 전리품과 같았다. 승자에 의해 겁탈 당하거나, 시녀가 되거나, 설령 잘 풀린다 하더라도 후궁이 되는 경우는 있었지만, 적국의 황후를 바로 자신의 황후로 삼는 예는 없었다. 또, 양헌용의 입장에서 보면 유요는 한족이 경멸하던 흉노족으로 조국을 멸망시킨 괴수가 아닌가?

우리나라 후백제 견훤이 경주를 함락한 후 신라 경애왕의 왕비를 겁탈하였는데, 신라 왕비는 그 수모를 참을 수 없어 자결하고 말았다. 그런데 양헌용은 야만인인 적장의 품에 안겨 그의 황후가 된 것이다.

어느 날 황제 유요가 황후 양헌용과 잠자리를 같이 하며 그녀를 품에 안고 "사마 집안의 아이진혜제를 말함와 나를 비교하면 누가 더 좋으냐?"라고 물었다. 그러자 양헌용은 "폐하는 개기開基의 성주요, 그혜제는 망국의 암부闇夫입니다. 어찌 나란히 비교할 수 있겠습니까. 그는 자기 계집과 자식을 보호하지 못하고 평민의 모욕까지 받게 했는데 어찌 그를 남자라 할 수 있겠습니까. 폐하를 보고 나서 비로소 천하에 사나이 대장부가 있다는 것을 알았습니다."라고 했다. 그래서 여자의 마음은 갈대와 같다고 한 것일까.

양헌용을, 정절을 버린 추악한 여자이며 민족과 조국을 배신한 비정한 여인이라고 욕을 해야 될지, 아내와 자식조차 지키지 못한 진혜제를 비난해야 할지 생각해 봐야 할 것 같다. 하여간 양헌용은 다섯 차례 폐위와 복위를 겪으면서도 죽지 않고 살아남았고, 후한에 귀순한 후 적국 황제의 황후가 되어 행복하게 살았으며 조정에도 간여한 특이한 인생 역정을 겪은 여인이다. 자신이 원한 것은 아니지만, 조국의 멸망이 오히려 그녀에게 행복을 가져다 준 셈이다.

# 암살은 역사를 바꾸지 못했다

'시대가 영웅을 낳느냐, 영웅이 시대를 만드느냐?'하는 말을 자주 듣는다. 필자는 단정적으로 어느 것이 맞다고 하기보다 시대가 영웅을 낳고 그 영웅이 시대를 만들기도 한다는 절충적인 견해를 갖고 있다.

동양 역사학의 비조인 사마천은 역사서 《사기》를 저술하며 시대 순으로 역사를 서술하는 편년체의 형식을 취하지 않고, 인물 유형별로 쓰는 기전체 형식을 취했다. 시대가 영웅을 낳는다기보다 인물이 시대를 만든다는 점에 치중했으므로 그와 같은 서술 형식을 밟았을 것이라고 생각한다.

한 시대의 역사를 주도하는 인물을 못마땅하게 여겨 암살한 사건은 수없이 많았다. 그런데 암살은 성공했다 하더라도 역사의 흐름은 바뀌지 않은 것을 우리는 역사를 통해 잘 알 수 있다.

그 첫 예로서 기원전 44년 3월 15일 로마를 공화정에서 제정으로 이끌어 가려고 했던 카이사르는 공화파인 브루투스, 카시우스 일당의 칼을 맞고 죽었다. 그 암살을 주도한 브루투스는 카이사르의 연인인 세르빌리아의 아들이었다. 그리고 카이사르의 후원으로 출세해 원로원 의원이 된 사람이었다.

플루타크 영웅전에 의하면, 카이사르는 칼을 맞고 나서 "브루투스,

너마저!"라고 하였고 브루투스는 "나는 카이사르를 미워해서가 아니다. 나는 로마를 사랑한다."고 대답했다고 한다.

카이사르는 폼페이우스, 크라수스와 함께 제1회 3두정치를 했지만 크라수스는 일찌감치 전사했고 폼페이우스는 전쟁을 통해 제거되었다. 카이사르의 권한이 날로 강해지자 이대로 가다가는 공화정에서 제정으로 체제가 바뀌게 되리라는 것이 분명해졌다. 이에 원로원 공화파들이 불안감을 느껴 카이사르를 제거하고자 한 것이고, 결국 카이사르는 그들의 손에 의해 암살되었다.

그렇다면 카이사르가 암살된 후 공화파들의 계획대로 로마가 제정으로 가지 않고 공화제가 유지되었을까? 그렇지 않다. 오히려 제정으로의 변화가 앞당겨지게 되었다. 포에니 전쟁 승리 이후 만연된 로마사회의 부패는 날로 심해져 공화제의 변질은 불가피해졌다. 그동안 계속되던 영토 확장은 정지되고 대대적으로 공화제가 제정으로 전환되는 분위기를 맞이하게 된 것이다.

이처럼 공화파들이 카이사르를 암살해 공화정으로 원상복구 시키려고 하였으나 카이사르의 암살은 오히려 공화정의 몰락을 재촉했다. 카이사르의 암살로 그의 유언에 의해 상속인이 된 옥타비아누스는 카이사르의 원수인 공화파를 모두 제거했고, 아우구스투스라는 칭호를 받는 황제가 되었다. 암살을 통해 황제가 카이사르에서 옥타비아누스로 바뀌었지만, 제국의 길을 가는 로마 역사를 바꾸지는 못했다.

다음은 미국 링컨 대통령의 암살을 보자.

남북전쟁을 일으켜 승리로 이끈 미국 제16대 대통령 링컨은 1864년 대통령 선거에서 재선되자 취임사에서 이렇게 연설했다.

"누구에게나 악의를 품지 않고 자비심을 가지며, 신이 우리에게 보여주신 보다 정의로운 편에 굳건히 서며, 우리가 지금하고 있는 일을 완수하기 위해 그리고 전쟁이 만들어 놓은 국민의 상처를 아물게 하기 위해 우리 모두 합심해 노력합시다."

그리고 한 달 후 1865년 4월 14일 밤, 대통령은 연극을 보기 위해 미인 부인과 함께 극장에 갔다. 영화관에 도착하니 공연이 막 시작된 터라 대통령 부처가 왔다고 연극은 잠시 중단되었고 관중들은 모두 기립 박수를 쳤다. 링컨 부부가 귀빈석에 앉자 연극은 다시 시작되었다. 그 때 날카로운 총성이 극장에 울려 퍼졌고, 한 방의 피스톨에 링컨 대통령은 그 자리에서 쓰러졌다.

링컨 대통령의 임종을 본 당시 해군장관 벨스는 이렇게 말했다. '대통령이 저격당하였다는 소식을 듣고 즉시 그가 있는 곳으로 달려갔다. 한 위대한 인물이 비스듬히 누워 있었는데 그 침대가 그에게는 너무나 작게 느껴졌다.'고 기록했다.

승자로서, 미합중국의 장래를 책임질 대통령으로서, 링컨은 취임사에서도 화해를 외쳤지만, 패자의 앙금은 그 말을 용납할 수 없었던 모양이다. 독립전쟁 이후 미합중국은 건국을 하긴 했지만 연방주의냐 반연방주의냐, 노예를 해방시킬 것이냐 해방시키지 않을 것이냐 등으로 갈등이 지속되었다. 그런데 남북전쟁으로 결단을 내리고, 세계 최강의 나라로 미국이 발돋움할 수 있게 했던 링컨 대통령의 최후는 참으로 비통하고 충격적이었다.

링컨을 반대한 사람들의 소원대로 링컨을 제거하긴 했다. 그러나 미합중국은 연방정부의 권한을 강화시켰고 노예해방선언은 번복되지 아니하였으니, 링컨의 암살 역시 역사를 바꾸지는 못했다.

다음으로 안중근 의사에 의한 이토 히로부미의 암살을 보자.

안중근 의사는 1909년 만주 일대에서 일본군 수비대를 습격하는 의병활동을 하고 있었다. 무기의 열세로 전과를 올리지 못해 우울한 날을 보내고 있다가 마침 좋은 정보를 얻게 되었다. 을사보호조약을 체결하게 해 일본이 우리나라를 집어 삼키는데 주동적인 역할을 했으며, 초대 조선통감이었던 이토 히로부미가 만주 시찰 길에 러시아 재무대신인 코크프체프와 만주와 조선 문제로 회담을 한다는 것이었다.

이 정보를 얻게 되자 안중근 의사는 동지들과 의논을 한 끝에 이토 히로부미를 저격하기로 결심하고, 거사 장소를 환영식이 거행될 하얼빈 역으로 정했다. 10월 26일 아침, 안중근 의사는 일본인으로 가장하고 역 구내 플랫폼에 들어갔다. 그는 몸을 숨기고 있다가 이토가 열차에서 내려와 걸어오는 것을 보고 삼엄한 경계를 뚫고 권총을 겨누며 방아쇠를 당겼다.

이토는 쓰러지며, "누구냐, 조선 놈, 기어코 당했구나!"라고 하였다. 안중근 의사의 이토 히로부미 저격사건은 언론에 크게 보도되었다. 우리 동포는 나라의 주권을 빼앗긴 울분을 어느 정도 갚았다며 춤을 추었고 가슴마다 간직한 민족혼을 불태웠다.

그러나 일본에서는 메이지 유신 이래 가장 불행한 사건이라고 한탄했다. 그리고 조선에 대한 강경책을 써야만 한다는 여론이 비등했다. 일제는 머뭇거리는 통감 소내를 불러들이고 육군 대신 데라우치를 새

통감으로 임명했다. 그리고 헤이그 밀사사건을 빌미로 삼아 고종 황제를 퇴위시킨 일본은, 한일합병을 앞당겨 단행했다.

이를 보면 안중근 의사의 이토 히로부미 저격은 우리 민족의 기백을 보여주고 민족정기를 일깨우긴 했지만, 일제의 조선합병정책을 단절시키기는 커녕 오히려 촉진시켰다.

다음은 1914년 6월 28일 사라예보에서 터진 두 발의 총성에 대해 얘기해 보자. 사람들은 이 두 발의 총성이 없었더라면 엄청난 인적, 물적 피해를 가져온 제1차 세계대전은 없었을 것이라고 한다.

이 날은 오스트리아 황태자 페르디난트 부처의 결혼기념일이었다. 황태자 부처는 오스트리아 육군 군사훈련을 사열하기 위해 보스니아의 수도 사라예보를 방문했는데, 거기서 세르비아 민족주의자인 청년에게 저격을 당한 것이다.

이 사건으로 오스트리아는 세르비아에게 12개 항목에 달하는 요구조건을 최후 통첩했고 세르비아가 즉각 이를 거절하자 오스트리아는 선전포고를 했다. 이에 러시아는 같은 슬라브 민족국가인 세르비아를 지원하기 위해 총동원령을 내렸다. 독일도 이에 대항하여 총동원령을 내렸으며 러시아동맹국인 프랑스에 대해 선전포고를 하였다.

조정자 역할을 하겠다면서 중립을 표방하던 영국도, 독일이 중립국 벨기에를 침공하자 전쟁을 선언하게 되었다. 잇달아 다른 유럽 국가들도 이해에 따라 동맹국과 연합국으로 나뉘어 전쟁에 가담했다. 튀르크와 불가리아는 독일 동맹국 측에, 이탈리아, 그리스, 루마니아, 일본, 미국 등은 연합국 측에 가담했다.

얼핏 생각하면 사라예보에서의 두 발의 총성이 제1차 세계대전의 원인이 된 것처럼 보이지만, 이 두 발의 총성이 없었더라도 제1차 세계대전은 일어나지 않을 수 없는 상황이었다.

당시 세계열강은 산업혁명의 결과로 각 나라마다 제품의 원료와 그 제품의 판매처를 구하기 위해 식민지 쟁탈에 혈안이 되어 있었다. 거기에다가 민족주의까지 가미되어 3국 동맹과 3국 협상으로 일컬어지는 비밀군사동맹체제, 군국주의의 대두 등으로 갈등이 심화되어 언제 폭발할지 알 수 없는 상황이었다. 특히 민족 구성이 복잡한 발칸 반도는 범 슬라브주의와 범 게르만주의로 대립하여 유럽의 화약고라 불릴 정도로 초긴장 상태였다.

일찍이 비스마르크는 "발칸 반도에서 아주 사소한 일로 전쟁이 일어날 것이다."라고 예언을 하기도 했다. 이런 관점에서 보면, 제1차 세계대전은 언젠가는 필연적으로 일어날 수밖에 없는 것이었으며 사라예보의 총성 때문에 우연히 발생한 것이 아니었다.

그 총성은 화약고에 연결된 여러 개의 도화선 중에서 하나에 불과했고 그 도화선이 아니었더라도 다른 도화선에 의해 그 화약고는 폭발하게 되어 있었다.

다음으로 1963년 11월 22일에 있었던 케네디 대통령 피살사건을 살펴보자.

미국 제35대 대통령이었던 존 F. 케네디는 미국 역사상 최연소 대통령이었으며, 유일한 가톨릭신자 대통령이었다. 그는 젊고 멋진 용모로 미국인들에게 인기가 있었다. 특히 쿠바 위기 때 용단을 내려 위기를 모면함으로써 정치적 능력을 인정받게 되었으며 국민들로부터 열렬한 지지를 받았다.

사건 당일 케네디 대통령은 부인 재클린과 함께 재선을 대비한 남부 유세 중이었으며, 텍사스 댈러스 시에서 무개차를 타고 퍼레이드를 하고 있었다. 관중들의 환호를 받으며 중심가를 지날 때 근처 교과서 창고 건물에서 권총으로 세 발이 발사되었는데 그중 두 발이 머리를 관통해 대통령은 즉사했다.

자유진영의 맹주인 미국 대통령이 급사했다는 것은 세계적인 충격이었다. 그러나 그때 케네디가 죽지 않고 재선되어 계속 대통령직에 있었다고 해서 미국 역사나 세계 역사가 바뀌었을까. 케네디 대통령 사망 후, 부통령인 존슨이 대통령직을 승계했고, 다음 대통령 선거에서 존슨이 당선되었으니 미국 정책은 달라지지 않았다. 만약 쿠바 위기 이전에 케네디 대통령이 저격당하였더라면 역사가 달라졌을지도 모른다는 생각은 해볼 수도 있을 것이다.

마지막으로 큰 암살사건 중의 하나로 1979년 10월 26일 박정희 대통령 피살사건을 생각하지 않을 수 없다. 세월이 얼마 지나지 않아서 당시 저격사건의 가해자 측이나 피해자 측과 공적, 사적 관계를 맺고 있는 사람들이 생존해 있어서 상세하게 언급하기는 곤란할 것 같다.

그러나 박정희 대통령 피살사건도 유신체제가 끝나는데 기여하지 못했다는 것은 틀림없다. 그와 비슷한 체제가 한동안 지속되었으므로, 그 암살 역시 역사의 흐름을 바꾸지는 못했다.

위에서 역사에 나오는 대표적인 암살사건을 살펴보았다. 암살을 당한 주인공만큼 암살을 감행한 자객들 역시 예사로운 인물들이 아니었다. 사람이 사람을 죽인다는 것은 끔찍한 일이다. 하물며 한 시대의 주인공을 죽인다는 것은 그 주인공 못지않은 용기와 결단성, 그리고 치밀함이 없으면 감행할 수 없는 일이다.

여자는 사랑하는 사람을 위해 목숨을 바치고, 남자는 소신과 의리를 지키기 위해 목숨을 바친다는 말을 자주 한다. 자객들은 굳은 소신과 자기를 믿고 중책을 맡긴 사람을 위해 목숨을 걸고 그 일을 수행한다. 그래서 그런지 앞서 말한 사마천의 《사기열전》에는 〈자객열전〉 항을 만들어 여러 자객들을 소개하고 있다.

# 과잉행동하는 사람들

중국 춘추전국시대 때에 가장 먼저 패업을 이룬 제의환공에게는 삼귀三貴 혹은 삼총三寵이라는 총애를 받는 세 사람이 있었다. 이 세 사람은 스스로 거세하고 시종이 된 수초와 자신의 아들을 죽여 제환공에게 사람 고기를 맛보게 한 역아, 그리고 위나라 세자로서 세자를 포기하고 제환공의 신하가 된 개방이다.

수초는 제환공의 총애를 받는 미소년 시종이었다. 수초는 아침, 저녁으로 궁으로 출퇴근 하는 것이 불편하고 또 밤에 시중들 수 없어 스스로 생식기를 잘라 환관이 되어 제환공을 섬겼다. 그렇게 하자 제환공은 수초가 더욱 더 기특하여 잠시도 자기 곁을 떠나지 못하게 하였다.

역아는 본래 제나라 옹읍이라는 곳에서 무라고 불리는 사람이었다. 사람들은 그가 사는 곳의 이름을 따 그를 옹무라고 불렀다. 옹무는 사람됨이 약삭빠르고 교활하여 남의 비위를 잘 맞추었다. 특히 맛을 잘봐 요리솜씨가 뛰어났다. 바닷물을 맛을 봐 밀물과 썰물을 구별할 정도였다고 하며, 그가 한 요리를 한번 맛을 보면 결코 그 맛을 잊을 수 없었다고 한다.

그러한 옹무는 수초가 제환공의 총애 받는 시동임을 알고 틈만 있으면 맛있는 음식을 만들어 그에게 갖다 주어 아첨을 했다. 이에 수초는 옹무를 제환공에게 천거했다. 제환공은 술과 여자를 좋아하기도 했지만 미식가이기도 했다. 그는 옹무가 한 음식을 먹고는 맛이 있어 그를 불러 장난삼아,

"내가 지금까지 날짐승이나 네발 달린 짐승과 생선, 심지어는 벌레 종류까지 먹어보지 않는 요리가 없다. 그러나 단 한가지 사람고기 만은 먹어보지 못했다. 그 맛이 어떨지 궁금하구나." 하니, 옹무는 아무 대답도 하지 않고 물러갔다.

그런데 다음날 제환공의 점심상에 찐 고기가 한 쟁반 들어왔다. 그 고기는 어린 암소고기보다 연하고 맛이 좋았다. 제환공은 정신없이 쟁반을 비우고 나서 옹무에게 물었다.

"대체 무슨 고기인데 이토록 맛이 있느냐?"

"사람고기입니다."라고 옹무가 답했다. 제환공이 크게 놀라 "사람고기라면 그것을 어디서 구했느냐?"라고 하니,

옹무가 답했다. "듣건대 임금께 충성하는 자는 가정을 돌보지 않는다고 했습니다. 신의 자식은 이제 세 살입니다. 주공께서 아직 사람고기를 맛보지 못했다기에 제 자식을 죽여 요리를 만들었습니다." 이 말을 들은 제환공은 그의 극진한 충성심에 감복하여 이름을 역아라고 고쳐주고 궁중에 있게 하였다.

마지막으로 개방이 삼총이 된 연유를 보자. 개방은 위나라 의공의 세자이다. 위 의공이 자기 나라를 공격해 오는 제환공과 전쟁을 하여 패하자 세자 개방을 사신으로 제환공에게 보내 강화를 요청했다. 제환공은 위나라에서 가져온 황금과 비단 다섯 수레를 제환공에게 바치고 강화를 요청했다.

제환공은 공자 개방이 가져온 뇌물을 보자 마음이 바뀌었다. "듣자하니 위의 잘못은 위 의공의 잘못이 아니고 그 아비 혜공의 잘못이니 아비의 잘못을 가지고 자식을 벌하지 않겠노라!"고 하면서 강화를 받아들였다.

강화 임무를 충실히 수행한 개방은 제환공이 패공으로서 천하를 호령하는 모습을 보자 불현듯 제나라에서 벼슬을 하고 싶은 생각이 들었다. 그래서 위나라로 가는 발길을 돌려 다시 제환공에게 찾아왔다. "제나라에서 군후를 모시며 지내고 싶습니다. 허락하여 주십시오."

제환공이 의아한 얼굴로 "그대는 위나라의 세자로서 장차 임금이 될 것인데 어찌 그것을 포기하고 나를 섬기려 하느냐?"라고 묻자,

개방은, "군후께서는 천하의 명군이십니다. 그런 군후를 옆에서 모시는 것만으로도 평생의 영광입니다. 그것이 어찌 임금 자리만 못하다 할 수 있겠습니까."라고 답했다. 개방의 말에 제환공은 마음이 흡족하여 그에게 대부 벼슬을 주고 자기 곁을 떠나지 말라고 하였다.

제환공이 패업을 이룬 것은 명재상 관중이 있었기 때문이다. 그런 관중이 병이 위독해 죽음에 이르게 되었다. 관중이 죽기 바로 전 제환공은 문병을 가서 3총을 마음에 두고 관중에게 관중의 후임자가 누가 적격이냐고 자문을 구하였다.

그러자 관중은 세 사람 다 불가하다고 단호히 말했다. 그리고 역아에 관해, "이 세상에 자식에 대한 사랑보다 더 큰 사랑은 없습니다. 그런데 제 자식을 죽인 자를 어찌 중용할 수 있겠습니까?"라고 말했다.

또 수초에 대해서는 사람에게는 자기 몸보다 더 귀한 것이 없는데 자기 몸 중에 가장 귀한 것을 천하게 취급한 그런 비정상적인 사람을 어

찌 가까이 할 수 있겠습니까?"라고 했다.

개방에 대해서는, "임금이 되고 싶은 것은 모든 사람의 소원인데 그 자리를 버리고 주공의 신하가 될 것을 바라는 것은 그 이상 무엇을 바라는 것이 있어 그럴 것이니 그 역시 주공이 가까이 해서는 안됩니다."라고 간곡히 말하였다. 한마디로 말해서 정상적이지 않고 과잉 행동하는 사람은 위험하다는 것이다.

제환공이 '경은 그리 중한 말을 이제야 하느냐?'고 묻자, 관중은 주공을 편안히 모시는 것이 신하의 도리이고 주공이 3총의 친절로 심신이 편안하시어 그것을 보고 있다가 그들이 지나치면 말씀 드리려고 기다렸는데, 이제 그들이 지나쳐서 말씀을 드린다고 했다. 제환공이 관중의 말을 듣고 수긍하면서도 삼총을 멀리하지 못했다. 패업을 이룬 제환공도 웃는 얼굴에 침을 뱉을 수 없어서 계속 가까이 둔 것이다.

그러다가 제환공도 늙어 죽을 때가 되었다. 제환공에게는 여러 부인과 첩이 있었는데 부인들에게는 소생이 없고 첩에서 여러 아들이 있었다. 제환공과 관중은 그중에서 나이가 제일 많은 공자 무휴보다는 셋째인 공자 소가 좋아 세자로 내정했고, 수초와 역아는 장자인 공자 무휴를 마음에 두고 이를 추진했으며, 개방은 넷째인 공자 반을 세자로 책봉하고 싶어 했다.

그런데 제환공은 공자 소를 세자로 책봉한다는 말만 하고 이를 정식으로 선포하지 않았다. 자신이 죽으면 의례히 세자가 대를 잇게 하는 조치는 취하지 않았던 것이다.

마침내 제환공이 위독하여 주치의인 명의 편작이 말없이 떠나가 버렸다. 이러자 수초와 역아는 제환공의 명이 다 되었다는 것을 알고 둘이 공모하여 궁궐 앞에 전지를 써 붙였다.

"과인이 이제 심한 병으로 자리에 누웠으니 당분간 나라 일을 돌보지 않겠노라. 모든 신하는 일제 궁중 출입을 금한다. 수초는 궁문을 굳게 지키고 역아는 궁중 병사를 거느리고 위반하는 자가 없도록 순시하라. 나라 정사는 병이 완쾌한 후에 아뢰도록 하라." 이렇게 방을 써 붙여 놓고 담을 3장이나 쌓고 어느 누구도 출입을 못하게 했다. 그리고 담 한쪽 밑모서리에 개구멍 하나를 뚫어놓고 내시가 들락거리면서 생사를 확인할 수 있도록 해놓았다.

일설에 의하면 제환공이 죽었는데 그 시신 옆에 안아아라는 궁녀의 시체가 있었다고 한다. 안아아라는 궁녀는 제환공과 하룻밤 잠자리를 같이 한 은혜를 잊지 못해 생명을 걸고 그 담장을 넘어 들어가 모든 사정을 제환공에게 전하고 제환공의 숨이 끊어질 때 자결했다고 한다. 추측건대 안아아라는 궁녀가 담장 밑 개구멍으로 들락거리며 공자 소와 연락을 하지 않았나 싶다.

그것은 제환공이 죽자 역아와 수초가 군사를 보내어 공자 소를 죽이려고 갔더니, 공자 소가 제환공이 생전에 친하게 지냈던 이웃 송나라로 피신하고 없었던 점에 비추어 볼 때 명백하다.

《사기》는 '제환공은 병이 났을 때 다섯 공자는 각기 무리를 만들어 후계를 다투다가 제환공이 숨을 거두자 급기야 서로 공격하였다. 이 때문에 궁이 비어 감히 나서서 시신을 입관시킬 사람이 없었다. 제환공의 시신이 침상에서 67일이나 있게 되자, 시체의 구더기가 문 밖까지 기어나왔다. 12월 무휴가 즉위하고 나서 입관했고 대렴 후 빈소에 안치되었다.'라고 기록하고 있다.

공자들의 처절한 권력 다툼 끝에 제환공이 마음먹고 있던 세자 소가 송공의 도움으로 귀국해 계승을 하게 되긴 했지만, 삼총들의 횡포로 말미암아 제나라는 제환공 사후 극심한 곤욕을 치러야 했다. 과잉 충성을 하는 자는 배신도 과잉으로 할 수 있는 것이다.

다음은 삼총과 다른 각도에서 과잉 행동을 한 사람을 살펴보자.

언급하고자 하는 사람은, 춘추전국시대 제환공 다음으로 패업을 이룬 진문공 때의 개자추이다.

진문공도 제후가 되기 전에는 중이 공자로 19년 동안 떠돌며 망명 생활을 했다. 망명 생활 중 위나라를 지나게 되자 위나라로부터 지낼 곳이라도 얻어 볼까 싶어서 당시 위 문공에게 이 뜻을 전했다. 그러나 위 문공은 일언지하에 이를 거절하고 성안에 들어오지도 못하게 했다. 구걸을 했지만 인심이 각박해 그것마저 쉽지 않자, 중이 일행은 배도 고프고 지칠 때로 지쳤다.

그런데 그 일행 중 개자추가 어디서 구했는지 김이 무럭무럭 나는 고깃국 한 그릇을 가지고 와 중이 공자에게 바쳤다. 중이는 워낙 허기가 진 상태라 옆 사람을 생각할 겨를도 없이 단숨에 그릇을 비우고 나서 어디서 고깃국을 구했는지 개자추에게 물었다.

그러자 개자추는 "그것은 저의 허벅다리 살입니다. 제가 듣기로 효자는 제 몸을 죽여서까지 부모를 섬기고 충신은 제 몸을 죽여서까지 임금을 섬긴다고 합니다. 지금 보니 공자께서 너무나 시장한 것 같아서 제가 허벅다리 살점을 도려내어 죽을 끓였습니다."라고 말했다.

그 말을 들은 중이는 큰소리로 통곡했다. 옆에 있던 사람들도 고개를 돌리고 훌쩍거렸다. 중이 공자는 "아, 도망 다니는 보잘 것 없는 사람이 주변 사람들에게 폐를 너무 많이 끼치는구나. 무엇으로 그대에게 이 은혜를 갚을 것인가!"라고 탄식했다. 그러자 개자추는 빙그레 웃으며 "저는 공자가 귀국할 날만 기다릴 뿐입니다."라고 대답했다.

그 후 세월이 흘러 공자 중이는 진나라 수도 강성으로 귀환해 제후가 되니, 그가 바로 진문공이다. 진문공은 즉위하자마자 논공행상을 위해 자신이 즉위하는데 공이 있다고 생각하는 사람은 모두 그 공을 써내라고 했다. 혹시 은혜를 입고서도 잊어버린 것이 있을까 염려해서였다. 진문공은 신고 받은 내용과 자신의 기억을 기초로 공훈 포상을 했다. 일등공신은 당연히 자신과 함께 망명 유랑생활을 하며 고난을 겪었던 사람들이었다.

그런데 자신의 허벅지 살을 베어 죽을 끓여준 개자추는 공로자 명단에서 빠졌다. 개자추가 자신의 공로를 내세워 생색을 내고 싶은 생각이 없었으므로 공적을 써내지 않은 탓이었다. 개자추가 공신에서 탈락한 것을 안타깝게 여긴 사람은 개자추 자신보다 개자추의 이웃 사람들이었는데, 특히 그 중에서도 혜장이라는 사람이었다.

혜장은 시중에 붙은 공신벽보에 개자추가 빠진 것을 알고 개자추에게 급히 달려가 이를 알리고 공신 백보 말미에 빠진 자가 있으면 이를 신고하라는 글이 있으니, 급히 궁으로 가서 문공을 만나보라고 했다. 개자추가 모시고 있는 홀어머니 역시, "내가 갖은 고생을 하며 여태 살아온 것은 네가 출세하는 것을 보고 싶어서 그러했는데……"라면서 진문공을 만나 보기를 권했다.

그러나 개자추는 진문공이 자신을 잊어버리고 공신에서 탈락시킨 것에 이미 마음이 단단히 꼬여 있었다. "나의 공을 알아주지 않는 사람에게 내가 공이 있다고 말할 수도 없고, 또 나는 공을 스스로 자랑하는 그런 사람들과 더불어 공 경쟁을 하기 싫습니다."라고 했다.

그리고 세상에 얼굴을 내놓고 사는 것보다 산속에 파묻혀 살고 싶다면서 노모를 설득했다. 어머니가 이를 허락하자, 개자추는 살던 곳을 떠나 고향 면산에 들어가 산속에 초가집을 짓고 지내게 되었다.

그 후 진문공이 우연히 개자추가 살던 동네를 지나가다가 개자추의 비통한 심정을 기록한 벽보를 보았다. 수행하던 신하들이 개자추에 관한 글이라는 것을 알고 그 글을 쓴 혜장을 찾아 사연을 들었다.

진문공은 자신의 잘못을 크게 뉘우치며 그 길로 개자추가 사는 면산으로 갔다. 그리고 여러 사람들에게 수소문을 하고 사람들을 동원해 면산을 샅샅이 뒤지는 한편, 개자추를 찾는 사람에게 후한 상을 내리겠다고 벽보를 붙였다.

그런데도 개자추를 여전히 찾지 못하자, 문공은 개자추가 효자여서 산에 불을 지르면 어머니를 위해 빠져 나올 것이라 생각하고 산에 불을 질렀다. 그러나 개자추 모자는 끝내 나타나지 않았다. 산불이 꺼진 후 가보니, 개자추 모자는 버드나무 아래 불에 탄 채 숨겨 있었다.

크게 낙담한 진문공은 죽은 개자추를 기리기 위해 면산 일대를 개자추의 영지로 삼고 마을과 경계를 정한 후, 그 곳을 개자추의 봉토로 한다는 전지를 내렸다. 그리고 진문공은 그렇게 했는데도 마음이 차지 않자, 면산을 '개자추가 쉬는 산'이라는 의미에서 '개휴산'이라고 이름을 고쳐 짓고, 사당을 만들어 해마다 개자추의 제사를 지내게 했다.

그때 산에 불을 지른 날이 3월 초 닷새로 절기로는 청명이었다. 그 후 진나라 사람들은 개자추를 추모하는 뜻에서 해마다 3월이 되면 일체 불을 피우지 않고 한 달 동안 찬 음식을 먹었다고 한다. 세월이 지나면서 단축이 되어 동지 후 105일째 되는 청명 하루 전날, 찬 음식을 먹는 날로 정해 이를 지켰는데, 이것이 바로 한식날의 유래이다.

그러면 개자추란 사람은 어떤 사람인가. 그의 처신은 과연 찬양받을 만한 일인가. 그리고 천하 패업을 이룬 진문공은 그렇게 은혜를 입었는데 어찌 이를 잊었단 말인가. 한번 생각해 볼 문제다.

자신의 허벅지 살을 베어 허기에 찬 주군이 식사를 할 수 있도록 한 과잉행동은 제환공 때의 삼총과 비슷하다. 그러나 개자추는 그런 삼총과는 차원이 다르다. 제환공 때의 삼총은 출세욕으로 가득 찬 아첨꾼들이었지만, 개자추는 심지가 곧고 뚜렷한 철학과 생활신조를 갖고 있는 사람으로 삼총과 비교할 대상이 아니다.

그렇다고 개자추의 처신을 무조건 찬양만 할 것인가. 주군을 위해 허벅지 살을 도려낼 때 그 고통이 오죽하였겠는가. 그러나 은혜를 입은 진문공의 입장에서 보면, 생명이 위험한 급박한 상황에서 구해준 것도 아니고, 전쟁에 승리해 많은 전리품을 얻은 것도 아니며, 단지 한 끼의 허기를 면하게 해준 것뿐이라고 할 수 있다. 은혜를 베푼 입장에서 보면 큰 희생이었지만, 은혜를 입은 입장에서 보면 별것이 아닐 수도 있는 것이다.

자기의 허벅지 살을 베어 주군의 시장기를 풀어주고서도 이를 생색내지 않고 묵묵히 있었던 것을 보면, 대가를 바라거나 자기를 내세우려고 한 것이 아니라 충직한 사람이어서 그렇게 한 것이 틀림없지만 능력 면에서는 문제가 있지 않나 싶다.

주군이 배가 고프다고 하면 산이나 들에 가서 사냥을 하던지 그것도 여의치 않으면 마을에 들어가 언변으로 설득해 식사를 마련하는 방법도 있을 것인데, 굳이 자신의 허벅지 살을 베느냐 말이다. 개자추는 사냥할 능력도 말주변도 없는 단지 마음만 곧은 그런 사람이 아닌가 싶다. 고지식하고 충직한 사람이 좋기도 하지만, 때로는 부담스러울 때가 있다. 상대는 분명히 호의를 베푼 것이지만, 나는 별로 원치 않았던 경우도 있다. 이럴 때 그 호의를 무시하면 반감을 사게 된다.

이런 유형의 사람 중에 독선가가 많다. 나만 옳고 다른 사람은 다 그르니, 대화를 할 수가 없다. 타협이 불가능한 옹고집쟁이들은 정말 상대하기 어렵다. 개자추는 지조를 지키고 싶으면 자신만 타죽으면 되지 왜 노모마저 타죽게 한 것일까. 자신의 지조를 지키기 위해 천륜은 저버려도 된다는 말인가. 정말 한 가지만 알고 둘을 모르는 사람이다.

제환공 때의 삼총처럼 멀리 해야 할 사람들과 개자추는 참으로 다르지만, 그렇다고 결코 가까이 할 수도 없는 사람이라 여겨진다. 과잉 행동을 하는 사람들 중에는 좋은 사람도 있고 나쁜 사람도 있지만 둘 다 가까이 해서는 안 될 인물들이다.

진문공이 개자추의 은공을 잊은 것은 잘못이다. 그러나 그에게 중한 직책을 맡기지 않은 것은 다행이다. 개자추에게는 재산을 넉넉히 주어 여생을 편하게 살게 해주는 것으로 은혜를 갚는 것이 최선이었다.

# 2부 여명의 나팔소리

# 들어가기 전에

.
.
.
.

한 알의 씨앗이 발아하여 싹을 틔우려면, 기나긴 겨울동안 언 땅 속에서 추위를 견뎌내며 봄을 기다려야 한다.

그렇듯이 오늘날 인류 문명의 주류인 서양문명도 기나긴 중세의 암흑시대를 거쳐야만 했다. 그동안 인간의 본성과 이성은 신의 권위에 의해 무참히 짓밟혀 왔다.

그리고 십자군 전쟁과 그 부작용으로 인한 흑사병 창궐로, 극에 달하게 되었다. 그러다가 드디어 르네상스와 종교개혁이라는 여명의 나팔소리와 함께 근대 문명이 서서히 싹을 틔우기 시작했다.

그리고 신대륙 발견과 미합중국 탄생이라는 우렁찬 나팔소리로 찬란한 새 아침을 맞이하게 된 것이다.

# 십자군 전쟁

11세기 말부터 13세기 말까지 200년 동안 유럽 전역은 여덟 차례에 걸친 십자군 원정으로 소용돌이쳤다. 십자군 원정은 서양 역사의 큰 물줄기 가운데 있는 거대한 호수라 할 수 있다. 서양 역사는 그 호수로 모여들었다가 다시 그 호수에서 시작되었다.

1077년 신정 로마 황제 하인리히 4세는 로마교황 그레고리우스 7세의 반대에도 불구하고 주교 인사를 단행했다. 그러자 교황은 자신의 의사를 무시한 황제를 바로 파문했다. 파문의 위력은 대단했다. 파문당한 사람과 관계를 이어가면 그 사람도 파문을 당하게 되고 그리스도교의 적으로 간주 되었다. 그래서 주인이 파문을 당하면 가신도 부하도 다 떠나버렸다. 파문이란 바로 사회에서의 추방이었다. 혈기가 왕성한 하인리히 4세는 한동안 교황에게 저항했지만 어쩔 수 없었다.

그는 비밀리에 독일에서 아내와 함께 험한 알프스산맥을 넘어 이탈리아로 들어와 교황이 묵고 있는 카노사성 앞으로 갔다. 그리고 쉰일곱 살의 교황과 성안에 있는 수많은 사람들이 내려다보고 있는 가운데 스물일곱 살의 황제는 허름한 옷을 걸치고 죄를 뉘우치며 용서를 구하고 사흘 동안 눈을 맞으며 서 있었다. 교황은 비로소 황제를 용서하고 파문을 풀었다. 이 소식은 유럽 전역으로 퍼졌다. 그 사건은 교황의 권위가 얼마나 막강한지를 깨닫게 했다.

그러나 8년이 지난 후 하인리히 4세는 교황 그레고리우스 7세를 궁지에 몰아넣었다. 황제는 대립 교황 클레멘스 3세를 옹립하고 그레고리우스 7세를 로마에서 추방했다. 그레고리우스는 살레르노로 도망가 지내다가 그곳에서 삶을 마쳤다. 중세에는 이처럼 영적 지도자 교황과 세속 군주 사이에 보이지 않는 알력이 있었다.

교황 우르비아누스 2세는 교회 개혁운동의 중심에 있던 프랑스 클뤼니 수도회 출신이었다. 교황은 비잔틴제국의 황제 알렉사우스 1세로부터 성지 탈환을 위한 구원을 요청받았다. 당시 예루살렘과 그 주변 아라비아반도는 이슬람교도인 셀루크튀르크가 지배하고 있었다. 비잔틴 제국 황제는 자신의 영지였던 곳을 되찾고자 하는 욕구로 가득 차 있었다.

로마교황은 이때가 기회다 싶었다. '성지탈환'이라는 명분으로 민중의 신앙심을 일깨워 군대를 조직하고 교리상의 문제로 분리되었던 동방 그리스정교를 통합하고자 하는 속셈이었다. 성지탈환이라고 했지만, 그리스도인들이 예루살렘으로 성지순례를 가는 것이 그다지 어려운 일은 아니었다. 약간의 세금만 내면 가능한 일이었기 때문이다.

1095년 11월 교황 우르비아누스 2세는 고향인 프랑스 클레르몽 대성당 앞 광장에서 공의회를 개최하고, 광장을 가득 채운 군중 앞에서 호소했다.

"이슬람교도는 지중해까지 세력을 확장해 형제들을 공격하고, 죽이고 납치해 노예로 삼고, 교회를 파괴하고, 파괴하지 않은 곳은 모스코로 바꾸고 있습니다. 지금이야말로 그들에게 맞서 일어설 때입니다."

그리고 한층 더 목소리를 높여 말했다.

"이것은 내가 명하는 것이 아니라 신이 바라는 것입니다. 그 땅으로 가서 이교도와 싸웁시다. 그곳에서 목숨을 잃으면 여러분의 죄는 완전히 씻어질 것입니다. 신께 부여받은 권한으로 나는 여기서 분명히 약속합니다. 어제까지 도적이었던 자가 전사가 되고, 형제나 친지와 다투던 자가 이교도와의 정당한 싸움에서 그 분노와 원한을 풀 날이 올 것입니다. 지금까지 푼돈을 받고 하찮은 일을 하며 세월을 보내던 자도 이제부터 신이 바라는 사업에 참가해 영원한 보수를 받게 될 것입니다. 출발을 미뤄서는 안됩니다. 각자 집으로 돌아가십시오. 그리고 겨울이 지나 봄이 오면 주 예수 그리스도가 이끄는 대로 동방을 향한 진군을 시작합시다. 신이 바라시는 성스러운 임무 수행을 위하여!"

연설을 듣고 있던 군중이 일제히 환호하며 연설을 지지했다. "신이 그것을 원한다!"라는 함성이 곳곳에서 터져 나왔다. 먼저 르퓌의 주교 아데마르가 교황 앞에 무릎을 꿇고 원정에 참가하겠다고 서약했다. 이를 시작으로 군주와 주교가 줄줄이 나와 서약했다. 클레르몽 공의회에는 참석하지 않았지만, 스페인에서 이슬람을 상대로 싸운 경험이 있는 툴루즈의 백작 레몽도 서약했다.

교황이 십자군 원정을 선포하자 정식 십자군이 결성되기 전에 민중 십자군이 결성되었다. 프랑스의 은자隱者 피에르라는 사람이 남루한 옷을 입고 당나귀를 타고 다니며 설교해 모집한 사람들이었다. 주로 가난한 사람들이었는데, 그중에는 여자와 어린아이도 있었다. 이들은 1096년 가을 정식 십자군이 콘스탄티노플에 집결하기도 전, 지난여름에 이미 콘스탄티노플로 향했다. 그들은 대부분 농민이어서 훈련도 받지 않았고 군기도 없었으며, 보급품도 무기도 준비되어 있지 않았다. 그러다

보니 가는 동안 먹을 것이 떨어지자 헝가리와 불가리아에서 약탈을 하고 라인강 근처에서 유대인들을 학대해 비난과 원성을 사기도 했다. 일부 부대는 콘스탄티노플에 가는 도중 헝가리인들의 공격을 받고 목숨을 잃었으며 대부분 목적지에 도착하기 전에 이슬람 군에게 전멸당하고 말았다.

1096년 가을, 십자군이 정식으로 결성되었다. 1차 십자군 총사령관은 프랑스 왕 필립 1세의 동생 위그 드 베르망 뒤마였다. 그리고 툴루즈의 레몽 백작, 로렌의 고드프루아 드 부용 공작, 부용의 동생 보드앵 백작, 플랑드르의 로베르 같은 훌륭한 기사들이 참여했다. 그러나 다국적 군대라 엄격한 지휘 명령체계가 확립되지 않아 각 부대 간에 끊임없이 알력이 있었다.

십자군들은 그리스도를 위해 피를 흘리겠다는 의미에서 흰 바탕에 붉은 십자를 그린 천을 가슴에 붙였다. 그들은 1097년 니케아를 점령했지만 시리아의 안타오크를 공격하다가 많은 병력을 잃었고, 이탈리아 도시국가들의 도움으로 힘겹게 시리아를 점령했다. 심한 더위와 질병 굶주림 등으로 고생하던 십자군은 내부 세력 간의 갈등이 겹쳐 1099년 7월이 되어서야 예루살렘에 도착했다.

십자군은 6주 동안 싸우며 이슬람 군인뿐만 아니라, 주민들까지 학살했다. 승리한 십자군은 예루살렘을 함락했다. 그러자 팔레스티나 지방 연안의 야스프러스, 카이사레아, 아코 등이 로렌의 고드 프루아에게 강화를 신청하며 십자군 패권에 들었다. 그리하여 십자군은 그곳에 라틴왕국을 건설했다. 로렌의 고드프루아 공작이 예루살렘의 초대 왕으로 추대될 예정이었다. 그러나 그가 사망하자 그의 동생 보드앵 백작이 예루살렘 왕이 되었다.

제1차 십자군은 십자군전쟁 중 가장 비조직적이고 잔인했지만, 일곱 차례 전쟁 중에서 그리스도교 세력이 전투로써 승리한 유일한 전쟁이었다. 특기할 것은 십자군의 꽃이라고 하는 두 개의 종교기사단이 탄생했다는 점이다. 십자군 원정에 참여한 대부분의 병사들이 본국으로 귀환하고 나면 예루살렘을 비롯한 팔레스타인 지방을 점령한 그리스도의 영지를 지킬 병사가 필요했다. 그래서 템플성전기사단과 요한병원기사단이 탄생했다.

템플기사단은 프랑스 하층 출신 병사들로서 학식이 없는 자들이었다. 수도사로 들어와 평소에는 유럽에서 오는 성지순례자들의 안전을 지키는 일을 주로 하다가 유사시에는 목숨을 걸고 전투를 하는 병사였다. 그들은 "이슬람교도는 악마의 화신이다. 그들에 대한 해결책은 한 가지밖에 없다. 박멸이 그것이다. 죽여라, 죽여라! 그리고 만약 필요할 때에는 그리스도의 이름을 부르면서 죽는 것이다."라고 외치며 이를 실천했다. 그들을 템플기사단이라고 부른 이유는, 예루살렘을 점령한 후 유대교의 성전이 있었고 또 마호메트가 승천했다는 바위 위에 세워진 알아크라는 모스크를 빼앗아 그들의 본부로 삼았기 때문이다.

요한기사단도 창설되었다. 요한기사단은 십자군 원정 이전부터 있었던, 성지순례를 하는 그리스도교도들이 병이 났을 때 이를 치료해주던 의사들 집단에 그 뿌리를 두고 있다. 이들은 십자군 원정으로 중·근동에 그리스도교 영지가 생기자 순례자들이 많아졌고 환자도 늘어나게 되어 그 수요에 따라 창설된 것이다.

이들은 평소에는 병원의 치료 요원으로 일하다가 유사시에는 병사로서의 역할을 수행했다. 그들은 템플기사단보다는 덜 용감했지만, 그들 역시 이슬람과의 전쟁에서는 목숨을 아끼지 않았다. 그들은 프랑스인으로 한정되어 있던 템플기사단과는 달리 유럽 여러 나라 출신이 포함되어 있었으며, 모두 상위층이었고 학식과 교양이 있었다.

그들은 병원으로 사용하기 위해 성채를 쌓고 주둔했다. 성채는 주로 이슬람과의 경계 선상에 있었는데 지금도 팔레스타인 지방에 가면 일부 남아있는 그때의 성채를 볼 수 있다. 시리아와 레바논 국경 근처에 '크락데 슈발리에'라는 십자군 시절 요한기사단의 성체가 있는데 그 내부 회랑을 지탱하는 아치 위에 아래와 같은 문구가 적혀 있다.

'네가 유복한 집안 출신이라면 그것대로 좋다. 네가 지력을 갖고 태어났다면 그것대로 좋다. 또 네가 미모를 갖고 있다면 그것도 좋다. 하지만 그중 하나라도 원인이 되어 네가 교만하고 건방지다면 문제는 달라진다. 왜냐하면 교만과 교만의 표현인 건방짐은 너 한 사람뿐만이 아니라, 네가 관계하는 모든 사람을 해치고 더럽히면서 비속화하기 때문이다.' 병원기사단들의 깊은 교양을 짐작할 수 있는 문구이다.

1144년 예루살렘 근교에 있는 에데사가 이슬람에게 점령당했다. 당시 예루살렘의 여왕 멜리장드는 위기감을 느껴 교황 에우게나우스 3세에게 십자군 파견을 요구했다. 이때 유럽에서는 극기와 금욕생활을 하며 철저한 원리주의에 입각하여 민중 속에 파고든 프랑스의 수도자 베르나르두스가 왕이나 영주 이상으로 열렬한 지지를 받고 있었는데, 어쩌면 교황보다도 더 영향력이 있었다.

베르나르두스는 민중의 지지를 등에 업고 프랑스왕 루이 7세와 독일의 콘크라트 3세에게 압력을 가해 십자군 원정을 결행하게 했다. 제1차 십자군은 제후나 봉건 영주들이 주도했지만, 제2차 십자군은 왕들이 직접 지휘하여 원정에 나서서 지휘를 했다.

두 왕은 현지 예루살렘 왕과 함께 팔레스타인 지방의 요새인 다마스크스를 공략하고자 했다. 그러나 왕들은 군 작전에 미숙했고 병사들은 술탄 누레딘이 이끄는 대병력이 다마스크스로 진군한다는 거짓 정보를 믿고 겁이 나서 달아나버렸다. 또 내분도 있어서 십자군은 철수하지 않을 수 없게 되자 십자군을 지휘한 왕들의 체면은 구길 대로 구겨졌다.

한편 이슬람 세계는 오랫동안 여러 민족으로 분열되어 있었고 회교도 사이에 슈니파와 시아파로 종파가 갈라져 갈등이 심각했다. 쿠르드족 출신 살라후 앗딘살라딘은 이슬람 세계를 통합하고 나자 1차 십자군 전쟁 때 빼앗겼던 예루살렘과 그리스도의 영지를 탈환하고자 했다. 그는 이슬람 세계에서 다수를 점하고 있는 아랍계도 아니고 투르크나 페르시아계도 아닌 아웃사이더였다.

이때 그와 맞서 싸운 예루살렘 왕은 문둥병 왕으로 널리 알려진 보두앵 4세였다. 결국 그리스도교도의 성지 예루살렘은 살라딘의 탁월한 작전 수행으로 이슬람에게 함락되었고, 그 사실을 알게 된 유럽의 그리스도교도들은 격분했다.

이리하여 1189년 제3차 십자군이 결성되었다. 처음에 십자군 지휘를 맡은 이들은 영국의 사자심왕 리처드와 프랑스 왕 필리프 2세, 독일의 '붉은 수염의 황제'라고 부르는 신성로마제국 프리드리히 1세였다. 그런데 신성로마제국의 황제인 프리드리히 1세는 중근동까지 와서 강을 건너다가 익사했다. 그래서 영국 왕 리처드와 프랑스 왕 필리프 2세가 제3차 십자군을 지휘하게 되었는데 필리프 2세도 십자군이 아코를 탈환한 후 병에 걸렸다는 핑계로 프랑스로 돌아갔다. 결국 영국의 사자심왕 리처드가 명실상부한 3차 십자군의 총 지휘자가 되었다.

영국 왕 리처드는 헨리 2세와 프랑스 남부 아키텐 지방의 상속자인 엘리오노르 사이에서 태어났다. 엘리오노르는 처음에 프랑스 왕 루이 7세와 결혼했지만 루이 7세가 제2차 십자군 전쟁 때에 비겁하게 행동한 것에 혐오감을 느껴 그와 이혼한 후, 영국 왕 헨리 2세와 결혼했다. 결혼을 하게 되자 그녀의 영지였던 프랑스의 아키텐은 헨리 2세가 통치하는 영국의 영토가 되었고, 헨리 2세는 그의 조부 때부터 물려받은 프랑스의 노르망디까지 영지로 다스리게 되었다.

그런데 헨리 2세는 엘리오노르가 싫어졌다. 그러나 이혼을 하면 아키텐을 잃게 될까 봐, 이혼을 하는 대신 그녀를 유배 보냈다. 그 모습을 본 리처드는 부왕인 아버지의 교활함에 격분해 프랑스 왕 필리프 2세의 도움을 받아 아버지와 전쟁을 벌였다. 리차드는 그 전쟁에서 승리했다. 그리고 부왕인 헨리 2세가 사망하자 영국 땅을 세습하게 되었다.

당시 유럽은 성도聖都를 이교도에게 빼앗기게 되자 격분해 십자군을 결성하자는 분위기가 고조되었다. 영국 왕 리처드와 프랑스 왕 필리프 2세는 이러한 분위기를 외면하기 어려웠다. 그러나 그들은 십자군 원정을 결심할 수 없었다. 앞서 말한 바와 같이 영국 왕 리처드는 프랑스 아키텐 지방과 노르망디 지방 영주의 지위도 그의 부왕으로부터 물려받았던 터다. 그렇다 보니, 프랑스 왕은 자신의 영토 안에 있는 영국의 영지를 탈환하고 싶은 마음이 간절했다.

리처드 역시 필리프 2세의 그런 마음을 잘 알고 있었다. 두 왕은 망설이다가 협약을 맺었다. 같은 날 같은 장소에서 만나 십자군 원정을 함께 갔다가 같은 날 함께 돌아오기로 한 것이다.

3차 십자군이 결성되었다는 소식은 중근동에 바로 전달되었다. 살라딘은 3차 십자군이 원정을 오기 전에, 십자군이 원정을 오면 그들의 상륙지나 선착지가 될 우려가 있는 티루스를 비롯하여 아직 탈환하지 못한 지중해 연안의 몇 몇 그리스도교 영지를 탈환하기로 했다.

당시 티루스는 이탈리아 북부 제노바 서쪽에 있는 영지를 가진 몬페라도 후작의 차남인 코라도가 최고의 지휘자가 되어 방어하고 있었다. 코라도는 남다른 용기와 탁월한 작전으로 살라딘의 군대를 방어했다. 살라딘은 티루스를 쉽게 함락하지 못하자 최후의 수단을 강구했다.

그것은 그가 포로로 잡아두고 있는 코라도의 아버지 몬페라도 후작을 이용하기로 한 것이다. 살라딘은 티루스 성내 사람들이 쉽게 바라볼 수 있는 성 위에 포로가 된 몬페라도를 묶어 두고 코라도가 티루스에서 후퇴하지 않으면 그를 죽이겠다고 위협했다. 그러자 코라도는 나의 아버지가 순교자가 되는 것보다 더 큰 영광이 있겠느냐고 답했다.

살라딘은 어쩔 수 없이 티루스를 포기하고 철수했다. 그리고 휴머니즘을 발휘하여 코라도의 아버지 몬페라도 후작을 석방하여 코라도에게 보내 주었다. 이때의 패배가 살라딘으로서는 그가 십자군과 한 전쟁 중에서 처음이었다. 티루스를 방어하는데 성공한 현지 십자군은 영국 왕 리처드와 프랑스 왕 필리프 2세가 인솔하는 3차 십자군과 함께 항구도시 아코를 재탈환하고자 했다. 아코는 1차 십자군에 의해 그리스도 영지가 되었다가 살라딘에게 빼앗긴 지중해 연안 요새였다.

이때 살라딘은 처음부터 아코 방어전에 참가하지는 않았다. '붉은 수염' 신성로마제국 황제 프리드리히 1세가 이끄는 독일 십자군을 방어하기 위해서였다. 그런데 붉은 수염의 황제가 시리아 국경을 넘으며 강을 건너다가 심장마비로 익사하자, 살라딘도 아코 방어전에 참가해 십자군과 혈투를 벌였다.

십자군은 2년 동안 긴 혈투를 벌인 끝에 드디어 아코를 탈환했다. 아코를 탈환하자 필리프 2세는 리처드 왕의 오해를 받지 않으려고 병력은 남겨둔 채, 병을 핑계로 프랑스로 귀환했다. 황제 프리드리히 1세가 익사한 후 독일 십자군을 지휘하던 오스트리아의 레오폴드 공작도 병력을 남겨둔 채 귀환했다.

그런데 레오폴드는 병사들을 두고 가면서 군비는 남겨두지 않았다. 그러자 남아있던 병사들은 군비와 인원을 충당 받기 위해 투턴기사단을 새로 만들었다. 이들이 성지순례를 하는 그리스도교인을 보호한다는 명분으로 또 하나의 종교기사단을 창설하자 아무도 이의를 제기하지 못했다. 그래서 투턴기사단은 인원과 자금을 기존의 다른 기사단처럼 받을 수 있게 되었다.

리처드 왕이 이끄는 제3차 십자군은 아코를 탈환한 후 계속 남하하여 살라딘에게 빼앗겼던 지중해 연안의 해양도시를 재탈환했다. 이때 리처드 왕은 해안을 따라 행군했는데, 그 까닭은 전선을 따라 보급품을 배로 수송할 수 있도록 하기 위해서였다.

그 당시 이탈리아의 베네치아, 제노바 같은 해양도시 국가의 해군력은 워낙 막강해서 이슬람은 그 상대가 될 수 없었다. 살라딘은 남하하는 리처드 왕을 방어하기가 쉽지 않으리라 예측하고 그가 수복한 해양도시를 전부 다 불태운 후 철수했다. 그리고 해안에서 멀리 떨어진 야스프러스에서 리처드 왕과 접전을 벌여 승부를 가르기로 했다. 그러나 야스프러스 탈환전 역시 치열한 전투 끝에 리처드 왕이 승리를 거두었다.

살라딘은 야스프러스에서 패배한 후 부하 장수들을 불러놓고 나무랐다. 전장에서 달아나다니 술탄의 명예를 더럽혔다며 비난했다. 그러자 이슬람계 여러 지역에서 모여든 영주 중의 한 명이 이에 항의했다.

"술탄의 비난은 타당하지 않습니다. 적군의 갑옷과 투구가 너무 단단해 화살은 물론 검이나 창조차 튕겨 냈습니다. 무엇보다 만만치 않았던 것은 한 기사였습니다. 그 기사는 항상 최전선에서 말을 타고 있던 우리 기병을 닥치는 대로 베었을 뿐만 아니라, 오른손에는 검을 들고 왼손으로는 말을 몰면서 전투가 시작될 때부터 끝날 때까지 자신의 군대를 질타하거나 독려했습니다. 그 한 사람이 우리 병사를 얼마나 쓰러뜨렸는지, 정말 대단했습니다. 그가 검을 들고 최전선을 종횡무진으로 움직이며 전투의 향방을 결정했다 해도 과언이 아닙니다. 사자의 화신이 아닌가 싶을 정도로 용맹한 그 가사를 병사들은 '멜릭 리처드'라 불렀습니다." 리처드가 '사자왕'으로 불리게 된 것은 사람들 사이에 회자된 이러한 얘기 덕분이다.

리처드는 계속 남하해 예루살렘의 관문이라는 야파지금의 텔라비브를 탈환하고 예루살렘 보급로의 주요 기점인 아스칼론을 함락하려 했다. 그 무렵 리처드는 자신의 부주의 때문에 큰 위기를 맞은 적이 있었다.

계절은 가을, 팔레스티나 지방에서 가장 쾌적한 시기였다. 야파는 온 도시가 재건공사로 여념이 없었다. 그런 와중에 시간이 남아 무료해진 리처드는 말을 타고 산책하러 갔다. 사냥할 작정으로 몇 명만 데리고 야파 교외까지 나선 것이다. 그러다가 큰 나무를 발견하고 말에서 내려 나무 그늘에서 잠깐 쉴 생각으로 앉았다가 그만 혼곤한 잠에 빠져들고 말았다. 3주 동안 연이어졌던 전투로 팽팽했던 긴장이 풀려 마음이 잠시 해이해졌는지도 모른다.

수행한 자들도 잠에 빠진 리처드를 그대로 두고 말에서 내려 잠깐 쉬기로 했다. 얼마나 시간이 흘렀을까. 수행했던 한 사람이 수상한 소리를 듣고 리처드를 깨웠지만, 때는 이미 늦은 후였다. 한 이슬람 군부대가 주위를 포위한 것이다. 산책할 마음으로 나온 길이었지만, 리차드 일행은 무기를 갖고 있었다. 수행한 자들이 리처드를 에워싸고 보호하며 싸울 태세를 취했지만, 숫자가 워낙 열세였다.

이때 동행했던 한 호위 군사가 적병들 앞으로 혼자 달려나가 배운 지 얼마 되지 않는 아랍어로, "내가 바로 리처드다!"라고 하며 공격을 개시했다. 살라딘 군은 예상치 못한 노획물을 발견하게 되자, 병졸들까지 미친 듯이 달려들었다. 이 기회를 틈타 리처드는 쏜살같이 도망쳐 간신히 생명을 구했다.

리처드가 예루살렘 가까이 있는 아스칼론을 함락시키기 위한 작전 중에 망조가 들었는지, 본국에 있는 그의 동생 존이 귀환한 프랑스 왕 필리프 2세의 도움을 받아 반란을 일으켰다는 소식이 들어왔다. 이 소식은 살라딘 귀에도 들어갔다. 수세에 몰려있던 살라딘은 희망을 품게 되었다. 그는 리처드가 곧 귀환할 것이라 믿고, 자신이 가장 신뢰하는 동생 알아딜을 강화사절로 보냈다.

알아딜이 리처드에게 제시하는 강화조건은, 리처드가 공격하고 있는 아스킬론을 넘겨주고 철수하면 안전을 보장해 주겠다는 것이었다. 그러나 리처드는 이를 거부했다. 예루살렘까지 함락시키지 않고는 절대 돌아가지 않겠다고 오히려 으름장을 놓았다. 1차 강화회담은 결렬되고 말았다. 그런데 리처드와 알아딜은 그 회담을 하는 동안 서로에게 신뢰감을 느끼게 되었다.

이와 관련된 재미있는 일화가 있다. 리처드는 화친 회담 중에 알아딜에게 꼭 하고 싶은 이야기가 있다고 했고, 알아딜은 그 얘기를 귀담아듣겠다고 대답했다. 그러자 리처드가, "나에게 조안나라는 누이가 있소. 이슬람 교인들은 여러 아내를 둘 수 있으니 내 누이를 당신의 아내로 맞이하는 것이 어떻겠소? 그렇게 하면 당신이 예루살렘의 왕이 되어 통치하는 것도 내가 용인하겠소. 그러면 우리 사이를 가로막는 모든 문제가 해결되지 않겠습니까?"라고 하자, 알아딜은 유쾌한 듯 웃었다. 동생 알라딜에게서 이 이야기를 전해 들은 살라딘도 크게 웃었다고 한다.

하지만 웃지 않는 이가 하나 있었다. 바로 결혼해야 할 당사자인 조안나였다. 조안나는 오빠인 리처드에게 이슬람교도와는 결혼할 수 없고 만일 이를 강행하면 교황에게 일러바치겠다고 했다. 리처드는 그다음에 알아딜을 만났을 때 그와 같은 사정을 이야기하며 대신 자기 조카딸과 결혼하는 것이 어떻겠느냐고 새로운 제안을 했다. 알아딜은 어이가 없었지만, 그 이야기를 자신의 형인 살라딘에게 전하니 살라딘도 유쾌하게 웃었다고 한다.

리처드는 1차 강화회담이 끝난 후 바로 예루살렘을 함락할 듯이 진군해 살라딘의 보급부대를 격파했다. 살라딘에게 불리한 상황이었다. 리처드는 공격하는 한편, 자신은 빨리 귀환을 해야 하니 합당한 조건만 제시하면 강화하겠다는 생각을 살라딘에게 전했다. 살라딘은 또다시 알아딜을 강화사절로 리처드에게 보냈다. 이때 알아딜은 열세 살 된 자기 아들 알카딜훗날 6차 십자군 원정 때 이슬람의 술탄을 데리고 갔다.

리처드는 소년 알카딜이 몹시 마음에 들었는지, 알카딜에게 '무릎을 꿇어라!'라고 큰소리로 명령했다. 알카딜이 리처드의 위엄에 못 이겨 무릎을 꿇자 리처드는 자기 칼을 빼 들어 알카딜의 어깨에 얹으며 '너를 나의 기사로 임명한다'라고 했다.

그리고 리처드와 알아딜은 강화조약을 체결했다. 강화조약의 내용은, 다음과 같았다. 예루살렘과 예수가 태어난 베들레헴, 예수의 고향인 나사렛은 이슬람의 영지로 인정하지만, 그리스도교도들의 성지순례는 자유와 안전을 이슬람이 책임을 지고 보장하기로 했다. 그리고 그 당시 전투 중이던 아스칼론은 어느 쪽의 영지로도 인정하지 않고 모든 시설을 파괴한 후 성채를 비우기로 했다. 또한, 리처드가 원정 후 함락시킨 지중해 연안의 아코, 야파 등 여러 해양도시는 그리스도교의 영지로 인정하고 서로 교역의 자유를 보장하기로 했으며, 포로는 조건 없이 풀어주기로 했다.

강화회담이 끝나자 리처드는 아코로 돌아와 그곳에 있는 아내와 누이를 먼저 귀국시킨 후, 병사 대부분을 귀국시켰다. 그리고 마지막으로 호위무사 몇 사람과 함께 귀국길에 올랐다. 귀국길에 독일과 프랑스를 거쳐야 했는데, 그곳의 왕들은 모두 리처드에게 적대적이었으므로 리처드와 그의 호위무사들은 들키지 않으려고 변장을 했다.

그러나 오스트리아를 지나다가 아코 전투를 끝내고 먼저 귀국한 레오폴트의 병사에게 발각되어 포로가 되고 말았다. 레오폴트는 필리프 2세와 그의 상관인 신성로마제국 황제 하인리히에게 알렸다. 그들은 암살단을 시켜 리처드를 살해하려고 시도했고, 누명을 씌워 처형하려고도 했다. 그러나 리처드의 명성 때문에 그 모든 계획은 실패하고 말았다.

리처드는 감방에서의 무료함을 달래기 위해 노래를 불렀다. 그런데 우연의 일치인지, 신의 가호인지 그 노래를 지어 리처드에게 가르쳐준 음유시인이 리처드가 감금된 방의 창밖을 지나가다가 그 노랫소리를 듣게 되었다. 그가 큰소리로 자기가 누구라고 외치자, 리처드 역시 자기가 리처드이며 포로가 되어 감금되어 있다고 말했다. 이리하여 리처드가 포로가 된 사실이 유럽 전역에 알려지게 되었다.

레오폴드 공작이 거액의 몸값을 받는 조건으로 마지못해 리처드를 석방하기로 하자, 영국 전 국민은 리처드의 몸값을 치르기 위해 모금을 했다. 그리고 리처드가 석방되어 귀환하자 영국국민의 대환영을 받았으며, 존 왕이 이끄는 반란은 바로 진압되었다.

리처드는 존 왕이 필리프에게 넘겨준 프랑스 내의 영지 탈환에 곧 착수했다. 그는 거의 모든 전투에서 승리해 실지失地 90퍼센트를 탈환한 후 마지막으로 남은 리모주 지방을 공격했다. 공격할 때마다 리처드는 최전선에 서서 싸웠는데, 한 전투에서 석궁이 쏜 화살이 어깨와 가슴 사이를 꿰뚫는 바람에, 1199년 4월에 41년 7개월의 생애를 마감했다.

제3차 십자군 원정이 끝나고 5년 후 살라딘 역시 사망했다. 살라딘은 리처드가 지혜와 용기는 탁월하지만 무모한 것이 흠이라고 했는데, 리처드는 바로 그 무모함 때문에 생을 마감하고 만 것이다. 그의 생애는 짧지만 굵고 빛났다. 지금도 영국 여행을 하면 웨스트민스트 의사당 옆에 있는 그의 기마상을 볼 수 있다. 그리고 지금도 영국 왕실이 사용하고 있는 붉은색 바탕에 노란색 사자 세 마리가 있는 문장은 바로 리처드의 문장이라고 한다.

제3차 십자군 원정으로 그리스도 교인들은 예루살렘을 비롯한 여러 곳의 성지순례를 보장받게 되었다. 그리고 1차 십자군에 의해 그리스도 영지가 된 지중해 연안 항구 도시들은 그 후 살라딘에 의해 점령당했지만, 이번에 이를 재탈환하는 전과를 얻었다. 그러나 예루살렘을 비롯하여 다른 여러 성지는 탈환하지 못했다.

그 후, 학식이 풍부한 인노켄티우스 3세가 교황이 되었다. 그는 성지 탈환을 하고자 집념을 불태웠다. 그는 2차, 3차 십자군에 왕들이 참여했지만 만족스러운 결과를 얻지 못했던 점에 유의해, 예루살렘을 탈환한 1차 십자군을 본보기로 삼아 봉건 영주들이 연합한 원정군을 편성했다. 즉, 프랑스의 젊은 제후들 즉 샹파뉴 백작, 폴랑드로 백작, 부르고뉴 백작 등을 중심으로 제4차 십자군을 편성한 것이다.

제3차 십자군 전쟁에서 리처드와 살라딘이 주역이었던 것처럼 제4차 십자군은 인노켄티우스 3세 교황과 베네치아 공화국의 도제doge, '지도자'라는 뜻의 라틴어, 8~18세기에 있었던 베네치아 공화국 최고 공직으로 베네치아 통치권의 상징인 에리코 단돌로와 살라딘의 동생 알아딜이 그 주역이었다. 세 사람은 다 지혜가 탁월했다.

4차 십자군은 이전처럼 소아시아를 통과하지 않고, 예루살렘과 가까운 이집트를 먼저 침략하기로 했다. 그런데 그렇게 하려면 십자군을 해상으로 이집트까지 수송해야 하므로 이탈리아 해양도시 국가인 베네치아의 해군과 선박이 필요했다.

그런데 베네치아는 술탄 알아딜이 이끄는 이슬람과 비밀 협정을 맺고 있었다. 즉, 이슬람과 자유로운 교역을 보장받는 대신, 십자군이 편성되더라도 베네치아는 빠지기로 되어 있었다. 그런데도 십자군의 요청을 받게 되자, 베네치아는 십자군이 점령하는 영토의 반을 받는 조건으로 전쟁에 참여하기로 했다.

1202년 제4차 십자군은 베네치아에 모두 집결했다. 이때 십자군은 십자군 수송을 맡은 베네치아의 압력으로 베네치아 상인들의 선박 이용료를 받기 위해 헝가리를 공격해 교황의 분노를 사기도 했다.

제4차 십자군이 이집트로 가기 위해 항해를 하고 있는데 느닷없이 동로마제국의 황태자인 알렉시우스 4세가 찾아왔다. 그는 황제였던 자기 아버지 아이작 2세가 숙부에게 찬탈당한 후 감금되어 두 눈이 빠졌으며, 자신은 체포되었지만 탈출했다고 전했다.

알렉시우스 4세는 십자군이 동로마제국을 찬탈한 황제를 쫓아내면 보상금을 줄 것이며, 십자군의 이집트 원정에 지원군도 보내고 비용도 부담하겠다고 했다. 그리고 무엇보다 그리스도정교회를 로마 가톨릭교회 아래 두겠다고 조건을 제시했다. 이 조건은 십자군에게 굉장히 유혹적이었다. 특히 십자군 주력부대 수장인 베네치아의 도제 단돌로에게는 더할 수 없는 조건이었다.

단돌로는 십자군 지휘관들을 소집해 회의를 열어 이를 수락하는 한편, 로마교황에게도 연락했다. 교황은 같은 그리스도교 국가를 침략한다는 것이 께름칙했지만, 그리스정교가 자신의 교회에 편입된다는 것에 구미가 당겨 이를 수락했다.

이집트를 원정하고자 했던 십자군은 방향을 바꾸어 동로마의 수도 콘스탄티노플로 갔다. 십자군과 베네치아 상인들은 콘스탄티노플을 점령해 무차별 학살을 하고 교회의 성물과 보물을 약탈했다. 십자군이 성지를 탈환한 것이 아니라, 그리스도교 국가를 침탈한 것이다.

그 후 동로마 제국 황제 데오도루스 1세는 다른 동로마 지도자들과 함께 니케아로 피신해 망명정부를 세웠다. 그리고 니케아제국은 57년이 지난 후에야 코스탄티노플을 되찾았다.

십자군이 콘스탄티노플을 함락시켰지만, 황제의 자리를 이을 동로마제국 황제 아이작 2세와 그의 아들 알렉시우스 3세가 살해되는 바람에 황제의 자리는 공석이었다. 그리고 콘스탄티노플에 세워진 라틴제국의 황제 자리는 베네치아의 단돌로가 천거한 폴랑드로 백작 보두앵이 차지하게 되었다. 그 후 콘스탄티노플은 사실상 베네치아의 식민지처럼 되고 말았다. 이리하여 제4차 십자군은 이슬람과 싸우지 않고, 같은 그리스도 국가를 침탈하는 것으로 마감하게 되었다.

이 무렵 유럽 그리스도교인들은 성지가 여전히 이교도 수중에 있다는 것이 께름칙해 그 탈환에 대한 염원이 간절했다. 그 염원이 단적으로 표현된 것이 바로 소년 십자군 결성이었다.

1212년 5월 스테판이라는 열두 살 양치기 소년이 프랑스 왕 필리프 2세 궁정으로 찾아왔다. 그 소년은 예수그리스도가 직접 쓴 것이라며 새로운 십자군 원정을 주창하는 서신을 내밀었지만, 왕은 서신을 읽어보지도 않고 소년을 내쫓았다.

그러나 소년은 자신의 주장을 꺾지 않고 프랑스 전역을 돌아다녔다. '십자군을 어른들에게만 맡겨둘 수 없다. 우리 소년들이 나서자!'고 열광적으로 외치자 많은 소년이 합류하게 되었고, 이슬람 지역으로 출발하기 위해 마르세유에 3만 명 정도가 집결했다. 스테판은 마르세유 해안에서 두 팔을 벌리고 신에게 호소했다. 하지만 모세의 예언처럼 바다가 갈라지지는 않았다. 스테판을 따라온 소년 중에서 많은 소년이 이 모습을 보고 실망하여 고향으로 돌아갔다. 돌아가는 길에 소년들은 엄청난 고난을 겪었을 것이다.

그러나 돌아가지 않고 끝까지 스테판과 함께 남은 소년들도 많았다. 마르세유 선장 두 사람이 이들을 성지까지 무료로 데려다주겠다고 속이고 소년들을 배에 태웠다. 소년들은 배가 풍랑에 난파되어 죽기도 했고, 살아남은 소년들은 도중에 알렉산드리아에서 노예로 팔렸다. 다행히 그곳 이슬람 지도자들이 온정을 베풀어 소년들을 대부분 고향으로 보내주었다.

이 무렵 독일에서도 니콜라스라는 소년이 같은 내용을 설파하고 다녔다. 그도 상당수의 소년을 모집했다. 니콜라스도 제노바 해안에서 모세 흉내를 냈고, 또 피사에서도 그 흉내를 냈지만, 바다는 갈라지지 않았다. 집결한 소년 중 대부분은 실망하고 돌아갔는데 끝까지 포기하지 않은 소년들은 남하하여 로마까지 갔다.

교황이 그들을 찾아가 지금은 이럴 나이가 아니니 어른이 된 후 십자군에 참가하라며 설득하자 일부 소년들은 돌아가기로 했다. 대부분 고향으로 돌아가고, 일부는 성지로 가는 배편을 알아보기도 했는데 그 후 그들의 소식은 알 길이 없다. 후세에 전해지는 말에 의하면, 그들의 부모들이 니콜라스 아버지의 목을 매달아 죽였다고 한다. 이 두 소년 십자군의 이야기는 당시 유럽에서 그리스도교가 얼마나 민중 속에 깊이 파고들었는지, 또 얼마나 왜곡되어 있었는지 짐작할 수 있게 한다.

소년 십자군에게서 본 바와 같이 당시 유럽의 그리스도교인들은 성도 예루살렘의 탈환에 대한 염원이 편집증에 가까울 정도로 간절했다. 이 점은 이노켄티우스 3세의 뒤를 이어 교황이 된 호노리우스도 마찬가지였다. 그러나 프랑스 왕이나 영국 왕은 물론 독일 황제도 십자군 원정을 꺼렸고 1차와 4차 십자군 때처럼 영주들도 십자군을 편성해 원정 가는 것을 원치 않았다.

그래서 교황이 망설이고 있었는데, 마침 예루살렘 왕좌가 공석이었다. 예루살렘은 적의 수중에 있었지만, 상징적으로 예루살렘 왕이라는 지위는 세습제로 계승되던 때였다. 예루살렘 왕위는 문둥이 왕 보두앵이 죽은 후 대대로 여인들을 통해 계승되었으며, 당시 왕위 계승권을 가진 자는 열일곱 살인 공주 마리아였다. 이 소녀와 결혼하는 남자가 왕이 되는 것인데 마땅한 후보자를 좀처럼 찾기 어려웠다. 실권도 별로 없는데다 어려운 전쟁을 수행하는 것을 기피했기 때문이다.

교황은 어쩔 수 없이 거액의 지참금을 주고 예루살렘의 프랑스 기사장 드브리앤을 중근동에 있는 마리아 공주의 남편으로 보냈다. 이때 이슬람 측에서는 알아딜의 아들 알카밀이 술탄이었다. 그는 소년시절 제3차 십자군 원정 때 강화 사절로 아버지를 따라가 십자군 진영에서 사자심왕 리처드로부터 기사 서품을 받는 바로 그 자였다.

제5차 십자군에서 빼놓을 수 없는 것은, 제3차와 4차 전쟁에서 왕과 제후들의 지휘권이 강해지면서 종교적 색채가 약해지고 세속화되었던 터라 교황은 추기경 페라조라는 자를 교황 대리로 임명해 그가 십자군 전쟁에서 강력한 영향력을 행사하도록 했다. 종교적 원리주의자가 전쟁 작전에 직접 관여함으로써 5차 십자군은 많은 문제점을 낳았다.

제5차 십자군이 예루살렘과 가까운 이집트의 다미에타를 함락시켜 그 거점을 확보하자 이슬람의 술탄 알카밀은 이슬람의 내분을 수습하기 위해 강화를 제안했다. 십자군 총지휘자인 예루살렘 왕 드브리앤은 십자군 지휘자 회의를 열어 피 흘리지 않고 성지를 되찾을 수 있다며 그 강화안을 받아들이자고 했다. 그러나 교황 대리 펠라조 추기경은 신성한 십자군이 불신앙의 무리와 타협할 수 없다며 강화를 거부하는 바람에 전쟁을 하지 않을 수 없었다. 종교 원리주의자의 편집증 때문에 5차 십자군 역시 참혹한 패배를 당해야만 했다.

5차 십자군이 진격하자 알카밀 역시 응전할 수밖에 없었다. 그는 기발한 수공작전을 펼쳤다. 거대한 나일강의 델타 지대에는 수없이 갈라지는 수로마다 수량을 조절하는 댐이 있었다. 워낙 큰 강이라 물이 불어나는 시기가 되면 댐에서 수량을 조절해 하류로 흘려보내게 되는데 1221년 여름에는 그렇게 하지 않았다.

다미에타로 향하는 쪽의 수문을 열지 않고 물이 댐에서 흘러넘치기 직전까지 기다렸다. 그리고 더 버틸 수 없는 한계에 다다랐다고 판단이 될 때 수문을 여는 대신, 아예 댐 자체를 파괴해버렸다. 삽시간에 나일강 하류의 델타 지역은 홍수로 범람하게 되었고, 수로를 따라 북상하던 십자군은 홍수에 휩쓸려 허둥지둥 다미에타로 퇴각할 수밖에 없었다. 그러나 다미에타 역시 침수되자 고립무원이 되었고 역병까지 유행하기 시작했다.

십자군은 어쩔 수 없이 알카밀이 내미는 조건대로 다미에타를 포기하고 아무것도 얻지 못한 채 이집트에서 완전히 철수했다. 그래도 알카밀은 5차 십자군 원정으로 효력이 정지된 제3차 십자군 때 리처드와 살라딘이 체결한 강화안을 부활시켰다.

십자군 원정은 또 실패했지만, 교황은 성도를 탈환하고자 하는 집념을 포기하지 못했다. 교황 호노리우스는 이탈리아 남단 섬의 독일 왕이면서 시칠리아 왕 프리드리히 2세에게 그 일을 맡기기로 했다. 시칠리아의 왕 프리드리히 2세는 1차 십자군 때 독일 십자군을 이끌었던 붉은 수염 황제 프리드리히 1세의 손자였다. 로마교황은 그가 십자군을 지휘해 원정을 가줄 것을 바랐으므로 그에게 신성로마제국 황제로서의 지위를 인가해 주고, 예루살렘의 왕이 되게 해주었다.

일개 기사였다가 예루살렘 왕위 계승자인 공주 마리아와 결혼해 예루살렘의 왕이 된 드브리앤이 있긴 했지만, 드브리앤은 아내 마리아가 죽음으로써 예루살렘 왕으로 더 이상 인정받기가 어려웠기 때문이다.

이때 마침 프리드리히 2세가 상처한 후 독신이었으므로 교황은 30대 후반인 그를 14살밖에 안 된 올란데와 결혼하게 해 예루살렘의 왕위를 잇게 했다. 올란데는 드브리앤과 마리아 사이에서 태어난 공주였다. 프리드리히 2세는 시칠리아 왕 신성로마 황제에다 예루살렘 왕까지 겸하게 되었다.

프리드리히 2세가 통치하는 시칠리아는 그리스도교도와 이슬람교도가 함께 거주하는 곳이었다. 프리드리히 궁정에도 이슬람교도가 공공연히 근무하고 있을 정도로 두 종교가 화합하여 오랫동안 평화를 유지하고 있었다. 프리드리히 2세 역시 이슬람에 대한 적대 감정이 없었고 오히려 그들을 이해하는 편이었다.

그러는 사이 로마교황 호노리우스가 세상을 떠나고 그레고리우스 9세가 교황이 되었다. 그는 전임자보다 더 강경하게 프리드리히 황제에게 십자군 원정을 독촉했다. 그때 프리드리히 2세는 이슬람의 술탄 알카밀로부터 서신을 받았다. 굳이 원정을 오지 않더라도 그리스도교에게 예루살렘을 비롯한 성지의 영유권을 넘기겠다는 내용이었다. 알카밀은 카이로를 직접 통지하고 있었는데 시리아 다마스커스를 통치하는 동생과의 내분 수습이 우선이었으며, 또 예루살렘보다는 중근동의 평화가 더 소중하다고 평소에 생각하고 있었기 때문이다.

가기도 싫고 오는 것도 싫은 두 사람의 마음이 일치한 것이다. 이런 이유로 프리드리히 2세가 원정을 미루자 교황은 두 번에 걸쳐 파문을 경고했다. 프리드리히 2세는 어쩔 수 없이 십자군 원정을 결정했고, 이슬람의 술탄 알카밀 역시 그 무렵에 내분이 수습되자 예루살렘을 내어주겠다는 마음을 접었다.

원정 온 십자군은 예루살렘의 외항인 야파텔아비브에 진을 치고, 알카밀은 불과 50리밖에 안되는 가자에 진을 치고 서로 대치했다. 두 진영이 대치하고 있으면서도 끊임없이 강화사절이 오고 갔다. 알카밀에게 유리한 상황이었지만, 알카밀은 전쟁에 이겨 십자군을 격퇴한다 하더라도 뒤이어 또 다른 십자군이 오게 되면 중근동이 평화롭지 못할 것이므로 대폭 양보하고 강화를 체결했다.

강화 조건은 다음과 같았다.

첫째, 예루살렘과 나사렛과 베들레헴을 그리스도교 측에 넘겨주고, 예루살렘 시내에 있는 마호메트가 승천한 바위 돔 위에 있는 모스크 주변 서부 3분의 1 지역은 이슬람 영역으로 한다. 둘째, 예루살렘은 양도하지만, 그 바깥 주변은 이슬람 영역으로 한다. 셋째, 종래 리처드와 살라딘의 협약에 의해 인정한 티루스와 야파의 그리스도 영역을 북쪽으로 더 넓혀 사돈과 베이루트까지 인정한다. 넷째, 양측은 각자의 영역에서 상대방이 왕래할 때 자유와 안전을 보장하며 교역을 원활하게 한다. 다섯째, 포로는 조건 없이 교환한다. 여섯째, 이 강화 조약은 유효기간을 10년으로 한다.

이 강화 조약은 누가 보아도 이슬람이 전쟁에서 패한 후 항복조항 같아서 이슬람 측에서는 반발이 심했다. 후세 이슬람의 역사에서도 이 강화 조약을 굴욕적인 것이라고 서술했다. 그리스도교 측에서 보면, 과거 몇 차례 십자군 원정에서 피를 많이 흘렸지만 이 정도로 성과를 거둔 적이 없었다. 그런데도 로마교황은 이 강화를 인정하지 않았다. 그 이유는 순교자의 피를 흘리지 않고 불신앙의 무리와 타협했다는 것이었다.

엄청난 원정의 결과를 얻었음에도 로마교황은 프리드리히 2세를 파문했다. 그리고 아내가 죽어 예루살렘 왕위를 실각한 드브리앤을 자신의 친위대 지휘관으로 삼아 프리드리히 황제의 영지를 침탈하게 했다. 프리드리히 황제는 급거 귀국했고, 주민들은 황제를 대대적으로 환영했으며 로마교황의 군대를 격퇴했다. 카노사의 굴욕 때와 같은 파문의 효과가 이번에는 민중에게 먹히지 않았던 것이다.

교황은 궁여지책으로 자기가 고향을 방문할 때 프리드리히 황제가 문안하고 그때 교황이 파문을 철회하기로 합의했다. 이때부터 로마교황의 권위가 떨어지는 조짐이 보였다. 제6차 십자군 원정으로 그리스도교 측 프리드리히 2세와 이슬람의 술탄 알카밀과의 강화는 계속 유지되었다. 그러다가 1248년 프랑스 왕 루이 9세가 제7차 십자군을 이끌고 이집트로 출정하면서 위의 강화는 깨어졌다. 루이 9세는 필리프 2세의 손자로 아버지 루이 8세의 뒤를 이은 프랑스 왕이다.

그는 열두 살 때 왕위를 이어받은 후 어머니 비안카의 섭정을 받아왔다. 비안카는 그리스도교 신앙심이 아주 깊은 스페인 카스티나 왕가 출신이었다. 이러한 어머니 밑에서 자라서 그랬는지 루이 9세 역시 신앙심이 깊었으며, 아주 낭만적이었다. 그는 불신앙의 무리와 타협한 제6

차 십자군이 맺은 강화는 인정할 수 없다고 외치며 제7차 십자군을 편성했다. 그러자 로마교황은 이를 열렬히 지지했다.

루이 9세는 12,000명 정도의 십자군을 이끌고 마르세유에서 출발해 이집트로 갔다. 그가 바로 팔레스타인으로 가지 않고 이집트로 간 것은 이집트가 칼리프와 술탄의 본거지였기 때문이다. 그래서 그곳을 먼저 공격하는 것이 효과적이라고 생각했다.

그의 생각은 옳았다. 그는 첫 공격으로 이집트의 다미에타를 함락했다. 십자군은 이집트의 다미에타에 있었고, 알카밀을 이은 이슬람 술탄 투란샤는 카이로에서 진군해 만수라에 진을 치고 있었다. 이때 이슬람 측에서는 다미에타와 예루살렘을 교환하자고 제안했다. 그러나 루이 9세는 이를 거절했다.

다미에타와 만수라 사이에는 거대한 호수가 있어서 쉽게 건널 수가 없었으므로 서로 공격하기 어려웠다. 루이 9세는 그곳 지리를 잘 아는 자의 도움으로 호수 속 얕은 늪지대를 알아냈다. 그리고 자기 동생을 시켜 선발대를 이끌고 이슬람을 습격하도록 했다. 그러나 선발대는 이를 미리 눈치챈 이슬람 맘루크 병사들의 공격으로 섬멸되고 말았다.

맘루크는 노예 신분으로 팔려가서 병사가 된 자들로 이루 말할 수 없이 잔인했다. 루이 9세는 어쩔 수 없이 이슬람 측이 처음 제안한 강화안을 받아들이겠다며 강화를 제안했지만, 이슬람은 이를 거절했다. 그 무렵 십자군 진영에 역병이 돌아 병사들은 더 주둔할 수 없는 상황이 되고 말았다. 루이 9세는 십자군을 이끌고 철수할 수밖에 없었다.

루이 9세는 전쟁을 수행하는 지휘관으로의 능력은 많이 부족했지만, 독실한 크리스찬으로써의 인간성은 나무랄 데가 없었다. 그는 다른 병사들을 먼저 귀환하게 한 후, 자기는 마지막으로 후미를 이끌고 출항했다. 적의 공격을 못 견디고 후퇴하는 군의 후미는 엄청난 고난과 희생이 따르기 마련이었다.

그는 엄청난 고통 끝에 맘루크에게 강화 사절을 보냈다. 그러나 무자비한 맘루크는 어떤 대화도 통하지 않았고, 강화 사절마저 목숨을 지키기 위해 항복해버렸다. 지휘관을 잃은 십자군은 지리멸렬하게 되어 루이 9세를 포함하여 남은 사람은 전부 포로가 되었다. 카이로에 수송된 포로가 너무 많아 그 행렬이 무척 길었으며, 이들을 수용할 장소가 없어서 애먹었다고 이슬람 역사는 기록하고 있다.

이슬람 측은 포로 전체 몸값으로 비잔틴 금화 100만을 요구했다. 이때 중근동에 있는 그리스도교도들이 겨우 40만을 모금해 우선 루이 9세와 그 측근들을 석방했다. 루이 9세는 의리가 있는 사람이라 자기가 석방된 후 적극 모금 운동을 펼쳐 나머지 포로도 모두 석방되도록 했다.

이때 이슬람 측에서도 문제가 발생했다. 세습되어 새로 술탄이 된 투란샤는 술탄이 될 때 아버지 후궁 중의 한 사람인 알두르의 도움을 받았는데, 술탄이 된 후 그녀를 무시한 것이 화근이 되었다. 그녀는 은밀하게 맘루크의 총지휘관인 바이바르스에게 접근해 술탄을 살해하게 했다. 그리고 바이바르스와 결혼해 그 권력으로 여자 술탄이 되었으며, 바이바르스는 이슬람의 실질적인 통치권자가 되었다.

이때 파죽지세의 몽골군이 이라크의 바그다드까지 함락하고 중근동까지 진격해 시리아 남쪽 다마스쿠스까지 함락한 후 이집트까지 내려오려고 했다. 그러나 바이바르스는 몽골군이 이집트까지 오기를 기다리지 않고 요단강 서쪽 아일잘룬트 들판에서 몽골군을 기습해 격퇴함으로써 몽골군은 중근동에서 철수할 수밖에 없었다. 바이바르스의 권위는 한층 더 올라갔으며 그가 술탄이 되자 이슬람에서 맘루크 왕조가 문을 열게 되었다.

원래 이슬람은 중근동에서 그들의 성지만 수호하려 했으며 다른 것에는 별로 관심이 없었다. 그러나 맘루크 왕조는 중근동 전역에서 그리스도교 씨를 말리려고 했다. 그들은 중근동에 있는 모든 그리스도교 영지를 탈환했다. 그들은 격렬하게 전투해 그리스도교 영지를 함락하고, 때로는 철수 시한을 정해놓고 강화를 시도하기도 했지만 그 시한이 지나기도 전에 공격해 거의 모든 그리스도 영지를 탈환했다.

이처럼 7차 십자군 원정에 실패한 후 귀환한 프랑스 왕 루이 9세는 견딜 수가 없었다. 그는 외교나 전쟁에서는 무능했지만, 종교적 열정만은 대단했으므로 성지 탈환의 집념을 꺾지 않았다. 그는 제7차 십자군 때 포로가 되어 모욕과 고통을 당한 것도 잊었는지, 내정에서 어느 정도 성과를 거두어 많은 사람의 호응을 받게 되자 1270년에 다시 제8차 십자군을 결성했다.

루이 9세는 제8차 십자군을 이끌고 아프리카 튀니지로 갔다. 그때 예루살렘이 있는 팔레스타인으로 직접 가지 않고 튀니지로 간 까닭은, 당시 이슬람의 술탄 바이바르스가 이끄는 이슬람 주력 군대가 팔레스타인 북부를 침공하는 중이어서 그의 본거지인 이집트를 비워놓은 것을 기회로 삼아 그 측면을 공격하기 위해서였다.

튀니지 태수가 십자군의 상륙을 저지하기 위해 결사 항전했으므로 루이 9세는 상륙하는 데 애를 먹었다. 그리고 오랜 고난과 굶주림 끝에 간신히 상륙하긴 했지만 더는 버틸 수가 없었다. 역병까지 번져 많은 병사가 세상을 떠났고, 최고 지휘관인 루이 9세도 결국 세상을 떠나고 말았다. 상황이 이렇게 되자 십자군은 철수할 수밖에 없었다. 그들은 이탈리아반도 남쪽 시칠리아섬에 있는 트라파니 항으로 귀환했다.

루이 9세의 유골과 왕의 측근을 비롯한 귀족 몇 명만이 구조되었다. 루이 9세의 유골은 고국으로 돌아와 안장되었고, 로마교황은 루이 9세에게 성인품을 내렸다. 제6차 십자군 때 피 한 방울 흘리지 않고 성지를 탈환한 프리드리히 2세를 파문한 것과는 너무 대조적이었다. 이때부터 로마교황은 이성을 잃고 추락의 길로 들어선 것이 아닌가 싶다.

그 후 이슬람의 맘루크 왕조는 바이바르스, 칼라운, 칼릴에게 차례로 세습되었다. 그들은 중근동에 있는 그리스도교 영지를 모두 함락했다. 남은 것이라고는 지중해 서해안의 아코, 티루스, 사돈 정도였다. 티루스와 사돈은 그리스도인들이 많이 살지 않는 곳이었고, 그리스도교의 명실상부한 영지는 아코였다.

아코는 살라딘에 의해 예루살렘이 함락된 후, 중근동 지방의 실질적인 그리스도교 영지의 수도였다. 제6차 십자군에 의해 예루살렘이 탈환되었지만, 무신앙의 무리와 타협해 획득한 곳이라며 그리스도교도들은 탐탁지 않게 생각했다. 그래서 예루살렘 왕과 예루살렘 대주교도 예루살렘에서 살지 않고 아코에 상주했다.

이슬람의 맘루크 왕조가 중근동에 있는 그리스도 영지를 거의 함락시키자 그리스도교도들은 퇴각해 아코에 집결했다. 십자군 최후의 보루로 아코를 사수하기로 한 것이다. 맘루크 왕조는 중근동에 있는 그리스도교도는 최후의 한 사람까지 지중해에 처넣겠다면서 공격했다. 이 공방전은 티루스의 무명기사가 쓴 '십자군의 피로 물든 황혼'이라는 책에 그 처절함이 여실히 나타나 있다.

십자군은 전세가 불리해지자 전투 요원이 아닌 여자와 성직자는 키프로스 섬으로 철수시켰다. 이때 키프로스 섬의 왕은 예루살렘 왕이 겸하고 있었다. 육지전에는 강하지만 해전에 약한 맘루크가 이곳을 감히 점령하지 못하고 있는 사이 예루살렘 왕은 무사히 탈출했다. 그러나 예루살렘 대주교는 자신이 탄 배에 민간인을 좀 더 많이 태우려고 하다가 배가 침몰하는 바람에 익사하고 말았다.

아코에 남은 기사단은 그야말로 옥쇄玉碎를 하고자 했다. 템플기사단, 종교기사단, 튜턴기사단이 그 전에는 서로 경쟁했지만, 이때만은 한마음이 되어 항쟁했고 거의 다 전사했다. 맘루크의 술탄 카밀은, 아코에 남아있는 그리스도인이 빈 몸으로 탈출하는 것은 봐주겠다고 했으므로 기사단은 옷만 걸치고 키프로스로 탈출했다.

튜턴기사단은 조국인 독일로 돌아갔다. 종교기사단은 로도스섬으로 가서 그곳에 본거지를 두고 이슬람 무역선을 탈취하는 해적이 되었는데, 훗날 튀르크 군의 압박에 쫓겨 몰타섬으로 가서 튀르크 수군의 공격을 저지하며 명맥을 유지했다. 템플기사단은 전투할 수 있는 젊은 기사들은 거의 전사했고 남은 노병들은 조국인 프랑스로 귀환했다. 그러나 프랑스 왕 필리프 4세는 이들이 앞으로 압력단체가 될 것이 염려되었고, 또 십자군 원정이 실패한 책임을 전가하고자 했다. 그래서 남은 기사단원들이 불신앙의 무리에게 신앙을 버릴 것을 고백했다던지, 남색을 일삼았다던지, 팔레스타인 지방에서 이슬람군에게 영지를 넘겼다는 등, 누명을 씌워 모두 처형시켰다. 십자군의 꽃 중의 꽃, 템플기사단은 이렇게 비참한 최후를 맞았다.

1303년 필리프 4세는 권위가 추락한 로마교황을 납치해 프랑스의 아비뇽에 거주하게 하고 이를 감시하는 소위 아비뇽 유수를 70년간 지속했다. 새 교황 선출도 프랑스 왕이 절대적인 영향을 갖게 되었다. 십자군 전쟁 이전에 있었던 카노사의 굴욕을 생각하면 격세지감을 느끼지 않을 수 없다.

십자군 전쟁은 철저히 실패했다. 그 실패의 직접적인 결과는 유럽을 공포로 휩쓴 흑사병의 확산이었다. 오랜 전쟁으로 시달리는 사이 경제는 피폐해질 대로 피폐해졌고 백성들의 영향상태는 극도로 나빠져 질병에 대한 저항력이 약해졌다. 전쟁 후 필연적으로 뒤따르는 가뭄과 홍수로 곡물 생산량이 줄어들었으며, 곳곳에 전염병이 만연해 사회 혼란이 가중되었다. 동방에서 무역항로를 따라 흑해와 지중해를 거쳐 이탈리아로 상륙한 흑사병은 가공할 정도로 번져나갔다. 그 당시 유럽 인구가 약 1억 정도였는데 흑사병으로 3천만 명이 사망했다고 한다.

그러나 십자군 전쟁을 미시적으로 보면 대실패였지만, 거시적인 관점에서 보면 전화위복이 된 부분도 있다. 농업인구가 줄어들게 되자 농민의 권익이 향상되어 농노에서 임금노동으로 대치되었다는 점이다. 그리고 흑사병이라는 엄청난 도전에 응전하다 보니 항생제를 발명하는 등 의약 분야에서 놀라운 발전을 하게 되었다.

십자군 원정이 끝난 후 중근동 지방에서 그리스도교는 흔적도 없어졌지만, 그것은 10년에 불과했다. 치열한 전쟁을 통해 서로의 문화를 이해하게 되었고, 양측 다 교역을 하면 큰 이익을 얻을 수 있다는 점을 알게 된 것이다. 그 후 교역은 날로 번창하게 되었다. 그리고 그리스도교도들에게 예루살렘 성지순례의 자유를 보장하면 많은 관광수입을 얻을 수 있다는 것을 알게 되자, 이슬람은 유럽인의 성지순례를 반겼다.

십자군 전쟁이 실패함으로써 교황의 권위는 땅에 떨어졌고, 과연 신이 존재하는가 하는 회의마저 들게 되자 사람들은 종교개혁에 관심을 갖게 되었다. 인간 본성을 중시하는 르네상스 운동이 시작되었으며 인간의 이성을 중시하는 계몽주의 철학과 자연과학이 발달하게 되었다.

그러나 그 모든 것보다 중요한 것은 신대륙 발견이다. 그동안 유럽사람들은 지중해를 거치는 바닷길로 소아시아 아랍을 통해 향료와 보물이 있는 동방을 찾았다. 그러나 그 길을 통하는 것이 불가능해지자 항로를 바꾸지 않을 수 없었고, 대서양 쪽으로 방향을 바꾸다 보니 신대륙을 발견하게 된 것이다. 십자군 전쟁이 실패하지 않았다면, 신대륙 발견은 훨씬 더 늦어졌을 것이다. 신대륙 발견으로 서방은 많은 재화를 얻게 되어 풍요로워졌으며 무기 또한 발달하게 되었다.

아랍은 승리를 하긴 했지만 전쟁으로 피폐해진 것은 마찬가지였다. 그래서 어쩔 수 없이 오스만튀르크의 세력 아래 편입하게 되었다. 훗날 오스만튀르크 제국의 몰락과 함께 서방세력이 침투해서 십자군 전쟁에서의 패자가 승자를 지배하게 된 것을 보면, 역사의 아이러니라 할 수 있을 것이다.

# 공포의 흑사병이 가져온 유럽의 변화

르네상스 때 대문호 보카치오가 쓴 〈데카메론〉이라는 소설이 있다. 이 소설은 흑사병을 피해 외딴 시골로 도망간 열 명의 남녀들이 무료함을 달래기 위해 열흘 동안 하루 한 가지씩 번갈아 가며 이야기를 하는 형식으로 구성되어 있다. 그런데 하나같이 성직자와 봉건귀족들의 도덕적인 타락에 관한 이야기이다.

참혹한 전쟁이 끝나면 전염병이 창궐하는 것은 필연적인 일이다. 전쟁의 폐허 속에서 농사를 지을 수가 없다 보니 제대로 먹지 못해 영양실조가 될 수밖에 없으며, 병에 대한 저항력도 약하고 위생관념마저 희박해져 각종 질병이 만연할 수밖에 없다. 유럽도 마찬가지였다. 이백 년에 걸친 십자군 전쟁 후 가뭄과 홍수로 곡물 생산은 줄어들었고, 굶주림과 전염병이 만연해 사회적 혼란이 가중되었다.

흑사병은 1346년경 크림반도 남부 연안에서 발병해 무역항로를 따라 흑해와 지중해를 거쳐 이탈리아에 상륙했다. 그리고 엄청나게 번져 그 당시 유럽 인구의 3분의 1에 해당하는 삼천만 명의 생명을 앗아갔다. 이렇게 감소한 인구는, 16세기 말 ~ 17세기 초에 이르러서야 흑사병 발발 이전의 숫자로 회복되었다.

흑사병은 페스트의 일종으로, 감염된 설치류와 접촉했을 때 감염된다. 병균이 폐에 침입하면 고열이 나고 피를 토하며 호흡곤란을 일으켜 정신을 잃게 되며 대개 발병 24시간 이내에 사망하고 사망 직전에 온 몸의 피부가 검어져서 흑사병이라고 했다.

1347년 이탈리아를 강타한 흑사병은 프랑스 마르세유와 아비뇽을 휩쓸었고, 1349년에는 영국을, 그 다음해에는 북부 유럽을 거쳐 아시아와 러시아까지 이르렀다. 아비뇽에서는 추기경의 절반이 병으로 쓰러졌는데, 교회에 거주하는 성직자들의 사망률이 특히 높았다. 환자와 감염되지 않는 사람들이 교회 안에서 뒤섞이다 보니 결국 모두 감염되고 만 것이다.

남프랑스와 독일 라인 강 연안에서는 유대인이 우물에 독을 뿌려 흑사병이 생겼다는 소문이 돌았다. 그러자 유대인을 이교도라며 싫어하던 주민들이 집단적인 광기로 수많은 유대인들을 생매장하거나 불 속에 던지기도 했다.

농촌에서는 일손이 부족하다 보니 경작하지 못한 농지를 그대로 두고 볼 수밖에 없었다. 농민들은 더 좋은 노동 조건을 찾아 다른 촌락이나 도시로 빈번히 이동하게 되었다. 그렇게 되자 그들에 대한 사회적 대우가 점차 나아져 갔다. 과거 봉건제에서는 무상으로 노동력을 얻을 수 있었지만, 노동력 확보를 위해 영주들은 농민들에게 임금을 지불하거나 토지를 대여해 주는 새로운 방식을 채택하게 된 것이다. 농민들은 장원에 예속된 농노의 신분에서 벗어나 차츰 독립적인 자영농민으로 신분 상승을 하게 되었다.

이를 계기로 농노 해방을 위한 움직임이 커지게 되었고, 영국 등에서는 농민들을 농지에 예속시키고 무거운 봉건적 부담을 강요하려는 '영주 반동'이 일어났다. 그러자 농민들이 곳곳에서 조직적으로 거세게 반발을 하게 되었다. 프랑스의 자크리 반란이나 영국의 와트 테일러 반란이 바로 그것이다.

1358년, 프랑스 농민들은 백년전쟁과 흑사병, 봉건귀족의 착취에 대항하여 반란을 일으켰다. 그들은 농노제의 폐지와 함께, 부역과 지대에 대한 부담을 줄여줄 것을 요구했다. 순식간에 십만 명이 넘는 농민들이 영주의 성을 파괴하고 파리까지 진격했으나 프랑스 농민항쟁은 3개월 만에 진압되고 말았다.

영국도 흑사병으로 인구가 줄어들고 노동력이 부족해지자, 영주들이 이전의 부역제로 돌아가 농민들에게 봉건적 부담을 강조하게 되었다. 영국 정부는 노동자의 이동과 임금을 억제하기 위해 입법조치를 실시했다. 그러나 농민들은 이런 조치에 반발하여 성직자 존 볼과 와트 테일러 등을 지도자로 삼아 반란을 일으켰다.

존 볼은 '태초에 아담이 밭을 갈고 이브가 베를 짤 때, 누가 귀족이고 누가 농민이었는가.'라는 연설로 농민을 선동했다. 영국 동남부에서 시작된 반란은 순식간에 전국적으로 퍼져나갔다. 농민군은 런던까지 진격해 국왕을 만났고 농노제 폐지, 농민을 탄압하는 입법 철폐, 교회 소유의 토지 몰수와 무상분배 등을 요구했다. 그러나 테일러가 체포되어 처형되자 농민군은 급속히 와해되고 말았다.

농민반란은 영주들의 조직적인 탄압으로 실패하고 말았지만, 농민들의 가슴에 박히게 된 해방의식, 권리의식, 평등사상은 사라지지 않았다. 그리고 농민들이 주장했던 농노제 폐지와 농민 해방은 거스를 수 없는 시대적 흐름이 되었다.

이처럼 십자군 전쟁은 사회 전반에 여러 가지 영향을 미쳤으며 그 후 유증 또한 컸다. 무엇보다 십자군 전쟁으로 말미암아 교황과 교회의 권위가 땅에 떨어졌다. 그 결과 인간 본성을 중시하는 르네상스운동이 일어나게 되었고, 종교개혁에 관심을 갖게 했다. 그리고 계몽주의 철학이 대두되어 인간이 주인인 민주주의와 합리주의가 싹트는 계기가 되었다.

위에서 언급하였다시피 십자군 전쟁 후에 창궐한 흑사병은 유럽 경제에서 큰 몫을 차지하는 농업의 기본부터 뒤흔들리게 했다. 흑사병은 동아시아에서 발병한 것이었는데 서양이 더 피해가 극심했던 까닭은, 십자군 전쟁 후 모든 환경이 열악해진 탓이라고 할 수 있을 것이다.

훗날 의약 분야 및 위생 분야에서 서양이 동양을 훨씬 앞지르게 되었는데, 석학 토인비가 '인류의 역사는 도전과 응전의 역사'라고 말한 것처럼, 흑사병이라는 엄청난 도전을 받고 이에 응전하다 보니 그 분야가 비약적인 발전을 할 수 있었기 때문이다. 서양이 비약적으로 발전하는데 흑사병이 큰 역할을 하게 되었다는 것은 참으로 아이러니한 일이다.

그리고 덧붙여 이야기하고 싶은 것은, 흑사병으로 인한 떼죽음이 사람들에게 특이한 욕구를 불러 일으켰다는 점이다. 그 중 한 가지는 조혼이 성행하게 된 것이다. 사람으로 태어나 죽기 전에 결혼도 해보고 가정을 가져보자는 갈망이 강해진 탓이었다.

이런 현상이 고조되어, 권선징악이라는 주제로 새로운 형태의 연극이 인기를 끌게 되었다. 그 중 '죽음의 춤'이라는 공연이 포함되어 있는데, 사람들은 공동묘지나 교회에 모여 공연을 보며 카타르시스를 느꼈다. 그 공연 중에는 해골과 춤추며 관객을 묘지 안으로 끌어들이는 장면이 나오는데, 전하고자 하는 교훈이 내포되어 있었다. 그 교훈은 당시 비석에서 흔히 볼 수 있는 비문 내용과 흡사했다. '너는 흙이니 흙으로 돌아갈 것이다. 썩은 육체는 벌레들의 맛있는 식사가 되리니.'

# 콘스탄티노플 함락

역사가들이 로마제국을 많이 거론하지만, 로마제국의 멸망에 관해서는 별로 언급하지 않는다. 언급한다 하더라도 서기 476년 게르만인 용병 오도아케르에 의한 서로마제국의 멸망을 그 끝으로 보고 있다. 그러나 서로마제국의 멸망은 로마의 일부가 멸망한 것이지 로마 전체가 멸망한 것은 아니었다. 수도가 콘스탄티노플이었던 동로마제국은 로마의 정통성을 이어가며 건재했기 때문이다.

그 당시 서로마는 명목상으로만 존재했을 뿐, 쇠퇴일로였던 것을 오도아케르가 정식으로 선언한 것이어서 큰 의미를 부여할 일은 아니었다. 서로마제국이 멸망한 후 천 년이나 더 지속되었던 동로마제국이 멸망함으로서, 로마는 끝을 맺었다고 할 수 있다.

1453년 동로마제국의 멸망은, 2천 년 역사를 지닌 서양역사의 뿌리이며 주류인 로마가 멸망한 것으로 인류역사에서 획기적인 사건이었다. 그리고 너무나 극적이고 처참한 최후라서, 후세 역사에 미친 영향이 엄청난데도 불구하고 역사에서 등한시되고 있다. 동로마가 보잘 것 없는 존재였기 때문에 등한시되고 있다는 오해를 받기도 하지만, 그것은 착각이다.

서기 293년, 디오클레티아누스 황제는 광대한 영토를 거느리고 있던 로마를 동서로 분리했다. 서로마는 이태리반도가 문명국이었을 뿐, 나머지 알프스 북부 지역은 미개지였다. 그리고 동로마는 수도를 니코메디아지금 터키의 이즈마르로 정했으며 소아시아, 시리아, 이집트 등 문명국들이 그 관할이었다.

그 당시에도 동서로마제국의 수도는 로마였지만 로마는 정치와 행정의 중심지였을 뿐, 경제와 무역의 중심지는 동부 지중해권이었다. 동유럽에서 중동에 이르는 방대한 동로마 지역은, 서유럽 문명권보다 인구가 훨씬 많았을 뿐만 아니라 문명에 있어서도 훨씬 앞서 있었다.

그런 이유로 로마제국이 동서로 분리된 이후 동유럽은 경제적 중심지, 정치와 행정의 중심지로서 역할을 하게 되었다. 그 이후 서로마제국은 150년가량 명맥을 유지했지만, 중심은 변함없이 동방에 있었다.

특히 디오클레티아누스의 뒤를 이어 황제가 된 콘스탄티누스는 고대 도시 비잔티움에 수도를 옮기고 제국의 중심으로 삼았다. 수도를 옮긴 후 도시 이름을 황제의 이름을 딴 콘스탄티노플이라고 하였는데, 콘스탄티노플은 476년에 서로마제국이 붕괴된 후 유일한 로마제국으로 존속하였다.

그리고 중세 중반기까지 동방제국은 서유럽보다 정치, 경제에서 모두 앞서 있었다. 서방이 동방을 앞서기 시작한 것은 12세기부터였으므로 그 이전에 서유럽이 동방제국에게 문명적으로 적지 않게 신세를 졌다고 할 수 있을 것이다. 아시아에서 발달한 여러 가지 문물을 서방에 전한 것도 동방제국이었으며, 서유럽에서 잊혀져가고 있던 고대 그리스와 로마의 중심 줄기를 보존하고 있다가 서유럽에 전달한 것 역시 동방제국이었다.

그럼에도 불구하고 서양역사에서는 서유럽과 동방제국 사이의 활발한 교류에 관해 언급을 하지 않고 있다. 그러나 어떤 사학자도 동방제국이 서유럽이 발전하는데 결정적인 역할을 했다는 것을 부인할 수는 없을 것이다.

강성한 아시아 국가들, 특히 6, 7세기에 유럽을 거세게 압박했던 사산조 페르시아의 공세를 효과적으로 차단하고, 그보다 더 강력한 717년 사라센 제국의 공격을 막아낸 것도 동방제국이었다. 그 후, 동방제국은 중앙아시아의 새 임자가 된 셀주크 투르크의 세력이 유럽에 침투하지 못하도록 외교적, 물리적으로 막아냈다. 그리고 들불처럼 번지고 있던 이슬람교도를 막고 그리스도교의 문을 지켜냈다.

그런데 왜 동로마제국은 역사에서 과소평가되었으며, 그 멸망에 관한 언급조차 꺼리게 된 것일까. 그것은 몇 가지 이유가 있다고 본다.

첫째, 서방 로마교회 교황 측은 교리가 다소 다른 동방교회 세력을 시기한 것이 틀림없다. 그래서 로마의 정통성을 이은 동로마제국의 황제를 제치고, 프랑크 왕국의 샤를마뉴카롤루스 대제를 현실정치의 황제로 인정했다. 그리고 로마제국을 계승한 것처럼 신성로마제국이라는 이름까지 붙이게 한 것을 보면 알 수 있다.

둘째, 아시아에 대한 유럽의 패배, 이슬람교에 대한 그리스도교의 패배를 서양 그리스도교인들이 기록하고 싶지 않았던 탓이다. 서양 사람들은 동로마제국의 수도 콘스탄티노플이 함락될 때 참혹하게 약탈당한 상처를 기억하고 싶지 않았을 것이다. 승자인 투르크 역시 자신들의 잔인성을 드러내놓고 싶지 않았을 것이다. 그리고 주류인 아랍 계열에 의한 이슬람교의 승리가 아니라, 비주류인 투르크족에 의한 이슬람의 승리를 부각시키고 싶지 않았을 것이라고 생각한다.

콘스탄티노플이 무참하게 함락된 1453년 5월 29일은 음력 그믐이고 화요일이었다. 그래서 투르크를 계승한 터키의 국기가 초승달이 아닌 그믐달이고, 서양 사람들이 일주일 중 화요일을 제일 재수 없는 날로 여기는 것도 여기 원인이 있다.

콘스탄티노플이 함락되어 최후를 맞게 된 동로마제국은 이미 쇠퇴의 길을 걷고 있었다. 그리고 가까이 있는 오스만 튀르크가 강성해지자 풍전등화였다.

콘스탄티노플을 함락시킨 오스만 튀르크의 술탄 마메드 2세는 열아홉 살 소년으로 등극했다. 어린 황제가 그처럼 야심이 클 것이라고는 아무도 생각하지 못했다. 그는 자신이 왕좌에 오를 때 참석한 동로마제국의 사신을 친절히 맞이하고 화해를 강조하며 강화조약까지 맺었다. 그러나 그런 행동은 야심을 달성하기 위해 포장한 몸짓이었다.

오스만 튀르크에는 할릴이라는 늙은 재상이 있었는데 그는 친 그리스도파여서 콘스탄티노플의 침공을 반대했다. 그러던 어느 날 밤, 마메드 2세로부터 연락이 왔다. 노재상은 면직 통보를 받는 게 아닐까 하고 두려움에 떨며 술탄의 노여움을 가라앉히려는 생각에 금화를 그릇에 가득 담아 가지고 갔다.

"스승님, 이게 무엇이오?" 술탄이 물었다. 할릴은 고개를 숙이고 주군으로부터 소환을 받은 신하는 예로부터 선물을 가져가는 게 풍습이라며 얼버무렸다. 술탄은 그 접시를 밀쳐내며, "이런 선물은 아무 짝에도 쓸모없소. 내가 원하는 것은 오직 하나뿐이고, 그것은 콘스탄티노플이오. 그것을 주시오!"라며 단호하게 말했다. 할릴은 할 수 없이 술탄의 뜻에 따르겠다고 충성을 맹세한 후 물러났다.

1453년 1월, 술탄은 할릴을 앞세워 조정회의를 열고 그 자리에서 선언했다. "콘스탄티노플이 그리스도교의 손아귀에 있는 한 오스만 제국은 결코 안전하지 못하다. 그곳을 함락시켜야 한다. 그리고 그 시기는 바로 지금이다."

그 후 두 달 동안 술탄이 비밀리에 갖춘 함대는 엄청난 규모였다. 육군 역시 8만여 명의 정규군과 2만여 명의 비정규군으로 편성되었다. 그러나 술탄이 더 자랑스러워했던 것은 가공할만한 새로운 무기로 헝가리 기술자에게 제작비를 주고 만든 대포였다. 그 대포는, 길이가 9m 두께가 20cm에 구경이 15cm로 60마리의 황소가 앞에서 끌고 2백 명이 흔들리지 않도록 꽉 잡고 있어야 했다.

4월 5일 술탄 마메드는 콘스탄티노플 앞에 진을 치고, 이슬람법에 따라 먼저 황제에게 전갈을 보냈다. 즉시 항복하면 시민들의 목숨을 살려주겠으나 명령을 따르지 않으면 자비는 없을 것이라는 내용이었다. 동로마 황제는 응답하지 않았고, 마메드는 다음날 대포를 발포했다.

그러나 콘스탄티노플 시민들은 두려워하지 않았다. 남녀노소 모두 황제의 지휘 아래 침략군을 방어하기 위한 대비를 철저히 했다. 그리고 서쪽 황금 곶 연안의 해로海路 성벽을 강화하는 등, 그 준비를 마쳤다.

4월 1일은 부활절이었으나 시민들은 소피아성당에서 거행되는 미사에 참석하지 않고 공격에 대비했다. 황제가 가용 자원을 점검해 보니, 황금 곶에 정박해 있는 함선은 모두 26척이었다. 오스만 함대에 비하면 상대가 안 되는 규모였다. 부족한 인력은 더 심각했다. 수도자, 성직자들을 다 포함해 성벽을 수비하기 위해 배치할 수 있는 인력은 7천 명뿐이었다. 마메드의 10만 대군에 맞서 22km의 성벽을 사수하기에는 턱도 없는 숫자였다.

4월 6일 방어군은 결사항전의 각오로 각자 임무를 맡은 후 배치되었으며, 황제는 가장 취약한 부분의 지휘를 맡아 강을 건너 북쪽 1km 지점으로 나아갔다.

병력 면에서는 절대 열세였지만 콘스탄티노플은 천년의 요새였다. 서남쪽에는 황금 곶을 비롯한 해안에 테오도시우스 성벽이 있었고, 북쪽에는 험준한 산악지형을 이용한 튼튼한 성벽이 있었다. 무엇보다 군, 관, 민이 혼연일체가 되어 쉽게 무너지지 않았다.

술탄은 먼저 해안으로 공격해 서방의 자원군이 접근하는 것을 차단하고 해안 성벽을 넘어 콘스탄티노플 시내를 침투하려고 했으나 그 시도는 무참히 실패했다. 술탄은 책임자를 해임시키고 재산을 몰수했다.

술탄은 작전을 바꾸어 콘스탄티노플의 중요 시설과 접해 있는 황금 곶에 함대를 집결시켜, 공격을 시도했다. 그러나 황금 곶은 출구가 좁은 해협으로 해저에 철 고리 줄을 넣어두었다가 유사시에 양안에서 당겨 철로 된 줄을 떠오르게 하면, 배가 진입할 수가 없도록 되어 있었다.

그래서 술탄은 세계 전쟁사에 기록될 만한 특별한 방법으로 배가 육로를 항해하는 작전을 수립했다. 공격 목표로 삼은 황금 곶에 군대를 집결시키려면, 술탄은 마르마라 연안에 있는 함선을 이동해야만 했다. 그래서 그 사이에 있는 언덕을 넘어갈 수 있는 도로를 닦고, 쇠로 된 바퀴와 철로를 건설했다. 목수들은 중형 크기의 선박 용골선박의 선수에서부터 선미까지를 지탱하는 중심축을 운반할 수 있는 거대한 나무 받침대를 제작했다.

4월 22일 일요일, 수 십 마리의 황소들이 이끄는 튀르크 함선들이 70m쯤 되는 언덕을 넘어 황금 곶 쪽으로 내려왔다. 콘스탄티노플 시민들은 눈을 의심했다. 배가 산을 넘어오고 있었다. 술탄의 이 계획이 성공하자 콘스탄티노플의 주요 항구는 위험에 직면하게 되었다.

콘스탄티누스 11세는 오래 버틸 수 없을 것이라 판단했다. 성벽 수비병들도 집에 두고 온 가족의 안위를 심각하게 걱정하기 시작했다. 그들이 갖고 있던 단 한 가지 희망은, 베네치아를 비롯한 서방측의 지원 함대가 오는 것이었다. 그들이 올까? 그리고 적이 황금 곶을 장악하고 있는 상황에서 무사히 도착할 수 있을까? 콘스탄티노플의 운명이 거기 달려 있었다.

5월 3일 자정이 되기 직전, 튀르크 깃발을 달고 튀르크 복장으로 위장한 열두 명의 선원을 실은 베네치아의 쌍돛범선 한 척이 조용히 항구를 출발해 한밤중에 도착했다. 선장은 곧장 황제에게 가서 보고했다. 3주 동안 에게 해를 샅샅이 뒤졌지만, 오기로 한 지원 함대를 어디서도 볼 수 없다는 것이었다. 보고를 받은 황제는 선원들을 치하했다. 하지만 눈물이 앞을 가려 말을 제대로 잇지 못했다.

신하들은 또 다시 황제에게 제의했다. 시간이 많이 남아 있을 때 수도를 비우고 다른 곳에 가서 망명정부를 세웠다가, 기회를 봐서 수도를 탈환하자고 간청한 것이다. 피곤에 지친 황제는 신하들의 말을 다 듣기도 전에 실신했다. 정신을 차리고 난 그는 굳게 결심했다. 그리고 '이곳은 나의 도시이며, 여기 사는 사람들은 나의 시민인데 이들을 버리고 떠날 수 없다'며 단호히 말했다.

5월 26일 술탄은 작전회의를 열고 참모들에게 말했다. '긴 시간 동안 공격했으니 적은 지쳐있을 것이다. 이제 최종 공세를 해야 한다. 내일은 종일 그 준비를 한다. 그리고 나서 휴식을 취하며 기도를 올리자. 최종 공격 시간은 5월29일 아침으로 정한다.'

술탄은 그 계획이 방어군 측에 알려지는 것도 개의치 않았다. 그리고 36시간 동안 공격을 준비했다. 밤에는 병사들의 작업을 독려하기 위해 거대한 화롯불을 피웠고 북과 나팔로 사기를 고양시켰다. 5월28일 새벽이 되자 갑자기 사방이 고요해졌다. 병사들이 이튿날을 기다리는 동안 마메드는 하루 종일 돌아다니며 상황을 점검하다가 저녁 늦게 침소에 돌아왔다.

한편, 제국의 마지막 월요일을 맞은 수도는 일체의 다툼도 시끄러운 일도 없었다. 시민들은 거리에 모여 함께 최후의 기도를 했다. 그리고 종이 울리자 성상들과 귀중한 유물들을 앞세우고 거리행진을 했다. 술탄의 화력이 집중된 성벽에 이르자 특별히 기도했다.

기도가 끝난 뒤 황제가 연설했다.

"우리에겐 목숨을 걸 만한 네 가지 명분이 있다. 신앙, 조국, 가족, 군주이다. 이를 위해 황제인 나를 비롯해 모두 죽을 각오로 싸워야 한다. 신의 도움이 있다면 우리는 승리할 것이다."

땅거미가 내려앉자 시민들은 성당으로 모여들었다. 그리스어를 사용하는 다른 성당과는 달리 라틴어를 사용하는 소피아성당은 지난 다섯 달 동안 그리스인을 멀리 했었다. 그러나 이제는 모두 한마음이 되어 비잔틴의 정신적인 중심지라 할 수 있는 소피아성당에 모였다. 경계병들은 성벽을 떠날 수 없었지만, 시민들은 소피아성당의 성찬식에 참석해 구원의 기도를 올렸다. 그곳에서 대성당의 마지막 기도이자 가장 뜻

깊은 기도가 이루어졌다.

의식이 진행되고 있을 때 황제가 도착했다. 그는 가톨릭과 정교회를 가리지 않고 멀리서부터 찾아와 참석한 모든 주교들에게 자신의 죄를 용서해달라고 청한 다음, 성찬식을 가졌다. 의식이 끝난 후 대부분의 촛불이 꺼지고 대성당의 불빛도 꺼졌다. 황제는 혼자 기도를 올리고 가족과 마지막 인사를 하고 자정 무렵 성벽을 점검했다.

새벽 1시, 오스만 튀르크의 술탄이 신호를 보냈다. 그 순간 정적이 깨어지면서 나팔소리, 북소리가 크게 울려 퍼졌고 튀르크 장병들의 함성은 하늘을 찌를 듯 했다. 그 시각 성당의 종들이 일제히 울렸고 마지막 전투가 시작되었다.

술탄은 수도를 점령하려면 방어군에게 휴식을 주면 안 된다고 생각했다. 그는 방어군을 피로하게 만들기 위해 훈련을 제대로 받지 않은 용병인 정규군으로 공격하고 육탄전을 벌이게 했다. 두 시간동안 그렇게 접전을 한 후, 훈련을 제대로 받은 아나톨리아 튀르크 정규군을 투입해 성문을 집중적으로 공략했다.

황제가 직접 지휘한 방어군은 그들을 포위해 상당수를 죽이고 나머지는 수도 너머로 몰아냈다. 술탄은 격노했지만 냉정을 잃지 않았다. 승리를 가져다 줄 군대는 아나톨리아 군대가 아니라, 그 다음에 투입될 정예군 예리체니였기 때문이다.

그리스도 군들은 쉴 새 없이 세 번째 공격을 맞이해야 했다. 오스만 제국 최고의 정예병들은 적에게 공포심을 불러일으키는 북과 나팔소리에 발을 맞춰가며 평원을 가로질러 왔다. 성벽에서 비 오듯 퍼붓는 화살과 돌멩이 세례에도 꿈쩍하지 않고 대열을 흐트러뜨리지 않았다. 그들은 일사불란하게 전진했다. 온몸을 던져 방책을 무너뜨리고 방책의 기둥을 잘라버린 다음 성벽에 사다리를 걸쳤다. 그리고 명령에 따라 다음 대열이 와서 작업할 때까지 기다렸다.

이에 반해 방어군 측은 교대 병역이 없었으므로 전투가 다섯 시간 이상 진행되자 더 버틸 수가 없었다. 동이 트자 화살 한 개가 날아와 방어군 전두 지휘관의 흉갑을 꿰뚫고 그의 가슴에 박혔다. 그는 고통스러운 신음을 토하며 선박 안으로 옮겨졌고, 선원들이 그 안으로 밀려들어가 사기가 떨어졌다. 이 광경을 본 술탄은 지체 없이 예리체니의 또 다른 정예부대를 투입했다. 그러나 성 안으로 들어가지는 못했다.

테오도시우스의 이중 성벽과 만나는 앞쪽 끝에 있는 블라케르나 성벽 모서리에 케르코포르타라는 조그만 비상문이 하나 있었다. 몇 년 전에 폐쇄되었던 그 문을 노병들이 기억해낸 것이다. 포위전이 시작되기 전에 그 문은 다시 열렸다. 돌격대가 튀르크군의 측면을 칠 수 있도록 하기 위해서였다.

그런데 공격을 마치고 돌아온 어느 돌격대원이 문에 빗장을 지르는 일을 깜박 잊고 말았다. 그것이 화근이었다. 그 문을 통해 튀르크 군이 진입하게 된 것이다. 황제가 즉시 말을 타고 문으로 달려가 보았으나, 사태는 이미 걷잡을 수 없는 상태였다. 겁에 질려 허둥대느라 문을 닫지 못한 사이, 튀르크 군이 우르르 몰려들어왔다.

튀르크 군은 성벽 꼭대기에 올라가 튀르크 깃발을 올리고 문을 활짝 열어 다른 병사들도 들어오게 했다. 수도에 처음 입성한 군대는 정예부대인 예니체리가 아니고 비정규군이었다. 하지만 동틀 무렵에는 모든 부대가 여기저기 열린 틈으로 쏟아져 들어왔다.

콘스탄티누스 11세는 보물들을 팽개치고 전투가 벌어지고 있는 한가운데로 몸을 날렸다. 하늘에는 그믐달이 높이 떠 있었고, 성벽에는 죽은 자와 죽어가는 자들만이 가득했다. 살아남은 병사들은 서둘러 집에 가서 가족들을 보호하고자 했다. 그 무렵 튀르크 선원들은 육군에게 뒤질세라 강간과 약탈을 벌이기 시작했다.

지원하러 온 베네치아 인들은 항구로 향했고, 제노바 인들은 비교적 안전하다고 생각되는 갈라타로 갔다. 황금 곶은 놀라우리만큼 고요했다. 그러는 사이 제노바 선박 일곱 척과 비잔티움 선박 대 여섯 척이 뱃전 가득히 피난민을 싣고 대해로 나갔다. 그들에 의해 콘스탄티노플의 최후 소식이 세상에 비로소 전해졌다.

전쟁으로 도시가 함락되면 약탈이 뒤따르게 마련이지만 두 달 가까이 공성전攻城戰을 벌이느라 힘들었던 튀르크군은 굶주린 늑대가 양을 만난 것처럼 그 잔인함이 극에 달했다. 정오가 되자 콘스탄티노플 거리는 눈뜨고 볼 수 없는 지경이었다. 집들은 무너지고 여자들은 강간당하고 아이들은 꼬챙이에 찔려 죽고 성당들은 잿더미가 되었고 성상들은 불에 타버리고 책들은 찢겨 흩어졌다. 황궁은 껍데기만 남고 황제가 아끼던 성모상은 네 조각이 나버렸다.

그 중에서도 가장 끔찍한 곳은 소피아성당이었다. 아침미사가 진행되는 동안 튀르크군은 잠가 놓았던 청동 대문을 때려 부수고 들어와, 현장에서 일부를 살해하고 나머지는 튀르크 진영으로 끌고 가서 죽였다. 사제들은 끝까지 미사를 진행하려다가 제단에서 살해당했다.

그러나 전하는 바에 따르면, 신앙심이 깊은 몇몇 사제들이 성반과 성체를 챙겨 성소의 남쪽 벽을 통해 신비스럽게 사라졌다고 한다. 그들은 콘스탄티노플이 다시 그리스도교의 도시가 될 때까지 살아남았다가, 중단되었던 그 시점부터 다시 미사를 이어가리라고 다짐했다. 콘스탄티노플이 지금까지 그리스도교의 도시가 되지 못하였으므로 이 신화는 여전히 진위 여부를 알 수 없다.

동로마제국의 마지막 황제 콘스탄티누스 11세는 어찌 되었을까. 피신하여 생명을 보전했다면 그 뒤 그의 운명이 역사에 기록이 되었을 것인데 그렇지 못한 것을 보면 그는 전사한 것이 분명하다. 그의 시체는 어떻게 처리되었을까. 일반 병사의 시체와 섞여 분별할 수 없었거나, 분별할 수 있었다 하더라도 마메드가 특별히 장례를 치러주고 무덤을 만들어주지는 않았을 것이다. 마메드는 콘스탄티노플의 시민들이 황제를 추모할까봐 시체를 찾았다 하더라도 숨겼을 것이다.

술탄 마메드는 자신의 병사들에게 전통적인 사흘 동안의 약탈을 약속한 바 있지만, 그날 저녁으로 약탈을 끝내라는 명령을 내렸고 아무도 이에 항의하지 않았다. 이미 더 이상 약탈할 것이 남아 있지 않았고, 병사들은 전리품을 분배하고 포로들을 희롱하기에 여념이 없었다.

오후 늦게 마메드는 측근 신하들과 이슬람교 성직자 이맘을 대동하고 친위대의 경호를 받으며 소피아성당으로 들어갔다. 그때 그의 나이 스물한 살이었다. 마메드는 소피아성당 문 앞에서 겸손의 의미로 말에서 내려 흙을 한 줌 쥐고 자신의 터번 위에 뿌렸다. 그는 대성당 안으로 들어가 제단에 오르며 대리석 표석을 뜯고 있는 병사를 제지했다. 그리고 공공건물을 파괴하지 말라고 포고했다.

뒤이어 마메드의 명령에 따라 선임 이맘이 그리스도교 설교대에 서서 자비로운 알라의 이름을 외치고, 지구상에 마호메트가 예언하는 알라신 이외에는 신이 없다고 선언했다. 술탄 마메드는 머리를 조아리며 엎드려 감사의 기도를 올렸다. 그때부터 그리스도교의 대 본산인 소피아성당은 알라신을 예배하는 모스크가 되었다.

소피아성당을 나온 술탄은 도심의 광장을 가로질러 패망한 제국의 황궁으로 갔다. 그는 폐허가 되어버린 홀과 화랑을 둘러보면서 페르시아의 한 시인이 읊었다는 시구를 중얼거렸다. '황제의 궁궐에는 거미줄만 무성하고 아프라사이브 탑에서는 부엉이가 보초를 서는구나.'

기원전 753년 시조 로물루스가 건국한 로마는 2216년 동안의 역사를 기록한 후 1453년 5월 29일 최후를 고했다. 콘스탄티노플 시민들은 마지막 순간까지 기적을 바라며 성당에서 기도했지만, 성경에서와 같은 기적은 결코 없었다. 오히려 그들은 그 자리에서 무자비하게 약탈을 당했을 뿐이다.

오스만 튀르크는 콘스탄티노플을 함락한 후 이름을 이스탄불로 바꾸고 수도를 옮겼다. 그곳을 발판으로 에게 해 너머 그리스를 점령하고 발칸 반도를 장악한 후 이베리아 반도까지 침투하고자 한 것이다. 동로마 제국의 멸망으로, 그 영역은 제1차 세계대전 때까지 러시아 자르 체제와 오스만 튀르크 세력으로 양분되었다. 러시아 자르 정권은 모스크바가 로마와 콘스탄티노플 다음으로 그리스도교의 본산이라고 선언하기도 했다.

오늘날 동구니 서구니 하는 것은 동로마와 서로마의 경계와 비슷하다. 동구는 동로마제국의 멸망 후, 러시아 자르 체제나 오스만 튀르크와 같은 전제 체제로 통치되었다. 한편, 서로마 지역은 일찌감치 지방 분권화 경향을 드러냈으며 종교개혁을 통해 새로운 그리스도교인 프로테스탄트를 낳게 되었다.

　제1차 대전 후 오스만 튀르크가 멸망하자 그 지배 아래 있던 아랍지방과 아프리카는 서방 열강의 식민지가 되었다. 튀르크 제국은 아크리나 반도 안으로 축소되었고, 터키 공화국을 세워 오스만 튀르크를 계승했다. 그러나 정교 분리를 선언하고 주일을 공휴일로 하는 등 서방에 편입하고자 노력을 계속하고 있다. 이는 튀르크 민족이 이슬람 계에서 비주류였기 때문이 아닌가 싶기도 하다.

　그 밖의 동구권은, 제2차 세계대전 후 소련 공산주의 위성국으로 공산당 일당 독재체제를 유지하다가 공산주의 붕괴와 함께 점차 서유럽화 되고 있다. 이처럼 동로마제국의 멸망이 역사에 큰 영향을 미친 것만은 분명하다.

　술탄 마메드는 그의 비망록에 "황제여, 인정하노니 그대는 책임을 다하였고 황제답게 거룩한 최후를 맞이하였노라. 콘스탄티노플은 도시의 여왕답게 아름답고 거대하다. 그래서 나 역시 탐하고 취하였노라."라고 기록하였다.

# 영국 여왕 엘리자베스 1세

세계는 거의 민주화되어 세습되는 왕이 있는 나라는 몇 나라뿐이다. 왕위 세습은 거의 폐지되었지만, 영국에서는 실질적인 권한이 없는 왕이 존재하며 현재 엘리자베스 2세는 60년이 넘는 기간 동안 재위하고 있다. 영국은 다른 어느 나라보다 여왕이 비교적 많았고, 여왕들이 재위할 때 전성시대를 구가했다.

빅토리아 여왕은 1836년에 왕위에 올라 65년 동안 재임하면서 영국이 세계 최강의 나라로 군림하게 했다. 또 그 기초를 다진 엘리자베스 1세는 1558년부터 1603년까지 통치하며 식민지를 많이 쟁취할 수 있는 터전을 마련했다.

1571년 스페인 왕 펠리페 2세는 오스만 튀르크를 레파토 해전에서 물리쳤다. 오스만 튀르크는 수백 년 동안 이베리아 반도 3분의 1정도 되는 지역을 지배해 왔는데, 펠리페 2세가 유럽으로부터 몰아낸 것이다. 그리고 1580년 스페인은 포르투갈을 통합해 그 식민지까지 손에 넣음으로써 세계에서 가장 부유한 나라가 되었다. 그 때 스페인에는 '무적함대'라는 강력한 해군이 있었는데, 무적함대를 무찌르고 그 자리를 영국이 차지하게 한 왕이 바로 엘리자베스 1세이다.

엘리자베스 1세는 태어나 왕이 될 때까지의 삶이 참으로 불우했다.

아버지는 왕비를 여섯 번이나 바꾼 호색한 헨리 8세였고 어머니는 두 번째 왕비인 앤 불린이었다. 헨리 8세의 첫 왕비 카타리나는 스페인 공주였는데, 앤 불린은 카타리나 왕비의 시녀로 일하다가 왕의 눈에 띄게 되었다. 헨리 8세는 앤과 정식으로 결혼하기를 원했지만, 로마교황청은 카타리나 왕비와의 이혼을 승인해주지 않았다. 헨리 8세는 교황청과 마찰을 빚게 되자 로마 가톨릭과 절연하고 자신이 수장인 영국 국교, 성공회를 만든다.

그러나 1533년, 대를 이를 아들을 기대했던 헨리 8세는 앤 왕비가 딸을 낳자 몹시 실망한다. 바람둥이인 왕은 다시 왕비의 시녀인 제인 시모어와 결혼하기 위해 앤에게 불륜의 누명을 씌운다. 그리고 불륜을 시인하면 처형은 면하게 해주겠다고 하지만, 불륜을 시인하면 딸 엘리자베스가 불륜의 씨앗이 되니 그럴 수 없다며 죽음을 선택하고, 스물아홉의 나이로 런던탑에서 처형당한다.

어머니 앤이 죽자, 엘리자베스는 서녀가 되어 쫓겨나 하드필드 사가에서 성장했다. 만약 어머니인 앤이 생명에 애착을 느껴 허위 자백을 했더라면, 그녀는 훗날 왕이 되지 못했을 것이다.

1547년 아버지 헨리 8세가 사망하자 엘리자베스의 배다른 남동생 에드워드 6세가 즉위한다. 그러나 어린 나이에 왕이 된 에드워드 6세는 즉위 6년 만에 폐결핵으로 사망하고 만다. 그리고 뒤이어 헨리 8세의 여동생의 딸인 제인 그레이 여왕이 즉위한다. 그러나 엘리자베스의 배다른 언니 메리가 스페인 왕 펠리페 2세의 도움을 받아 9일 만에 여왕을 폐하고 자신이 즉위한다.

믿기 어려운 일설에 의하면, 콜럼버스가 신대륙을 발견하고 돌아올 때 선원 한 명이 매독에 걸리는 바람에 유럽 전역에 전염이 되었는데, 어떤 경로에 의해서인지 헨리 8세와 그 뒤를 이은 에드워드 6세도 감염되어 빨리 사망하였다고 한다. 이 얘기가 사실이라면, 그 병이 엘리자베스가 왕이 되도록 도운 셈이다.

메리 1세는 즉위하자마자 생모인 카타리나 왕비의 한을 풀기 위해 국교인 성공회를 배척한다. 그리고 어머니와 외가 스페인의 국교인 가톨릭을 믿겠다는 것과 가톨릭 신자인 스페인 왕 펠리페 2세와 결혼할 것을 선언한다. 그러자 국교도인 토마스 와이어가 반란을 일으켰다. 메리 여왕은 반란을 진압하며 '피의 메리'라고 불릴 정도로 국교도를 모질게 탄압했다. 그리고 배다른 여동생 엘리자베스를 공모자로 몰아 어머니 앤이 처형되기 전에 갇혀 있던 런던탑에 감금시켰다.

엘리자베스는 참수 당할 위기 속에 2개월 동안 감옥에서 지내고 난후 국교를 버리고 가톨릭을 믿겠다는 서약을 하고 간신히 풀려나온다. 그러나 완전한 자유의 몸은 아니었다. 사유지인 우드스톡으로 이송되어 가택연금을 당했으며 1년쯤 지난 후 가택연금이 해제되었다. 그러나 '피의 메리'가 통치하는 동안 언제 다시 체포되어 처형될지 알 수 없었으므로 불안감에 시달려야 했다.

1558년 11월 17일 메리 1세가 후사 없이 세상을 떠난 뒤 엘리자베스는 드디어 자유의 몸이 되었고 우여곡절 끝에 왕위에 올랐다. 그녀가 영국의 왕이 되자 런던 주재 스페인 대사는 본국에 보고하기를, "영국은 더 이상 비참할 수 없을 만큼 비참한 상황이다. 국민은 새 여왕이 이 난국을 타개해주기를 바라고 있다. 그러나 아무도 찾지 못했던 돌파구를 그녀가 과연 찾을 수 있을지, 나아가서 찾으려는 시도를 할 수 있을 만큼 오랫동안 왕좌를 지킬 수 있을지 의문이다."라고 했다.

그러나 그 예상은 보기 좋게 빗나갔다. 엘리자베스는 르네상스시대의 군주가 갖추어야 할 덕목인 시기, 위선, 기만, 모략의 기술에 있어서 이미 대가의 경지에 올라 있었다. 여왕이라는 신분과 상관없이 자신에게는 천성적으로 남자를 끌어당기는 매력이 있음을 잘 알고 있었다.

그녀는 자주 "나는 영국과 결혼했으므로 남자와 결혼할 생각이 없다."고 말했지만, 그 말을 진심이라고 믿는 사람은 없었다. 그녀는 미혼임을 무기삼아 유럽의 여러 군주와 대공들, 그리고 야심찬 국내 신하들의 구애를 받는 것을 즐거워했다. 그리고 그 점을 자신의 통치력을 탄탄히 하는데 십분 활용했다. 그녀는 그의 생모와 계모들이 부왕을 유혹하고 몸을 허락할 듯 말듯 애타게 하여 부왕을 차지하는 재치를 어릴 때부터 봐 온 터라, 많은 구혼자들을 당겼다 밀었다 하는 술수를 마음껏 구사했다.

엘리자베스는 메리 여왕과는 달리 가톨릭을 억압하고 국교를 장려했다. 그리고 유능하고 충성스런 재상 윌리엄 세실에게 국정을 맡겨놓고, 이를 견제하기 위해 어릴 때부터 친구로 지내온 의전 담당 로버트 더들리를 연인처럼 가까이 했다.

그렇다 보니, 여왕과 로버트 더들리에 관한 유언비어가 난무했다. 여왕이 더들리와 결혼하기 위해 그와 공모해 더들리의 아내를 죽였다거나, 더들리의 아이를 출산했다거나, 곧 두 사람이 결혼식을 올릴 것이라는 말이 잊힐 만하면 다시 거론되곤 했다. 대개 그와 같은 유언비어가 떠돌게 되면 사실이 아니라는 것을 증명하기 위해 멀리 하게 되는데, 여왕은 친구 사이일 뿐이라며 계속 가까이 지냈다.

여왕은 드레이크가 지휘하는 해적을 지원했다. 드레이크는 바다를 누비며 스페인 상선을 공격했고, 스페인 왕실에 갈 예정이었던 보석이 박힌 왕관 등을 비롯한 금은보화를 빼앗아 영국 왕실에 바쳤다. 화가 난 펠리페 2세는 영국 여왕에게 드레이크를 처벌해 달라고 요구했지만, 여왕은 오히려 드레이크에게 기사 작위를 주었다. 그리고 스페인 지배 아래 있던 네덜란드가 독립운동을 벌이자 이를 도와주었다.

펠리페 2세는 엘리자베스를 달래어 영국을 손에 넣을 생각으로 구혼했다. 그러나 엘리자베스는 다른 구혼자들에게 하듯이, "폐하의 청혼을 받으니 무한히 즐겁고 영광스럽습니다. 그러나 폐하는 제 형부라 교리가 이를 허용할지 알 수 없고, 또 주님께서 결혼을 허락하지 않는 것 같아 지금은 받아드리지 못하지만 언젠가 결혼할 여건이 되면 폐하를 우선적으로 저의 남편감으로 생각하겠습니다."라며 기분 나쁘지 않게 거절했다. 스페인 왕 외에 많은 왕과 남자 신하들로부터 구혼을 받았고 스캔들도 있었지만 그녀는 죽는 날까지 결혼하지 않았다.

한편, 스코틀랜드 여왕이면서 프랑스 왕비였던 오촌 메리 스튜어트가 스페인 왕 펠리페 2세와 공모해 자신을 제거하려는 계획을 알고, 메리 스튜어트를 처형한다. 그러자 펠리페 2세는 선전포고를 했다. 그는 130척에 달하는 무적함대를 이끌고 영국으로 향했다. 당황한 엘리자베스 여왕은 이제 믿을 사람은 자신 밖에 없다고 생각했다.

1588년 엘리자베스 여왕은 스페인의 무적함대를 방어하기 위해 해군을 다수 투입하는 한편, 상륙하는 스페인 병사를 육지와 바다에서 동시에 저지하기 위해 직접 보병을 지휘했다. 무장한 상선들로 구성된 예비 소형 선대와 해군 전함뿐인 영국 함대가 스페인의 무적함대를 막을 수 있으리라고 믿는 영국인은 별로 없었다.

여왕은 먼저 틸베리 캠프에 가려고 했다. 그곳은 스페인에 맞서기 위해 영국군이 집결해 있는 곳이었다. 그러나 보좌관들은 여왕이 캠프에 가는 것은 위험하니 가지 말라고 간언했다. 집결해 있는 병사들 중에는 국교를 믿는 여왕에게 불만이 있는 가톨릭 신자도 있었으므로, 그들이 스페인을 도와 여왕을 암살하려 할까봐 마음을 놓을 수 없었기 때문이다. 무장 군인들의 소굴로 들어가는 것은 암살해달라고 부탁하는 것과 다름없는 어리석은 짓이었다.

그러한 위험이 도사리고 있다는 것을 여왕도 잘 알고 있었다. 하지만 일촉즉발의 위기상황인 이때 왕국을 지키는 병사들을 여왕이 몸소 찾아가지 않는다면, 여왕이 임무를 소홀히 한다는 인상을 주어 더 큰 위험을 불러올지 모른다고 생각했다. 그녀는 자신이 고통을 분담할 각오가 되어 있다는 것을 병사들에게 알리고 싶었고, 또 그렇게 해야 병사들이 승리에 대해 기대를 품을 수 있을 것이라고 확신했다.

스페인 침공이 예상되는 하루 전날, 엘리자베스는 기병 장교의 갑옷으로 무장하고 틸베리 캠프를 전격 방문해 병사들과 대화를 나누었다. 여왕은 용기를 과시해 체면을 차리는 대신, 병사들을 향해 절대적인 신뢰를 보였다. 그리고 그녀의 특기인 명연설을 했다.

"사랑하는 나의 병사들이여, 나의 안전을 염려한 몇몇 측근들은 무장한 병사들이 반란을 일으킬지도 모르니 각별히 주의하라고 나에게 당부했다. 하지만 분명히 말한다. 사랑하는 충직한 병사들을 신뢰하지 못하면서까지 구차하게 살 수 없다."고 하였다. 이처럼 자신은 병사들과 운명을 같이 하겠다는 의지를 강력하고 단호하게 밝힌 것이다.

그리고 뒤이어 "나를 따르는 한, 나와 충직한 병사들은 공동 운명체로서 희생자가 아닌 주인이 될 것이다. 다가올 전투에서 승리를 거둘 경우 한 사람도 빠짐없이 포상할 것임을 분명히 밝힌다."고 했다. 병사들은 열렬히 환호했고, 여왕과 병사들은 혼연일체가 되어 전쟁에 임했다.

영국은 예상을 뒤엎고 스페인 무적함대를 격파했다. 스페인의 커다란 배는 영국과 프랑스 사이의 좁은 해협에서 쉽게 움직일 수 없었지만, 영국은 작은 배를 민첩하게 움직여 무적함대를 마음대로 공략했다. 배에 불을 질러 스페인 함대에 돌진하는 기습 작전도 매우 효과적이었다. 이러한 모든 작전은 생명을 아끼지 않고 나라를 지키겠다는 병사들의 뜨거운 애국심이 없었더라면 성공할 수 없었을 것이다.

결국 펠리페 2세는 함대의 3분의 2를 잃고 패주할 수밖에 없었다. 그리고 유럽 최강 해양국가인 스페인은 그 자리를 영국에게 내주게 되었다. 엘리자베스의 영국은 스페인 무적함대 격파 후 눈부시게 발전했다. 1600년에 동인도회사를 설립해 인도 경영에 나섰고, 북아메리카에 식민도시를 개척해 대규모 식민지 무역을 시작했다. 미국 지명에 '처녀의 도시'라는 뜻을 가진 버지니아가 많은 이유는, 여왕을 찬미하는 뜻에서 도시 이름을 그렇게 정한 까닭이다.

영국 내에서는 국민 문화가 발달했고 셰익스피어, 스펜서, 베이컨 등이 활약했다. 날로 부강해진 영국은 로마제국 멸망 이후 세계 최강의 나라가 되었다. 여왕이 입버릇처럼 하던, "나는 영국과 결혼하였기 때문에 남자와 결혼을 할 생각이 없다"는 말은 진심이었다. 그녀는 오직 조국인 영국을 위해 헌신했다. 국민들은 여왕을 찬양하며 '현존하는 달의 여신, 아르테미스'라고 했다. 그리고 '신이 푸른 잎사귀에 싸인 아름다운 붉은 장미 한 송이를 우리에게 선물했다'고도 했다.

1603년 3월 4일 목요일 새벽 3시, 엘리자베스 1세가 숨을 거두자 영국 사람들은, "세상에서 가장 찬란한 태양이 서쪽 구름 너머 사라지고 말았다."면서 애도했다.

# 잉글랜드의 스코틀랜드 합병

1707년, 잉글랜드는 스코틀랜드를 합병하면서 대영제국이 되었고 세계제국으로 발돋움을 하게 되었다. 스코틀랜드가 잉글랜드에 합병될 수밖에 없었던 이유는 스코틀랜드 경제가 침몰한 것에 기인한다.

그 당시 스코틀랜드 경제는 전통을 고수하는 농업에 기반을 두고 있었다. 이와 반대로 잉글랜드는 세계 전역에 퍼져 있는 식민지 및 거류지와의 교역, 그리고 잉글랜드 은행과 동인도 회사와 같은 새로운 기구들이 공급하는 자본과 기업정신을 통해 급격히 발전하고 있었다.

스코틀랜드는 잉글랜드 경제를 따라잡기 위해 1695년에 '다리엔 계획'을 수립하지만 그 계획은 실패하고 말았다. 그리고 스코틀랜드 경제는 파탄에 이르게 되었다.

다리엔은 지금 파나마 운하가 있는 지역이다. 운하가 생기기 전에 유럽의 선박들은 남아메리카 대륙 남쪽 끝까지 항해하지 않고는 아메리카 대륙 건너편에 있는 태평양에 갈 수 없었다.

그래서 스코틀랜드는 교역 물품을 빠른 시일 안에 비용을 덜 들이고 이동하는 방법을 생각해냈다. 즉, 물품을 남북아메리카 대륙에서 가장 지협地峽이 좁은 파나마 다리엔에 내려놓으면, 좁은 지협을 통해 건너편으로 운반해서 아시아로 향하는 다른 배에 그 교역 상품을 싣는 방법이었다. 그렇게 되면 스코틀랜드인들은 양쪽에서 중개 수수료를 받게 되고 '두 대양으로 이르는 문호와 전 세계로 통하는 열쇠'를 손에 넣을 수 있다고 생각했다.

스코틀랜드는 파나마 다리엔에 식민지를 건설했다. 다리엔 계획은 전망이 밝다고 평가되어 스코틀랜드, 잉글랜드, 네덜란드 등으로부터 투자자들이 많이 모여들었다. 그러나 잉글랜드와 네덜란드는 스코틀랜드의 그런 계획을 견제하기 위해 투자자들을 위협하는 등, 갖가지 방법으로 투자자들이 손을 떼게 했다.

이에 분노한 애국적인 스코틀랜드인들은 부족한 투자액을 메우기 위해 귀족들은 부동산을 잡히고 평민들은 얼마 되지 않는 저금을 내놓았다. 이리하여 두 달 만에 당시 스코틀랜드 전체 통화량의 절반에 가까운 40만 파운드를 끌어모았다.

1698년 7월 18일, 1200명의 승객을 태운 다섯 척의 스코틀랜드 선박이 원대한 꿈을 품고 신세계를 향해 돛을 올렸다. 그러나 그곳은 예상과는 달리 교역을 갈망하는 우호적인 토착민들이 사는 낭만적인 땅이 아니었다. 무방비 상태에서 이주민들이 만난 것은 말라리아모기가 들끓는 늪과 호수, 씨앗이 싹을 틔울 수 없는 척박한 땅이었다. 그런데 그들이 식량 대신 준비해 온 것은 5000권의 성경과 4000개의 가발, 교역 상품으로 준비한 수천 개의 거울과 빗이었다.

이주민들은 곰팡내가 나는 밀가루 500g으로 1주일을 버텨야 하는 처지가 되었다. 어느 이주민은 고향에 보낸 편지에 밀가루에 '물을 조금 넣어 끓인 다음, 위에 떠오르는 커다란 구더기들과 벌레 등을 걷어내고 먹는다.'고 썼다. 이처럼 부족한 식량을 보급 받으면서 남자들은 날이 밝으면 손수레, 곡괭이, 삽 따위를 들고 일을 해야 했다. 이주민들은 험한 식사와 고된 일을 하느라 수척해져서 해골 같았다. 열 명이 넘는 사람들이 숨을 거두는 날도 있었다.

그런데 잉글랜드인들은 굶주리고 있는 스코틀랜드인들과의 교역을 거부했고, 스페인은 공격을 하겠다며 위협을 가했다. 미국으로 이주한 스코틀랜드 사람들은 무너지지 않을 수 없었다.

1699년, 이주민들은 스코틀랜드를 떠난 지 1년 만에 개척지를 버리고 출항했다. 처음에 떠났던 1200명이 300명으로 줄어 고국으로 돌아온 것이다. 스코틀랜드는 파산할 지경이 되었고, 1707년 잉글랜드에 합병을 당하지 않을 수 없었다. 합병조약을 주도한 세력은 파산한 스코틀랜드 귀족들이었는데, 소문에 따르면 이들은 런던으로부터 은밀하게 뇌물을 받았다고 한다.

스코틀랜드 의회는 해산되었다. 스코틀랜드 추밀원은 세금, 관세, 군사, 외교에 관한 권리를 포기했다. 그 대가로 잉글랜드가 갚아준 스코틀랜드 국채는 다리엔 계획으로 인한 손해액과 같은 약 40만 파운드였다. 합병을 격렬하게 반대했던 수많은 스코틀랜드인들은 합병조약이 '완전한 굴복'이자 '악마의 협상'이었다고 주장했다. 그들은 조국이 없어졌다고 외쳤다.

잉글랜드 국민들은 스코틀랜드인들이 약삭빠르고 교활하며 공격적이고 호전적이라고 두려워했다. '스코틀랜드인들은 폭군이고 평민들은 모두 노예다.'라며 혐오하는 사람이 있는가 하면, 또 다른 각도에서는 '조국을 배반한 자들'의 위험한 급진성을 비난하는 사람들도 있었다. 일반적으로 잉글랜드 사람들은 자신들이 '가난하고 고집 센' 북쪽의 이웃

보다 우월하다고 굳게 확신하고 있었다. 어느 대공은 스코틀랜드를 '지구의 시궁창'이라고도 불렀다.

합병조약을 체결한 후 잉글랜드는 스코틀랜드인들을 부축해 일어설 수 있도록 도와줄 것인지, 아니면 북부의 많은 사람들이 겁내는 것처럼 그들을 억압할 것인지 두 가지 중에서 한 가지를 선택해야 하는 기로에 서게 되었다. 그때 잉글랜드는 현명하게 전자를 선택했고 그 덕분에 엄청난 이득을 보았다.

18세기, 19세기를 거치면서 영국 영토는 놀라운 속도로 팽창했다. 특히 1815년부터 1865년 사이 대영제국의 영토는 연간 258,900km²씩 늘어났다. 이런 전례 없는 팽창을 거듭하는 나라에 가장 필요한 것은 인력이었다. 무엇보다 개척한 식민지에 거주할 농민, 병사, 공무원, 의사 등이 필요했다. 그런데 잉글랜드 사람들은 본국에서도 잘 살 수 있었으므로, 굳이 대양을 건너가서 우호적이라고 할 수 없는 원주민들과 함께 질병이 들끓는 식민지 땅에서 사는 것을 꺼려했다.

그러나 스코틀랜드인들은 처지가 달랐다. 그들은 잉글랜드 사람들보다 훨씬 가난했고, 본토에서의 좋은 일자리는 모두 잉글랜드 인들이 차지하고 있었다. 귀족과 상류계층 중에는 다리엔 계획 때문에 파산한 사람들이 많았으며, 후진적인 스코틀랜드 경제도 이제는 더 이상 믿을 수가 없었다. 스코틀랜드인들은 밑져야 본전이었으므로 식민지 개척에 앞장서지 않을 수 없었다.

잉글랜드 정치인들은 스코틀랜드인들에게 식민지 관련 업무를 맡기자는 전략적인 결정을 내렸다. 스코틀랜드인들은 합병 이후, '잉글랜드를 섬기는 노예 신세'가 될 거라는 불길한 예상과는 달리 '전례 없는 자유와 이동의 자유'를 맘껏 누릴 수 있게 되었다.

그리고 1747년 헨리 펠럼 수상은 '국왕을 위해 일할 수 있는 열정과 능력을 가진 스코틀랜드 남성들은 누구나 잉글랜드 백성과 마찬가지로 행정부에 참여할 자격을 갖는다.'라고 선언했다. 잉글랜드의 적이 될 수도 있었던 '용감한' 스코틀랜드인들은 뜻밖에도 잉글랜드 군대에 입대하라는 권유를 받게 되었다. 그 결과 18세기 중반에는 잉글랜드 군대 연대장 직위를 갖고 있는 사람들 중에서 4분의 1 가량이 스코틀랜드 출신이었다.

스코틀랜드인들은 해외 식민지나 개척지에서 보리농사를 짓고, 양을 키웠다. 그들은 수지가 좋은 아메리카 담배 무역을 장악했고, 극동지역에서는 아편을 팔아 수입을 올리기도 했다. 1780년대 뱅골인도 동부의 서벵골 주와 방글라데시 일대에 거주하는 영국 상인들 가운데 약 60%가 스코틀랜드 출신이었다.

고위직에 오른 사람도 많았다. 최초의 캐나다 총독인 제임스 머리, 1848년부터 1856년까지 인도 총독으로 재임한 제임스 델하우지도 스코틀랜드 출신이었다. 이처럼 개척식민지에서 성공한 스코틀랜드인과 잉글랜드인 출신 비율은 10대 1명꼴이었다. 그래서 '대영제국'이라는 말보다 '스코틀랜드 제국'이라고 표현하는 것이 옳다고 주장하는 전문가들도 있다.

잉글랜드의 스코틀랜드 합병으로 대영제국의 기초가 되는 인구 숫자가 증가했을 뿐만이 아니라, 인재 또한 많이 배출되었다. 증기기관 발명자인 제임스 와트, 경제학의 아버지로 불리는 아담 스미스, 유명한 철학자인 데이비드 흄도 스코틀랜드 출신이었다. 대영제국은 스코틀랜드 합병으로 그 기반이 확고해졌으며, 연이어 일어난 산업혁명도 스코틀랜드인들이 그 주도적인 역할을 담당해 대영제국의 경제가 부강하게 하는데 크게 기여하였다.

잉글랜드의 스코틀랜드 합병으로 대영제국이 성장하고 번영을 이룬 역사적 사실을 보며, 한반도의 정세를 생각하지 않을 수 없다. 북한은 1당 세습 독재를 하며 사회주의 내지 공산주의 체제를 유지하고 있는데, 국민 경제가 극도로 피폐해져 있는 상태이다. 오죽했으면 반세기 넘게 적대관계로 지내고 있는 남한에게 경제지원을 요구했을까.

북한 식량문제는 국제기구가 인류애 차원에서 지속적으로 관심을 갖고 있는 문제이다. 그리고 엄한 감시망을 뚫고 탈출하는 탈북자들 역시 국제적인 난민문제로 거론되고 있어서 잉글랜드와 합병하기 이전의 스코틀랜드와 닮은 부분이 있다.

시야를 바꾸어 대한민국을 한번 들여다보기로 하자. 경제성장으로 생활수준이 향상되었지만, 인구가 수도권을 중심으로 도시에 집중되어 농촌은 갈수록 인구가 줄어들고 있다. 국토의 70%나 되는 농촌은 이대로 가면 공동화가 되고 말 것이다. 거기에다가 젊은이들이 결혼과 출산을 기피해 인구의 노령화 및 인구 감소를 초래하고 있다. 그뿐만이 아니다. 노동력은 부족하고, 민주화에 따른 노동운동으로 인건비는 날로 증대해 기업들이 공장을 해외로 이전시키고 있다.

일본에서는 인구 감소를 우려해 천만 명 정도 해외이민을 받아들일 작정으로 관계법을 정비할 계획이라고 한다. 우리도 한시바삐 이와 비슷한 조치를 취해야지 그렇지 않으면 우수한 해외인력을 일본에게 빼앗길 우려가 있다.

우리처럼 민족주의 및 배타주의가 강한 유대 민족은 피가 4분의 1만 섞여도 같은 민족으로써 동질감을 갖는다고 한다. 그런데 우리는 혼혈 인을 이질감을 갖고 낯설게 보니 그런 태도는 옳지 않다. 민족의 주체 성은 지켜야겠지만, 지나쳐서 배타적이면 발전이 없다. 먼저 중국 등지 에 살고 있는 조선족이 우리나라에 쉽게 이민 올 수 있는 조치부터 강 구해야 할 것이다. 그리고 더 나아가 잉글랜드가 스코틀랜드를 합병하 듯이 우리도 통일을 서둘러야 한다.

우리나라에서 자칭 통일세력이라고 외쳐대던 사람들도 요즈음 와서 는 통일이라는 말을 아끼고 있다. 통일지상주의를 외쳐대던 그들은 통 일 이후에 닥칠 위험만을 강조하고 있다. 그리고 그와 반대되는 보수 세력들은 통일을 하면 경제가 파탄이 난 북한을 끌어안아야 하므로 이 를 회피하고 현실에 안주하려고만 한다.

통일을 하면 당장에는 경제가 어렵겠지만 장기적으로는 노동력 부족 문제, 수도권 집중 현상, 국토 공동화 등을 해결할 수 있게 되므로, 거 시적으로 보면 국가가 크게 부강해질 것이다. 현실에 안주하는데 급급 하다 보면 국가 전체가 점점 가라앉아 결국 침몰할 수밖에 없다.

북한도 마찬가지이다. 국가의 사직을 끝낼 수 없다는 케케묵은 자존 심은 버려야 한다. 지금 세계에서 가장 굶주리고 못사는 나라가 북한이 아닌가. 그럼에도 불구하고 지구상에 마지막까지 남는 1당 세습 독재 의 공산주의 국가가 되고자 해서는 안 된다. 그것은 북한 국민과 위정 자가 파멸의 길로 가는 것이다. 남북한 모두 민족의 장래를 위해 통일 을 강구하여야 할 것이며 잉글랜드의 스코틀랜드 합병을 그 좋은 모범 으로 삼아야 할 것이다.

# 이민과 계약의 나라 미합중국 탄생

우리가 초등학교에서 역사를 처음 배울 때, 씨족이 모여 부족이 되고 부족이 모여 국가로 발전했다고 들었다. 그리고 사람은 태어나면서 운명적으로 부모의 국적에 따라 그 국민이 되고, 이는 죽을 때까지 변경할 수 없으며 선택의 여지가 없는 줄 알았다. 그런데 그렇지 않는 나라가 바로 오늘날 세계 최강의 나라인 미국이다.

미국은 지금 현재 미국의 영토인 북아메리카 대륙에 살았던 사람이 아니라, 유럽 특히 영국에서 건너온 이민들이 계약을 맺어 국가를 설립하게 되었다. 콜럼버스가 신대륙을 발견한 후, 유럽의 많은 사람들이 신대륙으로 건너왔다.

처음에는 빈민이나 범죄를 저지른 도망자, 아니면 부랑아 등, 살던 곳에서 경원시 되던 사람들이 건너왔는데 그런 사람들은 성공적으로 정착을 하지 못했다. 신대륙은 유럽인들에게 결코 낙원이 아니었다. 위험한 뱃길, 척박한 땅과 기후, 식량 부족, 사나운 원주민 등, 정착하기 힘들게 만드는 요소가 한두 가지가 아니었다.

고난을 각오하고 바다를 건너 미지의 땅으로 몰려온 그들은 무엇을 바라고 그렇게 한 것일까. 그런 악조건 속에서 정착할 수 있었던 사람은 또 누구였을까.

그들은 불굴의 의지를 가진 사람들이었으며 그들이 원한 것은 '자유'였다. 신앙의 자유, 정치적 자유, 신분과 압제로부터의 자유, 빈곤으로부터의 자유 등, 막연하게 가슴에 품고 있던 자유의 이상이었다. 그렇다면 과연 신대륙은 그들의 꿈을 이루어 줄 수 있는 곳이었을까.

그 당시 북아메리카는 대부분 영국의 식민지였고 일부가 프랑스 식민지였는데 본국과 너무 멀리 떨어져 있어서 식민지에 대해 효과적인 통치권을 행사한다는 것이 사실상 불가능했다. 각 식민지들은 이민을 끌어 모으기 위해 신앙의 자유, 주민자치, 토지 사유 등의 특혜를 내걸지 않을 수가 없었다. 이런 것들이 없다면 어느 누가 목숨을 걸고 미지의 땅에 오겠는가.

그리하여 1619년 버지니아 식민지는 처음으로 투표를 통해 주민의 참정권, 의회제도, 토지 사유를 규정한 신대륙 최초의 민주주의 헌법을 제정했다. 그러나 오늘날 미합중국은 그 시원을 버지니아 식민지 건설에 두지 않고, 뉴잉글랜드 지방의 플리머스와 펜실베이니아 두 식민지 건설에 두고 있다. 그것은 이 두 식민지 건설이 더 깊은 의미를 갖고 있기 때문이다.

1620년 6월 9일 영국의 청교도 중 급진파 교도필그림 102명은 본국 영국이 강요하는 국교성공회를 믿지 않았다. 그들은 자신들의 종교를 사수하기 위해 버지니아 회사에서 주선하는 식민지 건설 특허장을 받아 쥐고 메이플라워호를 타고 플리머스 항을 출항했다.

그러나 항구를 떠난 지 며칠 되지 않아 커다란 폭풍을 만났다. 여자와 아이들은 울면서 아우성을 쳤지만 남자들은 두려워하지 않고 "걱정하지 마라. 하느님께서 우리를 지켜주실 것이다."라고 격려했다. 1620

년 11월 11일 그들은 두 달 동안의 험난한 항해 끝에 처음 예상했던 곳보다 훨씬 북쪽에 도착했다. 그들은 그곳의 지명을 자신들이 출발한 영국 플리머스 항의 이름을 따서 명명했다. 그리고 배에서 내리기 전에, 배에 타고 있던 남자 마흔한 명이 협약하고 서명했다.

'신의 영광과 그리스도교 신앙의 증진, 그리고 우리의 국왕 및 조국의 명예를 위해 버지니아 북부지방에 최초의 식민지 건설을 위해 이 배를 타고 왔다. 이제 이 문서를 통해 바람직한 질서 수립과 보존 그리고 위의 목적들의 촉진을 위해 엄숙하게 상호간에 신과 서로의 면전에서 계약을 체결하고 시민적 정치 단체로 결속한다. 이를 바탕으로 식민지의 일반적 복지를 위해 가장 적합하고 적절하다고 생각되는 정의롭고 공평한 법률과 법령의 제정 그리고 관직들을 수시로 제정하고 조직하기로 한다. 이를 입증하기 위해 우리 이름들을 여기 쓴다.'

위와 같이 서약계약하고 동료 중 존 카버를 지도자로 선출했다. 그리고 정착지에 종교적 자유와 인민 평등을 근간으로 하는 공동체를 건설하기로 약속했다. 훗날 플리머스는 매사추세츠에 합병되었지만, 역사상 시민이 모두 참여해 계약에 의해 국가를 만든 유일한 예이다.

다음은 펜실베이니아 식민지 주를 보자. 펜실베이니아는 퀘이커 교도 한 사람의 신앙적인 열정과 이상주의에 의해 건설된 식민지이다. 퀘이커교는 청교도의 한 가지 분파로 청교도보다 한발 더 나아가 성경과 교회의 권위를 인정하지 않고, 모든 사람은 평등하다고 생각하며, 십계명 중에서 '살인하지 말라'라는 것을 엄수하기 위해 군에 입대하는 것마저 부정해 많은 탄압을 받았다.

퀘이커 교도인 윌리엄 펜은 그들의 이상향인 식민지 건설을 추진했다. 그는 영국의 부유한 귀족의 아들로 많은 재산을 물려받았다. 그가 상속 받은 재산 중에는 식민지 경영권을 가지고 있던 요크 공작으로부터 받아야 할 16000파운드 상당의 채권도 포함되어 있었다.

요크경은 이 채무의 대가로 펜에게 신대륙에 있는 자기 땅의 일부를 떼어주고, 국왕에게 청원하여 식민지 허가장을 받아주었다. 이상주의자인 펜은 이 땅을 선교의 자유를 보장하는 낙원으로 만들기로 결심했고 지명을 펜의 숲이라는 뜻으로 펜실베이니아라고 이름 지었다.

펜은 '펜실베이니아 지방에 관하여'라는 책자를 영어, 프랑스어, 독일어, 네덜란드어로 출판하고 배포했다. 펜은 그 책자에서 펜실베이니아로 오는 교통편을 소개하고, 여기 오면 정치적, 종교적 자유는 물론 한 가구당 50에이커 토지를 무상으로 줄 예정이며 그 이상 200에이크 당 단돈 1페니에 임대한다는 파격적인 조건을 홍보했다. 그러자 순식간에 이주민들이 건너오게 되었다.

펜은 델라웨어 강과 스쿨킬 강 사이에 있는 아름다운 구릉지에 바둑판 모양의 도시를 건설하고 우애의 도시라는 뜻으로 '필라델피아'라고 이름 지었다. 그리고 1682년 정부의 대강이라는 법령을 공포해 스스로 총독이 된 후, 각 동네의 덕망 있는 인사들로 구성한 단원제 의회를 조직했다. 이곳에서는 영국의회의 난상 토론보다 상호 이해와 우애의 정신에 입각해 모든 문제를 만장일치로 결정하도록 했다. 이것은 펜 자신의 이상주의와 인간성에 대한 신뢰에서 비롯된 것이었다.

1699년에는 이를 발전시킨 '권리장전'을 발표했다. 사형은 오직 살인범에게만 국한시키는, 그 당시로는 유례없이 관대한 형법도 제정 실행했다. 펜은 이상향 건설을 위한 이같은 노력을 '거룩한 실험'이라고 불렸다. 이 실험이 크게 성공해 3년이 채 되기도 전에, 식민지 인구는 만여 명이 되었다. 특히 독일에서 퀘이커 교도들이 많이 건너와 지금도 펜실베이니아 곳곳에는 독일풍의 건물들이 눈에 많이 띈다.

프랑스도 북아메리카로 진출했다. 프랑스의 탐험가 샹 플랭이 앞장서서 퀘벡에 요새를 세우면서 식민지 개척에 나서게 되었다. 1622년에는 콜베르가 재무장관에 임명되면서 개발에 더욱 박차를 가했다. 그리고 루이 14세 때 탐험가 라살이 미시시피 강 유역에 뉴올리언스를 세우고 그 지방 이름을 왕의 이름을 따서 루이지에나라고 했다.

북아메리카에서 영국과 프랑스는 식민지 쟁탈전을 여러 번 벌였다. 그 중에서 가장 치열했던 프렌치 인디언 전쟁에서 영국은 결정적인 승리를 거두었다. 그 결과 프랑스가 차지하고 있던 캐나다 퀘벡과 몬트리올을 차지하게 되었다. 그리고 1763년에 맺은 파리조약에 의해 프랑스는 북아메리카의 지배권을 모두 영국에게 넘겼다.

북아메리카에서의 지배권을 장악한 영국은 18세기까지 식민지를 건설했다. 앞서 언급한 버지니아, 플리머스, 펜실베이니아, 세 곳 외에 매사추세츠, 메릴랜드, 로드아일랜드, 코네티컷, 메인과 뉴햄프셔, 뉴욕, 뉴저지, 델라웨어, 캐롤라이나, 조지아 등 모두 열세 곳이었다. 영국은 식민지에 대해 '건전한 방임 정책'에 따르는 무간섭 통치를 했으므로, 열세 곳의 식민지는 자유를 누리며 독자적으로 발전할 수 있었다.

그러나 7년전쟁으로 영국이 피해를 크게 본 후, 이를 만회하기 위해 식민지에 눈독을 들이게 되었다. 여러 가지 법령을 만들어 식민지를 통제하고 세금을 늘리는 등 탄압을 시작한 것이다.

영국 의회는 세금 수입을 늘리기 위해 식민지에 수입되는 설탕에 관세를 부과하는 설탕세법, 수입 인쇄물에 직접세를 부과하는 인지세법 및 타운센트 법영국이 북아메리카 식민지에 당밀, 양모품 등 큰 물품에 부과하던 관세를 없애고 유리, 종이, 잉크, 페인트, 납, 차 등 작은 상품에 간접세를 부과하는 법 등을 만들었다.

그러자 식민지 주민들이 저항하기 시작했다. '대표 없는 곳에 과세 없다'며 식민지 대표가 참여하지 않는 의회의 결정에 불복하고 본국 제품 불매운동까지 벌였다. 결국 영국의회는 차에 대한 관세만 남기고 모든 관세를 폐지했다.

그런데 동인도회사가 자금난에 허덕이게 되자 북아메리카에서 동인도회사 차만 판매할 수 있도록 법을 만들었다. 그러자 식민지 주민들은 보스턴 항으로 들어오는 동인도 회사 배를 습격해 차 상자를 모두 바다에 던져버렸다. 보스턴 차사건 후, 영국의회는 보스턴 항구법, 숙영법 등 참을 수 없는 법을 만들어 식민지를 탄압하기 시작했다. 결국 양측은 무력 충돌을 벌이게 되었고 12주 주민들은 영국으로부터 독립하기 위해 무기를 들었다.

1774년, 조지아 주를 제외한 식민 주 대표 56명이 필라델피아에 모여 제1차 대륙회의를 열었다. 그 자리에서 식민지에 대한 본국 의회의 입법권을 부정하고 통상을 단절하는 결의를 했다. 그리고 본국에 탄원서를 보내고 영국 상품 불매 운동을 전개하는 것과 동시에 전쟁을 대비한 군사 훈련도 시작했다.

1775년 4월, 식민지 군대인 민병대가 본국 군대와 보스턴 근교 렉싱턴에서 전투를 하게 되면서 독립전쟁은 시작되었다. 영국군이 콩코드로 진격할 때 렉싱턴의 그린Battle Green 미국독립혁명 최초의 교전지에서 70

여명이 현지 민병대와 마주쳤지만, 전투에서 쉽게 이기고 다시 진격했다. 그런데 패전한 민병대가 다시 게릴라전을 펼치는 바람에 결국 큰 피해를 입는다.

식민지군은 뉴잉글랜드 사람들과 힘을 합쳐 영국군이 주둔해 있는 보스턴을 공격해 영국군을 몰아냈다. 그리고 영국군이 보스턴 북쪽 지방에 있는 벙커 힐과 브리즈 힐을 점령하려 한다는 정보를 입수하고 그곳에 요새를 만들어 영국군과 맞서 싸웠다. 아쉽게도 이 전쟁에서 식민지군은 영국군에게 요새를 점령당하고 패한다. 그러나 영국군에게 큰 피해를 줌으로써 자신감을 얻게 되었고, 또다시 공격을 하자 영국군은 어쩔 수 없이 보스턴에서 철수한다.

1775년 6월 15일에 개최한 제2차 대륙회의에서 각 주 대표들은 버지니아 주 대표인 조지 워싱턴을 독립군 총사령관으로 임명한다. 그리고 민병대를 정식 군대로 편성하고 전쟁 준비를 마친다.

같은 해 7월 4일, 그들은 '국가는 국민과의 계약에 의해 만들어진다'는 계몽사상에 입각해 제퍼슨이 작성한 독립 선언서를 승인했다. 미국 독립 선언문은 천부 인권을 천명하고 로크가 주장한 사회 계약설의 영향을 받아 인민 주권과 저항권을 명시하고 있었다. 이는 본국에 대해 정식으로 선전 포고를 한 것이어서, 내전이 아닌 국가 간의 전쟁으로 발전하게 되었다.

대륙회의가 진행되고 있는 그 시간에도 영국군과 독립군은 전투를 벌였다. 독립군은 캐나다를 공격해 몬트리올을 장악하고 퀘벡에 진격해 포위 공격을 하였다. 하지만 1776년 영국에서 지원 병력이 도착하자 포위를 풀어주고 물러났다.

식민지에서 독립을 선포하자 영국은 대표를 파견해 식민지 대표와 협상을 제의했다. 그러나 독립군은 독립만은 절대 양보할 수 없었으므로 협상을 거부했다. 정비가 잘된 영국군에 비해 독립군은 조직적인 훈련이나 장비 면에서 뒤졌고 불리한 상황이 계속 전개되었지만 물러서지 않고 계속 공격했다.

1776년 겨울 크리스마스 전날 밤 독립군 총사령관 워싱턴은 뉴저지의 트렌턴에 주둔 중이던 영국군 수비대를 공격해 천 여 명에 달하는 군인을 포로로 잡았다. 그리고 바로 프린스턴으로 이동해 영국군 3개 군단과 싸워 승리를 거두었다.

한편 캐나다에 주둔해 존 버고인 장군이 지휘하던 영국군은 남쪽으로 이동해 뉴욕 주 바로 위에 있는 타이콘터 및 에드워드 요새를 장악했다. 그리고 바로 허드슨 강을 건너 뉴욕 사라토가 부근에 진을 치고 독립군을 견제했다. 그 후 9월에 영국군은 더 남쪽으로 내려와 공격했으나 호레이쇼 게이츠 장군이 이끄는 방어선을 뚫는데 실패한 채 바로 뉴욕 주의 올버니를 공격했다가 독립군 베네딕트 아널드 장군 군대의 반격을 받았다.

당시 존 버고인이 이끄는 영국군은 병력도 줄고 보급도 떨어져가는 상황이었기 때문에 할 수 없이 후퇴하려고 했다. 그러나 독립군 호레이쇼 게이츠 장군의 군대에 포위되어 더 이상 버틸 수 없게 되었다. 결국 존 버고인이 이끄는 영국군은 1777년 10월 17일 세라토가 협정을 맺고 항복했다. 사라토가 전투 결과 독립군의 사기가 크게 오르면서 전쟁은 획기적인 전환점을 맞게 된 것이다.

이 무렵 7년 전쟁 이후 유럽 최강국이 된 영국에 위협을 느끼고 있던 프랑스, 네덜란드, 에스파냐가 독립군을 돕겠다고 나섰다. 독립군은 군사력이나 자금 면에서 영국군에게 뒤떨어져 유럽 국가들의 지원을 반갑게 받아들였다. 가장 큰 힘이 된 것은 프랑스였다. 이미 프랑스는 1776년부터 몰래 독립군에게 화약을 비롯한 군수품을 지원하고 있었다. 그 뒤 사라토가 전투에서 독립군이 승리하는 것을 보고 1778년 함대와 육군을 보내고 영국에 선전포고를 했다.

러시아, 프로이센, 덴마크 등은 직접적으로 전쟁에는 참여하지 않았다. 그렇지만 영국이 식민지 해상 봉쇄를 강화하자 무장 중립 동맹을 맺고 자국의 사나포선私拿捕船, 승무원은 민간인이지만 교전국의 정부로부터 적선을 공격하고 나포할 권리를 인정받은, 무장한 개인 선박을 이용해 독립군에게 군수 물자를 수송해 주었다.

이로써 식민지에서 유럽 열강들의 국제전이 시작되었다. 유럽의 원조를 받은 독립군은 프랑스군과 손잡고 1781년 전쟁을 마감하는 전투를 벌였다. 영국은 남부지역 전투에서 계속 패하자 전력 손실이 커져서 버지니아로 이동해 요크타운에 요새를 만들고자 했지만 프랑스군은 육로를 차단해 영국군이 요새로 들어가는 것을 막았다.

1781년 독립군의 워싱턴 장군은 프랑스 군대와 연합해 콘 윌리스의 요새를 포위 공격했다. 해상에서는 해상대로 영국 함대가 프랑스 해군에 밀려 뉴욕으로 되돌아갈 수밖에 없었다. 육·해군 다 지원이 막혀버린 영국은 미국, 프랑스 연합군의 공격을 견디지 못하게 되자 항복을 하게 되었고, 이로써 독립전쟁은 막을 내렸다.

1783년 파리에서, 전쟁에 참여했던 국가들이 전쟁을 종결하는 강화조약을 맺었다. 이때 영국은 미국의 완전 독립을 승인했으며 서쪽으로는 미시시피 강, 남쪽으로는 동서 플로리다, 북쪽으로는 오대호에 이르는 땅을 영토로 인정받았다.

파리 평화조약이 조인되고 뉴욕에 있던 영국 수비대가 철수하자, 독립전쟁을 승리로 이끈 워싱턴 총사령관이 개선군을 이끌고 뉴욕에 입성했다. 워싱턴 장군이 이끈 독립군 병사들의 꾀죄죄한 복장과 철수하는 영국 정규군이 입은 말쑥한 붉은 비단 군복이 대조를 이루었다. 시민들은 그러한 군인들을 보자 더 열광적으로 환영했다.

"우리 군대입니다. 얼마나 장합니까. 전쟁에 시달려 비참해 보이는 저 모습이야말로 우리가 우러러보며 진정으로 자랑스럽게 생각해야 할 모습이 아니겠습니까." 박수와 환호가 천지를 뒤흔들었다.

독립군 행렬이 보이기만 하면 시민들은 발 디딜 틈 없이 모여들었다. 워싱턴 장군은 대대적인 환영을 받은 후 의장병의 사열을 받으며 인산인해를 이룬 시민들 사이를 뚫고 나가 다나폴리스로 향했다. 독립군 총사령관직을 사임하기 위해 대륙회의가 열리는 곳으로 간 것이다. 대륙회의는 12월 29일에 열렸다. 그는 거기서 고별 연설을 했다.

"저는 주어진 임무를 완수했습니다. 이제 그 빛나고 위대했던 활동무대에서 물러나려고 합니다. 저는 오랫동안 대륙회의의 명령을 받들어 일해 왔습니다. 이렇듯 위엄이 넘치는 대륙회의에 대해 존경과 사랑의 마음으로 작별 인사를 드립니다. 저는 임명장을 반납하고 공직생활을 물러나겠습니다. 전사는 죽지 않고 사라질 뿐입니다." 연설을 끝내고 워싱턴 장군은 품에서 임명장을 꺼내어 의장에게 건넸다.

워싱턴의 위 고별사는 1951년 태평양 전쟁과 한국 전쟁을 승리로 이끈 맥아더 장군이 의회에서 한 연설, "나는 웨스트 포인트에서 병사는 임무를 절대로 준수해야 된다고 교육받았습니다. 나는 이제 그 임무를 수행하고 물러나는 바입니다. 노병은 죽지 않고 사라질 뿐입니다."라는 고별 연설과 통한다. 독립전쟁에서 승리한 13개 주는 통일 정부를 세우기 위해 대표자들을 뽑아 제헌의회를 구성했으며, 1787년 5월 25일~9월 17일 필라델피아 정부청사에 모여 신헌법을 기초했다.

대표자는 총 쉰다섯 명이었다. 이들은 독립군 사령관을 지낸 버지니아 대표, 워싱턴을 의장으로 선출했다. 처음 헌법을 만들 때는 연방제를 채택할 것인가 아닌가, 인구가 많은 주와 인구가 적은 주의 형평성을 어떻게 할 것인가. 노예제는 유지할 것인가, 폐지할 것인가 하는 여러 가지 점에서 의견의 일치를 보지 못했다.

긴 시간 논의를 한 후 북부 주州의 의견에 따라 연방제를 채택하기로 했다. 그 대신 의회를 상하 양원으로 나누고, 하원은 인구수에 비례해 의원을 선출하며, 상원은 인구수와 상관없이 각 주마다 각각 두 명씩 나오도록 했다. 그리고 하원의 권한을 강화하면서도, 중요한 사안, 특히 연방과 주 사이의 권한에 관한 것은 상원의 동의를 받도록 했다.

또한 연방 대통령 선거는 각 주에서 선출되는 선거인단에 의한 간접선거로 선출하며, 선거인단 선출 방법은 각 주의 의회 결정에 따르도록 했다. 의회에서 득표수에 비례해 선거인단을 배정하지 않고, 1표라도 더 많은 정당이 그 주에 할당된 선거인단을 다 차지할 수 있게 함으로써 소수 주를 배려한 것이다. 그리고 노예제에 관해서는 1808년까지 존재하는 것으로 정했다.

당시 헌법 초안이 마련되었을 때 최고 연장자인 벤저민 프랭클린은 "이 헌법은 많은 결점을 내포하고 있지만 협상으로서는 이보다 나은 헌법은 만들 수 없다"고 했다. 제헌의회가 헌법안을 만들자, 각 주마다 비준의회에서의 비준 절차가 남게 되었다.

비준을 앞두고 가장 격렬하게 대립된 문제는 역시, '연방주의냐, 반연방주의냐'였다. 가장 넓은 버지니아 주와 뉴욕 주가 마지막까지 치열하게 대립했지만, 근소한 표 차이로 비준이 되었다. 이리하여 헌법에 의해 1789년 1월 총선거가 실시되고, 연방 상하 의회가 구성되었으며 각 주에서 선출된 선거인단에 의해 독립군 총사령관이었던 조지 워싱턴 장군이 대통령으로 선출되었다. 그리고 1789년 4월 30일 대통령 취임식을 함으로써 미합중국 탄생이라는 완전한 결실을 맺게 되었다.

미합중국의 건국 과정을 보면 하나부터 열까지 자유를 위한 피눈물 나는 투쟁과 구성원의 합의계약이 그 근거를 이루고 있음을 알 수 있다. 오늘날 미국 국민이 해외에 나가 타국의 공권력에 의해 피해를 입게 되면, 국가가 나서서 몇 배의 응징을 한다.

몇 년 전에 한국계 미국 국민이 북한에 억류되었을 때 전직 대통령이 북한에 가서 구출해 오는 것을 본 적이 있다. 국가는 구성원인 국민들과의 계약에 의해 만들어진 것이므로, 그 약속을 지키기 위해 철저히 자기 국민을 보호하여야 한다는 사상이 밑바닥에 깔려 있기 때문이라는 생각이 들었다. 이렇다 보니, 국민들은 자신이 미국 국민이라는 것에 긍지를 느끼게 되고 깊은 애국심을 갖게 마련이다.

30년 전, 처음 미국에 갔을 때 미국에 대한 첫 인상은 각종 인종 전시장 같았다. 그 여러 인종들이 각자의 전통문화를 고수하면서 인습이나 제도에 구애받지 않고 어울려 사는 것을 보고 그야말로 자유의 천국이구나 하는 생각이 들었다. 지금도 미국 국민을 만나면 대부분 이민 3

세대 이하인데 그들은 과거 조국에 대한 애국심보다 현재 미국에 대한 애국심이 더 강하다는 것을 피부로 느낄 수 있다.

풍부한 지하자원과 활기차고 애국심이 강한 국민들의 힘이 집대성되어 미국의 국력은 날로 성장했다. 20세기 들어 세계 최강의 나라가 되었으며 제1, 2차 세계대전은 미국의 결정적인 역할로 종결지어졌다. 그리고 제2차 대전 후에는 전쟁으로 파탄 직전이었던 유럽 경제를 일으켰으며, 적국이었던 독일과 일본의 경제마저 부흥시킨 거대한 포용의 나라였다.

그리고 무엇보다 미국은 공산주의의 국제적인 팽창을, 때로는 외교적으로 때로는 전쟁을 통해 억제함으로써 공산주의 국가가 스스로 붕괴되게 하여, 사상 대결을 종식시키고 세계대전의 공포에서 벗어나게 해주었다. 과연 누가 그러한 미국을 위대하다고 하지 않을 수 있을 것인가. 이 모든 것이 미국 사회에 뿌리 박혀 있는 이민 정신과 계약주의 때문임은 두말 할 나위가 없다.

# 골드러시

미국 정부는 서부를 개발하기 위해 토지를 개간하고 가격을 낮추어 불하하는 등, 여러 가지 정책을 썼다. 그러나 개발은 진전을 보이지 않았다. 그런데 우연한 사건 하나가 계기가 되어 서부는 개발에 박차를 가하게 되었으며, 나아가 미국이 오늘날 세계 최강의 나라가 되는 한 요인이 되었다.

1848년 1월 24일 북미대륙의 남서부에서 작은 사건이 있었다. 그날 아침 스코틀랜드 출신 목수 제임스 윌슨 마샬은 새크라멘토 계곡에서 80km 떨어진 아메리카 강변에 자리 잡고 있는 제재소의 방수로를 점검하고 있었다. 억수로 퍼붓는 비 때문에 방수로 물이 세차게 흐르고 있었고, 물밑 바닥의 진흙 위에 자갈과 암석 조각이 가라앉아 있었다.

바닥을 내려다보던 순간, 마샬은 자갈과 암석 조각 사이에 섞여 있는 콩알만 한 물체가 반짝이고 있는 걸 보았다. 그는 둑에 쭈그리고 앉아 물체를 들여다보면서 골똘히 생각에 잠겼다. 그리고 그것을 몇 알 주워 들고 자신의 상관인 요한 어거스트 셔터에게 달려갔다.

두 사람은 방문을 꼭 잠근 채 설레는 마음으로 약재용 저울을 이용해 테스트를 몇 번이고 반복했다. 그 결과 마샬이 들고 온 물체가 순도 높은 금이라는 것이 의심할 여지없이 확실해졌다. 두 사람은 누구에게도 이 사실을 알리지 않기로 약속했지만 일주일이 지나지 않아 비밀은 누설되고 말았다.

소문은 캘리포니아 카우보이를 거쳐 서쪽으로는 하와이, 남쪽으로는 페루와 칠레까지 퍼져나갔다. 6개월 뒤에는 미국 동부지역의 주요 도시까지 소문이 닿았다. 처음에는 연안 무역에 종사하고 있던 선원들과 멕시코와의 전쟁 때문에 인근 몬테리아에 주둔하고 있던 병사들이 몰려왔다. 주둔군 사령관은 워싱턴의 중앙정부에 '소문은 과장이 아니다.'라고 보고했다. 뒤이어 조폐국 국장은 '캘리포니아에서 발견된 금광석 중에는 순도가 98.7%나 되는 것도 있다.'고 공식 확인했다.

12월 들어 당시 포크 대통령이 '터무니없이 공상적인 것만 빼면, 사실이라고 하지 못할 것도 없다.'고 의회에서 공식적으로 발언하자, 골드러시는 걷잡을 수 없는 속도로 번져나갔다. 1849년에 접어들면서 유럽, 중남미, 중국 등지에서 '눈이 뒤집힌 사람들'이 몰려왔다. 한 해 동안 금을 찾아 몰려든 사람들의 숫자가 무려 8만 명에 육박했다.

이들 '포티 나이너스49ers, 골드러시 때 캘리포니아로 몰려든 사람들을 지칭한다. 1849년에 유난히 그 숫자가 많았다.'가 몰려오는 바람에 미국 서해안 지역의 몇몇 작은 도시들은 동부의 대도시 못지않은 도시로 발돋움하게 되었다. 그 대표적인 도시가 샌프란시스코이다. 오늘날 샌프란시스코에 '포티 나이너즈'라는 프로미식축구팀이 있는 것도 그런 역사적 배경에 기인한다.

그리고 캘리포니아에 건설된 세계적인 반도체산업의 첨단기지를 '실리콘 벨리'라고 한 것도, 골드러시가 처음 시작된 '새크라멘토' 계곡 이름을 본 딴 것이다. 멕시코 전쟁에서 승리한 미국은 1850년에 캘리포니아를 정식 주로 편입하였다.

그 후 삼십 년 동안 골드러시의 열풍이 불어 1858년에는 콜로라도의 파이크스피크, 1863에는 몬태나의 엘티컬치, 1875년에는 사우스다코타의 데드우드, 그리고 1897년에는 알래스카에서 금광이 발견되었다. 이 무렵에는 아침, 저녁으로 도시가 하나 생기고 사라지는 식이었는데 이때 생긴 도시가 버지니아 시, 덴버 시였다.

미국의 서부개척은 이처럼 골드러시가 결정적인 계기가 되었다. 급증하는 이주민들을 실어 나르기 위해 험한 로키 산맥을 넘는 도로가 생기고, 1867년에는 대륙횡단철도가 만들어져 서부개척이 더욱 가속화되었다. 골드러시는 서부에 사람들을 끌어들여 이곳을 확실한 미국 영토로 만드는 중요한 역할을 한 셈이다.

미국은 골드러시 덕분에 1849년부터 1852년 사이 캘리포니아에서 당시 시세로 3억 달러 상당의 금을 캐냈다. 그러나 골드러시의 물결에 합류한 사람들은 90% 이상이 꿈을 이루기는커녕 절망의 수렁에 빠졌다. 가산을 몽땅 정리해 서부로 이주했지만, 모든 가산을 탕진하고 패가망신한 것이다.

동부에서 서부까지의 거리는 3,200km ~ 4,500km로 서울에서 부산까지의 거리와 비교해보면 여덟 배~열한 배 된다. 그 당시 서부는 미개척지여서 대초원의 험한 산길, 수많은 강과 골짜기가 곳곳에서 이들을 가로막았으며, 인디언과의 충돌도 있었다. 수많은 사람들이 캘리포니아에 도착하기도 전에 병을 얻기도 했고, 계곡에서 추락하기도 했으며, 강을 건너가다가 물길에 휩쓸려 목숨을 잃기도 했다. 지금도 시에라 네바다 산맥 기슭에 가면, 수없이 널려 있는 포티 나이너즈의 무덤들을 볼 수 있다고 한다.

무사히 도착한 포티 나이너즈 중에 노다지의 꿈을 이룬 사람들, 즉 운이 따르고 체력도 좋고 선견지명이 있는 사람은 별로 많지 않았다. 금이 나올만한 광맥은 이미 캘리포니아 농장주들이 잽싸게 차지했고, 대부분의 사람들은 금을 구경도 못했거나 운 좋게 금광을 발견했다손 치더라도 농장주와 결탁한 중개인들에게 사기를 당하기 일쑤였다.

얼마간의 사금을 손에 넣어 집으로 돌아가는 뱃삯이라도 마련한 사람은 다행이지만, 그럴 여유도 없어서 낯선 땅에 눌러 앉은 사람이 대부분이었다. 그들은 노동자가 되기도 하고 술집을 차리기도 하고 장사치가 되기도 했다. 서부의 하층민이 되어버린 것이다. 골드러시를 불러일으켰던 마샬과 셔터도 빈곤에 시달리다가 숨을 거두었다고 한다.

스위스 출신 셔터는 캘리포니아에 넓은 토지를 소유한 대지주였다. 자기 소유의 토지를 다 둘러보지 못할 정도였다고 하는데, 위스키 증류공장, 모피공장, 제재소까지 갖고 있었으니 '서부의 스위스 황제'라고 불러도 손색이 없었다. 자신의 심복과 같았던 마샬이 사금을 발견하지 않았더라면, 셔터는 갖고 있었던 엄청난 부를 계속 누렸을 것이다.

그런데 마샬이 사금을 발견함으로써 서부에 나타난 새로운 부자들과 토지 중개인들의 농간에 그 많은 재산을 다 날려버리고 말았다. 셔터로부터 일정 부분의 토지를 넘겨받았던 마샬도 마찬가지였다.

얼마 전에 미국을 여행하면서 세계 최고의 도박장으로 소문난 라스베이거스에 가보았다. 주말이 되면 도박꾼들이 차를 타고 물밀 듯이 밀려왔다가 주말이 끝나면 그 많은 차들이 올 때와는 달리 맥없이 빠져나가는 것을 보고 150년 전에 있었던 골드러시를 연상했다.

골드러시는 서부를 개발하는 큰 동력이 되었을 뿐만 아니라, 미국에 자본주의 정신이 형성되는데 지대한 영향을 끼쳤다고 할 수 있다. 미국 사람들이 항상 외치는 '프런티어 정신'의 실체는, 한탕주의와 모험주의가 밑바닥에 깔려 있는 도박의 혼에서 기인한 것이 아닌가 하는 생각도 해보게 된다.

오늘날 미국은 세계 어느 나라보다 복권, 경마 등의 투기성 놀음이 성행하고 있다. 또 그렇게 해서 졸부가 된 사람들은 부러움의 대상이 되기도 한다. 그런 것을 보면, 골드러시와 같은 '한탕주의'가 정신적 유산이 되어 미국인 정서 속에 강하게 남아 있는 게 아닌가 싶다.

# 미국의 남북전쟁

미국은 독립전쟁을 거쳐 건국을 하게 되었지만, 많은 갈등을 안고 출범할 수밖에 없었다. 연방제 헌법을 채택했지만 연방정부의 권한을 강화할 것인가, 아니면 주의 권한을 강화할 것인가 하는 연방주의자와 반연방주의자의 대립, 노예제를 인정할 것인가 폐지할 것인가 하는 등의 문제가 여전히 남아 있었다.

미국은 크게 남부지방과 북부지방으로 이분화 되어 발전하면서 경제적, 정치적 이해관계로 대립했다. 북부 주민들은 유럽에서 온 이주민들을 중심으로 풍부한 지하자원을 이용해 주로 공업과 상업 분야에 종사하고 있었다. 특히 공업이 발달해 임금을 받고 일하는 백인 임금 노동자들이 많았다. 그들은 노예제가 확산되면 인도적인 차원에서 뿐만이 아니라, 자신들의 지위가 불안해지므로 노예제를 원치 않았다.

이에 반해 남부는 넓은 평야로 이루어져 면화와 사탕수수를 재배하는 농업이 주산업이었다. 농업은 노동력이 꼭 필요하므로 농노 즉, 노예제를 인정하고자 했다. 그리고 유럽에 면화 등 농작물을 많이 팔기 위해 유럽 각국들이 원하는 자유무역을 선호했다. 그러나 북부는 자신들의 산업을 보호하기 위해 보호무역을 선호했다.

또 북부의 여러 주는 연방주의를, 남부는 반연방주의를 지향하는 등,

각자 자신이 처한 여러 가지 상황 때문에 갈등할 수밖에 없었으며, 날카롭게 대립하게 되었다. 그러한 문제를 안고 있으면서도 영토는 더 넓어졌고 인구 또한 늘어나, 미국은 거대 국가로 급성장하게 되었다. 1803년 루이지애나를 사들였으며, 1819년에 플로리다를 차지하게 되었고, 1845년 텍사스를 병합하고 멕시코와 전쟁을 했으며 1846년에는 캘리포니아와 뉴멕시코를 할양받아 대서양에서 태평양에 이르는 거대한 국가가 되었다.

이렇게 팽창해지자 북부와 남부 사이에 숨겨져 있던 갈등이 1817년 미주리 주가 새로운 연방주로 편입하는 과정에서 드러나기 시작했다. 그 당시 미국은 자유주와 노예주가 각각 11개였는데, 미주리 주가 노예제를 채택할 경우 그동안 유지되어 온 세력 균형이 깨어질 위험에 처했기 때문이었다.

그래서 양 측은 미주리 주를 노예주로 하는 대신 새로 연방에 가입한 메인주를 자유주가 되게 했다. 그리고 앞으로 새로운 주가 생길 때에는 북위 36°30을 기준으로 그 이북은 자유주 그 이남은 노예주가 되기로 협정함으로써 남북 대립은 수면 아래로 가라앉았다.

그러나 그 후 30년이 지나, 연방에 편입되지 않는 소위 준주準州에서 노예제를 채택할 것인가, 아니할 것인가에 대해 논의를 하게 되었는데, 캔자스네브래스카 법이 통과되면서 위치를 불문하고 각 주의 주민 결의를 따르기로 결정을 하게 된 것이다. 이렇게 되자 남과 북은 노예제 채택 문제로 맞서게 되었다.

노예제 확장으로 인한 지역 갈등을 줄이기 위해 제정한 법안인데, 법안이 통과되자 양측 지지자들은 서로 공격하기 시작했다. 캔자스에서는 '피의 캔자스'라고 불리는 참극까지 벌어졌다. 1857년 연방 대법원은 모든 준주에서의 노예제를 합법화하는 '드레드 스콧 판결미국 연방최고재판소가 흑인 노예였던 드레드 스콧의 자유를 인정할 수 없다고 한 판결'을 했고, 이를 거부하는 공화당이 창당되어 세력이 확대되었다.

1852년 스토우 여사의 〈톰 아저씨와 오두막〉 등 흑인 노예의 참상을 그린 문학 작품들이 나오게 되자 미국은 노예제도에 관한 찬반으로 들끓었다. 마침내 1860년 미합중국 16대 대통령 선거에 반노예주의자인 공화당의 링컨이 당선되었다. 링컨은 자신의 대통령 당선에 불만을 품고 노예주가 연방에서 탈퇴할 것을 두려워하여, 기존 노예주는 계속 노예주로 인정하겠다고 약속했다.

그럼에도 불구하고 1861년 2월 노예제의 존속을 강력히 주장하던 남부의 사우스캐롤라이나, 조지아, 플로리다, 앨라배마, 미시시피, 루이지애나, 텍사스 등 일곱 주는 링컨 대통령이 취임하기도 전에 연방 탈퇴를 선언하고 앨라배마 주 몽고메리에 대표들이 모여 임시 헌법을 제정하고 남부 연합을 결성했다.

남부 연합은 1861년 4월 12일 사우스캐롤라이나 주 찰스턴 항에 있는 섬터 요새를 먼저 공격했다. 갑자기 공격을 받은 북부군은 항복의 의사를 밝히려고 예포를 발사했는데, 이 포탄에 남부군 병사가 전사하는 바람에 본격적인 전쟁이 시작되었다.

링컨은 지원병을 모집하고 남부군과의 전투를 준비했다. 이 무렵 로버트 리 대령이 북부군을 떠나 남부군에 합류했다. 노예주 가운데 버지니아, 노스캐롤라이나, 테네시, 아칸소가 남부 연합에 합류하자 남부 연합은 버지니아의 리치먼드를 수도로 정했다. 그리고 정식 헌법을 제정해 연방 주권보다 주 주권을 더 강화하고 노예제를 합법화했다.

섬터 요새 전투 후, 북부군은 남부 연합의 수도인 리치먼드를 향해 진군했으며 7월 21일 부를랑 강에서 남부군과 만나 최초의 교전을 벌였다. 이때 '철벽 장군'이라 불리는 토머스 잭슨이 이끄는 북부군은 보러 가드 장군이 이끄는 남부군에게 패하여 워싱턴으로 후퇴했다.

수적으로 우세했음에도 부를랑 강 전투에서 패배한 북부군은 신병을 더 소집해 훈련을 강화한 뒤, 1862년 2월 다시 진격을 시작했다. 그랜트 장군이 이끄는 포토맥 군은 미시시피 강변에 있는 헨리 요새와 도넬슨 요새를 공략해 점령했으며 켄터키 주와 테네시 주를 통제했다. 4월에는 매클렐런 장군이 다시 리치먼드를 점령하기 위해 진군하지만, 리 장군에게 제지당하고 만다.

매클렐런이 리치먼드 동쪽으로 퇴각하자 리 장군은 북부군을 공격했는데 막대한 피해를 입고 퇴각한다. 그러나 리 장군은 다시 잭슨 장군과 연합하여, 존 포터 장군이 이끄는 북부군과 치열한 접전을 벌인 끝에 승리를 거두었다. 결국 매클렐런 장군이 이끄는 포토맥 군은 리치먼드 장악에 실패하고 요크타운 반도에서 철수했다.

1862년 7월 링컨 대통령은 존 포프 장군을 지휘관으로 하는 버지니아 군을 창설해 리치먼드 근처로 진격시켰다. 하지만 북부군은 리 장군이 보낸 잭슨의 매복 작전으로 패하고, 워싱턴 방면으로 철수한다.

2차 부를랑 전투에서 승리한 리 장군은 메릴랜드로 진격하다가 앤티텀에서 재편된 매클렐런 장군의 부대와 마주쳐 치열한 전투를 벌였다. 그리고 매클렐런은 리 장군의 공격을 막아내어 전투에서 승리한다. 그런데 리 장군에 대한 작전 명령서를 손에 넣고도 아무런 조치를 취하지 않아, 리 장군은 버지니아로 안전하게 퇴각했다.

앤티텀 전투에서 북부군이 승리하자, 링컨 대통령은 1862년 9월 22일 역사적인 노예해방을 선언한다. 그 내용은 아래와 같다. '남부 연합이 1863년 1월 1일까지 연방에 복귀하지 않으면, 그날을 기해 남부의 모든 노예를 해방시킬 것이다.' 이 노예해방선언은 남부의 많은 흑인들이 북부군에 지원하는 결과를 가져왔다.

그해 11월 링컨은 포토맥 군 사령관 매클렐런을 해임하고 벤사이드 장군을 새로운 사령관으로 임명해 리치먼드로 보냈다. 그 사이 전열을 가다듬은 남부군의 리 장군은 버지니아 주 프레데릭스버그에 참호를 구축하고 북부군과 맞서 싸웠다. 참호 속에서 전투에 임했던 남부군이 5천 명의 사상자를 낸데 비해, 북부군의 사상자는 1만 2천 명에 달했다.

프레데릭스버그 전투에서 패배한 뒤, 북부군의 사령관은 조지프 후커로 교체되었다. 후커 장군이 이끄는 북부군은 그해 겨울 내내 라파하노크 강 주변에서 남부군과 대치 상태로 있었다.

1863년 4월 후커 장군이 먼저 강을 건너 챈슬러즈빌 근처로 군대를 이동했다. 이때 후커의 부대는 병력면에서 두 배나 우세한 상황이었지만 남부군의 동태를 알아차리지 못해 리 장군의 기습을 받고 강 북쪽으로 물러나야 했다. 이 전투에서 남부군의 철벽 장군 잭슨은 남부군 경계병의 오인 사격으로 사망한다.

남부군의 리 장군은 유럽 국가들로부터 남부 연합을 승인 받기 위해 북부로 진격하기로 결정했다. 그 사이 북부 포토맥 군 사령관은 다시 조지 미드 장군으로 바뀌었다. 리 장군은 군대를 펜실베이니아 주 남부

게티즈버그로 진격시켰다. 양측 사령관은 모두 게티즈버그를 차지하려고 필사적으로 싸웠다.

전투가 시작된 7월 1일부터 치열한 격전이 벌어져 양측 다 엄청난 사상자가 생겼다. 이틀째 되는 날에도 중요 고지를 차지하기 위한 공격은 계속 되었다. 사흘째 되는 날도 마찬가지였다. 남부군 선봉대가 북부군이 지키고 있는 세미테리 능선을 맹렬히 공격했다. 그러나 큰 타격을 입고, 수백 명의 포로를 남겨둔 채 후퇴할 수밖에 없었다.

7월 4일 폭우가 쏟아지자 리 장군은 그 틈을 이용해 버지니아 주로 퇴각하기 시작했다. 이 전투에서 막대한 피해를 입은 리 장군은 더 이상 북부 침공을 시도하지 않았다. 게티즈버그 전투는 남북전쟁의 동부 전선에서 북부군이 승기를 잡은 전환점이 되었다.

11월 19일 링컨 대통령은 격전지인 게티즈버그를 전사한 사람들을 위한 묘지로 선정하고, 위령 행사를 가졌다. 그리고 역사적으로 널리 알려진 '국민의, 국민에 의한, 국민을 위한 정치'라는 연설을 했다.

1863년 7월 율리시즈 그랜트 장군이 서부전선에서 미시시피 강의 도하 지점인 빅스 버그를 함락시킨 뒤, 남부전선의 중요한 거점을 차지했다. 이 전투 결과 북부군에게는 미시시피 강으로 나가는 길이 열렸고, 남부 연합은 동서로 갈라져 병력이 분산되었다. 빅스 버그 전투 역시 남북전쟁의 전환점이 되는 중요 전투가 되었다.

빅스 버그 전투에서 승리한 그랜트 장군은 후커 장군과 셔먼 장군이 보낸 지원군의 도움을 받아 후 아웃산과 미셔너리 산맥에서 치러진 전투에서 남부군을 물리치고 테네시 강을 장악했다.

남부군은 게티즈버그와 빅스버그 양 전투에서 결정적인 패배를 하자

패색이 짙었다. 남부군은 북부군이 긴 전쟁으로 피로감을 느껴 휴전 제의를 할 것을 기대했지만, 이는 약자의 부질없는 바람이었다. 1864년 3월 북부군은 서부 전선에서 연승을 한 그랜트 장군의 전투력을 인정해 그를 최고사령관으로 임명했다.

9월 3일 북부군은 서부전선에서 셔먼장군이 이끄는 부대가 애틀랜타를 점령했고, 11월에는 대서양 쪽으로 진격했다. 북부군의 승전으로 종전이 예상되는 상황에서 치러진 연방정부 대통령 선거에서 링컨은 재선출 되었다.

그랜트장군은 동부 전선에서 남부군의 주력부대인 리 장군의 노스버지니아 군단을 섬멸시키기 위해 총 공격을 펼쳤다. 1864년 5월 북부군은 월더니스 전투에서 진격을 거듭하며 피티스버그를 포위했고, 8개월이 되자 전세는 급격히 북부군에게 유리하게 기울어졌다.

리 장군의 부대는 병력은 충분했지만 보급이 중단되어 전투력을 거의 상실한 상태였다. 그랜트장군은 이 기회를 놓치지 않고 맹렬히 공격을 퍼부었다. 남부군은 일방적인 공격을 받자 순식간에 많은 희생자가 발생하게 되었다. 리 장군은 4월 2일 데이비스 대통령에게 수도 리치먼드에서 퇴각할 것을 권고했으며, 남부 연합 정부는 남쪽으로 도주함으로써 해체되었다.

북부군에 의해 리치먼드가 함락된 후 링컨 대통령은 리치먼드를 방문해 군중들에게 "여러분, 우리 연방군은 리치먼드를 점령하기 위해 리장군과 싸운 것이 아니라 리치먼드와 아메리카의 자유를 위해 싸운 것입니다."라고 말해 흑인들로부터 대대적인 환영을 받았다.

한편 남부 연합의 리 장군은 리치먼드를 포기하고 퇴각하던 중 그랜트 장군 휘하에 있는 기병대의 추격을 받고 그만 포위되고 말았다. 이에 그랜트 장군은 리 장군에게 편지를 보냈다. '지난주의 전투 결과를 보아 더 이상의 항전은 무의미하다는 것을 알게 되었을 것입니다.'

리 장군은 이 서신을 받고 5년 동안 자신과 함께 싸우고 살아남은 부하들을 살려야겠다는 생각에 4월 9일 드디어 항복을 결정했다. 리 장군은 백기가 없어서 백기 대신 타월을 들고 진중을 다니며 그랜트 장군과의 회견을 요청했다.

두 장군은 예포 매톡스 마을에 있는 매클린이라는 사람의 집에서 만났다. 역사상 유명한 일화를 남긴 회담이었다. 회견장에 나온 두 사람의 차림새는 대조적이었다. 항복하는 리 장군은 화려한 군도를 차고 있었고, 항복받는 그랜트 장군은 찢어진 자신의 군복 대신 다른 병사의 옷을 볼품없이 입고 있었다.

멕시코전쟁 때 전우였던 두 사람 다 몹시 고통스러운 자리였다. 리는 항복해야 하는 괴로움으로, 그랜트는 멕시코전쟁 때 함께 참전했던 전우가 항복하는 비통한 모습을 바라볼 수밖에 없었으므로 마음이 무거웠다. 두 사람은 그 괴로움을 억제하려고 멕시코전쟁 때의 옛 추억을 더듬으며 대화를 시작했고, 그랜트 장군이 항복 조건을 글로 썼다.

'남부 연합의 장교 및 병사들은 항복 선서를 한 후 바로 석방한다. 무기와 자재는 북군에 인계한다. 장교는 허리에 차고 있는 무기는 그대로 휴대해도 좋다. 말을 필요로 하는 병사는 말을 가져가도 좋다.'

항복 선언에 서명한 리 장군은 부드러운 표정으로 정중하게, 그러나 간절히 요청했다. "부하들이 그동안 너무 굶었습니다. 그들에게 며칠 식량을 보급해 줄 수 없겠습니까?" 그랜트장군은 쾌히 승낙하고 명령을 하달했다. 남북전쟁에 참가한 양쪽 육군 장교들은 웨스트포인트 육군사관학교, 해군 장교들은 애나플리스 해군사관학교 동문들이었다.

리 장군은 성조기를 보고 오른손 주먹을 쥐고 왼손 바닥을 친 후, 말을 타고 쏜살같이 자신의 사령부로 돌아갔다. 북부군 진영에서는 함성이 터져 나오고 환희의 깃발이 물결을 이루었다. 예포가 연달아 터지고 우렁찬 악대의 연주가 이어졌다. "전쟁은 끝났다. 이제 반란군은 우리 국민이 되었다!" 그들은 '성조기여, 영원하라!'는 미국 국가를 목청껏 부르며 기쁨의 눈물을 흘렸다.

한편 남부 연합 데이비스 대통령은 리치먼드를 탈출한 후 새로운 수도를 물색하면서 대국민 담화를 발표했다. "남부 국민은 지금 새로운 국면으로 들어서고 있습니다. 앞으로 우리는 그 기억을 해야 할 것입니다." 그는 국고금을 끌어안고 기병 몇 천 명을 데리고 이리저리 다녀보았지만, 전열을 정비할 수 없었다. 각료마저 다 떠났고, 마지막 남은 기병들이 전하는 말을 듣고 그는 패배를 인정했다.

1865년 5월 10일 데이비스 대통령이 사우스캐롤라이나 아베베르에서 북부군의 포로가 됨으로써 남북전쟁은 끝이 났다. 남북전쟁은 예상보다 길게 끌면서 그 피해가 엄청났다. 우리가 학창시절 보았던 남북전쟁이 시대배경이 된 명화, '바람과 함께 사라지다' 영상 중에서 전후의 처참한 광경이 지금도 눈에 선하다.

북군 36만 명, 남군 26만 명의 젊은이들이 전쟁에서 목숨을 잃었고 민간인 사망자 수는 수백만 명으로 추정되고 있다. 당시 미국 전체 인구가 약 3천만 명으로 봤을 때 10명 중 1명이 죽거나 다친 셈이다. 재산 피해는 당시 기준으로 30억 달러에 이르렀다. 미국 역사상 전무후무한 전쟁의 피해였다.

미국은 대량살상무기가 발달한 제1, 2차 세계대전 때보다 200배가 넘는 피해를 본 것이다. 북부보다 전쟁터가 많았던 남부의 피해가 더 극심했다. 넓은 농토가 전쟁으로 폐허가 된 후, 일을 할 수 있는 흑인들마저 전부 떠났으므로 황량하기 그지없었다. 전쟁의 피해는 인명이나 재산 피해뿐만이 아니었다. 양측 사이에 골이 깊이 패었고, 그 앙금은 실로 심각했다.

그러나 남북전쟁의 이처럼 막대한 피해는 향후 미국의 역사 발전 과정에서 보면 결코 헛된 것은 아니었다. 미국은 남북전쟁으로 말미암아 연방제냐 반연방제냐, 노예제를 폐지할 것인가 유지할 것인가, 농업과 공업을 두고 어디에 치중할 것인가 하는, 오랫동안 지속되어 온 갈등을 해소할 수 있었다. 갈등이 해소되고 국가의 기본 방향이 설정되자, 전쟁 피해를 복구하는데 그렇게 긴 시간이 필요하지 않았으며 실로 미국은 더 엄청난 발전을 하게 되었다.

넓은 영토에 풍부한 지하자원, 자유와 부를 위해 이민을 온 활기찬 국민들의 힘으로 미국은 날로 부강해져서 남북전쟁 이후 불과 50년 만에 군사적으로는 세계 최강이며 경제적으로는 가장 부유한 나라가 되었고, 그들의 통화가 세계의 화폐가 되었다.

여기서 남북전쟁을 승리를 이끌어 그동안 내재했던 갈등에 종지부를 찍고 새로운 미합중국의 기틀을 마련한 미국 제2의 국부, 링컨 대통령의 일생을 한번 살펴보기로 하자.

에이브러햄 링컨은 1809년 캔터키 변경에서 빈민의 아들로 태어났다. 그의 가족은 독실한 침례교도였다. 링컨이 여덟 살 때 인디애나로

이사했는데 어린 나이였지만 그는 마당을 쓸고, 잡초를 뽑고, 씨를 뿌리고 곡식을 거두는 일을 하며 지내야 했다. 학력은 단기 학교에서 배운 것이 다였다. 그러나 그의 기념관에 있는 노트를 보면 그가 문장력이 뛰어나고 산수를 잘 한 것을 알 수 있다.

그는 지독한 독서가이기도 했다. '나는 책의 내용을 두 가지 감각으로 파악한다. 즉 책을 큰 소리로 읽는다. 그러면 보는 동시에 듣는 셈이 된다. 비록 그 내용을 이해하지 못한다 해도 기억은 할 수 있게 된다.'라고 말했는데 훌륭한 독서 방법을 제시한 것이라 할 수 있다.

청년시절 그는 날씬했으나 힘이 무척 센 편이었고, 선천적으로 유머 감각이 뛰어났으며 사교적이었다. 스물세 살 때 블랙호크 전쟁이 일어나자, 그는 의협심에 불타 의용군에 입대했으며 중대 지휘를 맡기도 했다. 그해 주 의회 의원에 출마했으나, 낙선의 쓰라림을 맛보게 된다. 그리고 빚을 내어 가게를 운영했으나 실패해 빚을 지기도 했고, 카운티 보조 연구원과 우편 국장으로 일하기도 했다.

1834년 일리노이 주 의회의원으로 당선된 후 네 차례 의원직을 맡아 일했으며, 1842년에는 켄터키의 미인이라고 소문난 메리토드와 결혼했다. 독학으로 공부해 변호사 시험에 합격한 후, 변호사로서 명성을 얻었으며 하원의원에 당선되었다.

그는 하원의원이었을 때 멕시코전쟁을 반대했으나 대중의 지지를 받지 못해 재선에 실패했다. 그 후 1854년 캔자스·네브래스카 파동이 있을 무렵, 다시 정계에 뛰어 들어 상원의원에 출마했다. 그리고 노예제도는 각 주의 주민 결정에 따라야 한다는 캔자스·네브래스카 법의 주역인 더글러스와 맞붙었다.

그는 노예제도를 반대했고 노예제도 채택은 주의 주민들뿐만이 아니라, 전 연방 국민의 관심사라고 했다. 이 선거 첫 투표에서 그는 가장 많은 표를 얻었으나, 과반수를 얻지 못해 선거법에 따라 2차 투표를 했다. 그런데 링컨은 자신을 지지하는 표를 반反 더글러스 쪽, 라이만 트림벌에게 투표하도록 해 그를 당선되게 했다.

노예제도에 대해 동요가 심해지자, 링컨은 중도파 대변자로서 인기를 더해갔다. 1856년 노예제를 반대하는 정강 정책을 채택한 공화당 창당에 기여했고 공화당이 세력을 확장하는데 그의 뛰어난 연설 솜씨가 한 몫을 하기도 했다. 드레스스콧 판결 후 남북의 대립이 극한으로 치달을 때 그 판결에 반대해, '특정 개인이 판결에 저항할 수 있으며, 지금이야 말로 그것을 철회할 수 있을 때'라고 했다.

1858년 더글러스와 다시 상원의원 자리를 놓고 맞붙었지만 또다시 패배했다. 그러나 그는 선거 연설에서 이렇게 말했다. "내분을 일으키고 있는 집안은 오래 갈 수 없듯이 연방도 노예제의 대립 속에서는 지속될 수 없습니다." 이 연설로 기대 이상의 전국적 지지를 얻게 되었으며, 2년 후 공화당 대통령 후보가 되었고, 드디어 미합중국 16대 대통령에 당선된 것이다.

이때 링컨에 대해 재미있는 일화가 하나 있다. 우리는 링컨 대통령이라고 하면 턱수염이 멋진 미남대통령을 상상하는데, 그는 대통령에 당선되기 전에는 턱수염을 기르지 않았다. 그가 선거를 앞두고 연설을 할 때, 11살 먹은 소녀가 편지로 그에게 충고했다. '당신의 얼굴은 너무 야위어 보입니다. 턱수염을 기르면 훨씬 멋지게 보일 것 같습니다. 그러면 많은 부인들이 자신은 물론 자기 남편에게도 당신에게 투표하라고 권할 것입니다.' 링컨대통령은 그 소녀의 말을 귀담아 듣고 턱수염을 기르게 되었다고 한다. 이 이야기는 링컨이 모든 사람을 존중하는 사람이라는 점을 보여주고 있다.

그는 고향인 스프링필드를 떠나면서 고향 사람들에게 자신의 심정을 털어 놓았다. "지금 저는 고향을 떠납니다. 이제 가면 언제 올지 혹은 영원히 못 볼지도 모릅니다." 그의 불길한 예언은 적중했다. 대통령에 당선되어 남북전쟁을 승리로 이끌었고, 재선에 성공해 취임식까지 했지만, 그는 괴한의 총탄을 맞고 생을 마감함으로써 고향에 갈 수 없게 된 것이다.

1865년 3월 4일 대통령 취임 연설에서 그는 "아무도 미워하지 말고 모두에게 자비로운 마음으로 하느님이 우리에게 준 정의와 확고한 신념으로 힘을 합쳐 우리에게 남는 일을 완수하도록 합시다."라고 했다. 그리고 4월 11일 남부의 수도였던 리치먼드를 찾아가 시민들에게 "남부동맹에 가담했던 주들이 연방에 다시 복귀하면, 전쟁에 따른 어떤 보복이나 불이익을 받지 않을 것입니다."라고 확약했다.

그러나 그렇게 화해를 외쳤음에도 불구하고 패자의 앙금은 쉽게 가시지 않았다. 목청을 높여 화해를 부르짖었던 그 자신이 바로 희생양이 된 것이다. 화해를 호소한 대국민 연설을 한 지 불과 사흘 후, 링컨은 한 극렬 남부주의자의 총탄에 쓰러지고 말았다.

그날 저녁 링컨은 미인 부인과 함께 백악관 근처에 있는 극장에 연극을 구경하러 갔다. 연극이 진행되고 있던 터라 대통령 부처가 왔다는 안내방송으로 연극이 잠시 중단되었고, 대통령 부처가 귀빈석에 앉고 난 후 연극이 막 시작되자 총성이 울렸다. 권총을 쥔 괴한은 무대에 뛰어올라 "독재자는 죽었다. 남부 만세!"를 외쳤고, 그가 무대 뒤로 도망쳐 사라졌을 때 사람들은 대통령이 총에 맞았다는 것을 알았다.

대통령은 치명상을 입고 인근 여인숙으로 옮겨져 응급 처치를 받았으나, 숨을 거두고 말았다. 한 시대의 주역이었던 거인은 이렇게 생을 마감했다. 전쟁에서 패한 리 장군은 종전 후 워싱턴대학 총장을 역임하면서 명예로운 삶을 살았고, 포로가 된 남부연합의 대통령 데이비스는 2년 후 보석으로 석방되어 1889년까지 천수를 누렸다. 이런 것을 보면, 승자인 링컨의 급사는 역사의 아이러니가 아닐 수 없다.

그가 숨진 4월 15일 워싱턴에는 그의 죽음을 알기라도 하는 듯 비가 내렸다. 백악관 뜰에는 비에 젖는 것도 아랑곳하지 않고 흑인 여인들과 아이들이 모여 그의 죽음을 애도했다. 흑인들뿐만 아니라, 양심을 가진 백인들도 '정직한 에이브'라고 중얼거리며 슬퍼하였다.

암살범은 존 부스라는 사람이었는데 열렬한 남부 지지자로 스스로 남군에 참전한 자였다. 사건 직후 바로 도주했던 그는 버지니아 블링그린의 한 연초건조장에서 추격대에 의해 사살되었다.

링컨의 죽음은 미국 전체의 커다란 불행이었다. 링컨은 반노예주의자이고 연방주의자였지만, 극단주의자가 아니어서 타협으로 국가 통합을 이끌어낼 수 있는 적격자였다. 그럼에도 불구하고 그가 대통령에 당선되자 남북전쟁이 터졌다는 점에서 그는 남북 갈등의 상징과도 같은 존재이기도 했다. 인류의 죄악을 사하기 위해 예수가 십자가에 못 박혀야 했던 것처럼 그가 총탄에 맞은 그날은 예수가 십자가에서 죽은 날을 기리는 수난절 바로 그날이었다.

# 3부 격동의 20세기

# 들어가기 전에

:
:
:
:

　지난 20세기는 나의 부모와 내가 살아온 세기다. 그런데 이 시기에 1억 명의 사상자를 낸 제1, 2차 세계대전이 있었고, 유사 이래 유지되어 왔던 사유재산제를 부정하는 공산주의 사상이 대두되어 이념의 대립 또한 극심했다. 그리고 전기, 전자의 발명을 비롯한 과학의 발전으로 수세기에 걸쳐 이루어질 법 한 물질문명이 불과 한 세기에 이루어졌다. 급속히 발달한 물질문명 덕분에 필요한 물자를 대량생산할 수 있게 되었으며, 생활은 상상할 수 없을 만큼 편리해지게 되었다. 그러나 그와 동시에, 인명을 대량 살상할 수 있는 핵무기 개발로 지구 전체가 폭파될 수 있다는 공포도 확산되었다. 격동의 세기였던 20세기는 인류 역사의 전환점이 된 가장 획기적인 세기였다.

# 중국 공산정권의 기초를 다진 대장정

자본주의냐, 공산주의냐 하는 이념 경쟁에서 공산주의는 세계 도처에서 실패했다. 그런데 중국에서만은 공산주의가 역사적 역할을 완수했고, 지금 서서히 자본주의에게 그 자리를 물려주고 있다. 이처럼 공산주의가 중국 역사의 흐름에 긍정적으로 역할을 하게 된 것은, 중국 공산당 정권이 수립될 때 중국 국민의 절대 다수가 공산주의를 가슴으로 깊이 지지했기 때문이다.

중국 공산혁명이 러시아 공산혁명과 달리 전개된 것은, 러시아 공산주의는 소수 공산주의 엘리트들이 도시 노동자들을 선동해 정권을 쟁취했으나 국민 대다수인 농민들로부터 지지를 받지 못했던 반면에, 중국 공산혁명은 도시 노동자뿐만이 아니라 전국 산간벽지에 있는 농민들까지 가슴으로부터 우러나는 지지를 함으로써 성공할 수 있었다.

중국 공산당은 어떻게 했길래 중국 국민으로부터 그와 같은 전폭적인 지지를 얻을 수 있었던 걸까. 그것은 공산당 홍군이 1934년, 1935년 2년에 걸친 대장정을 하였기 때문이다.

1921년에 창당한 중국 공산당은 세력이 커지자 국민당이 이끄는 중국 정부도 이를 인정하지 않을 수 없었다. 국·공 합작으로 정부를 구성했지만, 1927년 제1차 국·공 합작은 국민당 우파가 공산당을 축출하면서 끝나고 말았다.

공산당은 이제 새로운 방법을 찾아야 했다. 중국 공산당은 무장봉기를 할 것을 결정했다. 각 지역에서 모인 하룡, 섭정, 주덕 등 공산당 군 지도자들은 약 2만 명의 병력으로 홍군을 조직하여 난창南昌에서 봉기했다. 그들은 큰 힘을 들이지 않고도 난창을 점령해 혁명위원회를 설치했다. 그런 이유로 중국 인민해방군의 건군기념일은 난창 봉기일인 8월 1일이다.

그러나 난창 봉기에 의해 수립된 난창 혁명위원회는 얼마 가지 못했다. 국민당군이 난창을 압박해오자 혁명위원회는 난창을 버리고 광주로 내려가야 했다. 그러나 국민당군의 추격은 집요했고, 이로 인해 무장봉기를 통한 해방구 건설계획은 비참한 최후를 맞았다.

1927년 12월 섭검영이 지휘하는 부대원과 노동자 수천 명이 광저우廣州에서 무장봉기하여 광저우 노동 민주 정부를 수립했다. 그러나 홍군보다 월등히 우세한 국민당군은 공산당을 말살하고자 했으므로 홍군은 견뎌내지 못하고 패망했다. 무장봉기를 통해 도시 중심의 거점을 확보하려고 했던 중국 공산당의 계획이 잘못된 것임이 드러난 것이다.

당시 이 노선을 반대한 모택동은 먼저 농촌을 장악하고 도시를 포위해야 한다고 생각했다. 그래서 그는 전쟁에서 패한 군대를 이끌고 정강산으로 들어갔다. 정강산은 무협지인 '수호지'에 나오는 '양산박'으로, 중국 공산당은 이곳을 거점으로 삼고 홍군의 기본 조직을 짰다.

모택동은 자신이 이끌고 들어온 부대를 정비해 노동혁명 제1군 제1사단 제1연대라고 이름을 붙였다. 부대 구성원들은 국민당군의 소탕작전에 살아남은 약간의 노동자와 이 지역 출신 젊은 광부, 철도 노동자 및 농민이 대부분이었다.

뒤따라 주덕, 임포, 진의 등이 끌고 들어온 부대를 재편성해 홍군 제4군이 편성되었다. 약 5만 명 정도였는데, 사령관은 주덕, 정치위원은 모택동이었다. 그리고 1928년 하건의 반란 이후, 많은 부대원들이 정강산으로 모였다. 그 부대를 중심으로 홍군 제5군이 편성되었다. 정강산은 몇 개의 부락이 있는 오지인데 지역은 넓지만 사람들이 많이 살고 있지 않다가 이처럼 사람들이 몰려들자 식량과 의복을 공급하기가 몹시 어려웠다.

그러나 홍군은 혁명 정신에 투철했다. 혁명을 달성하기 위해서는 인민으로부터 지지를 받지 못하면 안 된다고 생각했다. 그래서 아무리 춥고 굶주려도 인민을 괴롭히지 않겠다는 정신으로 '3대 규율과 8대 주의'를 정하고 이의 실천을 강조했다.

3대 규율은, ①모든 행동은 반드시 지휘에 따른다. ②인민으로부터 바늘 하나, 실 한 오라기도 얻지 않는다. ③토호로부터 몰수한 것은 모두의 것으로 한다.

그리고 8대 주의는, ①가옥으로부터 떠날 때는 모든 문짝을 원래 위치에 복귀시켜 놓을 것 ②잠자고 난 뒤 멍석을 개켜 원래 위치에 놓을 것 ③인민에게 공손할 것이며 가능한 모든 힘을 다해 그들을 도와줄 것 ④빌린 물건은 반드시 반납할 것 ⑤손상된 물품은 고쳐서 원상회복시킬 것 ⑥농민과 거래를 할 때는 정직할 것 ⑦물건을 살 때에는 반드시 대금을 지불할 것 ⑧위생처리에 주의하며 특히 화장실은 인민의 주거지로부터 안전거리를 유지할 것 등이었다.

이 '3대 규율과 8대 주의'는 공산혁명군이 인민으로부터 원성을 듣지 않고, 오히려 그들의 절대적인 지지를 유도할 수 있게 하는 내용이었다. 고기가 물을 떠나서 살 수 없듯이 인민의 지지 없이 공산혁명은 성취할 수 없다는 철저한 철학을 가지고 있었던 것이다.

정강산 요새에서 철통같은 군기로 공산혁명을 위해 심신을 단련시켰지만, 군비 면에서 월등히 우세한 국민당군의 끈질긴 토벌작전은 정말 견디기 어려웠다. 그런데도 홍군은 1930년 국민당군의 1차 토벌전과 1931년 공격을 잘 막아냈다. 그러다가 1932년 일본의 침략으로 공세가 잠시 주춤해졌다. 장개석은 만주사변에서 일본과 타협한 다음, 공산당 토벌에 다시 집중했다.

1933년 말, 5차 포위로 토벌작전이 시작되었다. 국민당군의 포위망은 홍군의 세력 근거지인 장시江西와 푸젠福建지역을 압박했다. 그로 인해 1934년 홍군은 거의 절망적인 상태에 빠졌다. 그들은 장시 소비에트 지구로부터 철수하기로 결정했다. 10만여 명의 주력부대가 장개석군의 공격을 피해 포위망을 뚫고 대장정에 오르게 되었다. 주력부대를 유지해 후일을 기다리자는 공산당 지도부의 결정에 의한 것이었다.

이어서 정강산 제6군이 탈출했고, 그 뒤를 이어 홍군의 주력부대가 탈출했다. 초기부터 홍군은 도주하기에 급급했다. 탈출하는 과정에서부터 희생자가 많았고, 탈출에 성공해 대장정에 나서며 계속 추격을 받게 되자 희생자는 더 늘어났다. 그럼에도 불구하고 정강산에서 교육받은 행동수칙 '3대 규율과 8대 주의'를 더욱더 철저히 지키도록 홍군 각자가 다짐하고 실천했다.

1934년 10월, 막대한 피해 속에 봉쇄선 세 곳을 뚫고 탈출한 홍군은 구이저우貴州성 준의에 도착했다. 그곳에서 중대한 회의가 열렸다.

그 자리에서 모택동은 국민당군의 5차 포위 공격에 대응한 홍군의 전술이 잘못되었으며, 탈출 과정도 전략적인 후퇴가 아니라 맹목적인 도주였다고 비판했다. 홍군의 간부 및 군인들에게 상황을 제대로 설명하지 않았으며, 그들의 근거지였던 장시江西지역 농민들을 납득시키려 하지 않았다는 점도 상기시켰다. 또한 싸움에 지친 홍군에게 휴식시간을 주지 않고, 무거운 장비를 지고 행군하게 함으로써 행진 속도를 더디게 해 병사들을 힘들게 했다는 점도 비판했다.

이러한 모택동의 비판은 정당하게 받아들여졌다. 이 일을 계기로 그동안 지도부 중심에 있지 않았던 모택동은 공산당의 지도권을 잡게 되었으며 그 위치가 확고해졌다. 그리고 이전에 도시 봉기를 주도하던 홍군의 장정 방법과 방향이 달라졌다. 그들은 무엇보다 국민당군과 맞서 싸워 살아남아야 했으며, 일본군과의 전선이 형성되어 있는 곳으로 가까이 가는 것이 목표였다.

그들의 전술은 ①적이 전진하면 물러서고, ②적이 멈추면 교란시키고, ③적이 전투를 피하면 공격하고, ④적이 물러서면 추격하는 전형적인 게릴라 전법이었다. 그 방법은 인민으로부터 큰 호응을 얻어 그들이 군비를 내어주기도 했다.

1935년 5월 홍군은 마침내 양쯔 강을 건넜다. 그리고 국민당군의 추격을 따돌리기 위해 부대를 3개로 나누어 소부대 단위로 이동했다. 도망가면서도 적을 기습적으로 공격해 적의 공격을 멈추게 했으며 그들의 세력을 약화시켰다.

윈난雲南을 지나 쓰촨四川에 접어들었지만 국민당군의 추격은 계속되었다. 대장정 중에서 가장 큰 고비는 산악지대의 강, 다두허大渡河를 건너는 것이었다. 국민당군이 홍군의 진로를 예측하고 홍군보다 먼저 그곳을 장악하려 할 것이라는 판단이 들었으므로 국민당군이 도착하기 전에 강을 건너야 했다.

임표의 선봉대는 하루만에 120km를 강행군 했다. 깊고 긴 계곡을 잇는 노정교라는 다리 좌우에서 거점을 확보해야 본 부대가 건널 수 있기 때문에 어쩔 수 없었다. 다두허를 건너자 이번에는 해발 4,000m를 넘는 대설산이 앞을 가로 막았다. 이 산을 넘어 7월에는 후베이湖北에서 탈출한 제4방면군과 깐수甘肅에서 합류했다. 그들이 도착한 곳은 산시陝西지방의 보안이었다. 이 지역이 장시 소비에트에 비해 규모는 작지만 공산당의 근거지로 적당하다고 생각했다.

홍군은 국민당군의 봉쇄를 뚫고 지방 군병과 싸우며 열한 곳의 성을 통과하고 열여덟 곳의 산맥을 넘고 열일곱 곳의 강을 건너 12,000km나 되는 대장정을 해낸 것이다. 주력부대인 제1방면군이 처음 정강산에서 출발할 때는 10만여 명이었지만 끝날 때에는 8천 명밖에 남지 않았다. 그 중에 여자는 서른다섯 명뿐이었는데, 그중에 모택동의 두 번째 부인 하정자도 있었다.

그들은 온갖 어려움을 당하면서도 절대 민폐를 끼치지 않았을 뿐만 아니라 인민을 보호했다. 그래서 지나가는 곳마다 인민들이 절대적으로 지지했다. 대장정은 중국 공산혁명사의 대서사시요 신화이다. 모택동은 대장정을 마치고 그 감회를 시로 읊었다.

홍군은 고난의 장정도 두렵지 않은 듯
천수만산을 직시했네

오령의 산맥이 높고 낮아지다가

잔물결들도 멀어지고

오봉의 굴곡진 층계가

푸름 속에 겹겹이 쌓여있네

금사강의 격랑은 바위를 두드리고

대도하에 걸린 조교의 쇠사슬 차갑기만 하구나

만산 천리의 신선한 눈이 밝으니

마침내 마지막 여정을 정복하고

삼군은 승리의 웃음을 머금었네


대장정을 마친 홍군 제1방면군은 그 뒤에 도착한 제2지나 방면군과 함께 최정예 부대였는데, 항일투쟁 및 국민당군과의 전투에서 중심 역할을 하게 되었다.

모택동은 장정을 마감하면서 '장정은 선언서이며 선전대이며 파종기였다. 11개 성에 많은 씨를 뿌렸고 머지않아 그 싹이 나와 잎이 나면 꽃을 피우고 열매를 맺어 앞으로 큰 수확을 하게 될 것이다.'라고 했다.

그의 이런 예언은 적중했다. 홍군은 중국 전 대륙에서 국민당 정부를 대만으로 축출하는 공산혁명을 완수하게 되었다. 피와 눈물로 이루어진 성과는 오래 지속되었다. 중국에서만큼은 공산주의가 역사에 크게 기여했다. 지금 홍군의 후배들은 서서히 자본주의제도를 도입해 고도성장을 주도하며 세계 최강의 나라인 미국을 바짝 따라가고 있다.

# 히로시마 원자폭탄

원자폭탄이 최초로 투하된 1945년 8월 6일, 일본 히로시마의 새벽 하늘은 구름이 조금 낀 상태로 밝아왔다. 히로시마의 동과 서를 가르는 오타 강에 놓인 아이오이 다리에 인접한 시마병원 간호사들은 환자들에게 아침식사를 제공하기 위해 분주했다. 인근에 있는 초등학교는 여름방학 중이었지만 일부 선생님들과 아동들이 등교를 한 상태였다.

7시 30분경 미군 B-29 한 대가 원자폭탄을 투하하기 전에 기상 관측을 하기 위해 학교와 병원 상공을 선회하였다. 그러나 간호사들과 학교운동장에 놀고 있던 아이들은 아무런 관심이 없었다.

8시가 지나자마자 원자폭탄을 투하하기 위해 또 다른 B-29가 한 대 나타났지만, 그곳에 있던 사람들은 역시 별로 관심이 없었다.

원폭 투하 임무를 맡고 두 번째 폭격기에 탑승한 스물여섯 살 토마스 페르비 소령은 원자폭탄을 투하하기 위한 목표물로 정해진 아이오이 다리를 찾고 있었다. 드디어 페레비가 사진에 있는 아이오이 다리를 찾자, 그의 지휘관인 조종사 폴티베츠 대령도 그의 선택에 동의하며 "이 다리는 이 망할 놈의 전쟁을 통틀어 내가 본 가장 완벽한 목표물이야." 라고 말했다.

아침 8시 15분이 막 지났을 때였다. 그 완벽한 표적이 페레비의 정면

조준장치에 들어왔다. 그가 말했다.

"목표물 발견!"

페레비가 투하 단추를 누르려고 하는 4.5t짜리 폭탄은, 냉소적인 미국 유머로 어린 녀석을 뜻하는 '리틀 보이'라는 이름을 갖고 있었다. '리틀 보이'는 극비 프로젝트의 최종 결과물로, 인류역사상 전쟁에서 사용된 단 두 개의 원자폭탄 중 첫 번째 것이었다.

'리틀 보이'가 폭탄 투하실 문에서 떨어져 나가자 B-29는 급강하해 오른쪽으로 향하다가 고도를 높여 서쪽으로 되돌아가 바다를 향했다. 페레비는 폭탄이 처음에는 옆으로 비스듬히 떨어지다가 탄두가 아래로 향하는 광경을 지켜보았다. 43초 후 폭발하도록 맞춰졌으므로 그들은 그 시각을 숨죽이고 기다렸다.

그들은 폭발시의 섬광으로부터 눈을 보호하기 위해 보안경을 쓰고 있었는데, 섬광이 망막을 태울 수도 있다는 경고를 받았기 때문이었다. 이 폭탄의 첫 번째 투하는 역사적인 사건이므로 승무원 사이에 오고 간 대화가 그대로 녹음되었다.

43초를 지난 후에도 폭발의 징조가 없자 승무원 중 일부는 폭발이 불발이 아닐까 우려했다. 그러나 바로 그 순간 상상을 초월하는 빛이 번쩍였다. 충격파가 너무 강렬해서 폴티베츠는 비행기가 대공포에 피격되었다고 생각했다.

붉은 불꽃이 이는 중심부에서 거대한 연기기둥이 솟아나기 시작해 버섯 모양의 구름을 형성했다. 폴티베츠는 윙윙거리는 녹음장치에 "내가 상상했던 것보다 더 큰 폭발에 충격 받았다."고 말했다. 더 정확한 표현은 부조종사인 로버트 루이스 대위의 기록이다. 그는 "하느님, 우리가 무슨 짓을 한 것입니까?"라고 수첩에 적었다.

페레비는 아이오이 다리를 약 250m 가량 지나쳤으며, 폭탄은 시마 병원 560m 상공에서 폭발했다. 병원 안마당은 폭발 지점 바로 아래 있어서 폭발점이 되었다. 병원 직원들과 환자들은 순식간에 증발해 버렸다. 반경 500m 내의 사람들은 즉사했다. 시마병원에서 3km 이내에 있는 사람들은 섭씨 3,000도의 열파로 1급 화상을 입었다. 아이오이 다리는 휘어졌으나 파괴되지는 않았다.

100m쯤 떨어진 초등학교에서 여교사 가쯔꼬 호리베가 공중에 내동댕이쳐졌으나 폭발점 가까이에서 기적적으로 생존한 다른 사람들처럼 목숨은 건졌다. 학교 콘크리트 담 덕분이었다. 운동장에 있던 아이들은 알아볼 수 없을 정도로 타버렸다.

가쯔꼬 호리베 가까이 있던 모든 사람들이 끔찍한 화상을 입었다. 그녀가 몇 명의 아이들과 거리로 뛰쳐나갔을 때 그녀는 불에 탄 사람들이 팔을 위로 들어 올린 채 괴로워하는 모습을 봤다. 그것은 화상 입은 살갗이 닿는 것을 방지하기 위한 자연스러운 반응이었다.

도시는 지옥으로 돌변했다. 살아남은 사람들이 제일 먼저 달려간 곳은 아이오이 다리가 놓여 있는 오타 강이었다. 강은 불에 타고 있었으며 불타는 건물의 잔해와 사람 시체로 가득했다. 무서운 장면이 도처에 널려 있었다. 당시 열여섯 살이었던 한 생존자는, '내게 잊을 수 없는 강한 충격을 준 것은 오른쪽 다리가 허벅지에서 잘려 나간 대 여섯 살 정도 되어 보이는 소년이었다. 그는 다리를 건너려고 왼쪽 다리를 팔짝 팔짝 뛰었다.'라고 술회했다.

사람들은 폭발이 있은 지 한 시간 후에 검은 비가 내리는 것을 봤지만, 불을 끄는 데는 아무 소용이 없었다. 히로시마는 인력이 너무 부족해서 전화와 전차 운행을 위해 수천 명의 고등학교 학생들을 동원했다. 그날 그들 중 7천 명이 죽음을 맞이하게 될 운명이었다.

폭발로 인해 얼굴과 몸이 일그러진 열다섯 살 된 소녀는 이렇게 회고했다. "맑고 푸른 하늘에서 무언가를 발견했어요. 나는 그것이 뭘까 궁금해 하면서 바라보았지요. 불꽃이 점점 커지더니 그 번쩍거리는 것도 점점 더 커졌어요. 그리고 내가 친구에게 말을 하려던 바로 그 순간 섬광이 번쩍했는데 카메라 플래시보다 훨씬 더 밝았어요. 그것은 바로 내 눈앞에서 폭발했어요. 그 폭탄이 중앙전화국 위로 떨어지는 줄 알았어요. 먼지가 피어오르고 모래와 진흙 같은 것이 입안으로 들어왔어요." 그녀가 입에 들어온 진흙이라고 한 것은 진흙이 아니었다. 그녀의 피가 먼지와 섞인 것이었다.

도시 위의 언덕에 있는 기상대에서 아래를 내려다보던 기상학자 이사오키타는 '나는 도시가 완전히 사라지는 것을 보았다. 도시는 노란 모래로 변해 버렸다. 마치 노란 사막처럼'이라고 기록했다. 인명 피해 추정치는 다양하지만, 10만 명은 거의 즉사했고, 그해 말까지 3만 명이 화상과 방사능 오염으로 죽었다. 이것은 맨해튼 계획 입안자들이 예상했던 것보다 훨씬 더 큰 인명피해였다.

그럼에도 불구하고 트루먼 대통령은 8월 6일은 역사상 가장 위대한 날이라고 선포했다. 그리고 일본에 대해 항복을 재차 요구했다. 거부한다면 '공중에서 파멸의 비가 내릴 것'이라고 선언했다. 일본은 즉각 응답을 하지 않았다.

그러자 8월 9일 또 하나의 원자폭탄이 나가사키에 투하되었다. 그곳의 사망자 수는 6만 명 내지 7만 명에 이르렀다. 8월 15일 일본은 무조건 항복했다. 그렇게 전쟁은 끝났지만 원자폭탄의 피해는 그 후 여러 세대에 영향을 주었다.

이런 원자폭탄을 미국은 왜 만들었는지, 막바지에 이른 전쟁은 승전이 거의 확실했는데 굳이 원자폭탄을 투하한 것인지, 군사기지가 아닌 일반 민간인이 밀집해 있는 히로시마를 그 투하 지점으로 선택한 이유는 무엇인지, 또 투하하기 전에 경고라도 해서 피해를 줄이는 조치를 왜 하지 않았는지, 하는 의문이 남는다.

미국의 원자폭탄 개발계획은 암호로 '맨해튼 계획'이라고 불리었다. 트루먼 대통령이 미국 대통령으로 취임하기 전, 루즈벨트 대통령 때 계획이 수립되어 실행되어 온 것이었다. 루즈벨트 대통령은 영국의 처칠 수상과 논의 끝에 합의했으며 이를 위해 4년 동안 20억 달러라는 거액의 자금을 투입했다.

미국이 원자폭탄 개발에 박차를 가한 것은 나치 독일이 원자폭탄 개발을 시도했으므로, 그보다 먼저 개발해야 했기 때문이었다. 나치 독일은 원자폭탄 개발을 중도에 포기했는데, 만일 독일이 포기하지 않고 먼저 원자폭탄을 개발했더라면 인류 역사가 어떻게 전개되었을까 하는 생각을 하면 아찔하다.

원자폭탄의 이론적 수립자인 물리학자 아인슈타인은 독일계 유대인이었다. 그는 나치 독일이 유대인을 학살하자 미국으로 망명했다. 만약 독일이 아인슈타인을 망명하지 못하도록 조치를 하고 그로 하여금 원자폭탄을 개발하도록 했더라면 어떻게 되었을까.

1945년 7월 16일 미국 네바다 주 실험장에서 최초로 플루토늄 폭탄의 성능을 확인하는 폭발 실험이 있었고, 그 실험은 성공했다.

그 다음날인 7월 17일부터 베를린 교외 포츠담에서는 미·영·소 최고지도자들의 정상회담이 있었다. 18일 회담 중에 트루먼 대통령은 네바다의 핵실험이 성공했다는 보고를 받았다. 트루먼 대통령은 그 내용을 영국의 처칠 수상에게 전했다. 그리고 소련이 태평양전쟁에 참가하기 전에 전쟁을 종결시켜야 되겠다고 했다.

소련의 참전은 태평양전쟁이 발발한 후, 미국 군부가 대일전에 결정적인 카드로 기대하던 일이었다. 소련은 유럽에서 일본의 동맹국인 독일과 사투를 벌였지만, 일본에 대해서는 중립적이었다. 소련이 미국의 요청으로 대일전에 참전할 것을 정식으로 약속한 것은, 독일의 패배가 분명해진 1945년 2월 얄타회담에서였다.

소련은 약삭빠르게 일본의 패전을 눈앞에 두고 전후 전리품을 챙기기 위해 참전을 선언한 것이다. 얄타회담에서 소련은 독일이 항복한 후 3개월 이내에 참전하기로 약속했는데, 독일이 5월 8일에 항복하자 소련은 참전에 관한 구체적인 일정에 들어가게 되었다.

6월 18일 트루먼은 큐수상륙작전, 혼수상륙작전 등 대일 종전 전략을 결정했다. 그때까지 소련의 참전은 미국의 일본 상륙 직후에 이루어진 것으로, 전쟁을 종결짓도록 할 중요한 요인이라 생각되었다.

7월 17일 포츠담에서 트루먼과 회견한 스탈린이 8월 15일 소련이 참전할 것을 약속하자, 트루먼은 그 사실을 반갑게 받아들였다. 그런데 원폭 실험이 성공했다는 보고를 받자, 소련은 태평양전쟁에 참여하게 되는 것이 싫어진 것이다.

트루먼은 소련이 참전하기 전에 전쟁을 끝내어 얄타회담에서 소련이 참전하는 대가로 주기로 한 권익, 영토, 확약 등을 없던 일로 돌리고 싶었다. 그리고 유일하게 미국만 갖고 있는 원자폭탄의 성능을 보여줘 전후 국제 역학 관계에서 주도권을 장악하기를 원했다. 그러기 위해 소련이 참전하기 전에, 피해를 극대화하려고 인구가 밀집되어 있는 히로시마를 원폭 투하지점으로 선택했던 것이다.

그 당시 미국 측에서는 천황제를 유지하는 것을 조건으로 내세워 일본의 항복을 다그칠 수 있다고 생각했다. 그래서 대일 항복 경고문 초안에는 그 문구가 들어 있었다. 그런데 7월 26일 포츠담회담이 끝나고 발표했던 포츠담선언에는 그런 취지의 문구가 보이지 않았으므로 일본은 그 선언을 거부했던 것이다.

수정된 포츠담선언은 천황을 전범으로 생각하는 미국 내 여론을 배려하는 동시에, 미국 지도자가 원폭에 의한 종전을 기대했기 때문이기도 했다. 단 한 개의 폭탄에 의해 세계전쟁이 극적으로 종결되면, 미국의 힘을 강하게 부각시킬 수 있을 것이라고 판단한 것이다.

그래서 포츠담회담이 끝나고 귀국한 트루먼 대통령은 8월 2일 이후 날씨가 허락하는 대로 히로시마, 나가다, 고꾸라, 나가사키 가운데 한 곳에 원폭을 투하하라는 명령을 내렸다. 그리고 이 명령에 의해 최초로 원폭이 투하된 것이다.

미국이 원자폭탄을 개발해 투하함으로써 인류 역사에 미친 영향에 대해, 큰 틀에서는 긍정적으로 평가하고 싶다. 앞서 말한 바와 같이 미국에 의해 원자폭탄이 개발되지 않고 나치 독일에 의해 개발되었더라면 제2차 세계대전이 그 정도 선에서 끝을 맺을 수 있었겠는가.

종전 후 국제정치에서 미국이 주도권을 장악하지 못해 인간 본능에 반하는 교조적인 공산주의가 더 확산되었더라면, 인류는 지금보다 훨씬 더 불행했을 것이다. 그리고 피해국인 일본 입장에서 보더라도 옥쇄를 주장하는 군부 극렬분자들의 뜻대로 전쟁이 더 지속되었더라면, 희생자는 훨씬 더 많이 늘어났을 것이다.

인류 전체의 역사를 보면 종전 후 70년이라는 세월이 흘렀지만 그동안 국지전만 있고 세계대전이 없었던 이유는, 실제로 체험한 핵무기의 가공할 만한 파괴력에 대한 두려움 때문이다. 그때 원폭이 투하되지 않았더라면, 그 후 일어난 한국전쟁이나 월남전쟁에서 몇 십 배의 원폭이 투하되어 인류역사상 최악의 비극이 되었을 지도 모른다.

그러면서도 여전히 아쉬움으로 남는 것은, 인구가 밀집되어 있는 히로시마에 원폭을 투하하지 않으면 미국의 힘을 과시할 수 없었는지, 적어도 원자폭탄을 투하하기 전에 사전에 경고를 하여 그 피해를 줄이는 조치를 취할 수도 없었는가 하는 점이다.

히로시마에 원자폭탄이 투하되어 제2차 세계대전이 종결된 지 70년이 흘렀다. 그동안 크고 작은 국제분쟁으로 말미암아 여러 전쟁이 있었지만, 원자폭탄을 사용한 적이 한 번도 없었다는 것은 천만다행이다. 모든 핵무기가 폐기되기를 바라는 마음 간절하다. 히로시마나 나가사키 원폭 투하는 인류 역사에 처음이자 마지막이어야 한다.

# 아랍의 바다 위에 건국한 이스라엘

2001년 9월 11일, 미국 역사상 최악의 참사가 있었다. 아랍 게릴라들이 자신들이 납치한 미국 여객기 4기를 조종하여 뉴욕에 있는 세계무역센터 쌍둥이빌딩을 붕괴시키고, 워싱턴 D.C에 있는 국방부 빌딩 펜타곤을 들이받은 것이다. 테러를 벌인 사람들은 사우디아라비아와 이집트 출신 조종사들이었으며, 사우디아라비아 출신 국제 테러리스트인 오사마 빈 라덴이 이끄는 알카에다 조직원들이었다.

이 사건으로 3천여 명의 인명 피해와 약 500억 달러65조원 상당의 재산적 피해를 입었다. 미국은 월남전 이후 여러 번 전쟁을 치렀지만, 전쟁에서도 이처럼 큰 피해를 입은 적이 없었다.

그리고 2015년 11월 13일 밤부터 다음 날 새벽까지 유럽의 심장부인 프랑스 파리의 공연장과 축구경기장 등 여섯 곳에서 테러가 발생했다. 시리아에 본부를 두고 있는 이슬람 극단주의자들의 지하조직인 IS 소속 테러리스트 여덟 명이 총기를 난사하고 자살폭탄으로 최악의 동시다발 테러를 감행한 것이다. 이 사건으로 무려 130명이 사망하고 350명이 치명상을 입었다.

이와 같은 테러는, 팔레스타인 지방에 세워진 유대인의 나라 이스라엘과 그 지지 세력인 미국, 프랑스 등 서방국가에 대한 아랍인들의 응어리진 감정이 표출된 것이라고 할 수 있다. 20세기에 야기되었던 대부분의 분쟁은 세기를 넘어오면서 거의 수습이 되었는데, 중동지역의 분쟁은 새로운 세기에도 이어지고 있는 것이다.

팔레스타인 분쟁은 오랜 역사를 가진 예루살렘의 특수성에 기인한다. 세상의 모든 장소 가운데 왜 하필 예루살렘인가. 그곳은 지중해 해변의 상업지역에서 멀리 떨어져 있으며, 물도 부족하고 여름에는 태양이 작열하며 겨울에는 바람이 살을 애고 돌산들은 험해서 생활하기 적합하지 않는 척박한 땅이다. 그런 곳이 세계 3대 유일신 종교의 성지가 된 것 자체가 이상한 일이다.

유대인들은 처음 건국한 곳이자 출애굽 때 시나이 산에서 가져온 언약의 궤를 모시기 위해 성전을 세웠던 곳이어서, 그리스도교도들은 그들의 구세주 예수그리스도가 십자가에 못 박히고 죽은 지 사흘 만에 부활하여 그곳에서 승천했다는 이유로, 이슬람교도들은 예언자 마호메트가 야행을 하여 이곳 모리아 산의 바위를 밟고 승천했으므로 각각 성지로 삼았다고 한다.

이 세 곳의 성지는 기껏 1km²에 불과한 구 예루살렘 시가지 안에 서로 이웃하고 있다. 그 좁은 곳이 다른 신은 인정하지 않고 자신들의 신만 인정하는 배타적인 유일신의 종교 성지가 되다 보니 그 성지를 서로 차지하려고 오랜 역사를 두고 반목하지 않을 수 없다. 축복의 땅이 저주의 땅으로 되어버린 셈이다.

다윗은 좋은 땅을 다 놔두고 왜 이 척박한 땅에 성스러운 언약궤를 가지고 들어왔으며, 예수는 고향 나사렛에서 순교할 수도 있었는데 왜 죽기 직전에 예루살렘에 들어와 십자가에 못 박히게 되었는지, 또 마호메트는 자신이 지내던 메카에서 바로 승천할 수 있었는데 왜 밤에 야행을 하여 예루살렘에서 승천을 해야만 했던가. 그렇게 함으로써 성지가 되어 세계 평화를 깨는 분쟁의 땅이 될 줄 몰랐다면, 어찌 그들을 신이나 성인으로 대접할 수 있단 말인가.

기원 후 70년, 예루살렘과 그 주변 팔레스타인 지방은 로마의 식민지였는데, 유대인들은 지속적으로 독립운동을 했다. 그러자 관할 군 통수권자인, 로마 황제 베스파시아누스의 아들 티투스뒤에 황제가 됨가 이를 진압하기 위해 6만여 명을 투입해 예루살렘을 포위했다.

예루살렘에 거주하는 50만 명의 유대인과 주변에 살던 유대인들이 예루살렘에 다 모여 성전을 지키고자 결사항전을 했다. 그러나 역부족이었다. 성전 문은 불타버렸고 성전 문의 은장식은 녹아내렸으며 나무로 된 현판과 창문으로 불길이 번져 성전 복도에 있던 모든 장식이 불타고, 거룩한 성전 단지는 내동댕이쳐졌다. 그 와중에 로마 병사들은 성전을 장식했던 보석을 챙기느라 광분했다.

성벽 주변은 지옥 같았다. 수천 구의 시체들이 햇빛 아래 악취를 풍겼고, 개와 자칼 떼가 인육으로 만찬을 벌이고 있었다. 그러나 그것이 끝이 아니었다. 티투스는 몇 달 동안 죄수와 탈주자를 체포해 처형하도록 했으며, 매일 5백 명의 유대인들이 십자가형으로 처형되었다. 티투스의 군인들은 처형자를 기괴한 자세로 벌린 채 묶어서 못질을 하는 것을 재미로 여겼다.

예루살렘 사람들은 목숨을 건 탈출을 감행했고 그들 중에는 금화나 은화 등 보물 등을 삼켜 재산을 뱃속에 감추기도 했다. 그러나 그들은 심한 굶주림으로 인해 부종을 앓는 사람처럼 부어올라 있었던 터라, 그

상태에서 금속이 몸속에 들어가면 배가 터져버렸다. 배가 터지면, 로마 군인들은 사람 내장 속에 귀중품이 들어있다는 것을 알아채고 살아 있는 포로들의 배를 갈라 창자를 빼내고 악취 나는 내장을 뒤져 보물을 끄집어냈다.

로마사람들은 예루살렘을 무참히 짓밟고 유대인들이 예루살렘에 들어오는 것조차 금지하였다. 예루살렘이 함락된 날은, 5백 년 전 바빌로니아에 의해 예루살렘이 함락되고 유대인들이 포로로 끌려간 7월이며, 유대인 달력으로 압월 8일이었다.

처절하게 고향에서 쫓겨난 유대인들은 고향에 대한 그리움이 간절해질 수밖에 없었다. 그리고 유랑하는 민족으로 멸시를 당하고 살다보니 민족의식은 더 강해졌고 단결력 또한 대단했다. 유대인들은 고향 예루살렘을 찾고 싶은 욕망이 강렬했으며, 19세기 말부터 그 생각은 더욱 고취되어 유대인 국가를 세우자는 '시오니즘'으로 발전하기 시작했다.

1880년대까지만 해도 팔레스타인 지방에는 두 민족이 평화롭게 어울려 살았다. 당시 팔레스타인 총인구 50만 명 가운데 유대인은 대략 2만 5천 명에 불과했다. 그런데 유럽에서 유대인에 대한 박해가 시작되자 1896년 시오니즘으로 무장한 유대인들이 팔레스타인 지방으로 밀려왔다. 시오니즘의 '시온'은 유대인들이 신성시 하는 예루살렘에 있는 산 이름이었다. 유대인들은 자신들만의 나라를 어디 세울 것인지 찾던 끝에 팔레스타인을 선택했다. '젖과 꿀이 흐르는 가나안'이야말로 유대인 국가를 세울 가장 적합한 장소라고 생각한 것이다.

그로부터 대략 20년 후, 제1차 세계대전이 한창이던 1915년 10월, 영국은 '맥마흔 서한'을 발표했다. 그 내용은, '아랍이 전쟁에 협력하면 전

후 팔레스타인을 아랍인에게 돌려주겠다'는 것이었다. 당시 팔레스타인은 오스만 튀르크 제국의 지배를 받고 있었으며, 오스만 튀르크 제국은 독일 편에 가담해 영국과 싸우고 있었다. 이에 메카의 수호자 후세인은 영국사람 로렌스의 도움을 받아 오스만 튀르크 제국군을 몰아냈다.

그런데 2년이 지난 1917년, 미국 내 유대인의 협조를 얻어 미국을 참전시키려는 목적으로, 팔레스타인에 유대인 국가 수립을 지지한다는 '발포어 선언'을 발표했다. 전쟁이 끝나자 서방 열강들이 아랍에 대한 약속을 지키지 않은 것이다.

그리고 통일아랍국가를 세우려는 아랍 민족들의 열망과는 달리, 시리아와 레바논을 분리해 이 두 나라는 프랑스가 신탁통치 하고, 이라크와 팔레스타인은 영국이 신탁통치하기로 결정해버렸다. 연합국은 오스만 튀르크가 지배했던 아랍 지역을 무려 20여 개의 식민지로 분할 점령했다. 그것도 모자라 영국이 '발포어 선언'을 이행하려는 뜻을 비치자, 팔레스타인 전역에서 반시온주의 폭동이 일어났다.

그러나 영국군의 비호를 받으며 이민을 계속해온 유대인들은 1930년대 히틀러의 박해가 시작되자 홍수처럼 밀려들었다. 1936년에는 팔레스타인 총인구 150만 명 가운데 28%인 43만 명이 유대인이었다. 이들은 우수한 기술과 자본으로 정착촌을 건설하고 각종 산업시설을 갖추었다. 과격한 시오니스트들은 비밀리에 군대를 양성했다.

아랍민족들도 위기의식을 느끼게 되었고, 시오니스트와 영국을 향해 공격을 가했다. 시위와 테러, 그리고 파업이 잇달았다. 그러자 영국은 팔레스타인을 둘로 분할하여 유대인과 아랍인이 각각 독립국가를 세우자는 중재안을 제시했다. 그러나 아랍인들은 이슬람 땅에 유대인의 나라가 있을 수 없다고 주장하며 극렬히 반대했다. 1945년 3월 이집트, 사우디아라비아, 이라크 등 아랍 국가들은 아랍연맹을 결성해 이스라엘에 대항하기로 했다.

그 후 제2차 세계대전이 종결되자, 팔레스타인을 점령하고 있던 영국에서 보수당인 처칠 정권이 노동당 애틀리 정권으로 교체되었다. 영국은 종전의 팔레스타인 분리 안을 철회했다. 그리고 소련은 분리 안을 지지했다. 그 당시 미국은 소련과 대립관계였는데, 소련과 대결하기 싫었던 탓인지 이상하게도 분리 안을 지지했다.

팔레스타인을 분리할 것인가, 하지 않을 것인가 하는 문제로 국제적으로 시끄러운 와중에, 1947년 유엔총회는 예루살렘을 유엔 관할로 하고, 나머지 팔레스타인 지역은 이스라엘과 팔레스타인으로 분리하기로 결의했다.

그러자 양측은 영국군이 철수하기 전에 좀 더 넓은 지역을 확보하기 위해 치열하게 전투를 벌였다. 영국은 약속한 철군 일자 1948년 5월 14일에 팔레스타인에서 철수했다. 철수하는 날, 그동안 시오니즘 운동을 추진해 온 벤 구리온은 텔아비브에서 이스라엘의 건국을 선언했다. 그러나 그것은 그들 위주의 건국이지 2천 년 넘게 그 땅에서 살아온 팔레스타인 입장에서 보면 침략이 분명했다.

아랍은 그 건국선언을 선전포고로 간주했고 아랍 해방군을 조직해 제1차 중동전쟁을 시작하게 되었다. 중세에는 예루살렘과 그 주변 아랍지역이 서방 그리스도교도와 이슬람교도들 간의 십자군전쟁으로 말미암아 2백 년 동안 전쟁터였다. 그런데 이제 아랍민족과 유대민족의 전쟁터가 된 것이다.

당시 이스라엘 인구는 60만 명, 아랍은 1억 4천만 명이었다. 그리고 아랍군은 훈련받은 정규군이고, 이스라엘은 군사훈련도 제대로 받지 않는 비정규군이어서 누구나 이스라엘이 채 건국하기 전에 박살날 것이라고 예상했다.

그러나 예상을 뒤엎고 전쟁 개시 20일 만에 이스라엘의 승리로 끝났다. 2천 년 가까이 조국 없는 설움에 한이 맺혀 있던 유대인들이 나라를 가지겠다는 갈망으로 결집해 한마음이 되어 죽음을 두려워하지 않고 싸운 결과였다. 그들은 아랍연합군을 물리치고 원래 그들이 관할했던 지역보다 더 넓은 땅을 점령하게 되었다. 그러자 분리 안에 반대했던 영국도 이스라엘을 정식 국가로 승인했다.

상황이 이렇게 되자 아랍 측도 격분해 1964년 팔레스타인해방기구 P.L.O.를 결성했다. 유엔에 나가 합법적으로 팔레스타인을 대표할 수 있는 정부로 팔레스타인해방기구를 승인한 것이다.

이 전쟁을 비롯해 이스라엘과 아랍은 여섯 차례 전쟁을 치렀고, 모두 이스라엘의 승리로 끝났다. 그 중에서도 특히 제3차, 제4차 중동전은 규모가 컸으며 중요한 전쟁이기도 했다.

1952년 이집트의 나세르 대통령은 영국과 프랑스가 관리하는 스에즈 운하를 점령하는 분쟁을 일으켰다. 이를 거부하는 영국과 프랑스가 이스라엘과 손을 잡고 전쟁을 벌였던 제2차 중동전쟁에서 아랍측이 패하게 되자, 아랍연맹을 결성해 1967년 5월 17일 이스라엘을 포위함으로써 제3차 중동전쟁을 일으켰다.

이때 소련은 중동에서 미국의 세력을 억제하고 중동에서 산출되는 석유에 대한 이권을 얻기 위해 아랍을 지원했다. 이스라엘의 운명은 그야말로 풍전등화였다. 그러나 당시 이스라엘의 국방장관 다이안이 천재적인 작전으로 기습 공격을 하여 엿새 만에 아랍군을 패퇴시켰다.

이 전쟁으로 이집트의 영토인 시나이 반도를 비롯해 요르단의 서부지역으로 팔레스타인 사람들이 거주했던 골란고원과 가자지구까지 이스라엘이 점령하게 되었고, 그곳에 살던 팔레스타인 사람들은 졸지에 난민이 되어버렸다.

이스라엘이 승리할 수 있었던 것은 미국과 미국에 거주하는 유대인들의 전폭적인 성금 지원이 있었기 때문이었다. 인구나 면적에 있어서 수십 배에 달하는 아랍이 왜소한 이스라엘에게 패하자 그 처절함은 이루 말할 수 없었고, 미국의 대항세력인 소련 역시 마찬가지였다.

그 뒤 이집트 대통령 나세르가 죽고 사다트가 대통령이 되자, 아랍연합은 소련의 더 강력한 지원을 받게 되었다. 1973년 10월 5일 아랍연합은 제3차 중동전에 대한 보복으로 제4차 중동전쟁을 일으켰다. 이 전쟁은 무슬림의 금식기간인 라마단 기간과 유대인의 금식일인 욤 키프르에 일어났다고 해서, 아랍인들은 '라마단 전쟁'이라고 부르고, 유대인들은 '욤 키프르 전쟁'이라고 말한다.

아랍은 북쪽에서는 시리아군이 주력이 된 아랍연합군이, 남쪽에서는 이집트군이 소련제 폭격기와 탱크, 미사일 등을 동원해 이스라엘을 공격했다. 이스라엘군은 개전 48시간 만에 17연대가 전멸했고 30일 동안 나라 전체가 포위당해 아사지경에 이르렀다. 이스라엘이 위기에 처하자, 미국은 5,566번이나 비행기로 군수물자를 공수했다.

공수된 미국의 첨단장비를 이용해 이스라엘군은 북쪽에 있는 골란고원 북부에서 승리를 하게 되었고 남쪽에서도 이집트 군을 격파시켰다.

제4차 중동전은 미국과 소련의 대리전처럼 전개되었지만, 역시 이스라엘의 승리로 끝났다.

아랍과 팔레스타인해방기구는 정규전으로는 이스라엘을 이길 수 없다는 것을 깨닫게 되었다. 그들은 이스라엘을 지원하는 미국과 서방에 보다 효율적인 압력을 가하기 위해 그들이 산출하는 석유를 무기로 삼아 세 차례에 걸친 석유파동을 일으켰다.

그리고 팔레스타인해방기구 P.L.O.가 주축이 된 인티파다봉기, 반란을 뜻하는 아랍어 작전을 구사해 이스라엘과 서방에 테러를 감행했다. 이스라엘도 이에 질세라 테러를 당하면 몇 곱절로 보복해 팔레스타인 지구는 공포의 도가니가 되었다.

이런 와중에 이집트 대통령 사다트는 다른 아랍국들의 질시에도 불구하고 그들이 3차 중동전 때 빼앗긴 시나이반도를 반환받는 조건으로 이스라엘을 승인하기 위해 예루살렘을 방문했다. 이때 이스라엘 수상 베긴은 연설 중에 유대인들의 심정을 솔직하게 표현했다.

"우리가 외국 사람의 땅을 차지하고 있다니 천만의 말씀입니다. 우리는 조국에 돌아왔을 뿐입니다. 우리 민족과 이 땅의 역사적 연계는 영원합니다. 이곳에서 우리의 예언자들은 성스러운 말씀을 했고, 옛날 유대나라 임금들과 이스라엘 임금들이 이곳을 통치했습니다."

정말 어처구니없는 말이다. 전혀 남의 입장을 고려하지 않고 자기네 위주의 말만 한 것이다. 유대민족은 2천 년 가까이 그 땅을 떠나 있었지만, 팔레스타인 사람들은 그곳에서 2천 년 넘게 계속 살아오지 않았는가. 우리 민족이 2천 년 전에 만주에 살았다고 해서 만주가 우리 땅이라고 할 수 있겠는가. 아메리카 인디언들이 3백 년 전에 살았던 땅이니, 지금 아메리카 대륙에 인디언 나라를 세울 수 있단 말인가.

1974년 팔레스타인해방기구P.L.O. 의장 아라파트는 게릴라 복장으로 유엔총회에 참석해 연설로 호소했고, 열렬한 박수를 받았다.

"팔레스타인 혁명운동의 투쟁 목표는 유대인 개인이 아니라 어디까지나 인종차별적인 시오니즘과 노골적인 침략입니다. 그런 의미에서 우리의 혁명은 인간으로서 유대인을 위한 혁명이기도 합니다. 우리는 유대교와 시오니즘을 구별합니다. 우리는 시오니즘적 식민주의와 활동에는 반대하지만, 유대교의 신앙은 존중합니다.

미국 국민들에게 거듭 묻습니다. 팔레스타인 인민이 당신들에게 저지른 범죄가 무엇입니까? 무엇 때문에 당신들은 우리와 싸우려 하는 것입니까? 나는 미국과 아랍세계 전체의 진정한 우호관계가 좀 더 새롭고 높은 차원에서 설정돼야 한다는 사실을 미국 국민이 알아주기를 희망할 뿐입니다." 이 연설은, 앞서 말한 이스라엘 베긴 총리의 연설보다 훨씬 합리적이고 사리에 맞다.

테러와 보복의 악순환을 거듭하면서도 1992년 이스라엘 총선에서 노동당의 라빈이 승리해 수상이 되었다. 그는 노르웨이 수도 오슬로에서 P.L.O.와 두차례 비밀협상을 하여 합의를 끌어냈고, 1993년 9월 13일 미국 백악관 뜰에서 P.L.O. 의장 아라파트와 악수를 나누고 그 합의안대로 협정을 체결했다. 이 행사를 이끈 것은 당시 미국 대통령인 클린턴이었고 미 국무장관과 러시아 외무부장관이 증인으로 서명했다.

그 협정 내용은 이스라엘이 제3차 중동전에서 점령한 팔레스타인 지역을 위험이 없는 지역, 위험한 지역, 극히 위험한 지역으로 3등분하여 안전지역은 팔레스타인 완전자치지구로, 위험지역은 이스라엘군의 통제를 받는 팔레스타인 자치지구로, 극히 위험한 지역은 이스라엘 완전 지배 아래 두되 점차적으로 그 단계를 올려 결국 점령지역을 팔레스타인에게 넘겨 팔레스타인의 나라를 건설케 한다는 것이었다. 그리하여 어느 정도 중동 평화의 실마리가 풀리는 것 같았다.

그러나 협정을 이끌어낸 라빈 수상이 이스라엘 강경파에 의해 저격 피살당했고 강경파 측에서 위 협정을 준수하지 않을 기미를 보였다. 이스라엘 강경파는, 국경에 인접한 적대국이 생기게 되면 군대를 갖게 될 것이고 주변 여러 아랍국가로부터 군사지원을 받게 될 터이니 이스라엘의 존립이 위태롭다는 것이었다.

협정에 따라 반환해야 할 점령지구에 유대인 정착촌이 날로 늘어나게 되자 오히려 반환과는 정반대되는 상황이 전개되었다. 이리하여 아랍과 유대인의 반목은 더욱 고조되었다.

1996년 아랍 측이 폭동을 일으켰다. 예루살렘의 성지로 마호메트가 승천한 바위 돔에 있는 사원, 산 아래 지역에서 이스라엘이 고고학적 발굴을 이유로 터널을 뚫었기 때문이었다. 끊임없이 반복되는 피의 악순환이었다. 예루살렘 거주민들은 한번 비상이 걸려 검색을 당하면, 옷을 홀랑 벗기는 수모도 감수해야 했다. '젖과 꿀이 흐르는 땅'이 아니라 '피와 눈물이 흐르는 수난의 땅'이 되어버렸다.

이 모든 중동사태의 밑바닥에는 이스라엘과 미국에 대항하는 아랍민족의 응어리진 감정이 면면히 흐르고 있다. 이 글에서 앞서 언급한 9. 11테러와 파리 테러도 그 연장 선상에 놓여 있는 것이다.

20세기가 끝나면서 이념 대립은 사라져가고 세계가 평화무드에 젖어 들고 있는데 여전히 중동에서는 분쟁의 실타래가 풀리지 않고 있다. 이 분쟁의 원인은 제2차 세계대전 후 미·영·소의 중동정책이 잘못되었기 때문이다.

이스라엘이 2천 년 넘게 다른 사람들이 살아온 땅에 들어가서 나라를 세운 것은 분명히 침략이다. 이스라엘은 안보를 보장받는 조건으로 오슬로협약에 따라 그들의 점령지역을 팔레스타인에게 반환하는 절차를 밟아야 할 것이다.

미국도 이전처럼 일방적으로 이스라엘을 지원하는 태도를 바꾸어 국제 경찰국가로서, 보다 외교적이고 군사적인 조치를 취해야 한다. 이스라엘이 오슬로협약을 지키지 않으면 군사적 제재를 가해서라도 그 이행을 촉구하여야 할 것이다.

우리나라도 냉전시대에는 자유 진영의 일원으로 맹주인 미국의 입장을 따랐지만, 이제 냉전시대는 끝났다. 우리나라는 1970년대에 중동 특수를 통해 경제가 비약적으로 발전했으며, 이제 무역과 정치적으로도 이스라엘보다 아랍 쪽과 더 가깝게 지낼 필요가 있다.

이와 같은 처지는 우리나라뿐만이 아니라 거의 대부분의 나라가 마찬가지이다. 시간이 갈수록 국제 여론은 이스라엘보다 아랍 측에 기울어질 가능성이 높다. 결국 미국도 세계 여론과 반해 일방적으로 이스라엘을 지원하지는 못할 것이다.

이스라엘도 이전처럼 미국을 비롯한 서방의 배경을 믿고 고집을 부려서는 안된다. 아랍의 바다 속에 떠있는 왜소한 이스라엘 섬은 언젠가는 격랑에 휩쓸릴 수도 있다. 전부 다 가지려다가 전부를 다 잃는 수가 있으므로 이스라엘 민족이 2천 년 넘게 조국이 없던 설움을 받았던 것을 생각하며 영구히 공존하는 길을 모색해야 할 것이다.

아랍도 이스라엘을 인정해야 한다. 이스라엘 건국이 부당하다 하더라도 건국한 지 70년이 넘었으니 기정사실화 된 것이다. 이를 부인하면 기존 질서를 파괴하는 것이다. 냉전시대에는 그 틈바구니에서 미국을 비롯한 서방과 대결해 볼 여지가 있었을지 모르지만, 이제는 그럴 수 없지 않은가. 수차례 끔찍한 테러를 일으켜 보았지만, 국제 여론만 나빠지고 몇 십 배의 희생을 감당해야 하지 않았는가.

이제 상대방의 존재를 인정하고 선린관계를 유지해야 한다. 예루살렘을 유엔 관할 아래 두고 세계 모든 종교인에게 성지순례의 자유가 보장되어야 할 것이다. 그리하여 '피와 눈물이 흐르는 수난의 땅'이 '젖과 꿀이 흐르는 축복의 땅'이 되게 하고, 나아가 세계 평화에 기여하도록 해야 한다. 이슬람이 믿는 알라신이나 유대교가 믿는 여호와는 그들의 공동 조상인 아브라함이 믿던 동일한 신이 아니겠는가.

# 냉전시대의 위대한 영단

1945년 제2차 세계대전이 끝나자 세계는 자본주의냐, 공산주의냐 하는 이념 경쟁이 가열되었다. 두 진영 간에 직접적인 전쟁은 하지 않았지만 대립이 고조된 상태로, 세계는 냉전시대에 돌입하게 되었다.

미국은 자유우방의 맹주로 제2차 세계대전으로 피폐해진 세계경제를 부흥시키기 위해 '마샬 플랜'을 내세워 우방에 대해 대대적인 경제 원조를 실행했다. 그리고 공산주의가 침투, 확산되는 것을 방지하고자 노력하는 동시에 나토, 시토 등 군사동맹을 체결하고 핵무기 등을 비롯한 군비 확장에 박차를 가했다.

소련 역시 이에 대항해 공산진영의 맹주로서 바르샤바조약 등을 체결해 서방 나토체제에 대응하면서 후진국을 중심으로 국제공산주의 사상을 침투시키고 핵무기 개발 등 군비 확충에 전력을 쏟았다. 소련은 이 같은 노선으로 군사적으로나 경제적으로 열세를 면치 못하던 상황을 어느 정도 만회하여 원폭실험에 성공했다. 그리고 1953년 원자폭탄보다 수 천 배 파괴력을 지닌 수소폭탄까지 개발해 미국의 핵 독점을 무너지게 했을 뿐만이 아니라, 1957년에는 인류 최초로 인공위성 스푸트니크호를 우주에 쏘아 올렸다.

미국은 이러한 소련의 추격에 당황해 군비 확장에 박차를 가하는 한편, 우주과학 경쟁 및 지역 분쟁에 더욱더 적극적으로 대처했다.

한편, 1959년 미국 서남단 카리브 해에 자리 잡은 쿠바에 카스트로라는 공산주의자가 나타났다. 그는 친미적인 바리스타 정권을 타도하고 공산주의 정부를 수립했다. 카스트로 정부는 농지개혁과 기업의 국유화를 단행했으며 친미세력을 제거하고 소련에 접근하는 등, 노골적인 반미정책을 폈다.

미국은 바로 코밑에 적이 있다는 위기감을 느꼈다. 1961년 4월 미국의 케네디 대통령은 소위 '피그만 사건'이라고 일컫는 작전을 써서 은밀히 특공대를 쿠바에 침투시켰다. 하지만 실패했고, 케네디 정부는 도덕성마저 큰 상처를 입게 되었다.

이로 말미암아 미·소 관계는 더욱 더 악화되었고, 잇달아 개최된 케네디와 흐루시초프의 회담도 살벌한 분위기 속에서 진행되다가 결렬되고 말았다. 한술 더 떠서 소련이 쿠바에 미사일기지를 설치하게 되자 미·소 관계는 극에 달하게 되었다.

1962년 10월 어느 날 케네디 대통령이 아침식사를 하고 있을 때였다. 소련이 쿠바에 핵미사일 기지를 건설하고 있다는 미 정보국의 정보보고가 올라왔다. 소문으로만 나돌던 쿠바의 소련 핵미사일 기지가 현실화되었다는 것이다.

보고서에 첨부된 소련의 미사일기지 사진을 전문가들이 분석했다. 그들은 1주일 이내에 그 기지가 작동 가능하며, 이는 미국 안보에 결정적인 위협이 될 수 있다고 평가했다.

그 날 오전, 케네디는 국가안전보장회의를 긴급 소집했다. 대다수 참모들은 소련이 쿠바에 핵무기와 미사일기지를 만들지 못하도록 해군력을 총동원하여 쿠바 해안을 봉쇄할 것을 건의했다. 이는 미 해군이 소련 선박을 정지시켜 무기 탑재 여부를 검색하는 것을 포함하고 있으며, 소련 선박이 거부할 경우 양국 간에 무력충돌로 치달아 핵전쟁으로 확산될 위험성도 있었다.

10월 22일 케네디 대통령은 미국의 안보가 위급한 사태에 처했다고 직감하고 방송을 통해 쿠바 연해를 봉쇄한다는 사실을 선포했다. '쿠바 봉쇄를 소련이 보복하겠다고 냉전의 상징인 공산권 동독 내에 있는 서베를린을 봉쇄하면, 베를린이 아닌 모스크바에서 바로 전쟁이 일어날 것'이라고 소련을 위협한 것이다. 케네디 대통령의 카리브해 봉쇄 조치로 180척의 미국 함정이 동원되었으며, B-52 폭격기들이 핵폭탄을 적재하고 하늘로 날아올랐다.

이러는 동안에도 쿠바에서의 소련 미사일기지 건설은 가속화되었다. 그리고 핵무기를 적재한 소련 선박은 쿠바에 점점 가까워지고 있었다. 미·소가 보유한 핵무기가 지구를 몇 번 폭파시키고도 남을 정도였으므로, 핵을 적재한 소련 선박이 이를 검색하려는 미국 선박의 요구를 거절하면 바로 핵전쟁이 발발할 수도 있었다.

긴장이 고조되어감에 따라 군대는 비상사태를 선포했다. 그런데 10월 26일 쿠바를 향해 항진하던 소련 선단이 속도를 늦추었다는 소식이 전해졌다. 같은 날 텔레비전 뉴스에서 미국이 쿠바를 침공하지 않겠다는 약속만 하면, 소련이 쿠바에서 미사일기지를 철수할 것이라는 소련 당국의 비공식적인 의사가 보도되었다.

뉴스 방영 2시간 후 소련의 흐루시초프 수상으로부터 케네디 대통령 앞으로 전보가 날아왔다. 미국이 쿠바의 항구 봉쇄를 해제하고 쿠바를 침공하지 않겠다는 것을 약속하면 소련도 쿠바로부터 손을 뗄 용의가 있음을 밝힌 것이었다.

케네디가 소련의 제안을 수용하려고 하는 순간, 소련이 새로운 조건을 하나 더 제시했다. 소련 본토 남단과 가까운 터키에 있는 미군 미사일기지를 철수시켜야 한다는 것이었다. 이는 미국이 제2차 세계대전 후 소련에 대해 갖고 있던 군사적 주도권을 포기하는 것으로, 미국으로서는 수용하기 어려운 부분이었다.

케네디 대통령은 소련의 압력에 굴복할 수 없다고 생각했고 쿠바 봉쇄와 미사일기지에 대한 정찰을 더욱 강화했다. 이러는 사이 미 정찰기 한 대가 쿠바 상공에서 격추되었고, 핵무기를 탑재한 것으로 믿어지는 소련 선박이 봉쇄망을 쳐놓은 미 해군 함정 코앞까지 다가왔다. 미 · 소 간의 무력 대결은 이제 피할 수 없을 것 같았다.

미국 정부의 강경론자들은 소련의 도발을 기다리지 말고 쿠바 미사일기지를 선제 공습할 것을 주장하기도 했다. 그러나 소련과의 전면전을 우려한 케네디 대통령은 이러한 건의를 묵살했고, 첫 번째 전문에서 제시한 조건만 미국이 수용하겠다고 밝혔다. 이러한 내용을 담은 케네디 대통령의 전문이 흐루시초프에게 전달되었다.

그리고 케네디는 두 번째 전문인 터키에 있는 미국 미사일기지 폐쇄 여부에 관해서는 수락도 거절도 하지 않았다. 그 대신 비공식 외교루트로 협상을 시도했다.

10월 28일 흐루시초프는 미국이 쿠바 침공을 하지 않겠다는 약속대로 해상 봉쇄를 해제하면, 미국 관리의 감시 아래 쿠바 미사일기지를 폐쇄하겠다고 선언했다. 그리고 그것은 바로 실현되었다. 그리고 미국은 앞으로 두 나라 사이의 관계 진전에 따라 터키에 있는 미국 미사일 기지를 철수하겠다는 의사를 비공식적으로 확약했다.

이렇게 해서 전 세계를 공포에 떨게 한 2주간의 핵전쟁 위기는 해소되었다. 냉전의 정점에서 양 진영 최고 정상들이 멋들어진 용단을 내림으로써 조국의 안보와 자존심을 굳건히 지키며 세계 인류를 핵전쟁의 위험에서 구하게 된 것이다.

위기가 해소되자 미·소 관계는 크게 개선되었다. 강경노선을 추구하지 않는 것이 서로에게 득이라고 판단한 것이다. 그리고 위기의 재발을 막기 위해 백악관과 크렘린을 잇는 직통전화 '핫라인'이 개설되었다.

여기서 시작된 대화 분위기가 결국 '데탕트'라고 하는 미·소간의 전면 화해를 가져오게 하였다. 그리고 프랑스와 중국이 양 강대국의 패권주의라고 비방을 하는데도 군축회담을 열어 핵확산방지조약을 체결하기에 이르렀다.

그 후 미국은 비공식적인 약속대로 터키에서 미사일기지를 철수했다. 그리고 약속의 상대방인 소련이 붕괴된 후에도 쿠바 정권을 붕괴시키지 않았다.

우리는 서방측에 속한 터라 위 두 정상 중에서 케네디 대통령의 영단에만 초점을 맞추어 높이 평가하지만, 흐루시초프의 영단 역시 같은 높이로 평가해야 할 것이다.

소련은 흐루시초프 시절에 가장 번창했다. 이 글 첫머리에서 밝혔듯이 인공위성도 미국보다 소련이 먼저 띄웠으며, 미국을 거의 따라 잡을 정도로 핵무기를 보유하는 등, 경제성장을 이루었다. 이런 점을 보면 공산주의도 장점이 있다는 생각을 하게 된다.

그런데 적성국가라 공개되지 않는 부분이 많아서 소련의 권력 구조와 그 교체에 대해 잘 알 수가 없다. 어찌된 이유인지 위와 같은 사태를 수습하고 나서 몇 년이 지난 후, 흐루시초프는 실각했다. 그가 실각한 후 소련은 계속 내리막길을 걷기 시작했으며 공산체제 수립 70여 년 만에 붕괴되고 말았다.

# 20세기 십자군전쟁, 월남전

요즈음 우리나라에서 소위 3D 직종에 종사하는 베트남 사람들과 이 따금 마주칠 때가 있다. 그럴 때면 40여 년 전에 있었던 월남전을 떠올리게 된다.

베트남의 역사적 전통은 한국과 비슷해서 때로는 비교가 되기도 한다. 베트남은 중국과 국경을 접한 한자 문화권에 속한 나라이고, 중국에게 때로는 조공을 바치기도 했고, 때로는 저항했으며, 오랜 역사를 유지해 온 점에서 우리와 닮은 점이 많다.

베트남도 19세기까지 왕조 국가였으나 서양 열강의 아시아 식민지 쟁탈전에서 프랑스의 식민지가 되었다. 인도에서 식민지전쟁에 패한 프랑스는 인도지나반도를 자국의 식민지로 삼기 위해 1847년 천주교 박해와 선교사 살해를 이유로 베트남을 무력 침공했다.

프랑스는 베트남의 여러 항구를 점령한 후, 일본이 우리에게 을사보호조약을 강요했듯이 1883년 군사력으로 우엔 왕조를 협박하여 베트남을 보호국으로 만들어버렸다. 그 후 프랑스는 캄보디아와 라오스까지 병합함으로써 인도지나반도의 절반 이상을 차지했다. 이때부터 백여 년에 걸친 민족해방투쟁의 역경이 시작되었다.

베트남은 주석, 텅스텐, 아연 등 많은 지하자원을 가지고 있는 동시에 노동력이 풍부해 담배, 술, 유리, 종이 등을 생산했다. 산업혁명으로 강성해진 열강에게 베트남은 산업발전에 필요한 원료를 공급하고 제품을 소비하는 식민지로서 적격이었다.

이러한 베트남은 제1, 2차 세계대전을 겪으면서 잠시 일본의 지배를 받은 적이 있지만, 연합국이 승리하자 프랑스는 식민지 베트남의 단 맛을 잊지 못해 바로 진주해 다시 지배하려 했다. 그러나 베트남 국민들은 끈질긴 게릴라식 투쟁 끝에 기존에 조직되어 있던 베트남독립동맹베트민을 발전시켜 베트남민주공화국을 선포하고, 탁월한 공산주의 지도자 호지명이 정부 수반이 되었다.

호지명이 지휘하는 베트남 군대는 끈질긴 게릴라식 무장투쟁으로 프랑스가 베트남에서 손을 떼지 않을 수 없게 하였다. 결국 프랑스는 1954년 7월 21일 제네바에서 베트남과 휴전협정을 맺었다. 그리고 전과 같이 북위 17도선 이북은 공산주의 국가 베트남 공화국이윌맹 그 이남은 바오 다이 왕조가 통치하기로 약조했다.

그러나 공산 게릴라들은 휴전 협정을 준수하지 않고 계속 17도선 남쪽지역에서 게릴라전을 전개했다. 그러자 프랑스를 대신해 미국이 베트남 전쟁에 개입하게 되었다. 인도지나반도 전체가 공산주의 세력화가 되는 것을 막기 위해 파병을 결정한 것이다.

이때 프랑스 드골 대통령은 미국의 케네디 대통령에게 충고를 했다. "이 지역에 한번 발을 들여놓으면 끝없는 미로에 빠질 것이다. 그곳 민중은 공산주의자를 민족 독립의 기수로 보게 될 것이다. 우리는 그것을 질리도록 경험했다. 아무리 돈과 사람을 쏟아부어도 당신네들은 밑도 끝도 없는 수렁 속으로 빠져 들어가 몸을 가눌 수 없게 될 것임이 분명하다."

　그러나 미국은 베트남 남부에서 활동하는 공산 게릴라는 북쪽에 있는 공산월맹이 지원을 해주기 때문이므로 공산월맹이 힘을 쓰지 못하게 하면, 베트남 남부에서 공산주의를 몰아낼 수 있다고 판단했다. 미국이 월남전에 적극적이었던 것은 중국 대륙이 공산화 된 마당에 인도지나반도마저 공산화되면 아시아 전역이 공산화 될 우려가 있으므로 이를 사전에 차단하기 위해서였다.

　미국은 프랑스가 물러나고 난 자리를 대신해 월남전에 개입하자마자 프랑스 괴뢰 정부인 바오 다이왕국을 폐지하고 응오딘지엠고 딘 디엠 대통령이 통치하는 월남공화국을 수립했다. 미국이 발탁한 응오딘지엠은 유권자보다 투표자가 많았던 부정선거를 통해 98% 지지를 얻어 대통령이 되었다.

　그는 남베트남을 철저한 반공국가로 만들기 위해 불철주야 노력했는데, 그것은 훗날 남베트남 정권의 멸망을 재촉하는 원인이 되었다. 그는 테러 조직을 만들어 정부, 군, 야당, 사회단체 각 분야에 침투시켜 사찰, 음모, 테러 등을 감행했다. 가톨릭교도로 구성된 테러조직은 특히 전통민족종교인 불교를 탄압해 악명을 드높였다. 응오딘지엠 정권은 치안유지법을 제정하여 반정부운동을 무차별 탄압했다.

　그리고 응오딘지엠 정부는 46만 헥타르 농지를 몰수했다. 프랑스로부터 25만 헥타르를 돌려받았는데, 농민에게는 25만 헥타르만 돌려주고 나머지는 특권 지주에게 분배해주었다. 그들은 게릴라지역을 점령하면 그들의 토지를 빼앗아 지주에게 돌려주는 뒤집힌 토지개혁을 감행해 농민들이 게릴라 편에 서게 만들었다. 이는 우리 이승만 초대 대통령이 농지개혁을 하여 지주의 토지를 소작인에게 분배해줌으로써 한국전쟁이 일어났을 때 우리 농민들이 공산주의에 동조하지 않는 것과 대조가 된다.

군 고위층은 예산을 착복하고 관리들은 탈세를 눈감아준 대가로 재산을 늘렸다. 가난하고 부패한 곳에서 구더기처럼 기승을 부리는 공산주의는 월남에서도 예외는 아니었다.

응오딘지엠 정권은 1958년도부터 농촌에서 일기 시작한 무장게릴라 활동을 분쇄하기 위해 9천여 곳에 '전략촌'을 건설해 농민을 강제로 집단 수용했다. 정든 집에서 끌려나와 포로수용소 같은 전략촌에 수용된 농민들은 더욱 더 정부를 혐오하게 되었다. 그 결과, 애써 만든 전략촌은 농민들과 공산게릴라들에 의해 대부분 파괴되었다.

이같은 응오딘지엠 정부의 무능과 부패, 횡포에 저항하는 무장투쟁이 확산되자, 북의 공산정권 월맹의 지원 아래 베트남 코뮤니스트라는 반정부 지하조직이 결성되어 지하 게릴라투쟁을 더욱 강화했다. 베트콩 세력이 확산되자, 응오딘지엠 정부의 공무원과 군대 내부에도 협력자가 생기게 되었다. 베트콩은 남베트남의 3분의 2정도까지 장악하게 되었으며 세금을 징수하는 등 실질적인 정부로 성장했다.

이런 상황이 지속되자, 1963년 11월 반민 장군이 쿠데타를 일으켜 응오딘지엠 정권을 축출했다. 그러나 반민 정권은 2개월 만에 또 다른 쿠데타로 무너졌다. 그 후 마지막 월남 정권 티우까지 구데타가 수차례 더 있었지만 한번 공산주의에게 돌아선 민심은 돌이킬 수가 없었다.

그러함에도 불구하고 미국은 베트남 주둔 병력을 계속 증강했다. 1959년에 2천 명이던 미군은 1962년에 8천, 64년에 3만으로 급증했다. 그리고 남베트남 정규군은 17만 명, 경찰은 9만 명으로 늘어났다.

미군은 1961년 10월부터 1년간 베트콩이 장악한 마을을 5천 번도 넘게 공습했다. 그러나 월남에서의 공산게릴라 세력은 억제되기보다 오히려 더 격화되었다. 그리고 북쪽의 공산월맹정권은 남북 베트남 경계선인 북위 17도선을 준수하지 않고 암암리에 지원군과 물자를 내려 보내 베트콩을 지원했다.

미국과 월남 정부는 베트콩을 지원하는 북쪽의 월맹을 공격하기로 결정하고 그 명분을 쌓기 위해 '통킹 만 사건'을 일으켰다. 1964년 통킹만에서 작전을 수행하던 미 구축함이 어뢰 공격을 받았는데, 미국은 월맹군에 의한 것이라고 주장하며 월맹에 선전포고를 한 것이다.

그리고 월맹의 하이퐁 항을 비롯하여 남 북 가리지 않고 공산 세력화되어 있는 곳이라고 판단되면 폭탄 세례를 퍼부었다. 열대 정글에서의 전투를 효과적으로 수행하기 위해 네이팜탄, 고엽제 같은 비인도적인 무기도 광범위하게 사용해 베트남 전역이 거의 초토화되었다. 그럴수록 베트남 주민들은 프랑스 식민지 시절의 피해의식과 공산주의자들의 선동에 의해 민족주의 의식 및 공산주의 사상이 강화되어 더 끈질기게 저항했다.

베트남에 상륙한 미군은 맨 처음 민병과 게릴라 등을 만나야 했다. 도시와 농촌 곳곳에서 민간인 속에 섞여있는 게릴라들의 간헐적인 테러에 시달리고 나면, 그 다음에는 소규모 지방군의 재빠른 기습 공격에 넌덜머리가 날만큼 시달려야 했다.

그리고 전쟁의 의미도 모른 채 바다를 건너온 병사들이 '빌어먹을 전쟁'이라고 투덜거릴 무렵 베트콩 정규군이 모습을 드러냈다. 밀림 속에서 정규군의 매복 공격에 걸려 심각하게 타격을 입은 미국 주력부대는 신속히 퇴각한다. 그런 후 포병과 항공기로 그 지역이 쑥대밭이 되도록 두들긴다. 그런데 보병이 다시 들어가 보면 베트콩이 있었던 자리는 껍데기만 남아 있고 병력은 보이지 않는 거다. 그래서 당황하고 있는 사이 재무장한 베트콩 군대가 후방의 포병부대와 전투사령부 기갑부대를 전격적으로 기습해 미군을 혼란스럽게 만들곤 했다.

베트남 인민들의 반미의식은 대단했다. 이들이 식수에 독극물을 탈까봐 미군은 필리핀에서 물을 공수하고, 음식 역시 공수되는 깡통 음식만 먹어야했다. 베트콩은 땅굴과 족창, 함정, 벌, 원숭이 등을 교묘하게 사용해 혼란에 빠뜨리는 원시적인 전술과 더불어, 소련으로부터 지원받은 사거리 10km가 넘는 로켓포와 모터보트를 동시에 사용했다.

그들은 정글 속에 소형 레이더와 대공 화기를 설치해 두고 미군 전투기의 접근을 감시했다. 그 결과, 최고로 숙련된 미군 조종사가 맨발의 민병대에 의해 격추 당하는 어처구니없는 일들이 벌어졌다. 미군은 1분에 2천 톤의 폭탄을 퍼부어 북 베트남을 폭격하고 3백억 달러의 전쟁 비용을 투입했지만 전세를 뒤집을 수 없었다.

이런 식으로 전쟁이 10년 넘게 진행되자 미국 국내에서는 반전 여론이 거세게 일기 시작했다. 1970년까지 4만여 명의 미국인이 베트남에서 목숨을 잃은 것이다. 반전운동의 본거지는 대학이었다. 그리고 격렬한 반전시위는 전국적으로 확산되었다.

그러던 중에 1968년 대통령 선거가 있었다. 월남전을 종식시키겠다고 공약을 한 닉슨이 대통령에 당선된 것이다. 닉슨 대통령은 취임하자마자 월남에 파병한 군대를 부분적으로 철군시키면서 종전의 절차를 밟았다. 미국 대표 키신저와 월맹 대표 레둑토가 휴전 합의에 관해 공동 발표를 했고 훗날 그들은 노벨평화상을 함께 수상했다.

휴전 중이던 1973년 1월 27일 프랑스 파리에서 월남, 월맹, 베트콩, 미국 4자 사이에 종전 협정이 체결되었다. 협정은 남과 북베트남 전역에 걸쳐 다음날 아침부터 효력을 갖는다고 했으며, 모든 미국 병력의 조속한 철수 및 베트남 내 미군기지 폐쇄, 전쟁포로 석방, 국제연합군의 휴전 감시 등을 규정했다. 그리고 다시 통일이 될 때까지 북위 17도선이 남 북 베트남간의 경계선임을 확정했다.

미국은 위 협정에 따라 군대를 철수했다. 그러나 월맹과 베트콩은 위 협정을 준수하지 않았으며, 미군이 철수한 후 월남에 대공세를 퍼부었다. 그리고 1975년 4월 30일 월남 정부로부터 항복을 받고 월맹과 베트콩 군은 월남의 수도인 사이공에 무혈입성했다. 그리고 1976년 7월 2일 총선거를 거쳐 하노이를 수도로 하는 통일 베트남 사회주의 공화국을 수립하게 되었다.

월맹의 승리는 1973년 휴전 협정 발표 때 이미 예고된 것이었다. 미군이 떠난 후 휴전협정을 베트콩이나 월맹이 지킬 것이라고 믿는 사람은 아무도 없었다. 미국이 그것을 알면서도 협정을 한 까닭은 발을 빼기 위한 명분을 쌓기 위해서였다.

10년 이상 끌어온 지루한 베트남 전쟁은 미국이 패배하고 공산 월맹이 승리하는 것으로 끝이 났다. 이로써 베트남은 1백여 년에 걸친 투쟁 끝에 독립과 통일을 동시에 쟁취했다.

독립전쟁 이후 미국은 성조기를 들고 나간 해외원정에서 한 번도 패한 적이 없었다. 그런데 수많은 인명과 물자를 투입했으면서도 무참히

패한 것이다. 자유우방의 맹주로서 그 위신이 말이 아니었다. 남의 나라에 그곳 주민들의 강력한 반대에도 불구하고 들어가 창피를 당한 것이다. 베트남을 관광하면 그곳 가이드가 베트남 전쟁 때 게릴라들이 파 놓은 참호를 구경시켜주며 자기네들이 그렇게 싸워 세계 최강의 미국을 이겼다고 자랑한다.

그러나 깊이 생각해 보면, 베트남이 과연 베트남전쟁에서 영광스러운 승전을 한 것인지, 미국은 또 거시적인 관점에서 패전국이 되어 나락에 떨어진 것인지 의문이 남는다.

베트남은 남북 합해 군인 115만 명이 사망했고 260만 명이 부상을 당했다. 민간인 사상자까지 합치면 그 숫자는 더 늘어날 것이다. 융단폭격에 의하여 국토는 황무지가 되었고, 산업시설은 모두 파괴되었으며, 미군이 사용한 화학무기와 고엽제로 말라죽은 숲과 그 독성으로 인해 태어난 기형아들은 두고두고 전쟁의 상흔으로 기억될 수밖에 없다.

팔다리가 잘린 부상자와 전쟁고아들은 지금까지 끔찍한 전쟁의 후유증에 시달리고 있다. 그들은 전쟁에서 승리를 하긴 했지만 전쟁배상금이나 피해복구비를 한 푼도 받아내지 못했다. 그야말로 '상처뿐인 영광'이었다. 이에 반해 미국은 월남전 때문에 막대한 피해를 입긴 했으나, 워낙 거대한 나라인 덕분에 그 피해를 단기간에 회복할 수 있었으며, 공산주의에 대한 기존 전략을 바꾸게 되었다.

1972년 2월 베트남 전쟁 중에 닉슨 대통령은 키신저 안보담당보좌관을 대동하고 북경을 방문했다. 중국의 유엔 가입과 양국 간의 비정치적 교류에 합의하기 위해서였다. 그리고 같은 해 5월 소련 측과 만나 전략무기제한협정에 서명하고, 양국 관계 개선과 핵 문제 통제에 관해 중대한 진전을 보았다.

소위 '데탕트'라는 동서화해시대가 시작된 것이다. 미국은 전략을 바꾸어 공산주의와 대결을 할 때 불리하다고 느껴지는 아시아보다 유럽에 치중하기로 결정했다. 그리고 곁가지가 아닌 공산주의 몸통과 협의하고, 무력보다는 홍보전이나 외교전으로 대응하기로 한 것이다.

그리하여 철의 장막이 서서히 거두어지자 공산주의의 실체가 들어나고 그 취약점이 노출되었다. 알고 보니, 공산주의국가는 그들이 외치는 대로 '노동자, 농민, 병사의 국가'가 아니었으며, 노동자와 농민이 탄압받는 국가였다. 그리고 계급 없는 평등 사회가 아니라 극에 달한 개인숭배, 공산당 간부라는 특권 계급이 군림하는 그런 사회였다.

공산주의 국가 중에 가장 선진적이라고 하는 소련이나 동구권에 사는 인민의 생활수준이 자유주의 국가 중 후진국에 속하는 국민들의 생활수준에도 미치지 못할 정도라는 것은 놀라운 일이었다.

알고 보니 공산주의 사상과 체제는 부패하고 가난한 곳에서만 기승을 부리는 구더기에 불과했다. 공산주의 국가의 그러한 약점이 노출되고 자유주의 국가와 비교가 되자 그 내부가 붕괴되기 시작했다.

1989년 동독이 국민 궐기로 붕괴되는 것을 시발로 동구 공산권은 모두 붕괴되었으며 1991년에는 공산주의 종주국인 소련마저 붕괴되었다. 중국 역시 공식적으로 공산주의를 포기하지는 않았지만 사유재산제를 전제로 한 시장경제를 도입하는 등, 경제 분야에서는 공산주의를 거의 포기한 셈이다.

베트남도 마찬가지다. 종전 후 50년이 채 되지 않았으므로 아직도 그 후유증이 남아있을 것이다. 그런데 그들은 민족의 자존심을 버리고 미국, 또 미국을 지원한 한국과 수교를 하게 되었으며 경제 지원을 요청했다. 지금 베트남에는 베트남전쟁 때 인민들이 저주하던 미국, 한국, 일본 등 반공국가들의 기업이 수없이 진출해 있으며, 수많은 베트남 사람들이 거기에 일자리를 얻기 위해 줄을 서고 있다. 이런 것을 보면 베트남전 때 그들이 흘린 피가 헛된 것이었구나 하는 생각도 들고, 한국전쟁 무렵 개죽음을 당한 지리산 빨치산들이 떠오르기도 한다.

베트남전 이후 미국과 베트남의 관계를 보면, 중세 십자군 전쟁이 연상된다. 중세 아랍지방에서 아랍인들은 2백 년 넘게 서방 십자군과 싸워 이를 몰아내었지만, 국력이 소진되어 오스만 튀르크의 지배를 받게 되고 그 오스만 튀르크 역시 신대륙을 개척하여 강성해진 서방 유럽에 패하자 아랍을 포기함으로써 아랍은 결국 그들이 몰아내었던 서방 그리스도교 세력의 지배를 받는 것과 궤를 같이 한다.

중세 십자군은 표면적인 명분은 성지탈환이었지만 속셈은 교황의 세속 군주에 대한 주도권 장악과 동방 교리의 흡수에 그 목적이 있었으므로 순수하지 못하다고 할 수 있다.

그러나 미국의 베트남전쟁 참전은 20세기의 구더기인 공산주의를 씻어내기 위한 것이었다. 혹자는 미국이 베트남전쟁에 개입한 것은 인도지나반도에 있는 지하자원이 탐이 났기 때문이라고 하지만, 제2차 세계대전 후 미국이 우방국에서 지하자원이나 노동력을 착취한 예가 있는지 묻고 싶다. 미국은 공산주의에 맞서 우방의 공산주의 침투를 막기 위해 경제 원조와 개발을 해주었을 뿐이다.

그 나라 국민들이 원하지 않는데도 불구하고, 남의 나라 문제에 개입하는 것은 온당한 처사가 아니라고도 한다. 그러나 어린아이가 불속으로 들어가는 것을 그대로 보고 있는 것이 옳은지, 막는 것이 옳은지 그 대답은 분명하다.

우리나라와 베트남을 비교해 보면 여러 가지 입지적인 면에서 우리가 불리한데도, 월등히 우리가 잘살게 된 까닭은 우리는 한국전쟁 때 미국을 받아들여 공산주의를 물리쳤고, 베트남은 미국을 배척하고 공산주의를 받아들였다는 것이 그 중요한 원인이 아니겠는가. 앞에서 말했다시피 우리나라에 와있는 베트남 사람들은 그들의 조국이 공산화되지 않았더라면 이역만리에 와서 고생할 일도 없었을 것이다.

우리는 한국전쟁 때 미국의 지원을 받아 공산주의를 물리친 것에 대한 보답으로 월남전에 참전을 하게 되었으며, 월남 특수로 경제성장에 큰 도움을 받게 된 것 또한 사실이다. 그것을 두고 반미주의자들은 강도를 도와주고 푼돈 얻어 쓴 것이 아니냐고 폄훼하는데 참으로 어리석은 생각이다. 우리가 베트남이나 북한 같이 되지 않고 이만큼 잘사는 것이 그렇게도 배가 아프냐고 되묻고 싶다.

# 공산주의 종주국 소련의 붕괴

20세기는 자본주의와 공산주의라는 두 이념의 경쟁시대라고 할 수 있다. 그 중 공산주의 사상은, 19세기 말과 20세기 초에 마르크스와 엥겔스에 의해 과학적으로 체계화되었다. 그들은 수천 년 인류 역사의 기본 구조인 자본주의를 지배 계급에 의한 피지배 계급의 착취 구조로 보고, 인간 평등에 반하는 계급사회라고 단정했다. 또한 자본주의는 필히 역사의 흐름에서 사라질 것이며 세상은 계급 없는 사회, 내 것과 네 것이 없는 공산주의 사회가 될 것이라고 주장했다.

이 사상은 급속히 확산되었다. 그리고 1917년 10월, 러시아에서 노동자와 농민의 정권 수립이라는 슬로건을 내건 혁명이 성공하자 공산주의 국가가 수립되기에 이르렀다.

그 후 미국을 비롯한 영국, 프랑스, 독일, 이탈리아 등은 공산주의혁명 사상이 국내에 침투하게 될까봐 전전긍긍하며 사전에 이를 막으려고 노력했다. 그러나 모든 면에서 미국보다 뒤떨어졌던 소련이 미국보다 앞서 인공위성을 띄우면서 세계를 놀라게 했고, 미국은 십년 가까이 국력을 소모했던 월남전에서 철수하게 되었다. 그리고 베트남 주변국인 라오스와 캄보디아의 프놈펜까지 공산정권이 수립되자 공산주의가 더 확산되지 않을까 하는 우려가 심각했다.

그런데 공산주의 국가들은 경제 위기를 맞게 되자, 이를 극복하지 못했다. 특히 종주국인 소련은 미국과의 군비 경쟁, 우주 경쟁, 위성국 지원 경쟁 등으로 힘겨워졌고, 끝내 경제가 파탄에 이르게 되었다.

마지막 집권자인 고르바초프 대통령은 개혁과 개방을 통해 자본주의의 일부 제도를 도입하면서 공산주의 기본 체제를 유지하려고 노력했다. 그러나 냉전시대의 상징인 베를린 장벽은 무너졌고 동독은 자본주의 국가인 서독에 완전 흡수 통일되고 말았다. 그리고 폴란드, 루마니아, 체코슬로바키아 등 동구 공산정권이 잇달아 붕괴되면서 소련 위성국에서 벗어나게 되자, 소련은 더 이상 버틸 수가 없게 되었다.

1991년 12월 8일 공산주의 종주국인 소련도 보리스 옐친 러시아 공화국 대통령과 우크라이나공화국 대통령, 벨 라루스옛 백러시아 최고회의의장 세 사람이 만나 독립국연합 창설을 선언하게 되었다. 백러시아 루크 강변에 있는 브레스트에서 비공개회담을 가진 이들은 소비에트 연방을 해체하고 그 대신 외교, 국방, 핵 통제권을 공동 관장하는 독립공화국 연합을 결성한다고 발표했다.

소비에트연방 대통령 고르바초프는 3개국만의 합의로 소련의 운명을 결정지을 수 없다며 저항했지만, 그 후 나머지 8개 공화국이 속속 독립국 연합에 가입함으로써 고르바초프 역시 승복하지 않을 수 없었다. 이로써 1917년 10월 혁명의 성공을 통해 노동자 농민의 국가임을 선언했던 공산주의 종주국 소련은 출범한지 74년 만에 역사의 저편으로 사라졌다. 그리고 지구상에서 이념경쟁은 끝이 났으며 그로 인한 세계대전의 공포도 사라지게 되었고 격동의 20세기는 실질적으로 그 종언을 고하게 되었다.

공산주의 종주국인 소련이 붕괴되자, 다른 동구 공산주의 국가들도 공산주의를 포기했다. 그리고 아직 공산주의를 포기하지 않는 국가들도 공산주의가 부정하는 사유재산제와 시장경제를 도입하면서 이전의 폐쇄적인 체제에서 개방체제로 전환을 하게 되었으니 공산주의는 명맥만 유지하게 된 셈이다. 20세기의 시작과 함께 부상했던 공산주의는 한 세기도 채우지 못한 채 실패한 이념으로 판명이 난 것이다.

공산주의의 근본 이론은, '인간은 모두 평등하다'는 휴머니즘에 바탕을 두고 있다. 그리고 지배 계급에 의한 피지배 계급의 착취는 죄악이므로 타파되어야 한다고 주장하고 있다.

그러나 공산주의 국가들은 소수 공산 계급의 1당 독재와 소련의 스탈린, 중국의 모택동, 북한의 김일성 부자, 루마니아의 차우세스크, 쿠바의 카스트로 등 종래의 왕조 체제에서도 보기 힘든 개인숭배를 강요해 왔다. 공산주의가 가장 지탄하는, 인간이 다른 인간을 지배하는 악의 제도로 공산주의가 인민을 통치하고 있다는 것은, 모순이 아닐 수 없다.

물론 여전히 공산주의에 대한 미련을 버리지 못하는 사람들이 있긴 하다. 그들은 공산주의가 성공하려면 전 세계적으로 확산되어야 하는데, 미국을 비롯한 제국주의 국가들의 거센 저항 때문에 실패하게 된 것이라고 항변한다. 그리고 여전히 공산주의가 인류의 이상임을 부인할 수 없다고 주장하고 있다.

이 주장은 공산주의자들이 외치는 '자본주의는 필연적으로 붕괴될 것이고, 자본주의가 먼저 발달한 나라일수록 먼저 붕괴될 것이다.'라는 유물사관에 정식으로 반하는 것이므로 그들 스스로 논리가 오류임을 시인하는 셈이다.

공산주의가 실패한 데는 두 가지 이유가 있다. 첫째는 인간은 자기 것을 소유하고 싶어 하는 본능이 있는데 공산주의가 이를 부인하고 있다는 점이다. 둘째는 인류사회의 지도 원리에는 자연 법칙과 같은 절대적인 진리가 없는데도 공산주의는 시대와 장소를 불문하고 공산주의 자체가 절대적인 진리라고 주장한다는 점이다.

인간은 본래 이기적인 동물이다. 인간은 다른 동물과 달리, 혼자 배부른 것으로 만족하지 않고 훗날을 위해 저장하고, 또 자기뿐만이 아니라 자식들을 위해 재산을 모은다. 국가나 사회도 자신의 생명과 복리를 위해 필요하기 때문에 이를 유지하는 것이라고 할 수 있다.

경제학자들이 지적했듯이 인간은 자신의 욕구를 충족시키기 위해 산다. 그리고 인간의 욕구 중에서 가장 기본적인 것 중의 하나가 사유재산을 가지는 것이다. 그러므로 사유재산을 부정하는 공산주의는 인간의 본능에 반하는 것으로, 이를 강요하면 저항을 받기 마련이다.

그리고 1+1=2라는 수학이나 물리, 화학 법칙은 절대적 진리이지만, 인류사회의 지도 원리에는 절대적인 진리가 있을 수 없다. 자유와 평등은 똑같이 추구되어야 하며 한쪽에 치우치면 균형이 깨어지고 만다. '인간은 모두 평등하다'는 숭고한 이상도 시대와 장소, 상황에 따라 추구하는 방법이 달라질 수 있다.

차별 없는 절대 평등한 사회는 있을 수 없다. 설령 있다하더라도 정체되어 발전이 없는 사회일 것이다. 사회 지도 이념은 각종 이상이 조화를 이루어야지, 어떤 한 가지 이상이 절대적이라고 그것만 추구하게 되면, 균형을 잃고 사회는 붕괴한다.

그런데 공산주의는 평등을 강조하며 인간 본능을 억압하고 사유재산제를 부정하므로 본능적으로 저항심을 불러일으키게 된다. 그리고 절대적 진리가 아닌 것을 절대적 진리라고 인민에게 주입시키기 위해서는 공산주의 사상 자체가 지탄하던 강압 통치를 하며 개인숭배 체제로 갈 수 밖에 없다. 그러다보니 결국 원래 지향하는 것과 정반대로 반인간적인 악의 체제로 붕괴될 수밖에 없게 된 것이다.

　지나고 보니 공산주의는 부패하고 빈곤한 곳에서 기승을 부리는 20세기의 구더기에 불과했다. 그러나 공산주의가 대두되며 그동안 간과되었던 분배의 중요성을 깊이 깨우치게 된 것만은 분명하다. 공산주의는 그 정도 범위에서 인류 역사에 기여한 것이라고 보는 것이 타당하지 않을까 싶다.

# 20세기를 회고하며 21세기를 기대한다

21세기가 된 지 벌써 18년이란 세월이 흘렀다. 20세기는 나의 부모와 내가 태어나고 살아온 격동의 세기였으며, 불안한 세기이기도 했다.

1억 명에 가까운 사상자를 낸 제1, 2차 세계대전이 있었고, 인류 역사가 시작될 때부터 절대적으로 유지해왔던 사유제산제를 부정하는 공산주의 사상이 대두되었고 확산되는 바람에 이념 대립이 첨예화했다. 이에 맞물려서 가공할만한 핵무기가 개발되어 핵무기로 말미암아 지구가 폭파되지 않을까 하는 공포의 세기이기도 했다.

한편, 인구는 기하급수적으로 느는데 식량은 산술급수적으로 늘어 인류가 기아에 허덕이게 될 것이라는 절망적인 이론이 세기 초에 급부상하여 인류를 우울하게 만들기도 했다. 전쟁과 기아로 질병과 범죄는 극성을 부렸고, 과연 인류 역사가 지탱될 수 있을까 하는 기우마저 없지 않았다.

그러나 20세기를 지나고 보니, 지난 세기는 인류 역사에 가장 중요한 역할을 한 세기였다. 인류의 4대 악인 전쟁, 빈곤, 질병, 범죄가 이 세기를 거치며 어느 정도 해소된 것 같기 때문이다.

가공할 핵무기는 전쟁의 공포를 가중시켰지만, 그 공포심으로 말미암아 전쟁을 억제시키는 역할도 톡톡히 한 셈이다. 제2차 세계대전이 끝나고 70년이란 세월이 흘렀지만, 세계대전은 일어나지 않았다. 핵무기 개발이 인류의 평화에 기여한 부분이 있다는 생각마저 든다.

한때 급속도로 확산되던 공산주의 세력도 모순이 드러나게 되자 스스로 붕괴되었다. 이념 대립이 없어지게 되니, 전쟁이 일어나도 세계대전으로 확전되지 않고 국지전으로 끝나게 되므로 전쟁의 공포에서 다소 벗어날 수 있게 되어 다행이다.

그런데 언제 일어날지 모르는 전쟁에서 살아남기 위해서는 성능 좋은 무기를 개발하는 것뿐만이 아니라 식량 등 군수물자도 많이 비축해야만 했다. 그리고 나날이 발전하는 과학과 혁신적인 농업 기술 덕분에 식량 생산이 몇 곱절 더 늘어나게 되자 인류는 기아의 공포로부터 점차 벗어나게 되었다. 인구는 기하급수적으로 느는데 식량은 산술급수적으로 늘어 많은 인류가 기아에 허덕일 것이라는 인구론은 한갓 기우에 불과했던 것이다.

20세기 과학의 발달은 식량뿐만이 아니라, 의식주에 필요한 온갖 다양한 제품을 개발하고 생산함으로써 수요를 충족시켜주게 되었다. 물질적 분야에서 20세기 한 세기동안 개발하고 발전시킨 제품들을 살펴보면, 지난 십 수세기동안 통틀어 개발하고 발전시킨 물량을 능가한다. 그리고 이러한 과학과 기술의 발달은 전기, 전자의 발명 덕분에 전 세계로 순식간에 확산이 가능해졌다.

역사교과서를 보면, 인류 역사는 그 도구의 재질에 따라 석기시대, 청동기시대, 철기시대로 변천되었다고 서술하고 있다. 이제 철기시대 이후 전기·전자의 시대로 전개되었다고 기록해야 할 것이다.

이처럼 전기·전자의 시대가 옴으로써 인류의 물질적인 삶은 놀라운 발전을 하게 되었다. 나아가 삶의 질을 향상시키는데 집중해야 할 것이라고 생각한다.

20세기에 인류는 질병의 공포에서도 해방되었다. 새로운 약품을 개발하고 발전된 의료기술을 통해, 예전에 불치의 병이라고 부르던 질병도 완치할 수 있게 된 것이다. 물질이 풍부하다 보니 환경이 개선되고 위생관념도 나아졌으며 체력도 강해져서 발병의 위험이 훨씬 줄어들게 되었다. 평균 수명 100세를 바라보게 될 날이 머지않았으며 노령화가 우려될 정도이다.

마지막으로 20세기는 인류를 범죄의 공포에서 해방시켜주었다. 전쟁, 빈곤, 질병이 감소하다 보니 범죄도 저절로 줄어들게 되었다. 가난을 견디지 못해 저지르거나 병을 고치기 위한 범죄, 흉악하고 끔찍한 범죄도 점차 더 감소될 것이다. 그리고 많은 인원이 죽는 천재지변이나 대형 안전사고도 사전에 예방할 수 있는 시설과 장비를 갖추게 되면서 그 피해가 확실히 줄었다.

이처럼 20세기는 인류 역사에서 가장 뚜렷한 족적을 남긴 격동의 세기였다. 그러면 다가오는 21세기는 어떤 모습일까.

지난 세기는 분열과 경쟁의 시대였지만 이제 통합과 협동의 시대가 전개될 것 같다. 18세기부터 부각되기 시작한 민족주의, 국가주의는 인접한 국가 사이에 국경을 긋고 서로 대립하고 반목하고 경쟁하게 했다. 그런 까닭에 경쟁에서 살아남기 위해 국력을 신장시키고 전쟁도 불사했다. 민족 간의 사소한 분쟁이 세계대전으로 확대되었던 것이 바로 지난 세기에 있었던 제1, 2차 세계대전이었다.

그러나 21세기는 달라지고 있다. 유럽은 EU라는 공동체를 구성해

체제를 강화하고 있으며 통화도 EUR로 통일해 사용하게 되었다. 그리고 사람들은 국경을 의식하지 않고 넘나들며 자유롭게 지내고 있다.

캐나다는 오래 전부터 미국 프로야구와 농구 리그에 소속되어 경기를 하고 있다. 국가나 국경에 대해 열린 시각을 갖고 있지 않다면 있을 수 없는 일이다.

아시아 역시 인접 국가들이 모여 공통의 목표를 위한 통합을 어떻게 실현하는 것이 좋을지 부지런히 소통하고 있다. 실례로 1967년에 만들어진 동남아시아 국가연합ASEAN과 한국은 한-아세안이란 기구를 통해 다양한 방면에서 협력을 강화하고 있으며, 한·중·일을 포함한 아세안 공동기구를 구성하기 위해 암중모색 중인 것으로 안다.

나아가 중동, 아프리카, 남아메리카도 지리적으로 가까운 이웃나라와 평화롭게 지내기 위해 대화의 물꼬를 트고 있으니, 세기말이 되면 여권이나 비자 없이 세계일주 여행을 할 수 있지 않을까 기대해본다.

국경의 의미가 약해지면 분열보다 통합이 촉진되고, 대립과 경쟁보다 서로의 협력이 절실히 요구될 것이다. 이웃과 협력 없이는 거래나 치안이 유지될 수 없으니 국가는 인접 국가와 여러 분야에서 협력하지 않을 수 없다.

미국의 미래학자 사무엘 헌팅은 이념 대립이 끝난 대신 동서양 문명의 대결 및 종교의 갈등이 올 것이라고 예측했다. 그의 말대로 21세기가 시작되자마자 아랍계 알카에다 게릴라가 뉴욕무역센터를 폭파했다.

그러나 그와 같은 생각은 대립의 역사에 함몰되어 의식을 뛰어넘지 못한 탓이다. 물론, 세계가 통합과 협력의 체제 아래 자리를 잡을 때까지 종교나 문명의 갈등으로 사건은 간헐적으로 일어나겠지만, 발생 도수와 강도는 점점 줄어들어 결국 해소될 것이라고 본다.

팔레스타인 출신 미국 문명비평가 에드워드 사이드는 문명의 갈등도 결국 무지의 충돌일 뿐이라고 했다. 서로 다른 문명을 이해하지 못하거나, 이해하지 않으려고 하는데서 갈등이 빚어진다는 것이다. 그의 말대로라면, 서로 다른 문명의 세계 속에 있다하더라도 교통과 통신의 발달로 배타적일 수 없게 되었으므로 앞으로는 문명의 갈등 또한 사라지지 않을까 싶다.

동서양 문명의 갈등이라고들 하지만 동양이나 서양에서 그 문명이란 것이 선을 긋고 존재하는 것은 아니다. 그러므로 동양에 유입되어 있는 서양문명과 서양에 유입되어 있는 동양문명이 때로는 융합되는 상황으로 전개될 것이라고 생각한다.

종교도 특정 지역에서만 신봉하는 것이 아니라 전 세계로 전파되어 내가 믿는 종교가 존중받으려면, 내가 타인의 종교를 먼저 존중해야 한다. 그렇게 하면 지난 세기처럼 타인의 종교를 무시해서 벌이는 배타적인 행동 또한 사라질 것이다.

특히 종교의 갈등으로 가장 심각한 분쟁을 야기한 이스라엘과 이웃 아랍국가 간의 갈등도 다소 시간은 걸리겠지만, 세기의 중반쯤에는 서로 이해하고 협력하는 단계로 발전할 것이라고 생각한다. 그리하여 21세기 중반을 넘어설 무렵에는 전 세계가 통합과 협력의 시대로 발전해 갈등과 분쟁의 고통은 겪지 않아도 될 것이다.

21세기에는 민주주의 정치체제가 인류의 보편적 정치체제로 자리 잡게 될 것으로 보인다. 민주주의 정치체제는 통치자와 피통치자의 동일성이 보장되는, 피통치자의 선출에 의해 통치자가 정해진다. 국민의 선출에 의해 정권이 교체되므로 통치자의 뜻대로 장기 집권을 할 수 없으며 사법권이 입법권이나 행정권으로부터 독립되어 있다. 서구에서 발달한 이 정치체제는 아시아의 한국, 일본을 넘어 남아메리카, 중동, 아프리카까지 점진적으로 확산되어 가고 있는 추세다.

과거에 공산독재를 한 국가에서도 민주주의 정치제도가 한 부분씩 도입되어 중국이나 러시아에서도 형식상으로는 한 사람이 전제적이고 장기적인 집권을 하지 않고 있다.

다만 서구에서는 정권을 다투는 복수정당제도가 확립되어 있지만, 중국이나 중동 같은 곳에서는 그들의 전통적인 종교나 문화와 맞지 않아 쉽게 도입되기 어려울 것으로 보인다. 그런데 복수정당제도가 민주주의 정치체제의 필수적인 요소는 아니며, 또 복수정당제도가 장점만 있는 것도 아니다. 국가의 이익보다 정당의 정권 쟁취를 우선으로 여기게 되므로, 정국이 당파싸움으로 혼란스러워질 우려가 있다. 이런 단점은 서구보다 동양 및 중동에서 더 적나라하게 나타나므로 복수정당제 도입을 주저하게 되는 것이다.

그러나 복수정당제가 채택되지 않았다고 해서 민주적 정치체제를 갖추지 않았다고 볼 수는 없다. 치자와 피치자가 동일성이 있고 정권 교체와 권력분립이 보장된다면 민주적 정치체제라 할 수 있다.

세계 거의 모든 국가가 민주적 정치체제를 채택하게 되면, 민주주의를 하지 않는 나라는 국가 간 조약으로 고립시켜 민주주의를 도입하도록 해야 할 것이다. 그리고 국민의 합법적인 선출에 의해 수립된 정부를 쿠데타 등으로 전복시키면, 그 쿠데타 정부를 국제적으로 고립시키고 국가 간에 연합해서 무력으로 응징해 결코 쿠데타가 성공할 수 없도록 해야 한다.

21세기는 모든 사람의 가치관이 바뀌어 돈보다는 명예를 더 소중히 여기고 이기심보다 공동체의식이 더 고취되는 사회가 될 것이다. 그리고 급속한 과학문명의 발달로 생활은 편리해지고 물자는 풍부해져 일부 나라를 제외하고는 빈곤 문제로부터 자유로워질 것이다.

또한 전쟁의 공포가 사라지고 정권이 안정되면 엄청난 액수의 국방비와 정권 안보비가 절약될 것이라고 본다. 그렇게 되면 어느 나라 정부든 국민의 복지와 환경개선에 더 많은 예산을 책정하게 될 것이다.

이제까지 물자가 부족할 때 물질적 욕구는 강해졌고 배금주의에 물들게 되었으며, 배금주의는 이기주의로 발전했고, 윤리와 도덕을 경시하게 되자 공동체의식이 약해지게 된 것이다. 이처럼 승자의 논리에 따라 '힘이 정의'라는 말을 공공연히 떠들 수 있었던 20세기는 정의가 없는 사회였으며, 승자만 살아남은 참으로 각박한 세기였다.

그러나 물질적 욕구가 충족되는 21세기는 돈보다는 명예를, 자신의 안위보다는 가족과 사회 그리고 국가를 더 중요시 하는 공동체의식이 뿌리를 내리게 될 것이다. 그리고 잃었던 인간성을 되찾아, 남이 슬퍼할 때 함께 슬퍼하고 남이 기뻐할 때 함께 기뻐하는 인정이 넘치는 사회가 될 것이라고 본다.

그리하여 '20세기는 도덕과 윤리가 중시되는 정의로운 세기가 될 것'이라는 한 낙관주의자의 꿈이 현실적으로 실현되는 인류 역사상 가장 빛나는 세기가 될 것이다.

# 4부 성찰해 보는 우리의 역사

# 들어가기 전에

.
.
.
.

한민족은 수천 년의 역사를 갖고 있다. 우리 역사가 굴욕으로 점철되었다고 하지만, 이처럼 긴 역사를 가진 국가가 어디 있는가. 한때 영광을 누린 민족은 많았지만 거의 다 명멸하고 말았다. 우리는 슬기롭고 끈질긴 근성을 지닌 민족이므로 중대한 국면에 처하였을 때 지나온 역사를 회고하며 나아갈 방향을 잘 선택해야 할 것이다. 이런 관점에서, 4부 말미에 우리 현대사에 결정적인 역할을 한 이승만, 박정희 두 대통령에 대한 필자의 생각을 담아보았다. 두 대통령이 합쳐서 30년 동안 통치한 대한민국은 세상이 놀랄만큼 괄목할 만한 성장을 해왔지만, 김일성 일가가 3대 세습으로 70년 동안 통치한 북한은 실패한 나라라는 것은 누구도 부인하지 못할 것이다. 그럼에도 불구하고 두 대통령의 업적을 높이 평가하는 것을 두고, 반공일변도 교육에 의해 잘못 세뇌되어 역사가 오도되었다고 하는 정반대 견해가 있다. 두 대통령에 대한 긍정적인 평가가 잘못된 것인지, 그 반대 견해가 역사를 왜곡하는 것인지 한번 따져 보는 것도 오늘날 우리의 처지를 이해하는데 도움이 될 것이다.

# 신라 삼국통일의 역사적 평가

북한 사학계는 우리나라와는 달리, 신라가 삼국통일을 한 것을 최초로 이루어진 우리 민족의 통일로 보지 않는다. 그것은 국토의 일부만 통일한 것이고, 이민족인 중국 당나라 세력을 끌어들여 한 것이라며 평가절하하고 있는 것이다.

이는 민족주의 사학자 단재 신채호 선생의 사관을 잇는 것이고 우리나라에도 이에 동조하는 사학자들이 있다. 단재 신채호 선생에 의하면, '신라의 통일은 고구려의 영토인 요동과 만주를 포기하고 한반도도 겨우 대동강 이남만 통일한 것이어서 통일이 아니고 국토 상실이며, 반쪽짜리 통일을 가지고 통일이라고 한다면 동명성왕도 역시 통일을 하였고, 온조, 혁거세도 통일을 하였다고 할 것이니 어찌 신라가 처음으로 통일을 하였다고 할 수 있겠는가. 다른 종족을 불러들여 동족을 멸망시키는 것은 도적을 끌어들여 형제를 죽이는 것과 다를 바가 없다. 이는 매우 분명한 이치여서 삼척동자도 알 수 있는 이치이거늘 애석하구나. 우리나라 역사가들이여, 이런 이치를 아는 자가 매우 적구나.'라고 했다.

그리고 신라의 통일을 주도한 김춘추와 김유신을 잔악하고 교활한 자라고 극도로 비난하였다.

'신라의 모든 왕들은 항상 외국의 도움을 이용해 고구려와 백제를 멸하고자 마음먹었지만 차마 그렇게는 하지 못하였다. 이들은 오히려 모살미수에 속하지만 그래도 그 죄는 한 등급 감해 줄 수 있다. 그러나 태종무열왕 김춘추에 이르러서는 그가 그의 심복 김유신과 짜고 이 일을 위해 온 마음과 온 힘을 다 쏟았고 온갖 수완을 다 사용하였으며 끝내 이 일을 성취한 후에 득의양양해 마지않았던 것이다.

혈기가 반 푼이라도 남아 있는 자라면 그에게 침을 뱉으며 욕을 해줄 수도 있고 그들을 배척하거나 징벌할 수도 있거늘, 지금 본말을 따져보지도 않고 말하기를 동국 통일의 서막을 연 영웅들이라고 하니 그가 동국뿐 아니라 중국도 통일하고, 일본도 통일하고 기타 동서 여러 나라들을 하나도 남김없이 다 통일하였을지라도 그 공으로 죄를 덮지 못할 터인데 하물며 이 동국도 반쪽만 가지고 통일한 것으로 그 죄를 덮을 수 있겠는가.'라고 한 것이다.

그러나 나는 신라의 삼국통일을 두고 단재 선생과 북한 사학계의 역사적 평가에 동의하지 않고, 그 정반대의 견해를 가지고 있다. 물론 만주와 요동을 그 영토로 삼는 동북아시아의 강대국인 고구려가 삼국통일을 하였더라면 우리나라가 조그만 한반도만 관할하는 약소국이 되지 아니하고 동북아시아 전체를 관할하는 강대국으로 부상해 아시아는 물론 세계사에서도 뚜렷한 존재가 되었을 터인데 그렇게 되지 못한데 대한 아쉬움은 말할 수 없다.

그러나 이는 오늘날 우리가 결과만 두고 하는 말이다. 삼국통일을 할 당시 신라는 고구려와 백제의 위협으로 국가의 존망이 위태로웠다. 그 위협을 끊임없이 물리치고 나라를 지켜야 되는 입장에서 보면 백제와 고구려를 없애는 것이 최선의 길이었을 것이다.

민족주의 입장에서 강대국인 고구려가 삼국통일을 하는 것이 옳고, 고구려에 항복해 나라를 갖다 바치는 것이 옳다면, 처음부터 나라를 세우지 말아야 한다. 이는 구한말 일본이 강대국으로 부상하고 있으니 아시아의 번영을 위해 같은 동양 사람인 일본에게 나라를 바쳐야 한다는 친일파의 주장과 맥을 같이 하는 것이다.

조국이 위기에 처하였을 때 목숨을 걸고 수완과 방법을 강구해 이를 지키는 것이 동서고금을 통해 국가 지도자가 해야 할 당연한 도리이다. 외국의 지원을 받았다고 이를 비난하는 것은 어느 역사에서도 본 적이 없다. 자기 민족을 멸망시키기 위해 외세를 끌어들였다고 하지만, 신라가 삼국통일을 하기 전에 한반도 주위에 사는 모든 사람이 같은 민족이라는 의식이 과연 있었겠는가 하는 생각도 든다.

당시 중국 입장에서는 자신의 동북방 쪽에 있는 민족을 통틀어 동이족이라 하였겠지만, 당시 한반도 및 요동과 만주에는 몽고족의 퉁구스 계통인 한족, 예족, 맥족, 말갈족 심지어 한반도 남단에 왜족도 살고 있었다. 광의로 보면 한 핏줄이지만, 세분하면 다른 민족이었고 풍습과 언어도 달랐다. 삼국이 같은 언어를 사용했는지도 의심스럽다.

이처럼 한반도에는 여러 민족이 혼재해 살고 있었는데 신라가 삼국을 통일함으로써 말갈족은 만주 쪽으로 갔고 왜족은 일본 열도로 갔으며 한족, 예족, 맥족이 섞여 살면서 오늘날 우리 민족이 형성되었다.

따라서 신라가 삼국통일을 하기 전에는 한반도에 사는 사람들이 같은 민족이라는 의식이 없었다. 그러므로 이민족의 세력을 끌어들여 같은 민족을 멸망시켰다는 것은 당시 상황을 모르는 근거 없는 말이다.

고구려가 그렇게 강대국이었다면 왜 남쪽 구석에 있는 신라와 백제,

가야를 병합하지 못하였는가. 고구려의 최대 전성기인 광개토대왕과 장수왕 양 대에 걸쳐 북방의 넓은 영토를 편입시키고 남쪽의 백제와 가야, 그리고 왜의 연합군을 격퇴하고서도 그 나라들을 병합하지 못한 이유가 무엇이었을까. 같은 민족이기 때문에 동정심에서 그 명맥을 유지시켜 주었다는 것인가. 분명히 그렇지 않다고 생각한다. 그리고 그 이유는, 정벌은 했지만 병합하여 통치할 정도의 국력이 되지 못하였기 때문이라고 본다.

이에 비해 신라는 부족연맹체제에서 비로소 국가체제를 갖춘 신생국가이면서도 삼국을 통일하기 이전에 이미 인접한 낙동강 유역에 있는 여러 가야 부족국가를 병합해 효율적으로 통치를 하고 있었다. 가야 세력은 어떠한 저항도 하지 않았다. 오히려 그들은 신라의 삼국통일을 적극 지지한 것으로 보인다. 그것은 가야왕족의 후손인 김유신 장군이 삼국통일의 가장 큰 공로자인 점에 비추어 보아도 명백하다.

신라가 삼국통일을 하기 이전에 고구려와 백제는 낡은 폐습에 젖어 있었다. 그리고 지배계급과 피지배계급 사이에 갈등이 있었으며, 지배계급 내부에서도 많은 갈등이 있었다.

그러나 신라는 이러한 갈등 없이 여러 부족국가가 모여 국가를 건설했다. 그들은 오직 나라를 지키겠다는 굳은 의지로 단결되어 있었다. 그와 같은 단결은 지도층이 솔선수범함으로써 이루어진 것이었다. 화랑 관창은 말할 것도 없고 삼국통일을 주도한 김춘추와 김유신을 포함하여 많은 지도자들이 자녀들을 전쟁에 내보냈다. 그리고 그들은 선봉에서 싸우다가 전사했다.

작고, 후진국이던 신라가 훨씬 선진국이며 대국이었던 고구려와 백제를 물리치고 통일을 이뤄내어 민족사에서 주체세력으로 계승된 것은, 국력을 효과적으로 결집할 수 있었기에 가능했다. 이는 남북분단과 사회적 갈등이 여전하고, 한편으로는 새로운 삶의 방식을 모색하는 일이 절실한 이 때 우리가 짚어보아야 할 부분이다.

신라가 어쩔 수 없이 당나라라는 외세를 끌어들여 통일하긴 했지만, 통일을 함으로써 우리가 이민족인 당과 달리 그동안 여러 부족들로 분열되었던 같은 민족이라는 의식을 갖게 되었다. 그러한 민족의식으로 신라, 고구려, 백제는 어디 출신인지 따지지 않고 당의 세력을 몰아내는데 단합했다. 신라가 삼국통일을 하지 않았다면, 민족의식이 생기지도 않았을 것이다.

신라가 삼국통일을 하지 않았더라면 고구려나 백제가 과연 통일을 이루었겠는가. 이루었다 하더라도 어느 세월에 이뤘겠는가. 물론 신라가 삼국통일을 한 후 안주하지 않고 만주와 요동을 차지하려고 했더라면 임자가 없던 그 땅을 취할 수도 있었을 것이다. 그런데 신생약소 국가가 삼국통일을 한 것만 해도 힘이 벅찼는지, 아니면 오랜 전쟁 끝이라 지쳐서 그랬는지 대동강 이남만으로 영토를 삼은 것은 아쉽기 그지없는 일이다.

여하 간에 신라의 삼국통일은 우리 조상들이 훗날 민족정신과 민족문화가 형성될 수 있도록 실질적인 윤곽을 잡아주는 계기를 마련해주었다는 점에서 의미가 있는 큰 업적이었다. 이를 주도한 태종무열왕 김춘추와 김유신 장군은 위대한 민족 지도자임에 틀림없다.

# 고려 광종의 과거제 도입

일본은 문보다 무를 특별히 존중했지만, 문치文治를 해온 한국과 중국은 인재를 양성하기 위해 서양에는 없는 과거제를 계속 시행해왔다. 과거제 실시 이후 한국과 중국에서는 역사상 유명한 인물 중에 과거 출신이 아닌 자를 찾아보기 힘들 정도이다.

과거제의 특징은, 최고통치권자인 왕의 측근도 아니고 특권 귀족세력과도 전혀 관련이 없는 사람이 시험에 응시해 합격할 수 있다는 점이다. 그리고 무과를 제외한 문과 과거시험은, 학과 성적만으로 합격과 불합격을 결정했다. '과거'라고 하면 문과 이외에도 무과와 잡과가 있었지만, 문과가 주류였으므로 대개 문과 과거를 지칭하는 것으로 받아들였다.

과거제의 첫 번째 특징은, 특권계층에서만 고관을 양성하지 않고 소외되어 있는 엘리트들을 발굴한다는 점이었다. 소외되어 있는 엘리트들이 등용될 기회가 없으면 결국 불만 세력을 규합 선동하기 쉬운데, 과거제는 이를 사전에 차단하는 효과도 있었다.

당나라 말기에 '황소의 난'을 일으킨 황소나 청나라 말기 '태평천국의 난'을 일으킨 홍수전 등, 반란의 주모자들을 살펴보면 과거에 여러 번 도전했다가 실패한 사람들이었다는 사실은 시사하는 바가 크다.

두 번째 특징은, 공부 실력만 가지고 합격 여부와 순위를 결정한다는 점이다. 물론 사람의 능력이란 공부만 잘하는 것이 다가 아니다. 정서적인 면도 중요하고 대인관계나 결단성 등도 중요하다. 그런데 공부 성적만 가지고 합격 여부를 결정하면, 골방에 앉아 책이나 읽은 꽁생원들만 합격하는 폐단이 있을 수도 있다.

그러나 공부 성적 외에 다른 것은 단시간에 평가하기가 힘들다. 그리고 평가를 한다 해도 주관과 정실이 개입하기 쉬워서 객관성과 공정성을 인정받기 어렵다. 인재라고 선택된 사람이 선택 과정에서 객관성과 공정성이 의심되면 엘리트로 인정받기 어렵고, 나아가 그 양성에도 많은 어려움이 있다.

공부 실력이 능력의 전부가 아니더라도 공부 실력만은 객관적으로 평가할 수 있다. 또 시험이 어려우면 두뇌가 탁월한 사람이 합격하게 될 것이고, 혈기왕성한 젊은이가 모든 욕망을 참고 수양하듯이 수년간 공부했다면 자제력도 갖추고 있을 터이므로 그 자질은 충분하니, 나머지는 양성만 하면 될 것이라고 보았다. 사람의 능력이란 태어날 때 타고나는 것이 아니라 양성되어지는 것이기 때문이다.

이러한 과거제도를 중국에서는 서기 587년 수나라 문제 제위 7년째부터 시행했다. 그때까지는 후한 말기부터 시행해 오던 구품관인법에 따라, 중정이라는 관리가 주로 지방문벌 중에서 미리 사람들을 추천해놓고 그 중에서 등용했다.

수나라 문제는 전국 190주에서 세 사람씩 약 6백 명을 뽑아 시험을 치렀다. 이때부터 중국은 수험지옥이 되었다. 과거라는 관리등용 시험의 공과에 관해 여러 가지 엇갈린 견해가 있지만 수 문제가 이 제도를 실시한 것은 시의적절했다고 생각한다.

천하를 통일했다 해도 수나라는 선비 계통인 북주를 계승한 터라, 정부 관리도 대부분 북주에서 물려받은 사람들이었다. 그런데 지방 정권이 전국 정권이 되었으니 정부 관리를 전국에서 모집하는 것은 당연한 일이었다.

학문을 기준으로 삼는다면 문인 묵객을 많이 배출한 강남지방의 한족이 유리했다. 또한 수나라의 전신인 북주 서위와 대립하다가 남조에 한걸음 먼저 흡수된 북조의 산동지방 역시 학문이 왕성한 곳이었다. 산동은 남조의 영향력이 쉽게 미치는 곳이었는데, 과거 제도의 시행으로 말미암아 앞날에 희망을 품게 되었을 것이다.

수 문제는 과거제도를 실시함으로써 한족을 비롯한 전 중국의 민심을 달래어 명실상부한 천하 통일을 꿈꾸게 되었다. 이렇게 시작한 과거 제도는 왕조가 바뀌어도 계승되었으며 응시 자격의 범위도 넓어져 초야에 묻혀있는 인재를 널리 발굴할 수 있었다.

중국에서는 과거시험에서 문제를 출제하거나 채점을 할 때 정실이나 부정이 적발되면 관여한 자는 역적에 준하여 처벌했다. 왕조가 오래되고 부패해도 과거만은 엄격성과 공정성을 잃지 않았다. 이리하여 어느 왕조든지 과거 합격자에게 긍지를 심어주고 사기를 북돋워주어 그들이 성장할 수 있도록 배려했다. 그래서 과거를 '등용문登龍門'이라 일컫게 된 것이다.

중국에서 시작된 과거제도를 우리나라는 고려 4대 임금인 광종 때 처음 도입했다. 과거제 도입은 엄청난 계획으로 크게 찬탄 받을 일이었다. 그러나 과거제 도입이 역사 안에서 수립된 수많은 개혁정책 중에 제대로 평가받지 못하고 있어 안타깝다.

어떤 조직이든지 우두머리가 인사권을 제대로 행사하지 못하면 통솔권이 유명무실해진다. 그래서 광종은 인사권을 마음대로 휘두르지 않고, 객관적인 기준에 따라 행사해야겠다고 마음먹은 것이다. 정실을 배제하고 측근이나 특권계층에서 인재를 뽑지 않고, 초야에 묻혀 있는 인재를 뽑아 양성하겠다는 것은 엄청난 결단이었다.

고려 광종이 과거제를 실시한 것은 중국 5대10국 시대 때 후주에서 귀화한 쌍기의 건의에 의해서였다. 쌍기는 후주 태조 치하에서 과거시험을 주관하는 시대리 평사라는 벼슬을 했으므로 과거에 대한 지식이 풍부했다. 특히 후주는 건국한지 얼마 되지 않아 고려가 처해 있는 상황과 비슷한 면이 많았다.

후주의 태조는 기득권 세력을 약화시키기 위해 당나라 제도를 모범으로 삼아 과거제를 비롯한 일련의 개혁정책을 실시해 왕권을 강화시켰다. 바로 그때 쌍기가 과거에 관한 실무를 맡았던 것이다.

광종은 후주의 개혁 소식을 듣고 있었으므로 고려가 후주를 모범으로 계획을 추진해야 한다는 생각을 가지고 있었다. 하지만 고려에는 개혁을 추진할 만한 인물이 없었다. 그 무렵 고려가 후주의 연호를 사용하겠다고 하자, 후주 측은 고려 광종을 고려 국왕에 봉하는 책봉사를 보내왔다. 책봉사는 장작감 설문우였고 쌍기는 그 수행원이었다. 쌍기가 수행원이 된 것은, 고려에 귀화한 중국 사람인 대상 왕릉에게 광종이 정보를 얻어 사전에 조율을 했기 때문이었다.

고려에 당도한 쌍기는 병을 핑계로 사신 일행과 함께 귀국하지 않고 광종과 대면했다. 쌍기를 만난 광종은 그의 개혁적인 성향과 뛰어난 식견에 감탄해 후주의 세종에게 국서를 보내 쌍기를 고려의 신하로 삼을 수 있도록 해달라고 요청했다.

이런 과정을 거쳐 후주 사람 쌍기가 귀화해 조정에 등용하게 되자 고려의 개혁 작업은 박차를 가하게 되었다. 쌍기는 등용이 될 때 전격적으로 원보의 관직에 올랐다. 이 때문에 호족들의 반발이 심했지만 광종은 개의치 않았다. 광종은 오히려 그를 다시 한림학사로 승격시켜 학문과 관련된 업무를 관장하게 했다.

광종 9년958년 과거를 주관하는 지공거로 쌍기를 임명하고 시詩 부賦 송頌 책策으로 진사 갑과에 2명, 명경과에 3명, 복업과에 2명을 선발했다. 이것이 우리 역사상 최초로 실시한 과거시험이었다. 과거를 처음 실시하고 2년 후, 시 부 송만으로 시험을 치렀고, 3년 후에는 시무책時務策을 포함시켜 시행했다. 시무책은 나라를 다스리는 방법론에 대해 기술하는 논술시험이었다. 시무책을 시험과목으로 채택한 것을 보면, 개혁에 걸맞은 인사를 광종이 얼마나 간절히 원했는지 알 수 있다.

광종이 과거제를 실시하자 전국에 학교가 세워지고 학풍이 일어나 문치적 관료체제가 갖추어졌다. 그리고 유학을 공부하는 분위기가 조성되었으며 충과 효를 최고의 행동 윤리로 삼는 가치체계가 형성되었다. 광종이 과거제도를 도입한 주된 동기는, 중국 수나라 문제가 기득권 세력을 견제하려고 했듯이 각 지방 호족 출신들로 구성된 귀족 세력을 억제하기 위해서였다.

고려 태조 왕건이 민족을 재통일하여 나라를 건국했지만 처음에는 호족 연맹체적인 성격이 농후했다. 왕건은 각 지방 호족들의 딸과 혼인하는 등, 그들의 세력을 인정하지 않을 수 없었다. 그리고 그 출신들이 벼슬을 독차지하게 되자 왕권이 약화될 수밖에 없었다. 그래서 광종은 과거제를 실시해 귀족 세력을 억제하는 동시에 널리 인재를 발굴하고자 한 것이다.

처음 실시할 때는 기득권 세력을 무시할 수가 없었으므로 각 지방에서 추천하는 사람에게 응시 자격을 주었다. 그리고 합격자 수를 적게 해서 호족들의 자녀들이 이전처럼 등용될 수 있도록 했다. 그러나 시간이 경과할수록 응시 자격의 범위를 넓히고 합격자 수도 늘였다.

광종이 실시한 과거제도는 발전적으로 계승되어 조선왕조까지 이어졌다. 그런데 우리나라는 중국과 달리 조선왕조 중기 이후 과거시험에 정실과 부정이 많이 개입했다. 이 점이 아쉽기 그지없다.

일제 강점기 때 실시된 고등문관 시험 역시 관리 임용을 위한 시험이었다. 우리나라와 중국에 있던 과거제처럼 학과 위주로 시행되었는데 합격하기가 무척 어려운 시험이었다. 이 제도가 해방된 후에도 계승되다가 최근에 폐지가 되다시피 되어 유감스럽다.

오래 전에, 북한의 김일성 주석이 한국에서 활동하는 종북인사들을 초청했을 때 '남조선에는 고등고시에만 합격하면 정부의 요직과 국사범을 다루는 판사, 검사도 할 수 있으니 남조선 혁명동지들은 자녀들을 고등고시를 치르게 하고 합격시켜 그런 자리에 앉도록 하는 것이 남조선 혁명 완수에 좋은 방법이 아니겠느냐' 라고 했다 한다.

그동안 우리나라는 고등고시 제도를 통해 응시자격을 제한하지 않고 넓은 범위에서 인재를 뽑아왔다. 역사상 과거제가 가지고 있던 여러 장점과 기능을 생각해보고 과연 그런 제도를 폐지하는 것이 옳은지 다시한 번 고려해보면 좋을 것 같다.

# 수양대군의 왕위 찬탈

천만리 머나먼 길에 고운님 여의옵고
내 마음 둘 데 없어 냇가에 앉았으니
저 물도 내 안 같아야 울어 밤길 예놋다

이 시조는 사육신 거사가 실패한 후 1년쯤 지난 1457년 6월, 상왕이었던 단종을 폐하고 노산군으로 강등해 강원도 영월로 유배를 보낼 때 호송한 금부도사 왕방연이 돌아오는 도중에 너무나 애달파 밤에 곡탄에 앉아 읊은 시조이다.

기록에 의하면, 상왕인 어린 단종이 폐위되자 상왕궁은 물론 온 궁궐이 눈물바다가 되었다고 한다. 궁궐뿐만이 아니라, 온 나라 백성들이 어찌 애통하지 아니했겠는가. 단종이 영월 유배지에 가서 읊은 시도 전해져오고 있다.

원통한 새 한 마리 궁에서 쫓겨나
외로운 그림자 한 자락 푸른 산 헤매네
밤마다 자려 하나 잠은 오지 않고
해마다 한을 없애려 하나 한은 없어지지 않는구나

울음소리 끊어진 새벽 산에 어스름 달 비추고

봄 골짝에는 피를 토한 낙화가 붉도다

하늘은 귀머거리 이 하소연 못 듣는데

어쩌다 서러운 이 몸은 귀만 홀로 밝았는가


임금 자리에서 쫓겨나 첩첩산중에서 밤을 보내니 얼마나 애통하였겠는가. 그 역시 자신의 죽음을 예상했는지 아름답게 붉게 핀 꽃이 피로 보였다고 한다.

죄를 지으면 천벌을 받는다고 하는데, 벌을 받기는커녕 더 잘사는 사람도 많다. 그런데 죄를 짓고 천벌을 받은 사람이 우리 역사에 있으니, 그가 바로 조카의 왕 자리를 찬탈한 수양대군이다.

야사에 의하면 세조가 된 수양대군이 단종을 사사한 후 잠을 자는데 죽은 단종의 어머니 현덕왕후가 꿈에 나타나 자신에게 침을 뱉으며, "수양 네 놈이 내 자식을 죽였으니 나도 네 자식을 죽이겠다!"고 해 놀라 잠을 깼다고 한다. 그때 세자궁에서 급보가 날아왔다. 세자가 위독하다는 소식이었다. 결국 세자는 죽고 말았는데, 수양대군이 그런 꿈을 꾼 것이 사실이었는지는 알 수 없다.

하지만 단종이 사사된 후 세자가 죽었고, 수양대군이 현덕왕후의 묘인 소능을 폐한 것은 사실이다. 그 뒤 둘째 아들인 예종이 임금이 되었지만 요절했고, 수양대군 역시 왕위에 있을 때 부스럼 병으로 온천을 전전하며 무척 고생을 한 것으로 안다.

강원도 오대산 상원사에 전해 내려오는 일화가 있다. 어느날 수양대군이 부스럼 병으로 고생하다가 부처의 힘으로 이를 치료하기 위해 오대산에 와서 월정사를 참배하고 상원사로 향했다고 한다.

세조가 더위를 식히고자 신하들을 물리치고 청량한 계곡물에 몸을 담갔는데, 그때 마침 동자승이 지나가기에 등을 씻어달라고 부탁했다. 시원스레 등을 씻는 동자승에게 세조는 "임금의 옥체를 씻었다고 말하지 마라."라고 했다. 그러자 동자승이 한술 더 떠서, "대왕도 문수보살을 보았다고 말하지 마라."라고 말하고 홀연히 사라졌다. 혼미해진 정신을 가다듬은 세조가 몸을 살피자 종기가 씻은 듯 나았다. 세조는 그것이 고마워 이듬해 또다시 상원사를 참배했다.

그런데 예배를 하려고 법당에 들어가는데 별안간 고양이 한 마리가 세조의 옷자락을 잡아당기면서 못 들어가게 막았다. 퍼뜩 이상한 예감이 든 세조는 법당 안을 샅샅이 뒤졌다. 그랬더니 과연 불상을 모신 탁자 밑에 칼을 품은 자객이 숨어있었다. 자객을 끌어내어 참수한 세조는 자신의 목숨을 구해준 고양이에게 전답을 하사했다. 지금도 상원사 뜰에는 그 고양이를 추모하는 석상이 있다. 이 일화는 사실 여부를 떠나 수양대군이 말년까지 부스럼 병으로 고생하고 그의 불륜을 응징하기 위해 협객이 계속 있었다는 것임을 알 수 있다.

수양대군이 왕위를 찬탈할 때 참모 역할을 했던 한명회는 대를 이어가며 부귀영화를 누리기 위해 큰딸은 같은 권세가인 신숙주 아들에게 시집을 보냈지만 시집가자마자 남편이 죽어 청상과부가 되었고, 그다음 딸 둘 중 하나는 예종에게, 또 다른 하나는 성종에게 시집을 보냈지만 둘째 딸은 왕비가 되기 전에 요절했고, 또 다음 딸은 왕비가 되자마자 요절했다. 그리고 한명회 자신은 죽어서 부관참시를 당했다. 이 모든 것이 단종의 왕 자리를 찬탈한 천벌이 아니겠는가.

단종은 그의 아버지 문종이 세자시절 아이를 낳지 못해 세종대왕 부부가 기다리고 기다리던 끝에 보게 된 세손이었다. 어머니 현덕왕후가 출산 후 산후통으로 사망하자 할머니 소현왕후가 키웠는데 소현왕후마저 단종이 여섯 살 때 죽고 말았다. 이처럼 단종은 태어날 때부터 불우했고, 문종은 그런 자식이라 더욱 애착을 느껴 새 왕비를 맞이하면 자신이 낳은 자식만 생각하고 단종을 해칠까봐 새장가도 가지 않았다.

세종대왕은 아들 문종이 몸이 허약해 자신이 죽고 난 뒤 왕 자리를 오래 지키지 못할 것이라고 생각했다. 그리고 단종이 성년이 되기 전에 왕위에 오를 것을 예상해 미리 세손으로 책봉하고 황보인과 김종서 등 중신은 물론 집현전 학자들에게도 세손을 간곡히 부탁했다.

그리고 둘째아들인 수양대군이 야심을 품을까 염려되어 원래 지어주었던 군호인 진양을 수양으로 바꾸어 주었다. 고사에서, 충절의 표본인 백이숙제 형제가 고사리를 캐먹고 죽은 산이 수양산이라 그렇게 군호를 고쳐주고 훗날 단종을 잘 보필하라고 신신당부했다.

수양대군은 아버지 세종대왕으로부터 세손을 잘 보필하라는 유명을 받고서도 이와 반대로 조카의 임금 자리를 찬탈했다. 조선왕조의 근본통치 이념인 충효사상에 비추어 보면 신하가 임금의 자리를 빼앗았으니 대역적이요, 부모형제를 배반하고 살해하였으니 폐륜아이다.

수양대군이 왕위를 찬탈하기 위해 어린 단종을 압박해 처음 일으킨 거사가 계유정란이다. 계유정란의 명분은 조정중신과 안평대군이 왕권을 무시한다며 왕권 강화를 위해서라고 했다. 먼저 병권을 장악하고 있는 좌의정 김종서의 집을 급습해 그를 타살했다. 그리고 궁궐로 들어가 어명을 위장해 모든 중신들이 입궐하도록 했다. 중신들이 대궐에 들어오자 매복해 두었던 무장심복들이 한명회가 작성한 살생부에 따라, 수양대군의 왕위 찬탈에 걸림돌이 될 만한 인물들은 모두 죽였다. 동생 안평대군도 유배를 보낸 후, 사사했다.

이 계유정란으로 수양대군은 임금 다음으로 최고자리인 영의정은 물론, 인사권과 병권을 직접 장악하기 위해 이병조사, 병마도통사 등의 직을 겸하고, 모든 요직을 자신의 심복들로 채워 왕보다 더 막강한 실권을 가지게 되었다. 수양대군이 그 명분대로 어린 조카인 왕을 잘 보필해 왕권을 확립하고 왕이 성장한 후 스스로 물러났더라면, 계유정란도 정당화되었을 것이다. 그리고 역사상 훌륭한 인물로 높이 평가받았을 것인데 그렇게 하지 않아 역사에서 두고두고 지탄을 받게 되었으니 참으로 애석한 일이다.

그가 계유정란을 일으키면서 내세운 왕권 확립이라는 것은 한낱 명분에 불과했다. 왕위찬탈이 목적이었다는 것은, 그가 계유정란을 일으킨 후 왕권 확립보다 자신의 실권을 장악하는 것이 우선이었던 것을 보면 잘 알 수 있다. 그는 단종에게 왕위를 자신에게 물려주도록 계속 압박을 가했고, 결국 단종으로 하여금 왕위를 물려받고 말았다.

수양대군의 왕위 찬탈에 불만을 품은 사람들이 수양대군을 제거하기 위해 모의한 것이 사육신의 거사였으나, 사전에 누설되어 실패하고 말았다. 상왕으로 물러나 있는 단종에게도 거사의 책임을 물어 노산군으로 강등해 영월로 유배 보낸 후, 결국 사사했으니 이 얼마나 흉측한 처사인가. 수양대군 무리는 단종을 사사하고 역사의 지탄을 받는 것이 두려워 단종이 죽은 것은 금성대군의 반정 음모가 발각되자 책임감을 느껴 자진한 것이라고 실록에 거짓으로 기록했다.

조선왕조의 통치 이념은 성리학에 바탕을 둔 충효사상인데 세조가 된 수양대군이 신하로서 임금을 제거하고, 형제와 조카를 죽인 마당에 그의 후손 왕들이 어찌 백성과 신하로부터 충효를 바라겠는가.

수양대군의 이런 처사는 임금으로 있을 때부터 문제가 되었다. 생육신을 비롯한 뜻있는 사람들은 재야에 파묻혀 지내면서도 끊임없이 그 정통성을 문제 삼았다. 후손 왕들이 재임을 할 때에도 이를 문제 삼는 사람들이 계속 있었다.

그러나 왕들이 이를 제지할 수 없었던 까닭은, 그렇게 하면 자신이 백성과 신하들에게 충효를 강조할 수 없었기 때문이다. 그래서 어쩔 수 없이 수양대군의 증손자인 중종 때, 단종의 어머니 현덕왕후의 폐능한 무덤인 소능을 부활시켰다. 그리고 숙종 때에는 단종을 복위시켜 수양대군 앞 임금으로 종묘에 배향했다.

'숙주나물'이라는 이름이 유래된 일화도 이 자리에서 전하고자 한다. 신숙주는 사육신들과 집현전 동료였는데, 변절하여 수양대군의 왕위 찬탈 행위에 한 몫을 했다. 사람들은 그를 지탄한 나머지, 맛이 쉬 변하는 '녹두나물'을 '숙주나물'이라고 지금까지 부르게 된 것이다.

권세와 부귀를 위해 어린 조카 왕을 제거하고 왕위를 찬탈한 수양대군은 왕이 되긴 했지만 재임기간은 불과 십삼 년이었다. 그 기간 동안 피부병으로 무척 고생을 했으며 그의 두 아들도 요절했고, 훗날 그의 후손들은 왕족으로 영화를 누린 사람보다 왕족이기 때문에 귀양을 가고 사약을 받은 사람이 많았다. 그것은 수양대군처럼 왕위를 넘볼까봐 우려가 된 탓이다.

왕족 중에는 그런 의심에서 벗어나고 싶어서 스스로 미치광이가 되고 바보가 된 사람도 있었다. 수양대군의 큰아들인 덕종의 큰아들 월산대군과 둘째 아들인 예종의 큰아들 제안대군은 그들과 같은 비참한 왕손을 두지 않겠다는 일념으로 평생 여자를 멀리했다고 한다. 그 고충이 오죽하였겠는가.

일제 강점기 때 문호 이광수가 〈단종애사〉라는 소설을 내놓아 단종을 애도하고 수양대군을 지탄했다. 이 소설이 각광을 받게 되자, 소설가 김동인은 이 소설이 수양대군을 지나치게 폄훼하였다며 〈수양대군〉이라는 소설을 쓰기도 했다.

수양대군이 계유정란을 일으켜 실권을 장악한 것은 어린 단종을 보호하기 위해서이지 왕위 찬탈할 마음은 없었으며, 왕위를 물려받은 것은 간신 정인지, 한명회, 신숙주 등의 간청에 의해 단종이 자발적으로 양위한 것이라고 했다. 그리고 그 모든 책임을 수양대군의 심복에게 돌렸다. 이처럼 김동인의 소설 〈수양대군〉에서조차도 왕위찬탈 자체가 정당화될 수는 없었다.

우리가 학교에 다닐 때는 수양대군의 처사를 누구나 지탄했다. 그런데 군사 쿠데타 이후 승자의 논리에 따라, 수양대군을 변호하는 저술이나 텔레비전 드라마를 수시로 볼 수 있게 되었다. 가치판단이 이렇게 흐려지고 정의감을 상실해도 되는지 우려가 된다.

오늘날 승자의 논리에 따라 이것을 합리화하는 것은 올바른 역사교육이 아니다. 국민이 올바른 역사관으로 올바른 가치관과 윤리관을 갖도록 해야 한다. 불의도 성공하면 정의가 된다는 그런 가치관은 갖지 않도록 해야 할 것이다.

# 못난 위정자 때문에 막지 못한 국난

우리 수천 년 역사상 가장 큰 2대 재난은 1592년에 있었던 임진왜란과 1636년에 있었던 병자호란일 것이다. 그 두 재난 때 백성 수백만 명이 목숨을 잃고, 먹을 것이 없어서 사람의 시체를 뜯어 먹고 살았다고 하니, 그 참담함을 어찌 말로 다 하겠는가.

재난 중에는 천재지변도 있고, 또 천재는 아니더라도 제1, 2차 세계대전처럼 지구 전체가 전쟁에 휩싸여 그 시대 상황 때문에 재난을 당하는 경우도 있다. 하지만 위 두 재난은 천재지변은 물론, 피할 수 없는 그런 재난이 아니었다. 사전에 충분히 예방할 수도 있었고 설령 예방하지 못했다 하더라도 그 피해를 줄일 수도 있었다. 그런데 위정자를 잘못 만나 수많은 백성이 참혹한 변을 당하고 역사에 씻을 수 없는 치욕을 당했으니 통탄을 금할 수 없다. 그 두 재난은 사전에 충분히 예견된 외침이었는데도 못난 위정자는 당장의 안일을 위해 설마하면서 대비를 하지 않은 것이다.

그 당시 일본은 오랫동안 내전을 했다. 도요토미 히데요시는 일본 천하를 통일한 후 조선 정벌을 부르짖으며 이를 준비해 왔다. 이것은 공공연한 사실이었다. 여러 통로로 그 정보는 우리에게도 전해져 왔다.

우리나라와 가까이 있는 쓰시마對馬島는 조선과 교역을 하지 않으면 생존 자체가 어렵고, 조선과 일본이 전쟁을 하게 되면 전진기지가 되어 전쟁의 피해를 극심하게 입게 될 것이라고 예상되는 곳이었다. 이를 막기 위해 대마도 도주 종의지는 여러 통로로 우리 조정에 그 정보를 제공해 주었다.

조정에서는 통신사를 일본에 보내어 일본의 정세를 파악해 오라고 했다. 외침이 예상될 때 사절단을 파견해 정세를 파악하는 것은 여러 방안 중 하나에 불과하며 그 최선책은 아니다. 최선책이란, 첩보원을 밀파해 정세를 파악하고 정확한 정보를 얻는 것이다.

그때 우리 조정에서 일본에 여러 계통의 첩보원을 보내어 정벌하기 위한 준비를 하고 있는지 제대로 알아보려고 했더라면 일찌감치 파악할 수 있었을 것이다. 그리고 사절단을 파견해 항의할 수 있었을 것이다. 일본은 원정군을 동원하는 것을 비롯하여 원정을 위한 보급품을 비축하고, 선박을 만드는 등, 준비를 하고 있었기 때문이다.

그런데 우리 조정은 대마도 도주가 정보를 주었는데도 첩보활동을 전혀 하지 않았다. 그리고 사절단을 파견해 일본 정세를 파악해 오라고 지시했다. 사절단은 정사에 첨지중추부사 황윤길, 부사에 사성 김성일, 서장관에 허성, 수행 무관은 황진이었다.

그런데 이 사절단 중에서 부사 김성일이 문제였다. 김성일은 동인으로 서인인 정사 황윤길과 반대당파여서 그랬는지, 일본에 가서 정세 탐지는 제대로 하지 않고 의전 절차로 시비를 걸었다. 상관인 황윤길이 정세 탐지가 본무이니 사소한 일로 문제를 일으키지 말라고 한 지시도 듣지 않았다. 오히려 정사에게 체통을 지키지 않고 비굴하게 군다고 힐난을 하는 등, 조직사회에서 있을 수 없는 항명을 일삼았다.

귀국 후 김성일을 제외한, 사절단 모든 사람의 의견은 한결같았다. 일본에서 탐지한 대로 일본이 곧 조선을 침입해 올 것이라고 보고하며, 그 대비를 해야 한다고 했다. 심지어 서장관 허성은 김성일과 같은 동인임에도 불구하고 김성일과 의견을 달리했다. 그런데 유독 김성일 혼자 도요토미 히데요시는 쥐새끼 같은 자로 야심이 없으니, 감히 조선을 정벌하러 올 인물이 못 된다고 보고했다.

어찌되었든 이럴 때는 혹시라도 쳐들어올지 모르니 그것을 대비하면 된다. 그런데 임금을 비롯한 조정 중신들은 전쟁을 준비하는 것이 귀찮아서 그랬는지, 사절단 중에서도 정사가 아닌 부사의 말만 믿고 제대로 대비를 하지 않았다. 그리고 그 후 김성일은 승진을 거듭했으며 정사 황윤길은 초야에 묻혀 버렸다.

사절단이 일본에 다녀온 후에도 계속 일본이 조선을 침입할 것이라는 정보가 들어왔다. 대마도 도주 종의지가 동래 부사를 통해 또다시 알렸지만, 여전히 우리 조정은 이를 믿지 않고 준비를 게을리 했다.

일본에서는 조선 정벌 분위기가 고조되어 원정군이 편성되고 일본 규슈九州 사가현佐賀縣에 있는 나고야에 조선정벌지휘본부가 설치되었다. 도요토미 히데요시는 정벌 준비를 마쳤고 쓰시마에 조선 정벌의 선단이 갖추어졌는데도 우리 조정은 조용하기만 했다.

일본의 조선정벌군이 쓰시마를 출발했다. 거제 앞바다를 지나 가덕도를 거쳐 부산 영도 앞바다에 이르렀는데도 가덕도에 있던 봉수대 관원들은 낮잠을 자고 있었는지 봉화도 올리지 않았다. 부산진 첨사 정발 장군은 그날 영도에 사냥하러 갔다가 일본 원정 대선단을 보고 세견선歲遣船, 무역선인 줄 알았다고 했다. 얼마나 한심한 일인가.

율곡은 일본의 침략을 예상하고 십만 양병설을 주장했지만, 십만 양병이 아니면 어떤가. 일본에 첩보원을 미리 보내놓고, 일본이 침입해올 때 통로가 될 부산, 진해, 거제 해안에 군사기지를 설치해 약간의 병력만 두었더라도 이렇게 초전박살이 나서 국토가 유린당하는 참변은 면할 수 있었을 것이다.

원정군, 그것도 바다를 건너오는 군대가 육지에 상륙한다는 것은 쉬운 일이 아니다. 보급품을 조달하기가 쉽지 않고, 육지에 있는 방어군이 여러 곳에 숨어서 바다에 있는 군대를 공격할 수 있기 때문이다. 그리고 원정군은 노출되어 있으므로 방어군의 수십 배가 되는 병력이 있어야 상륙전에 성공할 수 있다.

그런데 조선의 군대는 전혀 대비를 하지 않아 한나절 만에 부산성, 수영성, 다대포성이 함락되었고, 바로 다음날 동래성이 함락되었다. 그때 전력이 부족해 적의 상륙을 막지 못했다 하더라도 열흘 정도만 일본군의 상륙을 저지했더라면, 동원령을 내리고 백성의 사기를 진작시켜 방어를 할 수 있었을 것이다. 그랬더라면 적어도 수도 한양은 방어할 수 있었을 것이고, 임금이 의주로 몽진하는 일도 없었을 것이다.

초전에서 완전히 승리한 일본은 파죽지세로 북상해 수도 한양과 평양을 한 달 만에 함락했다. 명나라의 지원이 있긴 했지만, 그들은 평양이 함락되자 곧 퇴각해버렸다. 강원도와 함경도로 간 일본군은 그곳에서 오도 가도 못했고 보급이 원활하지 않자 남해안 쪽으로 퇴각했다.

그 뒤 일본군은 원정군을 편성해 정유재란을 일으켰다. 그때에는 우리도 대비를 했으므로 일본군은 부산을 비롯한 남해안 일대만 점령하고 북상하지 못하다가 도요토미 히데요시의 사망과 함께 퇴각했다.

임진왜란으로 백성들이 참혹한 변을 당하고 국토가 유린당한 것은 우선의 안일에 급급한 나머지 위험을 직면하고서도 대비하지 못한 어리석고 못난 선조 임금과 김성일을 비롯한 조정 중신들 때문이었다.

병자호란 때도 마찬가지였다. 광해군 시절, 오랫동안 황제의 나라라고 섬기던 명나라를 배반하고, 경멸하던 여진족이 세운 후금을 가까이 한다는 것은, 충신은 두 임금을 섬기지 않는다는 왕조시대의 절대적인 윤리관에 반한다고 생각했다. 이를 명분 중의 하나로 삼아 반정을 일으켜 임금이 된 자가 바로 인조 임금이다.

신흥세력인 후금에게 적대행위를 하면 그들이 침입해 올 것이 분명하니, 대비를 해야 하는 것이 마땅하다. 그런데 대비를 하지 않고 있다가 그들이 침입해 오자, 어쩔 수 없이 후금을 형의 나라로 섬기겠다고 약속을 하지 않을 수 없었다.

그 후 후금은 '청'으로 나라 이름을 고치고 황제 연호를 쓰게 되었다. 그리고 우리에게 신하의 나라로 예를 갖추라고 함과 동시에 명나라를 정벌할 원정군으로 파병할 지원군을 보내라고 했다. 그리고 이를 거절하면 우리를 정벌하겠다고 위협했다.

임금을 비롯한 우리 조정은 이에 대해 두 가지 조치 중 한 가지를 선택해야 했다. 그 중의 하나는, 청나라의 요구를 거절하고 동원령을 내려 군대를 모집해 군사훈련을 시키고 성을 수축하고 군비를 조달해 군수물자를 저장하는 것이었다. 다른 하나는 우리 국력이 도저히 전쟁을 치러낼 수 없으니 청의 요구를 들어주면서, 지원병 규모를 줄여달라고 사정하는 것이었다. 그런데 그때 우리나라는 임진왜란이 끝난 지 얼마 되지 않았으므로 후자를 선택하는 것이 합리적이라 할 수 있다.

그런데 우리 조정은 명분을 내세워 청나라와 화친을 해서는 안 된다는 척화파와 실리적인 면에서 화친을 해야 한다는 주화파가 논쟁을 벌이느라 시간을 다 허비했다. 모든 논의에는 명분을 내세운 강경파가 분위기를 잡듯이, 그 당시에도 척화파가 우세해 그 방향으로 결론이 났다. 강화만이 살 길이라고 주장했던 청나라 원정군 대장 강홍립 장군은 그 결론을 보고 실망한 나머지 병사했다.

그렇다면 척화파는, 그들의 주장이 관철되었으니 청나라가 침입해 올 것을 예상하고 대비책을 강구해 놓았어야 했다. 그런데 아무런 대비를 하지 않고 있었으니, 대책 없이 떠들어대기만 한 셈이었다.

당시 청나라는 중원을 정벌하려는 야망을 품고 있었다. 그래서 청이 중원을 정벌할 때 후방에 있는 조선이 후방을 교란시켜 중원 정벌에 장애가 될까봐 염려를 하고 있었다. 만약 우리가 청의 중원 평정에 아무런 적의가 없으며 장애가 되지 않는다는 확신만 들면, 굳이 우리를 정벌할 생각이 없었다.

그런데 우리나라는 이백 년 넘게 지켜온 사대숭명 사상에 지배계층과 피지배계층이 다 세뇌되어 있었다. 성리학에 입각해, 충신은 두 임금을 섬기지 않는다는 의식으로 가득 차 있어서 명나라를 버리고 청나라를 섬긴다는 것은 상상하기 어려웠다.

그러나 사태가 사태인 만큼 슬기로운 판단을 하였어야 했다. 광해군은 명나라를 계속 섬기는 척 하면서, 동시에 청나라에게 적의가 없다는 것을 보여주는 이중 외교로 전란이 일어나지 않도록 했다.

그런데 광해군을 쫓아내고 임금이 된 인조는 쫓겨난 임금보다 훨씬 모자라는 임금이었다. 아무런 대비도 하지 않은 채 척화강경파의 주장이 조정의 중론이 되니, 청나라는 명나라를 정벌하기 전에 친히 황제가 군대를 이끌고 우리나라를 침입한 것이다. 이것이 역사에서 말하는 병자호란이다.

병자호란 때 우리가 얼마나 대비를 하지 않았는지, 압록강을 넘어온 청나라 군대는 걸어서 오는 것보다 더 빨리, 인명피해 하나 없이 약탈을 하며 서울에 입성했다. 인조는 강화도로 피신하려 했지만 피신가는 길마저 청나라 군대가 점령하자 남한산성으로 피신을 해야 했다.

청은 남한산성에 갇혀 있는 임금을 비롯한 우리 진영을 포위만 한 채 공격다운 공격은 하지 않고 스스로 항복해 오기를 기다렸다. 그것은 적은 인구로 백 배나 되는 한족을 다스리기 위해서는, 한 사람의 피 한 방울도 아껴야 한다고 생각했기 때문이다.

초반에는 남한산성에서 개 짖는 소리와 닭 우는 소리가 들렸다. 그러나 식량이 떨어지자 이를 다 잡아 먹는 바람에 조용하기 짝이 없었다. 싸울 병기는 말할 것도 없고 먹을 식량마저 바닥이 나니, 싸워야 할 군부 측에서 오히려 화친을 더 강력히 요구했다.

그럼에도 불구하고 김상헌을 수장으로 하는 척화파들은 계속 결사항전을 해야 한다고 주장했다. 그들이 그와 같은 주장을 하려면 자신은 물론, 식솔들도 다 무기를 들고 전장에 나가 싸워야 할 터인데 그와 같은 역사 기록은 보이지 않는다. 오랑캐에게 항복하는 것은 치욕스럽게 여기면서, 무기도 없이 굶고 있는 병사들에게 싸워 죽으라고 하는 것이 과연 국가지도자로서 양심이 있는 처사라 할 수 있겠는가.

강화도가 함락되자 강화도로 피신한 일진이 전부 포로가 되었다는 소식이 들렸다. 화친을 하지 않고는 도저히 버틸 수 없는 지경에 이르자 화친파의 수장인 최명길이 항복 문서를 썼다. 척화파의 수장 김상헌이 이를 가로채어 찢어버리기까지 했으나, 결국 최명길이 항복 문서를 들고 청군 진영에 들어가 항복을 했다. 그들은 항복 조건 중에서 최고로 불리한 조건을 요구했고 우리는 이를 수락할 수밖에 없었다.

인조 임금은 스스로 죄인임을 뜻하는 남색 옷을 입은 채, 적진의 정문으로 들어가지 못하고 옆문으로 엎드리고 들어가서 청 태종에게 세 번 절하며 절을 한 번 할 때마다 세 번씩 이마를 찧는 삼궤구복의 예를 행했다. 그리고 그들은 세자를 비롯한 대군과 그 가족 및 척화파 세 명을 인질로 잡아갔다.

대개 종전 협정 때 포로 교환을 하게 된다. 그러나 청나라는 한족이 자기 민족보다 백 배나 더 많다 보니 이 비율을 조금이라도 완화시키고 싶었다. 그래서 같은 몽고 계통인 우리 민족을 수십만 명 포로로 잡아두었다가 이들을 전부 데리고 가는 것으로 약정했다.

국토가 유린당하게 되면 그 참혹상은 말로 표현할 수가 없다. 왕과 그 가족이 치욕을 당하는 것은 왕이 못난 탓이니 자업자득이지만, 위정자를 잘못 만나 죄 없는 백성들이 고초를 당하게 되니 민족적 비극이 아닐 수 없다. 특히 청나라에 포로로 끌려가 노예가 된 우리 동포는 이 무슨 죄란 말인가.

척화파의 수장인 김상헌은 집에 돌아가 조상에게 고하고 자살을 시도했지만, 측근들에게 발각되어 미수에 그쳤다고 한다. 자살을 하고 싶으면 어전회의가 끝나고 돌아오는 길에 절벽에 몸을 던져 죽든지 집 기둥이나 바위에 머리를 들이받고 죽으면 될 것을 왜 그리 복잡한 절차를 밟은 건지, 괜히 자살 쇼를 부린 것은 아닌지 궁금하다. 그는 자살 후유증을 핑계 삼아, 인질로 끌려가는 척화파에 끼이지 않았다. 홍익한, 윤집, 오달제 3학사만 청의 수도 심양으로 끌려가 지조를 지켰으며 거기서 처형당했다.

김상헌은 그 후 심양으로 붙잡혀 갔지만, 인질로 잡혀 있던 소현세자의 주선으로 무사히 귀국했다. 3학사에게 부끄러워 어찌 귀국하였는지, 높은 지조와 기개에 부합되게 귀국하면서 압록강에 몸을 던져 자살이라도 했어야 언행이 일치하는 것이 아닌가.

역사의 평가는 냉정하다. 여기 편견이나 사심이 있어서는 안 된다. 성리학적인 충효를 통치 이념으로 삼는 조선왕조가 아니었다면, 앞서 말한 두 재난으로 왕조가 바뀌든지, 왕조는 바뀌지 않는다 하더라도 왕은 상왕으로 물러났을 것이다.

이상적으로 말해, 청나라가 항복한 인조를 생포해 끌고 가고 광해군을 복위시키면 좋았을 텐데, 그렇게 하면 피를 흘리게 될까봐 걱정이 되어 그랬는지 그런 일은 일어나지 않았다. 역사 기록 에는 인조, 선조 두 임금을 난리를 수습한 임금이라 칭송하지만, 이런 자들 때문에 우리나라가 국력이 쇠약해져 주권을 빼앗기고 일제에 병합까지 당하게 된 것이라고 생각한다.

병자호란 때 기회주의자였던 강경파 김상헌은 역사에서 기개와 절개가 있다고 평가받고 그의 후손들은 그런 조상의 허명을 팔면서 조선왕조 육십 년 외척 세도 정치를 했다. 정말 한심스러운 일이다. 순리대로 하면 그의 후손들은 기회주의자인 김상헌의 후손임을 숨기고 살아야 하는 것이 마땅하지 않은가.

김성일은 임진왜란 때 명재상이었던 서애 유성룡과 함께 퇴계 동문이었다. 유성룡은 자신이 쓴 징비록에서 친구인 김성일을 변호했다. 김성일이 그와 같이 보고한 것은, 안목이 없었거나 편당적이어서 그랬던 것이 아니라 민심의 동요를 막기 위해서였다는 것이다.

지금도 김성일의 후손들과 일부 사학자들은 징비록의 기록이 사실이라고 주장하고 있다. 임진왜란이 일어나자 김성일이 초유사가 되어 전쟁을 독려하고 그의 권유에 따라 문하생들이 의병을 많이 일으켰으며 진주성 싸움에서 병사한 점을 강조하고 있는 것이다. 설령 징비록의 내용이 사실이라 하더라도 김성일은 어떤 통로를 통해서라도 임금에게만은 정확히 보고해 전쟁을 대비하도록 했어야 하지 않았겠는가.

유신헌법시대에 민주세력이 헌법을 개정해야 한다고 집회를 열고 궐기를 할 때, 박정희 대통령은 유신헌법을 반대하는 자를 사형이나 무기징역으로 처벌할 수 있는 긴급조치를 선포했다. 그리고 그 모두 연설로 임진왜란 당시 김성일을 예로 들면서 당파적 견지에서 국론을 분열시키면 임진왜란 같은 재난을 당할 수 있다고 언급했다.

그러자 김성일의 후손인 의성 김씨들이 박정희 대통령의 서슬이 시퍼렇던 시절이었음에도 불구하고 그 연설을 취소해 달라며 전국적인 규모의 종친회를 개최하고 청와대에 항의단을 보냈다. 외국에서는 상상도 할 수 없는 일이다. 전쟁이 일어나자 공을 세우고 그 자손들이 수백 년을 내려오며 항일운동을 하고 특히 일제 강점기 때 많은 독립유공자가 배출된 것은 높이 평가할만한 일이다. 그러나 앞서 서술한 대로 잘못된 정세 보고로 전란을 당한 책임은 마땅히 추궁했어야 한다.

정확한 역사를 통해 올바른 교훈을 얻을 수 있도록 역사는 옳게 서술되어야 한다. 무슨 편견이나 자기 비호가 있어서는 아니 될 것이다.

# 이순신 장군의 노량진 해전

하동과 남해를 잇는 남해대교 부근은 1598년 11월 19일 지긋지긋한 임진 · 정유왜란의 마지막을 장식한 노량진해전이 벌어진 곳이다.

일본의 전국시대를 평정하고 조선 정벌을 감행한 도요토미 히데요시 豊臣秀吉가 사망하자 그의 유지에 따라 사신이 10월 초순 부산에 왔다. 사신은 각 지역 주둔 지휘관에게 철수 준비를 하고, 11월 15일 안에 부산에 전부 집결해 귀국하라는 지시문을 전달했다.

그 때 고니시 유키나가小西行長는 순천 왜교에서 휘하 2만 명의 수 · 육군을 관장하고 있었으므로, 순천에 주둔하는 조 · 명 연합군 총지휘관인 명나라 유정 장군과 철수에 관해 교섭을 했다. 고니시는 무력행사를 하지 않고 순순히 철수하겠다는 보장책으로 근위병 서른 명을 인질로 보내는 것과 동시에, 성 안에 베어놓은 머리와 무기를 두고 가겠다는 것을 조건으로 내걸었고 교섭은 타결되었다.

이 철군 협정은 완도 앞바다 고금도에 있는 삼군수군 통제사 이순신 장군과 명나라 수군 도독 진린에게 하달되었다. 명나라 도독 진린은 이를 따르겠다고 했지만, 이순신 장군은 이를 따를 수 없으며, 철수하는 고니시군을 격퇴시키겠다고 했다. 그러자 명나라 진린 도독 역시 평소에 이순신 장군을 흠모하던 터라 이순신 장군의 뜻을 따르기로 했다.

그는 순천 왜교 앞바다에 있는 함대를 송도로 이끌고 와서, 진을 치고 있는 고니시 군대가 철수하면 이를 저지하기로 한 것이다.

고니시 유키나가는 남해 창선 섬에 있는 사위, 대마도 도주 소오 요시토모와 합류해 귀국하려고 출항을 준비하고 있었다. 그런데 조·명 연합수군이 철군 협정을 따르지 않는 것을 알게 되자 당황하지 않을 수 없었다. 고니시는 이순신 장군이 자신을 노리는 것임을 직감하고 창선 섬에 있는 사위 요시토모에게 사자를 보냈다. 이순신 장군이 철군을 막아 약속 일자가 늦어지고 있다면서 구원을 요청했다.

그 때 창선 섬에는 소오 요시토모와 함께 사천 성을 지키고 있던 시마즈 요시히로와 남해에 있는 다이라노 시케노부가 와 있었다. 고니시의 사자로부터 구원 요청의 연락을 받은 이들은 전선 5백여 척과 함께 노량해협을 거쳐 조·명 연합수군이 있는 순천 항으로 가기로 했다.

11월 17일 아침이었다. 고성과 사천에서 적의 동정을 살피던 우리 척후병들이 거제와 창선에서 집결한 왜선 5백여 척이 노량진 해협을 향해 오는 것을 보고 이순신 장군에게 이를 보고했다. 보고를 받은 이순신 장군은 그 왜선들이 철군을 하지 못하고 있는 고니시 유키나가를 구원하러 오는 것임을 즉각 알아차렸다. 그리고 명나라 진린 도독에게, 여기 있으면 바다와 육지로부터 협공을 당할 우려가 있으니 우리가 먼저 노량진에 가서 적을 기다렸다가 기습하기로 의논했다. 그리고 조·명 연합함대는 노량해협으로 향했다.

그러자 고니시도 우리 함대의 후미를 공격하려는지 뒤를 따라왔다. 첩보에 의하면, 고니시 유키나가를 도와주기 위해 창선 섬을 출발한 일본 함대는 18일 밤쯤 노량해협을 통과할 것 같다고 했다.

우리 함대는 속도를 내어 먼저 노량해협에 도착해 남해 섬 쪽과 관음포에 닻을 내리고 불을 끈 채 매복했다. 명나라 함대는 사천 쪽에서 이순신 장군의 공격 명령이 떨어질 때까지 꼼짝하지 않기로 했다.

이런 사실을 모르는 일본 함대 5백 척은 전진을 계속했고, 18일 자정 무렵 노량해협을 통과하기 시작했다. 이순신 장군은 그 함대의 주력부대가 노량해협을 통과할 무렵 공격명령을 내렸다.

왜선은 불을 켜고 지나가므로 공격 목표가 노출되어 있지만, 우리는 숨어서 공격하니 이미 승패는 결정이 난 셈이었다. 우리가 대포를 쏘고 나무에 불을 붙여 던지니, 왜선은 갑자기 당하는 공격에 속수무책이었다. 왜선들은 어디서 공격하는지 몰라 맞대응을 못하고 갈팡질팡하다가 배는 불에 타 난파당하고 왜병들은 수장 당했다. 우리 배들은 일제히 왜선을 공격해 칼과 창으로 왜군을 무찔렀다.

왜선 중 일부는 관음포로 빠지는 물길을 보자 그곳으로 도망갔다. 그러나 그곳은 막다른 곳이라 다시 나올 수밖에 없었다. 우리는 나오는 길목을 막고 동이 틀 때까지 일방적으로 공격을 퍼부었다. 그러자 왜선은 5백 척 중에서 2백 척밖에 남지 않은 상태로 진로를 다시 창선 쪽으로 바꿔 도망가기 시작했다.

이순신 장군은 구원 나온 왜선들을 격파한 후 돌아서서 뒤따라오는 고니시군을 공격하려고 했지만, 고니시군은 노량진 쪽으로 오는 척하다가 진로를 틀어 남해 미조 앞바다를 거쳐 거제도로 달아났다.

이순신 장군은 고니시의 교활한 계책에 속아 그를 놓친 것을 알고 분통이 터졌다. 장군은 직접 선봉에 서서 북을 치며 전쟁을 독려했다. 그런데 적이 쏜 조총의 총알이 장군의 왼쪽 겨드랑이에 적중해 애통하게 전사를 하게 되었다. 그리하여 7년간의 왜란은 노량진해전으로 끝이 났다. 쌍방 피해 규모를 따져 보니 우리가 엄청난 승리를 거두었다는 것을 알 수 있었다.

그러나 노량진 해전은 철군하고자 하는 적을 상대로 벌인 전쟁이라 석연찮은 점도 있다. 고금동서의 모든 전쟁에서 전쟁을 끝내고 퇴각하는 적은 놓아 보내주는 것이 선례이다. 물론 승전을 하긴 했으나, 전쟁이란 희생이 따르기 마련이다. 우리 측 피해에 관해서는 구체적인 기록이 남아 있지 않지만, 전쟁 막바지에 근접전을 했다고 하니 적으나마 피해는 있었을 것이다.

그리고 총지휘관인 이순신 장군과 명나라의 선봉장인 등장룡 등 장수들이 전사한 것을 보면, 상당수의 장병들이 전사했을 것이라고 추측할 수 있다. 퇴각하는 군대와 굳이 싸움을 벌여 무엇 때문에 아까운 아군의 피를 한 방울이라도 흘려야 하는가. 또 군인은 상관의 명령이 생명보다도 중한 것인데 이순신 장군이 연합군의 총지휘관인 유정의 명령을 어긴 것만은 틀림없다.

한편으로는, 일부 사가들이 명나라의 유정 장군과 진린 도독이 적으로부터 뇌물을 받고 철군을 승낙했다고 매도하는데 이것은 지나친 생각이라고 본다. 철군을 교섭하러 오는 일본 측이 명군의 진지에 들어오며 관례상 가져온 예물을 뇌물이라고 간주한다면, 이는 큰 잘못이다.

설령 이순신 장군을 높이 평가하기 위한 것이라고 해도 근거 없이 남을 매도해서는 안 된다. 그들은 이역만리 남의 나라에 와서 악전고투한 장군들이다. 특히 진린 도독은 이순신 장군을 흠모하여 명나라 황제에게 이순신 장군을 칭송하는 진언을 하여 이순신 장군이 명나라 황제로부터 팔사품의 선물까지 받게 했으며 노량진 해전에서 일시 포위된 이순신 장군을 구출하기도 했다. 명나라의 유정 장군이나 진린 도독의 철군 협약은 전쟁의 관례에 비추어 보면 정상적인 것이다.

그래서 사가들 중에는 이순신 장군이 근접전으로 전투가 한참 치열할 때, 갑옷을 벗고 선두지휘를 한 것은 스스로 총탄에 맞아 죽기 위한 것이었다고 주장하는 사람도 있고, 거짓으로 전사했다고 소문을 퍼뜨려놓고 숨어서 여생을 마쳤다고 하는 사람도 있다.

이렇게 이순신 장군의 전사를 두고 말이 많은 것은 이순신 장군의 정치적 입지가 불안정했기 때문이다. 혁혁한 전공을 세운 이순신 장군을 두고 전후에 온갖 모함과 시기가 있을 것이라는 것은 불 보듯 뻔했고 치열한 당쟁 역시 예상된 것이었다.

전시에 이순신 장군의 배경이 되어 난국을 타개한 명재상 유성룡 대감도 임진왜란이 끝나자 사직한 후 낙향했다. 전후 논공 때, 이순신 장군을 시기 비방한 후 삼도수군통제사 직을 대신 차지해 수군을 지휘하다가 전멸시킨 패장 원균을 이순신 장군과 같은 서열의 일등공신으로 매긴 것을 보면, 앞에 언급한 이순신 장군의 자살설이나 피신설이 허무맹랑한 소리가 아니라는 것을 뒷받침하기도 한다.

그러나 그와 같은 주장은 이순신 장군을 미화시키기보다 오히려 현실도피주의자나 기회주의자로 오인하게 할 수 있다. 이순신 장군의 노량진 해전은 이순신 장군만이 알고 이순신 장군이기 때문에 치러야 하는 전쟁이었다.

1957년 초 임진왜란의 강화 교섭이 결렬되자, 도요토미 히데요시는 재침 명령을 내렸다. 고니시 유키나가는 이순신 장군이 우리 삼도수군

통제사로 있으면 재침하는 일본 군대가 바다를 건너기 어렵다 생각하고 계교를 짰다. 고니시가 자신과 가토오 기요마사가 사이가 좋지 않다는 것을 우리 측도 잘 알고 있다는 것을 역이용하기로 한 것이다.

그는 자신의 고문과 같은 승려 출신 가나메 도키쓰라를 활용했다. 가나메는 조선말을 잘하고 말재간도 능란한데다가 조선 문화를 숭배한다면서 조선 옷을 입고 조선 갓을 쓰고 조선 신을 신고 다녔다. 그는 난리가 평정되면 조선으로 귀화해 살고 싶다고 입버릇처럼 말했다. 가나메는 3년 전부터 고니시의 명에 따라 화친교섭을 한다면서 경상 우병영에 자주 드나들었다.

고니시는 가나메를 경상 우병영에 보내 우병사 김응서를 만나게 했다. 가나메는 경상 우병사 김응서에게 "이번 강화가 깨진 것은 가토오 기요마사 때문입니다. 그래서 고니시 장군은 가토오를 무척 원망하고 있습니다. 우리 장군께서는 다이코 전하 앞에서 매국노라는 모욕적인 말도 들었습니다. 그래서 우리 장군께서 소인을 보내어 그를 제거하려고 합니다."라며 귓속말로, 가토오가 정월 열나흘 날 몰래 가덕도를 거쳐 부산 앞바다로 건너온다고 하니 그때 기회를 잡아 가토오를 처치하면 좋을 것이라고 했다.

경상 우병사 김응서는 비밀리에 장계를 써서 그런 첩보가 있다는 사실을 서울에 파발마를 보내어 알렸다. 조정에서는 그 장계를 믿을 수 있는지 논의하다가 영의정 유성룡의 제안에 따라 현장 지휘관인 이순신 장군의 판단에 맡기기로 했다. 그리고 밀사를 통해 이순신 장군에게 그 내용을 전했다.

이순신 장군은 그것이 거짓 정보라는 것을 직감하고 일체 동요하지 않고 거제와 통영 사이에 있는 견내량 쪽으로 왜선이 들어오지 못하도록 철통같이 방어를 하고 있었다. 왜적이 곡창지대인 호남지방으로 상륙하고자 하는 작전이라는 것을 충분히 예상할 수 있었기 때문에 그 길목을 막기 위해서였다.

가토오는 고니시의 거짓 정보와는 달리 열나흘 하루 전에 이미 그의 전함 수십 척을 인솔하여 울산 서생포에 상륙했다. 일본 측은 그들의 거짓 정보가 이순신 장군에게 먹혀들지 않자 오사카, 구주나고야, 대마도 등지에 집결해 있는 함대가 움직일 수 없었다.

고니시는 다시 한 번 가나메를 경상 우병사 김응서에게 보냈다. 가나메는 김응서 장군을 만나자 진지한 표정으로, 가토오를 처치할 정보를 알려주었는데 그걸 놓쳤느냐며 원망조로 말했다. 김응서 장군은 가나메의 말이 진심인 줄 알고 한탄하며, 즉시 조정에 보고했다.

조정에서는 이순신 장군이 귀중한 정보를 얻고서도 출전하지 않아 일본 장군 중에서 가장 용맹스러운 가토오를 처치할 기회를 놓쳤다며 이순신 장군을 탄핵하는 소리가 높았다. 그리하여 이순신 장군을 삼도 수군통제사 직에서 해임시킨 후 포박하여 서울로 호송하도록 했다.

그리고 호송해온 이순신 장군을 옥사에 가두고 곤장을 쳤다. 가혹한 문초 속에 이순신을 사형에 처하라는 의견들이 많았지만, 원로대신 정탁鄭琢이 상소를 하는 등 중신들의 진정으로 특사되었다. 그리고 도원수 권율 장군 휘하에서 백의종군하도록 지시를 받았다. 이순신 장군은 다시 남해로 내려가는 도중에 노모가 돌아가셨다는 전갈을 받고 고향인 천안 아산에 들렀다. 노모 변 씨는 이순신 장군이 투옥되었다는 소식에 마음이 상한 끝에 병을 얻어 세상을 떠나고 만 것이었다.

고니시는 그가 바라는 대로 이순신 장군이 조선의 지휘관에서 제외되자, 지난 임진년 때 제해권을 빼앗기는 바람에 보급에 차질이 생겨 정벌에 실패한 기억을 떠올렸다. 그 일을 거울삼아 이번에는 조선 수군을 전멸시킬 것을 꾀하고 또 다시 가나메 도키쓰라를 김응서 장군에게 보내기로 했다.

가나메는 김응서 장군을 만나자, 그들의 군대가 이미 남해안에 상륙했는데도 이를 속이고, 7월 초순에 일본군이 대대적으로 건너온다는 거짓 정보를 제공했다. 그리고 '상륙하기 전에 조선 수군이 출전해 해상전을 벌이면 일본군이 상륙하지 못할 것'이라고 덧붙였다. 이번에도 김응서는 또 속고 말았다.

이를 사천에 있는 전군 총지휘관인 도원수 권율 장군에게 보고하니 권율 장군은 이순신 장군 후임으로 와 있는 삼도수군통제사 원균에게 출전명령을 내렸다.

원균이 현장에 와보니 이미 왜군은 부산, 다대포, 가덕도, 안골포 등에 상륙해 견고히 진을 치고 있었다. 해전에서는 인접한 육지를 장악한 측이 공격이나 수비에서 절대적으로 유리하므로 원균은 쉽게 출전을 결심하지 못했다.

그러자 경상 우병사로부터 긴요한 정보를 얻었다고 믿고 있던 도원수 권율 장군은 원균에게 곤장을 치는 등, 출전을 강요했다. 원균은 이순신 장군이 전쟁을 기피한다고 비난해 자신이 그 자리에 앉게 되었으니 책임감이 무거울 수밖에 없었고, 곤장까지 맞아 무척 자존심이 상했다. 그래서 상황이 불리한데도 출전하지 않을 수 없었다.

원균은 다대포를 거쳐 부산 앞바다까지 진격했다. 그러나 공격은 실패하고 말았다. 거제 칠천량 해협에 전 수군을 집결시켜 밤을 새웠지만, 왜적이 이를 기회로 육지와 바다에서 기습 공격해 우리 수군을 전멸시킨 것이다.

이순신 장군은 자기를 흠모하여 따르던 전라 우수사 이억기 장군을 비롯한 여러 장수들과 생사고락을 같이 하며 한산 섬에 주둔했던 장병들이 모두 물귀신이 되었다는 소식을 듣자, 가슴이 찢어질 듯한 처절한 심정을 이루 말할 수 없었다.

우리 수군은, 훗날 얌체라고 비난받은 경상 우수사 배설이 인솔한 배 열두 척이 유일한 잔존 병력이었다. 우수사 배설은 출전할 때 몰래 빠져나와 우리 삼도 수군 통제부가 있는 한산도에 와서 뒤에 적에게 점령당하면 유리하게 쓰일 것을 염려하여 거기 쌓아 두었던 군량미와 방어 시설을 모두 불태워 버렸다.

임진왜란 이후 여러 번 패전이 있었지만 칠천량 패전처럼 우리 수군이 전멸하다시피 한 패전은 없었다. 조정에서는 어쩔 수 없이 이순신 장군을 다시 삼도수군통제사로 임명했다.

일본군은 칠천량 전투로 조선 수군이 전멸했다고 생각했다. 그래서 육지로 서울까지 진격하는 것보다 서해를 통해 서울 근처 서해안으로 상륙하는 작전을 폈다. 그러나 우리의 명장 이순신 장군은 배 열 두 척으로 남해와 서해를 연결하는 길목인 명량 해협에서 일본 수군의 정예를 때려 부수어 그 작전을 수행하지 못하도록 했다.

그러자 고니시 유키나가는 그 분풀이로 이순신 장군의 생가가 있는 천안 아산으로 비밀리에 군사를 보내 마을을 분탕질했다. 이때 집을 지키고 있던 이순신 장군의 셋째 아들 면이 전사했다. 그 소식을 들은 이순신 장군의 비통함은 실로 말할 수 없었을 것이다.

이러한 상황에서 도요토미 히데요시가 사망하고 일본군이 철수한다는 소식이 들려오자 이순신 장군의 심정은 그야말로 착잡했다. 수만명의 병사를 통솔한 삼군 수군통제사가 포박당한 채 서울로 호송되어 곤장을 맞고 투옥되던 그 모욕감, 이에 상심하여 사망한 어머니, 칠천량 전투에서 수장된 생사고락을 같이 했던 부하장병들, 적군이 명량해전의 패배에 대한 복수심으로 자신의 고향으로 쳐들어가는 바람에 전사한 막내아들 면 등이 주마등 같이 머리를 스치고 지나갔을 것이다. 이러한 모든 것이 고니시 유키나가와 그의 진영에 있는 첩자 가나메 도키쓰라의 비열한 수법 때문이 아니던가.

적장이라 하더라도 고구려 때 안시성 싸움에서 마주했던 우리 양만춘 장군과 당 태종처럼, 십자군전쟁 때 사자왕 리차드와 살라딘처럼 서로 존경하는 경우도 있다. 그러나 일본의 고니시와 가나메는 정반대였다. 이순신 장군에게는 악랄하고 야비한 고니시와 그의 진영에 있는 가나메가 철천지원수였다. 다른 사람은 다 놓아주어도 그 두 사람만은 기필코 사로잡아 갈기갈기 찢어죽이고 싶었을 것이다.

장군은 밤새워 전쟁을 하고 승전을 하긴 했지만, 고니시가 순천 왜교성왜성에서 탈출해 노량진에서 전세가 불리한 것을 알아채고 노량해협을 거치지 않고 남해 미조해를 거쳐 거제도로 가버렸다는 소식을 듣자, 또 한 번 그의 계교에 속았다는 생각에 분한 마음을 금할 수 없었을 것이다. 그리고 그 통분을 가눌 수 없어 죽음도 생각하지 않고 직접 선두에 서서 전투를 독려하다가 전사한 것이다.

영웅 이순신에게도 누구 못지않은 뜨거운 피와 눈물이 있었던 것이다. 사람 중에 영웅이 나고, 피가 흐르지 않는 영웅은 없다. 국가의 운명을 쥔 대장군이 사적인 복수심으로 작전을 구사했다는 비판을 받을까봐 그 뜨거운 피의 감정을 숨겨서는 안 될 것이다. 오히려 우리는 이순신 장군의 그 뜨거운 피를 높이 평가해야 한다.

이순신 장군에게 이처럼 뜨거운 피가 흐르고 있었으므로 감당하기 어려운 악조건 속에서 23전 23승의 전과를 올릴 수 있었던 것이 아니겠는가. 이순신 장군은 7년 동안의 왜란 중에 제해권만은 철저히 장악했었다. 이순신 장군을 미화시키겠다는 핑계로, 자살설이나 피신설을 입에 담아 현실도피주의자나 기회주의자로 오해를 받게 해서는 결코 안 될 일이다.

# 존재 자체가 부담이었던 대비들

조선조 역사를 보면, 왕이 노인이 되었을 때 늙은 왕비가 먼저 죽게 되면, 스무 살도 안 된 어린 처녀를 새로운 왕비로 맞이하는 예가 심심찮게 있었다.

14대 선조 임금은 의인왕후 박 씨가 죽자 쉰한 살의 나이로 열아홉 살밖에 안된 인목왕후 김 씨를 왕비로 맞이했다. 16대 인조 임금은 인렬왕후 한 씨가 죽자 마흔네 살의 나이로 열다섯 살밖에 안된 장렬왕후 조 씨를 왕비로 맞았다. 그리고 21대 영조 임금은 첫 왕비 정성왕후 서 씨가 죽자 예순여섯 살의 나이로 열다섯 살인 정순왕후를 맞았다.

왕은 왕비가 죽어도 후궁들이 많이 있으므로 여자가 아쉽지 않았다. 또 마음에 드는 여자가 있으면 왕의 절대 권력으로 처소에 불러들여 후궁으로 삼으면 될 일이었다. 남녀 간의 연정이란 육체적으로도 결합할 수 있고 정서적으로도 부합할 수 있어야 하는데, 노인이 이성에 눈도 뜨지 않은 젖내가 날 것 같은 어린 여자아이와 결혼한다는 것은, 정상적인 것으로 보기 어렵다. 더구나 복잡한 절차를 거쳐 왕비로 책봉할 것까지는 없을 법한데 왜 그랬던 걸까.

어린 소녀를 왕비로 책봉하는 것은 정치적 목적 때문이었다. 그리고 우리나라는 여자의 여러 가치 기준 중에서 순결에 최고점수를 주었으므로, 순결하지 않은 여자가 고귀하신 왕비가 되게 할 수 없어서 이처럼 비정상적인 결혼을 하게 된 것 같다.

서양에서 옥타비아누스는 아이가 하나 있으면서 임신까지 한 리비아를 황비로 삼았으며, 나폴레옹의 황비 조세핀도 아이가 있는 과부였다. 동양에서도 당 현종이 총애한 양귀비는 아들의 아내가 아니었던가. 그런데 우리나라에서는 이렇게 책봉된 어린 소녀들이 늙은 남자에게 시집와서 여자로서 제대로 남편의 사랑을 받지 못하고 젊어서 과부가 되어 비정상적인 삶을 살다가 훗날 꼭 말썽을 일으켰다.

왕의 후궁으로 들어왔다면, 왕이 죽고 나서 자식에게 가거나, 자식이 없으면 비구니가 되어 정업원 같은 절로 갔을 것이다. 그런데 왕비로 들어왔으니 왕이 죽어도 대비가 되어 대궐에 거처하며 왕의 어머니로 아침, 저녁 왕으로부터 문안인사를 받는 등, 예우를 받고 대궐의 어른으로서 권한을 행사했으니 정말 부담스러운 존재였다.

먼저 선조 임금이 인목왕후를 맞이한 것을 보자. 선조는 첫 부인 의인왕후 박 씨가 있었지만 자녀를 출산하지 못하자, 후궁이 낳은 아들을 세자로 책봉할 수밖에 없었는데, 그 중에서 공빈 김 씨가 두 번째로 낳은 광해군이 여러 왕자들 중에서 출중했다.

의인왕후도 광해군을 제일 좋아해 세자로 마음에 두게 되었다. 조정 중론도 그러했는데, 정작 선조 임금은 광해군의 생모인 공빈 김 씨보다 후궁인 인빈 김 씨를 좋아해 그녀가 낳은 신성군을 세자로 책봉하고 싶은 마음을 은근히 갖고 있었다.

그러다가 임진왜란이 일어나자 임금 자신은 살기 위해 의주로 피난을 가기로 했고 여차하면 중국으로 망명 갈 것까지 생각하니, 국내에 남아 민심을 수습하고 국민의 사기를 돋워 전쟁을 독려해야 할 세자가 필요했다. 그래서 어쩔 수 없이 중론에 따라 피난길에 광해군을 세자로 책봉하게 되었다.

전시에 광해군이 전국을 다니며 민심을 수습하고 전쟁을 독려하는 등, 세자로서의 역할을 제대로 완수하자 임금보다 세자에게 민심이 더 쏠릴 수밖에 없었다. 전쟁이 끝난 후, 임금은 도피했다는 자격지심이 있는데다가 세자가 백성들의 마음을 더 얻고 있는 것을 보며 묘한 경쟁심마저 갖게 되었고 마음이 편치 않았다.

게다가 선조가 좋아하는 인빈 김 씨는 연적인 공빈에 대한 질투가 심했고, 자기가 낳은 자식이 세자가 되지 못한데 대한 시기심이 컸다. 이를 눈치 챈 영의정 유영경을 비롯한 일부 중신들은 세자를 폐할 마음을 갖게 되었다. 그러나 한번 세자로 책봉된 이상 뚜렷한 명분 없이 폐 세자를 할 수는 없었다.

그런데 명나라로부터 세자 책봉에 대한 승인을 받아와야 하는데 명나라는 우리가 여러 차례 사신을 보냈는데도 승인을 해주지 않고, 임진왜란 때 파병해 우리나라를 지원해 준 생색을 내며 은근히 콧대를 세웠다. 관례대로 승인해주면 될 것을 광해군이 정식 왕비의 아들이 아니고 첫 아들이 아니라면서 꼬투리를 잡은 것이다. 우리나라에서 간 사신 역시 이를 적극적으로 설득해 승인받을 생각은 하지 않고 오히려 잘 되었다는 식으로 그냥 돌아오곤 했다.

그러자 광해군을 반대하는 세력은 임금이 정식 왕비에게 새로 장가를 가서 정비로부터 아들이 태어나 세자로서 출중한 조건을 갖추면, 광해군을 폐 세자 할 수 있을 것이라고 생각했다. 그래서 선조가 새 장가

가는 것을 적극 권유해 인목왕후를 왕비로 맞이하게 한 것이다.

쉰 한 살이라고 하면 그 당시에는 노인이었을 텐데, 열아홉 살 밖에 안 되는 인목왕후는 연령적으로도 남녀 간의 정을 느낄 그런 여성이 아니었다. 인목왕후는 세자인 광해군보다도 아홉 살이나 더 어렸다.

광해군을 폐세자 시키기 위해 왕비로 책봉된 인목왕후는 적출자인 영창대군을 낳았다. 영창대군이 성장하면 광해군이 폐 세자가 될 가능성이 높았진 셈이다. 그런데 영창대군이 세 살 때 선조가 죽자, 광해군이 그때까지 세자의 자리를 지키다가 왕으로 등극하게 되었다.

인목왕후는 임금보다 어린 대비이고, 영창대군은 세자의 자리를 빼앗을 수도 있는 동생이니 광해군에게는 불편할 수밖에 없는 존재들이었다. 광해군의 측근은 부담스럽기 짝이 없는 인목대비와 영창대군을 제거하기 위해 영창대군을 강화도로 귀양 보내 죽이고 인목대비 역시 폐모해 버리고 말았다.

실질적으로는 어머니가 아니고 자신의 세자 자리를 빼앗기 위해 왕비가 된 아홉 살이나 어린 어머니이지만, 왕비로 책봉된 사람을 폐한다는 것은 충효를 국가의 근본 통치이념으로 삼는 조선조에서는 폐륜으로 지탄받을 수 있는 일이었다. 결국 반대파는 쿠데타의 명분을 얻게 되었고 인조반정이 일어나 광해군은 임금 자리에서 쫓겨나고 말았다.

이 일은 조선조 역사 중에서 크게 잘못된 일이다. 광해군이 임금 자리에 그냥 있었더라면 뛰어난 국제정치 감각으로 신흥 청나라와 외교 관계를 원만히 했을 것인데 안타깝기 그지없다. 그랬더라면 병자호란도 일어나지 않았을 것이며, 치욕적인 항복을 할 일도 없었을 것이고, 수십만 명이나 되는 백성들이 포로로 끌려가 청나라의 노비가 되는 일도 벌어지지 않았을 것이다. 인목대비는 조선조에 부담스러운 대비였을 뿐만 아니라 우리 역사에서도 부담스러운 존재였다.

다음으로 인조의 계비 장렬왕후 조 씨를 살펴보기로 하자. 장렬왕후는 열여섯 살의 나이로, 첫 왕비 인렬왕후를 잃은 마흔네 살의 인조와 결혼했다. 인조는 여러 후궁이 있었고, 소현세자와 훗날 효종 임금이 된 스무 살의 장성한 봉림대군도 있었는데 무엇 때문에 젖내 나는 어린 여자아이를 왕비로 맞이했는지 알 수 없다.

장렬왕후는 인조가 죽은 후 자의대비로 불리게 되었는데, 자의대비 복제 문제는 조선 당쟁의 극치였다. 자의대비가 임금보다 나이가 어린 탓에 아들인 임금이나 며느리가 먼저 죽게 되니, 그가 입을 상복의 종류와 연한이 문제가 되었다.

예전에는 부모가 죽으면 자식이 당연히 삼년 상을 지냈다. 즉 2년 동안 삼베로 만든 상복을 입고 지내며 상주 생활을 해야 했다. 그런데 자식이 먼저 죽으면, 부모는 장자와 차자를 구별해 상복을 입었으며, 그 연한 또한 달랐다. 국상 때는 이런 상례가 극히 중요한 일이었다.

효종은 처음부터 세자로 책봉된 것이 아니었다. 형인 소현세자가 아버지 인조로부터 미움을 받다가 죽게 되자 세자가 된 것이다. 소현세자에게는 장자인 아들이 있었으므로 세자가 죽으면 그 세손이 대를 잇는 것이 법통이었는데, 인조는 그렇게 하지 않고 둘째아들 봉림대군을 세자로 책봉해 임금이 되게 했다.

그런 효종이 죽게 되자, 대왕대비가 된 자의대비가 입어야 할 상복이 정치 문제화 된 것이다. 송시열, 송준길 같은 서인들은 효종은 장자가 아니고 차자이니 어머니인 자의대비는 일 년 동안 상복을 입어야 된다고 주장했다. 허목, 윤휴, 윤선도 같은 남인들은 효종이 비록 차자였지만 왕위를 계승했으므로 장자가 죽은 예에 따라 삼 년 복을 입어야 된다고 했다.

처음에는 단순히 예송 문제로 논쟁을 벌였지만 나중에는 격화되어 효종의 왕위 계승이 정통이냐 아니냐 하는 문제로 비화되었다. 효종이 사망했을 때 벌인 기해예송은 서인들의 주장이 받아들여져 남인들이 귀양을 가는 등, 화를 입었다.

그리고 15년 후 효종비 인선왕후 장 씨가 죽자 다시 복상 문제가 대두되었다. 남인들은 장자의 며느리가 죽은 예에 따라 자의대비가 상복을 1년 입어야 한다고 주장했고, 서인들은 차자 며느리이므로 9개월을 입으면 된다고 주장했다. 갑인예송은 남인들의 주장이 받아들여져 서인들이 화를 입게 되었다. 자의대비가 없었더라면 예송문제는 애당초 일어나지 않았다. 가만히 있는 자의대비의 복제 문제로 나라 전체가 시끄러웠으며 많은 사람이 화를 입게 된 사건이었다.

다음은 영조의 계비 정순왕후를 살펴보기로 하자. 영조는 첫 왕비 정성왕후 서 씨가 죽자 예순여섯 살의 나이로 열다섯 살밖에 안 되는 정순왕후 김 씨를 왕비로 맞이했다. 당시 영조는 여러 후궁들이 있었다. 또 사도세자로 널리 알려진 장성한 아들이 있었으며, 그 세자가 낳은 아들이 여덟 살이었다. 그러니 정순왕후는 손자보다 나이가 겨우 일곱 살 더 많은 할머니였다.

그럼에도 불구하고 영조가 손녀뻘 되는 아이와 결혼을 하게 된 것은, 사도세자가 정신질환이 있는데다 자신을 적극적으로 옹호하는 노론을 배척하는 성향이 있었던 탓이다. 영조는 적출을 낳아 세자를 교체하고 싶은 마음이 있다 보니, 그런 비정상적인 결혼을 한 것 같다. 정순왕후는 노론인 친정의 사주를 받고 사도세자를 폐 세자하여 뒤주 안에 가두어 죽이는데 앞장섰을 뿐만 아니라, 그 아들 세손이 임금이 되는 것도 방해했다. 그 세손이 바로 정조였다.

정조는 임금이 되자 아버지 사도세자의 한을 풀고자 했으며 남인을 옹호했으므로 정순왕후는 대왕대비이면서 정조의 정적이 되었다. 그러다가 정조가 죽고 어린 세자가 임금이 되자 정순왕후는 왕실의 제일 어른인 대왕대비로서 임금인 순조의 수렴첨정을 하게 되었다. 정순왕후는 막강한 권력을 행사하며 정조 때 당했던 분풀이를 하고, 천주교를 박해하는 신유사옥을 일으켰다.

이처럼 이성을 알지 못하는 어린 나이에 늙은 왕에게 시집와서 여자로서 제대로 사랑을 받아보지도 못한 채 남편이 죽자 성격이 정상적일 수가 없었다. 그런데 대비가 되어 권위가 부여되니 정상적인 처신을 하지 못하고 말썽을 일으켜 역사에 문제를 일으킨 것이다.

# 인조반정을 음미하며 북한을 바라보다

조선왕조 5백 년을 통해 애석하게 여겨지는 것이 두 가지 있다. 그하나는 세조 때 사육신의 거사가 사전에 탄로가 나서 실패하는 바람에우리 역사에 불의가 이기는 오점을 남긴 것이고, 다른 하나는 인조반정이 성공해 시대의 흐름을 알았던 현명한 광해군이 쫓겨난 것이다.

광해군이 인조반정으로 쫓겨나지 않았더라면 병자호란은 피할 수 있었고 훌륭한 세제인 대동법도 완전히 시행되는데 백 년까지 걸리지 않았을 것이다. 또 2백 년 동안 기득권을 누린 부패세력이 있는 한양에서교화로 천도해 임진왜란으로 쇠잔해진 국력을 다시 일으킬 수도 있었을 것이라고 생각한다.

그러면서도 인조반정은 필연이라고 생각한다. 광해군의 왕위 계승은 처음부터 불안했다. 부왕인 선조가 진심으로 원한 것이 아니었으며, 임진왜란을 당하게 되자 어쩔 수 없이 광해군을 세자로 책봉했기때문이다. 명나라가 그 전에는 세자 책봉을 위한 승인을 형식적으로해주었다. 그런데 임진왜란 직후에는 조선을 지원한 생색을 내기 위해, 광해군이 정실 왕비의 소생이 아니고 장자도 아니라며 트집을 잡고 승인을 지연시켰다.

이를 빌미로 광해군의 세자 책봉을 반대하는 세력의 주장에 의해 선조는 쉰한 살의 나이로 열아홉 살밖에 안 되는 인목왕후를 두 번째 왕비로 맞이하게 되었다. 인목왕후가 낳은 영창대군이 불과 세 살 때 선조가 죽어 다행이지, 더 오래 살았더라면 세자가 교체되었고, 광해군은 왕위에 오르지 못했을 것이다.

광해군이 왕이 되자, 북쪽 국경 밖에서 여진족이 세운 후금이 발흥하여 중원을 넘보면서 우리에게 명나라를 섬기지 말고 자기네와 가까이 지내자고 압력을 가했다. 광해군은 불안한 왕위 계승으로 약화된 왕권의 정통성을 강화해야 했으며, 밖으로는 2백 년 넘게 지배계급과 피지배계급의 뇌리에 박혀 있는 사대 숭명주의와 현실적으로 강대해진 후금에 대한 배려를 어떻게 조화시키느냐에 대해 무척 어려운 결정을 해야 할 처지에 놓이게 되었다.

자신의 왕위 세습권을 박탈할 인물을 출산하기 위해 왕비가 된, 아홉 살이나 적은 여인이 무슨 어머니이며, 그가 낳은 아들이 형제이긴 하나 세자 자리를 빼앗을 수 있는 이복동생이 아니던가. 서양이나 동양이나 군주제에서는 군주의 정통성이나 왕권을 약화시킬 수 있는 인물은 제거하는 것이 상례이다.

그런데 당시의 상황은 그렇지 않았다. 조선왕조가 창업한 이래 2백 년 동안 백성의 뇌리에 박혀 있는 성리학은 형식 논리에 치우쳐 있었다. 아버지의 정식 아내는 나에게도 정식 어머니이며, 아버지의 아들은 나의 친동생이니 통치 이념인 충효의 관점에서 보면 어머니를 폐하고 형제를 죽이는 것은 폐륜이라 지탄을 면할 수 없었다.

조선은 개국 이래 명나라에게 스스로 신하이기를 자처하며 황제의 나라에게 충성을 바치는 것을 국가의 기본으로 삼아온 사대 숭명주의가 백성들에게 세뇌되어 있었다. 이는 임진왜란 때 명나라의 지원을 받음으로써 더욱 더 강화되었다. 그들의 시각에서 보면, 광해군은 왕권의 정통성과 권위에 흠집을 내는 왕이었다. 그리고 대륙의 정세가 뚜렷하게 변했는데도, 명나라를 멀리하고 신흥 후금을 가까이 하고자 했으니 지탄을 면할 수 없었다.

그러나 광해군은 현명한 조치를 한 것이었다. 이복동생인 영창대군은 강화도로 귀양 보내고 나이 어린 계모 인목대비를 대비의 자리에서 물러나게 한 후 서궁에 유폐시켜 왕권을 강화하고자 했다. 그것도 자신이 주장해 한 것이 아니라 조정의 강력한 권고로 어쩔 수 없이 받아들이게 되었다. 그리고 두 사람의 생명만은 꼭 보장하도록 했는데, 영창대군은 아첨군의 농간으로 그만 생명을 잃고 만 것이다.

대외정책에 있어서도 명나라로부터 후금 토벌을 위한 지원군을 요청받자 약 1만 명 정도의 지원군을 파병했다. 밖으로는 사대숭명 사상을 따르는 것처럼 하면서 원정군 대장인 강홍립 장군에게는 전세를 잘 살펴보다가 후금이 우세하면 항복을 하라고 밀명을 내렸다.

강홍립 장군이 지휘하는 우리 군대는 국경을 넘어 대륙의 북방에 가서 명나라 군에 합류해 부차에서 대치했다. 명나라 군대가 패하자 강홍립 장군은 휘하 우리 군대를 인솔해 후금에 항복했다. 강홍립 장군이 후금에 항복했다는 소식은 곧바로 국내에 전해졌고 조야에서는 큰 소동이 일어났다. 평양감사 박엽은 강홍립 장군의 가족을 하옥시키고 강홍립 장군을 역적으로 몰아 가족들을 주살시켜야 한다고 건의했다. 그러나 광해군은 그 가족을 한양으로 오게 해 특별히 보호했다. 그리고 후금에 항복한 강홍립 장군과 비밀통로를 터서 연락을 취하면서 대륙의 정세를 보고받는 동시에, 우리나라가 후금에게 적대감정이 없다는 것을 전하기도 했다.

선견지명이 있는 광해군이 이처럼 현명하게 조치를 하며 계속 임금 자리에 있었더라면 병자호란을 겪지 않았을 터인데, 인조반정이 성공함으로써 현군 광해군이 쫓겨나게 되었으니 정말 애석하다.

그러나 인조반정이 성공할 수밖에 없었던 것은 당시 상황으로서는 필연적이었다. 2백 년 동안 백성들은 성리학적 형식 논리에 치우친 윤리관에 세뇌되어 있었고, 사대숭명 사상은 국가의 기본 통치이념으로 뿌리가 깊이 박혀 있었다. 그러므로 광해군의 위와 같은 조치는 폐륜이며 반 왕조적인 것으로 지탄을 면할 수 없었기 때문이다. 쿠데타의 명분으로 충분했다. 결국 백성들의 적극적인 호응으로 인조반정은 성공하게 된 것이다.

인조는 그와 같은 명분으로 반정을 일으켜 왕이 되었으니 숭명배금은 그의 당연한 대외정책이었다. 이는 후금이 강해지고 명나라는 쇠잔해져가는 당시의 대세에 어긋나는 것이었다. 역사의 흐름에 역류하면 반드시 큰 화를 입기 마련이다.

후금은 국호를 청으로 개칭하고 칭제와 연호를 쓰면서 우리나라를 신하의 나라라 여겼다. 그리고 명나라를 정벌하는데 지원군을 파병하라고 했다. 우리나라는 이를 받아들일 수 없었으므로 거절했고, 청나라는 명나라를 공격하기 전에 먼저 후방의 안전을 도모하기 위해 우리나라로 쳐들어 왔다. 이것이 병자호란이다.

우리 역사상 수모를 당한 일이 수없이 많았지만, 이때처럼 수모를 당했던 적은 없었다. 임금이 죄수복을 입고 세자를 비롯한 왕자와 신하를 거느리고 적진에 들어가 세 번 절하면서 한번 절할 때마다 이마를 세 번씩 땅에 찧는 삼궤 구복의 예를 행하는 치욕을 당한 것이다. 세자를 비롯한 왕자와 중신들을 인질로 바치는 것은 말할 것도 없었다.

모든 전쟁에 있어서 종전협정은 포로에 대한 송환약정이 필수이다. 그러나 당시 종전협정은 청나라 군에 잡힌 우리 포로 수십만 명을 청나라로 끌고 가 결국 노예가 되게 했으니, 유사 이래 이런 치욕을 당한 것은 처음이었다. 이는 인조 임금이 시대 조류에 따라 친금정책을 쓴 광해군을 지탄하여 그것을 명분으로 반정을 일으켜 숭명배금을 한 외교정책 때문이었다.

인조반정을 회고하면서 오늘날 북한의 미래를 생각해 본다. 북한은 제2차 세계대전 이후 반세기가 넘도록 공산주의 이념으로 무장해 김일성 일가 3대에 걸쳐 동서고금에 없는 개인숭배를 하며 사회주의 체제로 굳어져 있다.

그러나 공산주의는, 그 종주국인 소련을 비롯한 동구권 공산주의 국가들이 이를 정식으로 포기했고, 포기하지 않은 나머지 공산주의 국가도 외형적으로 포기 선언만 하지 않을 뿐, 실질적인 경제체제는 자본주의 사유재산제와 시장경제를 채택하고 있다.

그럼에도 불구하고 북한은 여전히 공산주의 이념을 주입시키며 김일성과 김정일, 그 뒤를 이은 김정은에 대한 개인숭배를 날로 강화하고 있다. 간간이 소개되는 북한 텔레비전을 보면, 아나운서가 신파조로 공산주의와 김일성 부자에 대해 찬양을 하는 소리를 들을 때마다 가슴이 섬뜩해진다.

먹고 살기가 어려워 고향을 버리고 국경을 몰래 넘어 탈출하는 탈북자들이 날로 늘어나 국제적인 외교문제를 일으키고 세계적인 인권 단체들이 탈북자를 지원하는 자선사업을 하고 있는 것은 공지의 사실이다. 사태가 이 지경에 이르렀는데도, 남북한 이산가족 상봉 때 남쪽 가족이 북한 가족에게 죽어서 천당이나 극락에 가게 신을 믿으라고 권하면, 북한 가족들은 지금 살고 있는 북한이 천당이고 극락인데 김일성 부자 이외에 굳이 신을 섬길 필요가 뭐 있느냐는 식으로 말하곤 한다. 이는 마치 임진왜란 때 자기만 살겠다고 백성을 버리고 의주로 도망간 선조가 서울로 환궁할 때, 백성들이 엎드려 통곡을 하며 임금을 맞이하는 것과 궤를 같이 하는 것이다.

남북정상회담 때 도로변에 나와 있는 평양 시민들이 이제는 고인이 된 김정일을 보고 희열이 넘쳐 발을 동동 구르고 눈물을 흘리는 것을 보면 정말 사람이 저렇게 될 수 있는가 싶다. 세계에서 제일 못 사는 백성이 북한 백성인데 그럼에도 불구하고 세계에서 백성으로부터 제일 숭상받는 위정자가 북한의 위정자다.

반세기가 넘게 북한이 공산주의와 개인숭배로 세뇌가 되어 있는데 이것이 잘못되었다고 바꾸면, 광해군이 반정을 당하여 쫓겨난 것처럼 정변이 날 수 있음을 충분히 예상할 수 있다. 북한 위정자가 정변을 막고 체제를 유지하려면, 반세기 동안 잘못 걸어온 노선이지만 어쩔 수 없이 그대로 밀고 나갈 수밖에 별 도리가 없을 것이다.

그러나 언제까지 그와 같은 잘못된 노선을 밀고 나갈 수 있겠는가. 역사의 흐름에 합류하지 않고 역류를 하면 반드시 피를 보게 된다. 인조반정으로 정권을 잡은 인조가, 청나라가 대륙을 지배하고 명나라가 망하는 것이 눈에 보이는데도 명나라를 숭배하다가 정묘호란, 병자호란이라는 참변을 당했듯이, 이미 실패한 공산주의와 시대에 맞지 않는 개인숭배를 계속 고수하면 큰 변란을 맞을 것이라고 역사가 가르쳐주고 있지 않은가. 북한의 위정자가 어떤 사람이고 무슨 생각을 하고 있는지 잘 알지는 못하지만, 민족의 장래를 생각하며 북한을 통치해 주었으면 한다.

일으켜서는 안 될 반정이었지만 반정을 일으켜 정권을 장악한 후, 인조가 조금만 더 슬기로웠더라면 병자호란 같은 큰 환란을 피할 방법이 있었을 것이다. 우리 민족의 역사를 살펴보면 남들은 발전하고 전진하는데 우리는 정지하거나 퇴보하다가 봉변을 당한 예가 많았다.

조선조 말에 실학이 대두되었지만 꿈틀거렸을 뿐 실용화되지 못했고, 천주교가 전래되었지만 끔찍한 방법으로 박해했다. 그리고 구한말 갑신정변이나 갑오경장이 성공했더라면, 보다 일찍 우리의 힘으로 개화가 되었을 것인데, 이 또한 실패해 주권을 남의 나라에 빼앗기고 강요에 못 이겨 개화를 하게 되었다.

이러한 쓰라린 역사를 교훈삼아 북한의 위정자가 북한을 현명하게 통치해 주기 바라는 마음 간절하다. 부득이 피를 흘려야 하는 경우가 생기더라도, 보다 희생이 적은 방법을 선택하여 주기 바란다. 정권은 짧고 민족은 영원한 것이다.

# 대동법의 개혁과 실행

조선왕조의 역사를 공부해보면 정책에 대한 논의 특히 일반 백성들의 생활과 직결되는 민생 문제를 두고 깊이 논의한 적이 별로 없어 보인다. 그 치열한 당쟁도 인사, 세자 책봉, 상례, 문묘배향 인물 선정 등의 문제로 당파 별로 의견을 달리해 치열하게 다투었지 국가관이나 정책을 수립하기 위해 다툰 것은 아니었다. 그런데 1백 년 넘게 백성이 부담하는 조세 정책을 두고 그 수립과 실천에 관해 심각하게 논의를 했다는 것은 특기할 만한 일이다.

백성이 국가에 부담하는 소위 3정 즉 조租, 용庸, 조調 중에서 조調에 해당하는 공물제도는 각 지방의 특산물을 국가에 바치는 것으로 문제점이 많았다. 특산물은 세월이 바뀌면서 생산이 안 되는 수도 있고, 어촌이라 하더라도 동해의 어촌에 많이 잡히는 오징어가 서해의 어촌에서는 잡히지 않는 경우가 있다. 반면에 서해에서 많이 잡히는 조기가 동해에서는 잡히지 않기도 한다. 그런데 어촌이라는 이유로 이를 똑같이 조달하게 하는 오류를 범한 것이다. 또 지방에서 납품받아 중앙으로 수송하다가 잃어버리기라도 하면 이중으로 부담시키는 등, 그 폐단이 말 할 수 없이 심했다.

그런데 이러한 폐단보다 더 심각한 것은 물품의 품질을 측정하는 것으로, 각 지방 고을에서 공납을 받으면 관리들이 특정상인 즉, 방납업자防納業者들이 판 물건이 아니면 불합격으로 처리를 한 것이다. 또 방납업자들이 공물납부자들로부터 돈을 받고 대신 납부하기도 했는데, 그 수수료가 엄청났다.

그리고 무엇보다 문제가 심각한 것은, 공납을 재산의 기준에 따라 부과하지 않고 호구별로 분담지었다는 점이다. 잘사는 사람에게는 세금을 많이 부담하게 하고 가난한 사람에게는 적게 부담하게 해야 하는 조세정의와는 반대로 지방 관리에게 잘 보이는 세도가는 적게 내고, 세도가 없는 집이 공물을 많이 내는 경우도 있었다.

그러한 공납의 폐단 때문에 살던 곳을 떠나버리게 되는 경우도 많았다. 관리들이 이를 충당하기 위해 도망간 사람의 몫을 그 친족이 대신 부담을 하게 하자 친족이 도망가 버리고, 친족이 도망가자 그 이웃에게 부과를 하고, 그 이웃이 이를 내지 못해 도망가 버리는 바람에 마을이 텅 비는 경우도 있었다.

동서고금의 역사를 보아도 세금을 친족이나 이웃에게 연대 책임을 묻는 경우는 없었다. 유랑민이 많고, 빈 동네 또한 많아서 선조 때 이를 조사한 적이 있었다. 황해도의 유랑자 숫자를 알기 위해 읍에 영을 내려 살펴보니, 조사 보고서에 의하면, '큰 읍은 도망자가 수백 명에 이르고 작은 읍도 팔, 구십 명을 내려가지 않으니 도 전체를 합하면 헤아릴 수 없이 많습니다. 한 읍에 팔, 구십 명의 숫자도 적은 것이 아니지만 각 사람마다 친족이 있으니, 그 피해를 당하는 자가 몇 명인지 알 수 없습니다.'라고 했다.

사정이 이 지경에 이르자, 공납제의 폐단을 시정하고자 하는 개혁안을 내놓은 개혁론자들이 여러 명 나왔다. 일찍이 중종 때에는 조광조가 이를 문제 삼았고, 1570년에는 율곡 이이가 대동법이라는 구체적 제시 안을 내놓았다. 그리고 1608년 광해군 원년에 영의정 이원익이 율곡이 주장한 대동법을 실시할 것을 강력히 주장해 우선 경기도에서 이를 실 시하기로 했다.

후일 대동법 실시에 소극적으로 처신한 송시열도 한 때는 '기축봉사' 라고 일컫는 비밀 상소를 통해 공납의 폐단을 시정할 것을 주장했다. 그 내용을 보면, '공납을 바르게 하여 백성의 힘을 바르게 해야 합니다. 토 산물은 예전에 있다가 지금은 없는 것이 있으며 예전에는 싸다가 지금 은 비싼 것이 있는데, 조정에서는 그런 것을 고려하지 않고 오직 준엄한 법으로만 엄하게 징수할 뿐입니다. 이는 교활한 아전이 방납업자와 결 탁하는 끄나풀이 될 뿐입니다.'라고 하며 그 시정을 촉구한 것이다.

당시 홍문관에 들어온 민원을 보면, 지방 관리와 결탁한 방납업자들 이 물건 값을 백배로 올려 받고 있다는 내용이 있다. 정말 힘없는 백성 의 고혈을 짜는 짓이었다. 이런 공납의 폐단을 시정하고자 하는 방안이 앞서 말한 율곡 이이가 제창한 대동법이다.

대동법은 간략하게 말하면, 부과 기준을 일정하게 하자는 것이었다. 즉 부과 단위를 애매하게 읍과 호가 아닌 전세田稅처럼 토지에 따라 부 과하는 것이다. 토지 소유의 과다에 비례해 공물의 수량이 정해지며, 공납을 할 때 잡다한 가지 수를 없애고 쌀로 통일하며 쌀이 나지 않는 산골이나 어촌에는 베와 돈으로 통일해 내도록 하는 것으로, 일명 '대 동수미법'이라고 부르기도 했다. 이는 조세의 부조리를 없애는 좋은 제 도이지만 제창되고 난 후 부호들과 방납업자, 그들과 결탁한 향리들의 결사반대에 부딪혔다.

광해군이 우선 경기도에서 시범적으로 실시를 해보니 국가 재정은 더 탄탄해졌고 백성들의 대대적인 환영을 받았다. 그럼에도 불구하고 앞서 말한 기득권자들은 그 확대 실시를 더 적극적으로 반대하는 바람에 온 나라가 시끄러웠다.

집권당인 서인은 두 편으로 나눠졌다. 대동법의 확대 실시를 주장하는 김육, 조익이 대표하는 한당과 이를 반대하는 김집, 송시열, 송준길 등이 대표하는 산당과의 사이에 격렬한 논쟁이 있었다.

산당은 그들 학파의 종주 이율곡이 제창한 것임에도 불구하고 그들을 옹호하는 특권 세력을 위해 반대한 것이다. 송시열은 앞서 본 바와 같이 개인적으로는 대동법의 실시를 찬성하면서도 막상 공론화되니 자기 당의 우두머리인 김집을 따라 반대했다. 인간적인 의리를 위해 자신의 소신을 굽힌 것이니 의리 있는 사람이라고 좋게 평가해야 할지, 아니면 정실에 의해 소신을 버리는 것이므로 나쁘게 평가해야 할지 알 수가 없다.

한당의 당수인 우의정 김육은 대동법의 경세가라고 불릴 정도로 대동법의 확대 실시에 자신의 정치적 운명을 걸었다. 그는 우의정에 제수된 효종 즉위년 11월에 올린 소차상소와 차자에서 '왕의 정치는 백성을 편안하게 하는 것보다 우선 할 일이 없습니다. 백성이 편안한 후에야 나라가 안정될 수 있습니다. 대동법은 잘못된 것을 바르게 하여 백성을 편안하기 위한 것이니 실로 시대를 구할 수 있는 좋은 계책입니다. 비록 여러 도에 두루 행하지 못하더라도 경기도와 강원도는 이미 시행하여 힘을 얻었으니, 이를 양호지방에서 시행하면 더 많은 백성이 편안하

게 되어 나라에 도움이 될 것이오니 이 얼마나 좋은 방도이겠습니까.'
라고 하며 충청도와 전라도까지 확대실시 하자고 했다.

효종이 그와 같은 건의를 받고 이조판서 김집에게 의견을 묻자 김집
이 반대하고 나섬으로써 대동법을 둘러싼 산당과 한당의 논쟁에 불을
붙이게 되었다.

산당이 대동법 확대 실시를 반대한 것은, 뚜렷한 명분 없이 시행의
불편함을 두고 말한 것이다. 그러자 좌의정 조익이 "왕정 가운데 대동
법보다 더 큰 것이 없는데 어찌 한 두 가지 불편하다 하여 행하지 않을
수 있습니까?"하며 산당을 공격했다.

이러자 김육은 더욱 더 힘을 얻어 "대동법은 지금 모든 조례에 올렸
으니 전하께서는 옳다고 여기시면 행하시고 불가하면 신을 죄 주소서."
하니, 산당은 말꼬투리를 잡아 우의정 김육이 임금을 협박한다면서 대
동법 실시를 반대했다.

논쟁이 격렬해지자 임금 효종은 논쟁을 말리면서 "대동법을 시행하
면 대호가 원망하고, 시행하지 않으면 소민이 원망한다고 하는데, 원망
하는 대소가 어떠한가?"라고 물었다. 대부분의 신하들이 "소민의 원망
이 큽니다."라고 하자 "대소를 참작하여 시행하라."고 했다. 이는 대동
법을 시행하라는 뜻이었으나 반대의견을 무시하지 못해 딱 잘라 말하
지 못한 것이다.

그러자 확대 실시를 반대하던 김집이 그 시행을 저지하기 위해 사직
하자, 송시열도 당의 우두머리를 따른다며 동반 사직했다. 그러나 반대
론은 명분이 뒤지므로 확대 실시하자는 의견이 대세를 이루었다.

그리하여 대동법을 충정도와 전라도에 확대 실시하게 되었다. 백성

들의 생활은 나아지고 국가 재정도 더 충실하게 되니 반대하는 자들도 더는 대놓고 반대하지 못했다. 송시열도 임금과 대면한 자리에서 "편리하게 여기는 사람이 많으니 좋은 법이라고 하지 않을 수 없습니다."라고 실토했다.

대동법 실시는 도도한 역사의 흐름이 되었다. 현종 7년1666년에는 함경도에서, 숙종 3년1677년에는 경상도에서, 숙종 34년1708년에는 황해도에서도 실시하게 되었다. 경기도에서 처음 실시한 후 백년 만에 전국적으로 실시하게 된 것이다.

조선왕조 후기에 흡혈귀라고 일컬어지던 지방 관리들이 대동미를 징수할 때 품질검사를 한다며 쌀장사와 결탁했다는 말이 없는 것이 천만다행이다. 욕심 같아서는 모든 국가에 내는 세금은 전세로 통일해 대동법 자체가 필요 없도록 공물을 폐지하는 것까지 발전하였으면 하는 생각도 해보게 된다.

대동법을 실시함으로써 여러 가지 파생 효과가 있었다. 지방에서 징수하는 대동미를 중앙으로 가져오느라 육로와 수로가 필요해지자 교통이 발달하게 되었다. 그리고 대동미를 팔아 정부가 필요한 물건을 사게 되면서 자연히 시장경제가 활성화되었다. 이에 따라 문벌에 따라 차이가 나던 신분제에도 변화가 생겼다. 문벌이 없이 돈벌이 하는 상인의 신분이 향상된 것이다.

동서고금의 역사상 대부분의 개혁정책은 기득권 세력의 저항을 받아 처음 제창자는 희생되고 첫 시도는 실패한 경우가 많았다. 고대 로마의 그라크스 형제, 중국 북송 때의 왕산악, 조선왕조의 조광조 등이 그 좋은 예이다. 개혁정책은 희생과 시행착오를 겪으며 결국 정착

된다. 이처럼 개혁의 나무는 희생의 피를 빨아먹어야 꽃을 피우고 열매를 맺는 모양이다. 그런데 대동법을 시행하며 피를 흘리지 않았으니 천만다행이다.

아쉬운 점은, 대동법이 처음 실시된 후 장점은 많고 단점은 별로 없다는 것이 일찌감치 드러났는데도 전국적으로 시행되기까지 백년이 걸렸다는 점이다. 백성에게 좋은 정책의 실현이 그만큼 늦어진 것이다.

일제 강점기 때 일본 사람들이 식민 통치를 합리화하기 위해 조선왕조시대를 역사의 발전이 없는 정체停滯된 시대라고 정의했다. 역동적이지 못한 조선 왕조사의 약점을 콕 집어낸 것 같아 불쾌했지만, 정곡을 찌른 것 같기도 하다.

# 북벌 계획의 허실

우리나라는 다른 나라의 침략을 당한 적은 있지만, 남을 정벌한 적이 별로 없었다. 그런데 조선왕조 17대 왕 효종이 북벌, 그것도 대륙의 대제국 청나라를 정벌할 계획을 세웠다. 민족의 역사상 모처럼 웅지를 엿볼 수 있는 대목이다.

병자호란의 참변으로 삼전도에서 치욕을 당하고, 맏형 소현세자와 함께 심양에 인질로 붙잡혀 갔을 때 당시 봉림대군이었던 효종은 열아홉 살이었다. 그때 소현세자는 청나라가 대륙을 지배하는 대제국이 될 것이라고 정세를 파악하고 그에 맞춰 국가를 경영해야 된다고 생각했다. 그러나 봉림대군은 청에 대한 반감과 복수심을 불태웠다.

소현세자는 임금이 되기 전에 사망했다. 세자가 죽으면 세손이 그 자리를 이어 받는 것이 당시의 법도였으나, 인조는 그렇게 하지 않았다. 삼전도 치욕에 대한 한이 맺혀 친청親清의 정서를 가진 소현세자를 좋아하지 않았기 때문이다. 그래서 법도와 달리, 청에 대해 복수심을 갖고 있던 봉림대군을 세자로 삼아 왕위를 계승하게 했다.

1649년 효종은 즉위 하자마자 김자점을 비롯한 친청세력을 모두 숙청하고, 청나라를 정벌하겠다는 의지를 피력했다. 그는 청나라에서 8년 동안 인질로 지내며 만주의 심양과 요동의 지형지물, 북경의 형세

등을 훤히 익혔다고 자부했다. 청군의 편제와 조련 수준도 그 누구보다 세밀하게 관찰했다고 자랑했다.

그는 한순간도 삼전도의 치욕을 잊지 않았고, 자신을 포함한 왕자들의 인질생활을 왕가의 치욕으로 여겼다. 그는 청에 대한 복수심을 쉽사리 포기할 수 없었다. 당시 사대부의 상징인 송시열은 이를 재빨리 알아챘다. 그는 주자를 숭상하고 그의 가르침을 실천하는 것을 최고의 이상으로 삼고 있던 사람이었다. 효종은 세자로 지낼 때 송시열이 사부였던 터라 흉금을 털어놓고 수시로 북벌 계획을 논의했다.

송시열이란 사람은 무리할 정도로 자기주장을 내세우고 고집이 세고 권모술수에 능한 인물이었다. 그는 효종에게 소위 '기축봉사'라는 비밀 상소를 올렸다.

'이른바 정사를 닦아 오랑캐를 정벌하는 뜻은 이러합니다. 공자가 〈춘추〉를 지어 대일통大一統의 의리를 천하 후세에 밝힘으로써 무릇 혈기가 있는 무리는 마땅히 중국을 높이고 오랑캐의 추악을 모두 알게 되었습니다. 주자가 가로되 군부君父의 원수와는 함께 하늘을 이지 않는다 하였는데 하늘이 덮은 것, 땅이 실은 것은 군신, 부자의 성품에 있어서이며 지극히 통절한 데서 나온 것이지 자기를 동정한 것이 아니요, 사사로운 마음에서 나온 것이 아닙니다.'라고 하며 주자의 견해에 따라 화이관의 원칙론을 밝히고 이를 구체적으로 제시한 것이다.

이어서 '우리 태조 고황제명나라 시조 주원장는 우리 태조 강헌대왕이태조과 더불어 동시에 창업하여 군신의 의리와 충성의 절개를 정해 거의 3백 년 동안 지켜왔습니다. 이미 우리는 신종황제임진왜란 때 명 황제의 골육입니다. 그러니 군신의 대의가 어찌 하늘이 다르다고 간격이 있겠습니까.'라며 화이관과 사대숭명을 논했다. 그리고 명나라를 버리고 청나라를 섬기는 것은 이군불사二君不事로서 있을 수 없다고 했다.

두 사람이 북벌을 하자는 마음은 같았지만, 임금인 효종은 치욕을 씻겠다는 복수심으로 가슴에서 실천하겠다는 의지가 강한 것이었고, 송시열의 북벌은 주자의 화이관과 사대 숭명의 명분에 입각한 것이었으므로 그 시각과 온도가 달랐다.

임금이 열의를 가지고 북벌을 주창하고 사대부의 상징인 송시열이 찬동하니, 마음속으로는 무리라며 반대하고 싶은 사람도 감히 밖으로는 표현하지 못했다. 영의정 정태화를 비롯한 모든 신료가 이를 찬성하자 북벌 계획은 힘차게 추진되었다.

효종은 군사에 밝은 박서를 병조판서로 임명하고 군비를 확장했다. 박서는 수륙군 환점 사옥 등 군정 개혁 5개조를 내놓아 군사력 정비를 주장하는 등. 효종과 발맞추어 군사력 강화에 힘썼다. 박서는 병조판서를 오랫동안 역임한 사람으로 몸가짐이 검소했고 군국의 계책도 효종의 뜻에 일치했다.

그러나 많은 업적을 남긴 박서가 급사하자 효종은 실의에 빠졌다. 그러나 좌절하지 않았다. 효종은 여러 문신들이 민생 문제를 거론하며 군비 확장을 반대할 때 유독 군비 확장을 주장한 원두표를 눈여겨봤다. 그리고 박서의 후임으로 임명했다. 원두표는 전임 박서처럼 지방관에게 군무를 겸임시키지 말고 따로 영장을 뽑아 보내자고 했다. 효종은 무장 이완을 훈련대장으로 임명하고 원두표에게는 국방 정책을, 이완에게는 그 실행을 맡겼다.

그리고 효종은 군주로서 실제적으로 실사구시를 실행하기도 했다.

재위 7년 12월, 임금이 직접 인사 행정을 실시해 인사 담당자인 이조판서 홍명화와 병조판서 원두표에게 서북인의 등용을 명한 것이다.

"처음 벼슬길에 오르는 사람은 서울의 권세 있는 집안 자제로 보충할 필요 없이, 충신과 효자의 자손을 재능에 따라 기용하고 서북지방 사람도 의당 기용하여 그들의 마음을 위로하라."고 하며 태조가 맹호 출림이라고 불렀던 서북인이 북벌의 필수적인 인적자원임을 예리하게 직시하고 서북인의 차별을 혁파하는 등, 그 등용을 장려했다.

효종은 친히 열병하여 무과인 관무제를 실시했으며, 급제한 사람들을 지금까지 문신만 등용했던 고을 원에 임명하려고 했다. 그러나 문신들이 반대하자, 한 걸음 양보해 첨사로 등용했다. 그리고 문신만 기용하던 승지 자리에 무장 유학연을 기용해 병조에서 올라오는 보고가 그를 통하도록 했으며, 또 자신이 병조에 지시할 내용은 그에게 지시해 그가 직접 병조에 하달하도록 하는 등, 국방에 관한 것은 친정체제로 굳혔다.

수시로 열병하는 관병식을 거행하고 임금의 근위대인 금군을 늘렸다. 산악지대인 우리나라와는 달리 중원은 평야가 많으므로 이를 공격하려면 기병을 양성해야 된다고 궁궐 후원에 기병 훈련장인 '기사장'을 만들기도 했다. 그리고 귀화한 네덜란드인 박연과 제주도에 표류한 하멜 일행을 훈련도감에 배속시켜 조총과 화약을 제조하도록 했다. 또한 군비 자금을 확보하기 위해 대동법을 충청도, 전라도까지 확장 실시했다. 문치에 흐른 조선 왕조사에서 보기 드문 부국강병책을 모처럼 실시한 것이다.

그러나 효종의 이러한 북벌 계획이 조선왕조의 주체 세력인 사대부들의 불만을 키웠다. 그 불만이 고조되고 흉년이 들어 민심이 다소 동요되자, 평소에 참고 침묵을 지키던 원로중신 김육, 정태화, 이경석 등이 무신 우대 정책을 비판하고 군비보다 안민정책을 내세우면서 임금의 그동안 군비 강화책을 성토했다.

사대부와 원로중신이 임금의 정책에 이의를 제기하자, 이를 기화로 당시 선비의 상징인 송시열이 정식으로 이의를 제기했다. 송시열, 그는 효종이 처음 북벌 계획을 밝히자 제일 먼저 앞장서서 적극 찬성한 자가 아니던가.

그는 '정유봉사'라는 비밀 서신을 효종에게 보냈다. 그 글 중에 '전하께서 즉위하신지 8년이나 되었으나 그럭저럭 세월만 보내어 위로는 하늘과 성교인조의 뜻에 보답할 수 있고 아래로는 뭇 신하와 만 백성들의 기대에 부응할만한 조그마한 공로도 전혀 없었고 오늘날에 이르러서는 사람들이 원망하고 하늘이 노하여 안에서는 소요가 일어나고 밖에서는 공갈과 협박을 하고 있어 위태로운 화가 조석 사이에 임박했습니다.'라고 하여 왕조 국가에서 신하가 임금에게 이렇게 무례할 수 있나 싶을 정도로 그동안의 효종의 치적을 부정하고 왕을 질책했다.

조정이 혼연일체가 되어 추진해야 할 북벌 계획이 이렇게 저항을 받게 되자 효종은 당황하지 않을 수 없었다. 그러나 효종은 의지를 굽히지 않았다. 이를 꼭 추진하고 싶었기 때문이다. 그래서 화를 참고 송시열을 불러 그에게 초구담비가죽으로 지은 옷를 내려주며 "경이 이 옷을 입고 나와 함께 중원에서 말을 달리는 것을 생각해 보라. 이 얼마나 가슴 벅찬 일이겠느냐."고 격려했다.

그리고 송시열의 요구에 따라 독대하였다. 비밀, 공작 정치를 경원하고 명분과 공개를 중시하는 조선왕조에서 임금과 신하가 좀처럼 독대를 하지 않는데 효종이 이를 한 것이다.

효종은 그 자리에서 송시열에게 말했다. '많은 신하들이 군비 확장을 중지하라고 하는 그 뜻을 나도 잘 안다. 하지만 모든 것은 때를 놓치면 안 된다. 지금이 바로 그 때이다. 10만 양병을 한 후 때를 기다려 중원을 공격하면, 오랑캐보다 백 배나 많은 한족이 우리를 도와줄 것이다. 한족은 명의 부활을 기다리고 있기 때문이다. 포로로 잡혀간 우리 동포들도 적극 가담해 우리를 도울 것이다. 그리고 우리가 그동안 청에 조공한 물품이 아직 만주와 심양에 있으니 내가 더 늙기 전에 반드시 북벌을 단행해야 된다'며 그 실천의지를 강력히 피력했다.

그러자 송시열은 그에 대한 답변으로 막연하게 먼저 기강을 확립해야 한다거나 수신을 해야 한다는 말만 되풀이했다. 효종은 송시열을 포함하는 사대부들이 북벌 계획에 앞장서주기를 바라는 마음으로 한 발 양보하여 그들에게 벼슬을 내렸다. 송시열에게는 이조판서, 그의 단짝 송준길에게는 대제학을 제수한 것이다.

임금이 그렇게 하였는데도 조정 중신들이 북벌에 열의를 보이지 않자, 효종은 송시열에게 비밀 서신을 보내 독려하였다. 그러나 송시열은 이에 대한 답으로 그동안 여러 중신들을 만나 북벌을 논의했다는 것과 그들 개인별로 제시한 의견을 보고하고, 북벌 추진에 대한 언급은 하지 않았다. 그리고 우리나라에 17만 명이나 되는 승려가 있으니 이를 차출해 병사로 만들자는 의견을 제시했다. 이는 불교를 더 탄압하고 싶은 본심을 드러내는 일이었다.

그러다가 1659년효종 9년 5월, 효종이 급사했다. 어떤 사학자는 북벌을 반대하는 세력이 암살한 것이 아닌지 의심하기도 한다. 효종이 사망하자 북벌은 하루아침에 열기가 사라졌다. 어느 누구도 선왕의 유지를 받들어 북벌 계획을 계속 추진하자는 말을 하지 않았다. 15년 후, 숙종이 즉위하고 남인이 집권하자 남인의 거두 윤휴가 북벌을 추진하자는 상소를 올려 이를 논의한 적이 한번 있을 뿐이었다.

그러나 중국에서 한족이 삼번의 난을 일으킨 것을 볼 때, 북벌을 하면 절대다수인 한족이 호응할 것이라는 효종의 예상이 결코 허무맹랑한 것이 아니었다는 생각이 든다.

북벌 계획의 추진과정을 보면 임금만 열의가 있었고, 송시열을 비롯한 북벌 추진론자들은 겉으로만 열의가 있는 척 했을 뿐, 굳이 추진할 마음이 없었던 것 같다. 효종은 병자호란의 치욕을 씻기 위한 복수심에서 실행 의지가 대단했지만, 신하들은 그들의 정권 유지를 위해 주장만 했던 것뿐이었다.

그렇다면 그들은 북벌이 쉽지 않은 일이라는 것을 알고 추진할 생각도 없으면서 왜 그렇게 떠들어댄 것일까.

그 가까운 원인은, 인조반정의 명분을 잃지 않기 위해서였다. 명나라를 배척하고 금나라를 가까이 하는 광해군을 쫓아내고, 그들이 인조를 추대한 반정이 옳다는 것을 보여주고 싶었기 때문이다.

그리고 또 다른 원인은, 조선왕조 유지를 위해 그렇게 한 것이라고 본다. 임금을 비롯해 중신들은 명 황제를 섬기다가 청 황제를 섬기는 등, 두 황제를 섬기는 모순을 범하면서 백성들에게는 조선왕조만 섬기라고 주장하기가 퍽 난감했을 것이다. 혹시, 청에 조공을 하지 않아도 청이 침범하지 못할 정도로 군비를 갖추려는 의도였는지도 모르겠다.

조선왕조의 역사를 보면, 왕조 유지를 위해 충신은 두 임금을 섬기지 않는다는 불사이군의 의식을 깊이 세뇌시켰다는 것을 알 수 있다. 고려 말 충신 정몽주는 태조 이성계 세력이 역성혁명을 일으킬 낌새가 보이자 이를 거세하려다가 이방원의 하수인에게 맞아 죽었다.

그런 이방원이 새로운 왕조의 임금이 되자 정몽주를 대광보국숭록대부 영의정부사 수문전대제학 감예문춘추관사 익양부원군으로 추증했으며, 그의 충절을 높이 평가했다.

그 후, 정몽주는 개성의 숭양서원 등 13개 곳의 서원에 제향되었고, 조선조는 그를 충절의 사표로 삼았다. 이 뿐만이 아니다. 민중사회에서 단종을 깊이 애도하고 사육신을 추모하는 의식이 널리 퍼져 있다는 것을 알고 있으면서도 이를 금지하지 않고 오히려 반겼다.

조선왕조가 그렇게 이중 행위를 한 것은, 적도 포용하는 넓은 아량이 있어서가 아니라 왕조가 오래도록 존속할 수 있도록 불사이군의 의식을 백성들의 가슴에 깊이 새겨놓기 위한 것이었다.

그러한 세뇌교육이 주효하였으므로 조선왕조는 백성에게 별로 잘해준 것도 없으면서 세계 왕조사에서 보기 드물게 5백 년이 넘는 긴 세월 동안 왕조를 지탱할 수 있었던 것이 아닌가 싶다.

# 88서울 올림픽

조선 초부터 우리 조상들은 서울올림픽 종합경기장이 있는 곳을 '잠실'이라고 불렀다. 잠실이라는 것은 누에를 키우는 방이란 뜻이다. 조선 초에 이곳에 양잠을 장려하기 위해 뽕나무를 심고 잠실을 두었던 데서 마을 이름이 유래되었다고 한다.

그런데 신기하게도 두 개의 누에고치가 서있는 것과 같은 88이라는 끝자리 두 글자가 있는 해에 그곳에서 올림픽이 개최된 것이다. 오래 전에 잠실이라는 동네 이름을 지을 때부터 올림픽이 개최될 것이라고 점지했던 것이 아니었나 하는 다소 황당한 생각을 해보게 된다.

1981년 바덴바덴에서 열린 올림픽위원회에서 88올림픽 개최예정지를 투표하자 압도적인 표로 서울이 선정되었다. 자유진영과 공산진영이 냉전관계였던 때라 북한을 비롯한 공산진영에서 서울 개최를 끈질기게 반대했으므로 일본 나고야가 개최 예정지로 유력했다. 그러나 투표 결과 서울이 극적으로 결정되었다.

개최지가 서울로 결정된 것은 당시 전두환 대통령의 적극적인 지원이 있었기 때문이겠지만, 세계 최고의 로비스트라고 할 수 있는 현대 재벌 정주영 왕회장이 평소에 갈고 닦은 로비 능력으로 올림픽 유치에 전심전력을 기울인 덕분에 투표를 승리로 이끌 수 있었다고 생각한다.

그러면 전두환 대통령은 왜 올림픽을 유치할 결심을 하고 이를 적극 추진한 것일까. 18년 동안 장기 집권한 전임 박정희 대통령이 측근에 의해 저격 피살당하자, 유신독재와 장기집권에 염증을 느꼈던 국민들은 이제 민주정치가 회복될 것이라고 기대에 부풀었다.

그런데 그 기대를 저버리고 철저히 어긋난 방법으로 전두환 대통령이 집권을 하게 되었다. 전두환 대통령은 박정희 대통령 저격 피살 당시, 군 보안사령관으로서 정보를 장악하고 있는 것을 무기로 삼아 최고 통치자가 없는 권력의 공백 기간을 이용해 쿠데타를 일으켜 권력을 장악한 것이다.

권력을 장악하는 과정에서 광주민중항쟁이라는 무장 민중봉기가 일어나게 되었고, 수백 명의 사상자가 발생했다. 그러나 대부분의 국민들은 총칼이 무서워 더 이상 저항하지 못했고, 민주주의에 대한 갈망은 가슴 깊이 묻어두어야 했다.

실권을 장악한 보안사령관 전두환은 군인들로 구성된 국보위라는 것을 만들어 자신이 위원장이 되어 국가를 통치하려고 했다. 전두환은 집권을 하자 바로 개헌작업을 시작했다. 그리고 국민이 중요하게 생각하는 대통령선거를, 기존 유신헌법처럼 집권자의 의도대로 대통령을 뽑는 간접선거 방식으로 진행했다. 명칭만 통일주체 국민회의 대의원에 의한 선거가 아닌, 선거인단에 의한 선거로 헌법을 개정하고, 그 헌법 하에서 대통령에 피선된 것이다.

전두환은 대통령이 되긴 했지만, 국민들이 자신의 집권 과정에 대해 언짢아한다는 것을 잘 알고 있었다. 그래서 상황을 무마하기 위해 자신은 7년 임기로 단임 하겠다고 약속했다. 그러나 전임 대통령들이 단임 약속을 지키지 않은 선례를 봐왔던 터라 국민들은 그 진심을 의심했지만, 그는 단임에 대한 의지가 확고했다.

우리 국민은 원래 양순한 백성이어서 강력한 자가 새로 나타나 총칼로 억누르면 어쩔 수 없이 순응해왔는데, 전두환이 정권을 쥐자 수천 년 역사에서 유일하게 목숨을 걸고 총칼로 맞대응을 했다. 이는 그야말로 전두환이라는 사람은 '턱도 없다'고 생각해서가 아니겠는가.

그는 민주화에 대한 국민의 갈망을 뭉개버리고 무력으로 집권하는 과정에서 광주민주화운동과 같은 저항을 받게 되자, 전쟁이 난 것도 아닌데 수백 명의 사상자를 내며 진압을 시도했다.

이는 전두환 정권이 출범하며 도덕성에 치명타를 입게 된 엄청난 사건이었다. 그는 그러한 불명예를 만회하고, 장기집권에 대한 국민의 혐오감을 조금이나마 해소하기 위해 단임제를 약속했으며, 임기 중에 역사에 남는 업적을 남기고자 올림픽을 유치해 개최하려고 한 것이다.

우리나라에서 올림픽이 개최된다는 것 자체만으로도 큰 업적이긴 하다. 그리고 올림픽을 개최하려면 경기장을 포함해 올림픽촌을 건설해야 하므로 거대한 토목사업을 하게 마련이다. 그렇게 되면 경기가 활성화 되어 경제발전에 크게 이바지하게 되는 것은 말할 나위가 없다.

그래서 건설업을 통해 굴지의 재벌로 성공한 현대그룹 정주영 회장은 올림픽 유치에 전심전력을 다한 것이다. 그리고 국가적인 외교 역량으로 심혈을 기울이며 득표활동을 벌인 결과, 예상을 뒤엎고 유력했던 일본 나고야를 제치고 그 개최지로 서울이 선정되었다.

자유진영의 전위대로 강경파인 대한민국이 북한을 비롯한 공산진영의 끈질긴 반대를 물리치고 올림픽 개최지로 결정된 것은 상상 밖이었다. 올림픽 유치에 성공한 우리 정부는 그 준비에 박차를 가했다. 경기장 및 올림픽촌 건설을 서둘렀고, 1986년에 열릴 아시안게임을 유치하게 되자 가속도가 붙었다.

당시 전두환 대통령을 비롯한 집권세력들은 올림픽을 유치해 성공적으로 개최하면 역사에 남을 큰 업적으로 기록될 것이라고 예상했다. 또한 대통령직을 단임으로 마치면, 정권을 창출하면서 잃어버린 도덕성을 만회하고 국민들의 열광적인 지지를 받으며 자신이 지명하는 사람이 쉽게 대통령이 될 것이라고 판단했다.

그러나 그것은 정치 현실을 모르는 어리석은 생각이었다. 그들은 국민들이 갖고 있는 군인 통치에 대한 반감과 유신헌법 이전에 직접 뽑았던 대통령 선거에 대한 갈망이 어느 정도인지 알지 못했던 것이다.

대통령이 되고자 하는 열망을 품고 있던 김영삼, 김대중 두 사람은 이런 국민들의 심리를 잘 알고 있었다. 이 두 사람이 주도하던 소위 민주세력은, 올림픽 개최를 담보로 민주화 투쟁을 더욱 강화했다. 그리고 직선제로 대통령을 선출하는 개헌을 하지 않으면 대중저항운동을 일으켜 올림픽 개최를 무산시켜 버리겠다고 노골적으로 표명했다.

올림픽을 유치해 이를 개최하는데 전심전력을 다 기울이고 있던 집권세력은 국민들의 그러한 욕구를 어떻게 제압해야 할지 난감했다. 올림픽 개최를 앞두고 계엄령을 선포할 수도 없었고, 무리수를 두면서 민주인사들을 더 이상 투옥할 수도 없었다.

하는 수 없이 전두환 대통령은 1986년 아시안게임과 1988년 올림픽을 앞두고 민주세력의 개헌 요구를 수용하겠다고 일단 약속했다. 그리고 86 아시안게임을 성공적으로 개최했다.

당시 집권세력은 야당의 개헌 요구를 받아 주되, 내각책임제 개헌을 할 생각이었다. 민주적으로 헌법을 개정한다고 해도 내각책임제 개헌을 하면, 정권을 유지하는데 문제가 없을 거라고 판단했다. 집권하고 있는 민정당이 전국적으로 조직이 잘 되어 있으니 의회에서 다수당이 될 것이고, 재집권 또한 가능하다고 예상한 것이다.

한편, 야당을 비롯한 민주세력은 직선제 개헌 외에는 수용할 수 없다고 주장했다. 이들은 아시안게임을 마친 후, 88년 올림픽을 개최하기 전에 직선제 개헌을 실현하는데 초점을 맞추고 이를 관철시키기 위해 민주화투쟁을 전개하기 시작했다.

전두환 대통령은, 개헌을 약속했는데도 야당이 조금도 양보하지 않고 외골수 정치를 한다며 야당을 지탄했다. 그리고 개헌 수용 의사를 철회하고 기존 헌법에 따라 간선제 대통령을 선출하겠다고 선언했다.

그러자 야당과 민주세력은 투쟁을 강화했다. 민중봉기를 일으킬 태세였다. 대학생들이 거리에 나와 투쟁을 전개하면 그에 동조하는 시민들이 점차 합세하기 시작했다.

1987년 6월 10일 전국적으로 대대적인 시위가 있었다. 일부지역에서는 시위가 극렬해지자 군대까지 동원했지만, 시위 군중을 진압하지는 못했다. 집권당은 어쩔 수 없이 대통령 후보 노태우로 하여금 '6 · 29선언'을 통해 대통령직선제를 수용하겠다고 발표하도록 했으며, 전두환 대통령이 이를 수락하는 형식을 밟게 되었다.

1980년에 했던 것처럼 계엄령을 선포해 민주봉기를 총칼로 강력히 제어하고 민주인사를 투옥할 수 있었겠지만, 그렇게 하고서는 올림픽을 개최할 수 없었기 때문이다. 그래서 어쩔 수 없이 집권세력은 야당의 요구를 전적으로 수용하게 된 것이다.

　정권을 빼앗길 것을 각오하고 야당의 요구대로 개헌을 하고 그 헌법 하에서 선거를 치렀다. 그러나 1987년 대통령선거는 예상과는 달리 민주세력이 분열되어 여당의 노태우 후보가 낙승을 하게 되었다.

　노태우 대통령은 집권에는 성공했지만 대통령 선거 4개월 후에 치른 국회의원 선거에서 우리나라 헌정사상 처음으로 여소야대 국회를 구성하게 되었다. 의회에서 과반수 당이 되지 못한 노태우 대통령은 야당을 달래가며 국정을 운영하는 한편, 전임 전두환 대통령에 이어 올림픽 개최를 위해 심혈을 기울였다.

　그동안 1980년 모스크바 올림픽과 1984년 로스앤젤레스 올림픽은 동서냉전으로 말미암아 반쪽 올림픽이 되고 말았다. 소련이 아프가니스탄 내전에 개입해 과잉 진압을 하자 미국을 비롯한 서방진영이 강력히 항의하는 뜻으로 소련의 모스크바올림픽에 참석하지 않았던 것이다. 그리고 이에 대한 보복으로, 소련을 비롯한 공산주의 국가가 미국 로스앤젤레스에서 개최하는 84년 올림픽에 참가하지 않아 반쪽자리 올림픽이 되고 만 것이다.

　88년 서울올림픽 역시 공산진영 국가들의 참가 여부가 불투명했다. 북한이 테러 등을 하여 올림픽 개최를 방해하지 않을까 하는 염려도 있었다. 노태우 정부는 각종 외교활동을 통해 공산진영의 참여를 적극 유도했다. 구체적으로 어떤 외교 수단을 강구했는지 모르지만, 우려했던 북한의 방해공작은 없었다.

　드디어 1988년 서울 올림픽은 양대 진영 모든 국가가 거의 포함된 159개국이 참가하게 되었다. 우리나라와 외교관계가 없던 소련과 동구권 공산주의 국가, 그리고 중화인민공화국, 베트남, 쿠바, 알바니아도 참가했다. 그러나 캄보디아, 세이셸, 에티오피아, 니카라과 등이 국내 사정으로 참가하지 못했고, 남아프리카공화국이 인종차별 문제로 참가하지 못했다.

한동안 반쪽 올림픽만 개최하다가 자유진영의 전위대 격인 대한민국 수도에서 세계 거의 모든 나라가 참가하는 올림픽이 개최되어 성황을 이룬 것이다. 세계적인 거사였으므로 그 자체만으로도 길이 기록될 일이었는데, 그 파급 효과는 실로 엄청났다.

그 당시만 해도 공산진영에서는 우리나라가 미국의 전위대이며, 군사 쿠데타와 이에 저항하는 민중봉기의 악순환이 거듭되는 정치적으로 혼란하고 경제적으로 극빈한 나라라고 인식하고 있었다. 그런데 서울에서 개최되는 올림픽 경기가 매일 전 세계에 방영되며, 우리나라 방방곡곡이 소개되고 자유스러운 사회분위기와 경제적 발전이 알려지게 되자, 공산권 국가들은 놀라지 않을 수 없었다.

그리고 서울 올림픽을 통해 공산주의 내지 사회주의로는 인민의 복리를 더 이상 증진시킬 수 없다는 의식이 더욱더 확산되었다. 서울올림픽은 공산주의 붕괴가 촉진되는 한 계기가 되었다. 1989년에 동독을 비롯한 폴란드, 루마니아, 체코슬로바키아 등에서 공산정권이 붕괴되었고, 1991년에는 공산주의 종주국인 소련마저 붕괴되었다.

극동의 구석 한반도에서 개최된 올림픽은 국내적으로는 민주화를 이루는 계기가 되었고, 세계적으로는 공산주의의 붕괴를 촉진시켰으니 그 역사적 의미가 지대하다 하겠다.

특이한 점은, 인류역사와 민족사에 길이 남을 만한 올림픽을 유치하고 개최한 전두환과 노태우가 이끈 군부세력이 13년 집권을 하고 별 다른 정변이 없었는데도, 그들이 일으킨 쿠데타는 범죄행위로 인정되었다는 점이다.

쿠데타를 주도한 위 두 대통령을 비롯한 추종세력은 사법 처리되었다. 이는 성공한 쿠데타도 국민의 지지가 없으면 처단되어야 한다는 역사적 선례가 될 수 있을 것이다.

# 다가오는 통일

이념적으로 격렬히 대립하던 냉전체제가 지속되던 시절에는 남북 분단이 그대로 고착되어 통일은 영원히 가망이 없는 일이 아닌가 생각하기도 했다. 그런데 그때에도 사람들은 통일을 갈망하고 통일의 방법에 대해 열을 올리며 논의하는 것을 멈추지 않았다.

그러다가 20세기가 끝날 무렵, 공산주의 내지 사회주의는 그 자체의 모순으로 붕괴되었고, 이념 대립 또한 해소되었다. 그리고 세계 전체에 걸쳐 개방과 화해의 무드가 조성되자 한반도도 언젠가는 통일이 될 것이라는 기대감이 고조되었다.

그런데 통일의 날이 점점 다가오고 있다는 것을 느끼게 되자, 오히려 통일을 두려워하거나 더 나아가 이를 기피하는 경향마저 두드러지게 눈에 띄니 이상한 일이다. 많은 사람들이 통일이 된 후 일시적으로 오게 될지도 모르는 혼란을 미리 상상하며 걱정하고 있다.

특히 기득권을 가진 보수층은 통일 후 파탄이 난 북한 경제를 떠안게 되면 현재 누리고 있는 기득권을 잃게 될까 봐 통일을 기피하고 있다. 한편, 진보 좌파진영은 북한 정권에 미련이 있는 것은 아닐 텐데, 사회주의가 국제적으로 붕괴되고 북한이 경제적으로 파탄 난 상태로 통일이 되면 북한이 남한에 흡수되어 버릴까봐 통일을 기피하는 것 같다.

냉전시대에 김일성 북한 주석은 '고려연방제'라는 통일 방안을 제시하며 이것이 가장 최선의 통일 방안이라고 온갖 홍보수단을 동원해 이를 선전했다. 그리고 남한의 진보세력 또한 이에 맞장구를 치기도 했다. 그런데 최근에는 북한이나 남한 진보세력이 습관적으로 연방제 통일 방안을 주장하기는 하지만, 과거처럼 열의를 보이지 않고 있다. 민족적 숙원인 통일을 하지 말자는 소리는 차마 못하고, 과거 그들의 주장을 합리화하는 의미에서 간헐적으로 내뱉을 뿐이다.

파탄이 난 북한 경제를 떠안기가 부담스러우니 남북의 경제력이 비슷하게 될 때까지 기다려 그때 가서 통일을 하자는 말도 듣곤 한다. 이 역시, 통일하지 말자는 말을 차마 할 수 없으니 해보는 말이다. 남북 경제력의 차이가 갈수록 벌어지고 있는데 언제 그것이 같아지겠는가.

지금 한반도의 긴장은 냉전시대의 흔적이요, 북한정권은 붕괴된 공산주의의 잔재이다. 흔적과 잔재는 시간이 흐르면 사라지게 될 것이다. 통일은 역사의 흐름이며 우리가 피하고 싶다고 피할 수 있는 것이 아니다. 통일이 점점 가까이 다가오는 있다는 것은 여러 가지 징후로 알 수 있다.

북한이 고수하는 사회주의체제가 지구상에서 거의 붕괴되어 가고 있는데 북한이 언제까지 예외일 수는 없을 것이다. 중국이나 베트남은 사회주의를 수정해가며 자본주의화 되어가고 있다. 그러나 현재 북한은 그렇게 하지 못하고 있다.

북한의 현 정치체제가 붕괴된다고 해서 바로 통일이 되는 것은 아니겠지만, 현 체제가 붕괴되면 불가피하게 통일의 길을 걷게 되든지, 그렇지 않다 하더라도 통일이 가까워지는 것만큼은 분명하다고 본다.

그러면 북한의 현 세습 및 사회주의 체제는 과연 붕괴될 것인가. 그것은 시간문제이지, 붕괴될 것만은 확신한다.

첫째, 세계 전체가 개방의 물결에 휩싸이고 있는데 북한이라고 그 물결을 막을 수는 없다. 지금 북한을 제외한 여러 나라 사람들이 돈만 있으면 어느 나라든지 방문할 수 있게 되었다. 이웃나라끼리 거의 비자 없이 왕래하고 있어서 국경은 있으되 사람들은 이를 느끼지 못하고 국내여행 하듯이 외국여행을 하고 있다.

이처럼 세계 전체가 문을 활짝 열고 사는데 북한만이 이러한 물결에 휩쓸리지 않고 절해고도처럼 존속하기 어려울 것이다. 언젠가는 북한도 개방의 거센 격랑에 휩쓸리고 말 것이다. 북한이 아직까지 개방하지 않고 버티는 것은 그들의 유일한 정치적, 경제적 후원국인 중국이 아직도 경제를 제외한 정치 분야에서 사회주의를 표방하고 있고, 북한에 대해 외교적, 물질적 지원을 하고 있기 때문이다.

그러나 중국이 시장 경제체제에 부합하는 정치체제 즉 서구식 민주주의를 도입하게 되면, 중국과 강 하나를 사이에 두고 있는 북한이 영향을 받지 않을 수 없을 것이다. 중국은 이미 오래전부터 개인이 장기 집권하는 것을 막는 정치제도를 채택했다. 심지어 일부 지역에서는 주민의 선거에 의해 지역단체장을 선출하고 있다고 한다. 그리고 국내여행은 자유롭게 다닐 수 있게 되었고, 외국 여행도 거의 허용하고 있다. 또 자국 내 외국인 여행은 무제한으로 허용하고 있다.

두 번째, 사회주의는 점점 소멸되어 가는 것이 추세인데 북한은 역류하여 사회주의를 더욱더 강조하고 있다. 그리고 문맹률이 50% 이상 되는 아프리카에서도 하지 않는 봉건 왕조제의 악습인 세습 왕조체제를

21세기에 들어와서까지 강화하고 있으니, 역사의 흐름을 거꾸로 거슬러가려는 정도가 지나치다.

북한의 통치체제는 사회주의와 세습왕조가 결합되어 기형적이다. 역사의 흐름에 합류하지 않고 역류하면 파멸하게 된다는 것을 역사가 가르쳐 주고 있고, 또 기형적인 것은 그 수명이 짧을 수밖에 없다. 북한의 현 통치체제는, 구경거리로 유엔 산하 유네스코 문화유적으로 등재해 특별히 보존하지 않으면 지탱하지 못 할 것이다.

세 번째, 남한과 북한의 국력 차이가 너무나 크다. 국토면적만 비슷하지 남한은 인구가 2배, 국민 총소득은 40배이며 무역량은 200배에 달한다고 하지 않는가. 이와 같은 격차를 줄이려면, 북한은 개방을 하고 외국투자가들이 쉽게 투자할 수 있도록 체제를 수정해야 한다.

그런데 지금 북한의 처지로 그럴 수 없다 보니 격차가 점점 더 벌어질 수밖에 없다. 통일교에서 북한에 자동차공장을 건설해 준 적이 있다. 그런데 그 공장에서 생산되는 자동차를 사줄 사람이 없어서 결국 공장 문을 닫았다고 한다.

북한은 남한과의 격차를 극복하지 못하면 지탱할 수 없게 될 것이다. 그동안 북한 측이 주장하는 연방제로 통일을 한다 하더라도 명실상부한 통일 국가로 다른 연방국가처럼 통행과 통신의 자유가 보장된다면, 북한은 남한에 흡수될 것이라고 본다.

혹자는 흡수 통일은 전쟁을 하지 않고서는 있을 수 없는 일이고 전쟁은 결국 강대국의 개입을 피할 수 없으니 흡수 통일을 추구하는 것은 강대국의 도움을 받아 민족상잔의 전쟁을 하자는 말과 같다고 한다. 그러나 이는 잘못된 예측이다.

적은 것은 많은 것에, 작은 것은 큰 것에, 약한 것은 강한 것에 흡수되는 것이 자연의 법칙이고 만사의 순리이다. 이러한 순리와 자연의 법칙에 따르지 않고 억지를 부리는 것이 오히려 피를 부르는 것이다.

북한은 이러한 역사의 흐름인 흡수 통일을 당하지 않기 위해 핵을 개발하고 주민의 통행과 통신을 통제하지만 그것은 일시적인 방책일 뿐이다. 핵 개발은 국제적 고립을 초래하고, 고립은 빈곤을 불러오고, 빈곤은 주민의 불만을 고조시키고, 불만이 고조되면 강압통치로 억누르는 과정에서 상호 상승작용을 일으켜 마치 팽창된 고무풍선 속에 계속 바람을 불어넣는 것과 같다.

북한은 핵개발이 완성되는 날, 견딜 수 없는 국제적 제재를 받고 급경사의 내리막길을 걷게 될 것이다. 기둥이 썩어 내려앉고 벽이 붕괴되고 지붕이 가라앉는 그런 집이 담장을 튼튼히 쌓고 높인다고 해서 지탱이 되겠는가.

이 점을 북한의 위정자도 깨달았는지 최근들어 핵 강국이 되고자 하는 강경일변도 정책을 완화하려는 듯한 제스처를 취하고 있다. 어떠한 조치를 취하든 역사의 흐름을 거역한 북한의 현 체제는 그대로 유지될 수 없을 것이다. 북한의 현 체제 붕괴가 바로 통일로 이어지는 것은 아니겠지만, 통일에 성큼 다가서는 것만은 틀림없다. 통일이 되면 일시적 혼란이 오겠지만 구더기가 무서워 장을 못 담아서야 되겠는가.

통일이 되면 파탄된 북한의 경제를 떠안는 것이 부담스럽다고 하지만, 이는 우려하지 않아도 될 것이다. 지금 남한은 싼 노동력이 부족해 많은 기업들이 해외에 공장을 건설하는데 반해, 북한은 우수하고 풍부한 노동력이 있고, 남한에는 없는 지하자원도 어느 정도 갖고 있다.

경제가 발전하기 전에 대한민국은 축적된 자본도, 기술도 없었으며 남북이 분단되어 항상 전쟁의 위험에 노출되어 있었다. 그리고 원조를 받는 나라였던 터라 신용이 없어 외국 차관조차 얻기 어려웠다. 우리나라 제품을 팔 시장도 형성되어 있지 않았다.

이에 비해 통일이 되면 북한은 최상의 조건에서 경제개발을 할 수 있게 될 것이다. 북한이 가지지 못한 자본과 기술은 남한에서 해결해 줄 수 있고, 압록강 두만강만 건너면 인구가 십억 명인 거대한 시장이 바로 전개되지 않는가.

과거에 남한이 한강의 기적을 이루어낸 것을 본보기로 삼아 경제개발을 하면, 반드시 압록강의 기적을 이루어낼 것이다. 남북한이 함께 만들어낸 메이드 인 코리아의 제품이 한류를 타고 전 세계를 누빌 것을 상상만 해도 가슴이 설렌다.

통일이 되면 우리 민족은 유사 이래 가장 융성한 시대를 맞이하게 될 것이다. 미래 예측가들은 대한민국이 세계 제2, 제3의 경제대국이 될 것이라고 예상하기도 한다.

혹자는 통일이 되면 수천억불에 달하는 통일비가 소요될 것인데 이를 어떻게 감당할 것인가 하고 염려한다. 물론 통일을 위한 비용이 많이 들긴 할 것이다. 그러나 한꺼번에 쓰는 것이 아니라 시차를 두고 순차적으로 쓰게 될 것이므로, 통일을 한 후 경제개발을 통해 수익을 창출해 통일비를 충당하면 될 것이다.

그리고 남북 양측이 지금까지 엄청나게 썼던 국방비로 통일비를 충당하고, 당장 들어갈 돈은 주민세나 교육세를 내듯이 비축하면 될 것이라고 본다. 우리는 다가오는 통일을 두려워하지 말고 기꺼이 받아들일 준비를 해야 한다.

제2차 세계대전이 끝나기 2년 전에 연합국의 승리가 거의 확실해지자, 연합국은 카이로에서 회합을 하여 우리 한반도를 일본으로부터 독립시키겠다고 선언했으며 이것이 모든 언론을 통해 보도했다. 그렇다면 일본이 패망하고 우리가 독립이 된다는 것이 분명한데 우리 국내·외 독립지사들은 2년이라는 적지 않은 시간 동안 이에 대한 대비는 하지 않고 사분오열되어 파벌 싸움만 했다.

더 안타까운 것은 독립이 되면 최고의 독립훈장을 받을만한 독립운동을 하고서도 일제 말기에 자행된 혹독한 탄압을 이겨내지 못해 변절한 독립지사들이 많이 있었다는 점이다. 이처럼 세계정세에 어둡고 미래를 내다보지 못한 인사들이 독립운동을 하다가 다가오는 해방을 제대로 준비하지 못한 것이 아닌가 하는 아쉬운 생각이 든다. 종전 후 우리 독립단체들은 결국 주도권을 점령국에 빼앗겨 그들의 놀음에 의해 조국이 분단되는 민족상잔의 쓰라린 경험을 하지 않았는가.

붕괴가 확실한 북한 체제가 오래 지속될 것이라며, 이를 변호 내지 옹호하며 통일에 대한 국론을 분열시키고 지연시키게 되면, 변절했던 친일파처럼 통일 후 엄청난 지탄을 받게 될 것이다. 통일에 대한 국론을 모으고 이를 강력히 추진할 훌륭한 지도자가 나와 주기를 간절히 바라는 바이다. 통일은 빠르면 빠를수록 좋다.

# 이승만, 박정희 두 대통령

어릴 때 필자는 씨족공동체의식이 강한 가정에서 자랐다. 가족 중 어느 누구도 자기 개인을 위해 살 수 없었으며, 모든 가족을 위해 존재한다는 그런 공동체 의식이 투철했다. 그래서 가족 중 한 사람이 정치를하고 정당에 가입하면 모든 가족이 그와 정치적 입장을 같이 하고 형식적인 입당 여부와는 상관없이 그 정당의 당원처럼 행동했다.

자유당 시절에 우리 집은 친족 중 한 분이 야당인 민주당에 입당해국회의원에 출마하기도 했던 터라, 집안 대소 간이 다 야당이었다. 자유당 때 야당 집안이었으니 경제적으로 넉넉할 수가 없었다. 그러다가4.19의거가 일어나고 민주당이 정권을 잡게 되자 이제 권력을 쥔 여당집안이니 사는 게 좀 나아지리라는 희망이 보였다.

그러나 그것은 잠깐이었다. 민주당 정권 10개월 만에 5.16 군사쿠데타가 일어나 또다시 우리 집은 야당 집안이 되었다. 5.16 군사쿠데타는우리 집에 치명적인 결정타였다. 4.19 이전에는 야당의 인기가 절대적이어서 야당을 하는 보람도 있었고 또 언젠가는 정권이 바뀔 것이라는희망이 있었는데, 5.16 이후 그런 희망마저 사라졌다.

5.16 군사쿠데타로 말미암아 아버지가 직장마저 잃게 되자 우리 집은 전락했고 필자는 가난에 찌들려 멍든 청년기를 보내야 했다. 그래서

나에게는 이승만, 박정희 두 대통령이 저주의 대상이었고, 반 이승만·박정희 의식이 어릴 때부터 세뇌되어 뇌리 속에 박혀 있었다.

어느 좌석에서든 두 대통령에 대한 이야기가 나오면 열을 올려 두 대통령을 지탄했다. 그리고 누군가가 두 대통령을 옹호하면 한판 붙어보고 싶었고, 또 실제로 언쟁을 벌인 적도 있었다. 이승만, 박정희 두 대통령을 두둔하는 분위기가 농후한 자리에는 앉아있기조차 불편해서 자리를 박차고 나오기도 했다.

그러한 내가 의식이 바뀐 것은 소련을 비롯한 동구공산권이 붕괴되고 북한의 실상이 만천하에 공개되고 나서부터이다. 물론 그 전에도 반골 기질은 있었어도 공산주의는 반대했었다. 그런데 공산주의국가 특히 북한의 실상이 공개되자 우리가 공산주의 치하에서 기아에 허덕이며 자유를 억압당하고 살고 있지 않다는 것이 천만다행이다 싶었다.

그리고 우리가 보리밥도 제대로 못 먹는 나라였는데 지금은 아시아에서 일본 다음으로 생활수준이 높다는 것은 참으로 큰 행운이다. 곰곰이 생각해보면, 이 모든 것이 이승만 대통령이 나라를 건국해 올바른 방향을 설정하고 박정희대통령이 그 방향으로 매진했기 때문이 아니겠나 하는 생각이 절로 들었다. 그리고 과거에 두 대통령에 대해 내가 잘못 인식했던 것을 크게 뉘우치게 되었다.

제2차 세계대전 무렵 우리처럼 식민지통치를 받은 나라들이 많았고, 그 나라들 역시 우리나라처럼 세계대전이 끝난 후 독립했다. 그런데 그 나라들 중에 우리나라만큼 잘 살게 된 나라가 어디 있는가. 이 모든 것은 우리에게 탁월한 두 지도자가 있었기 때문이 아니겠는가.

이 두 분의 대통령에 관해 좀 더 알고 싶어서 서점에 갔더니 두 분에 대한 전기나 회고담 같은 출판물이 의외로 많았다. 이승만 대통령이 서거한 지 53년이 되었고, 박정희 대통령이 서거한 지 39년이 되었다. 결코 짧은 세월이 아닌데, 지금까지 그들을 추모하는 출판물이 많이 나오고 성행을 이루는 것은 동서고금을 통해 흔하지 않은 일이라는 생각이 든다. 나도 두 분의 대통령에 대해 비판했던 지난날을 반성하는 차원에서 이 글을 쓴다.


## 이승만 대통령의 공과

### 독립운동가 이승만

독립운동가 이승만은 갑오경장으로 과거가 폐지되기 전에 일곱 번 과거에 응시했던 사람으로 동양학문에도 상당히 조예가 깊었다. 미국에 유학해 미국에서도 우수한 학생들만 다닐 수 있다고 하는 조지워싱턴대학에서 학부를 졸업하고, 하버드대학에서 석사학위, 프리스턴대학에서 박사학위를 받았다.

그의 박사 학위 논문인 〈미국의 영향을 받는 중립〉은, 영국의 무적함대 격파 때부터 식민지시대 이래 그 당시까지의 미국 외교사였다. 그런데 그 논문을 찾는 사람이 많아 모교인 프리스턴대학에서 책으로 출판한 후, 미국의 웬만한 도서관에는 다 비치되어 있다.

제2차 세계대전 때까지 식민지통치를 받은 국가들의 독립운동가들이 많이 있었는데 인도의 간디와 네루, 베트남의 호지명, 프랑스의 드골, 독일의 아데나워도 학식 면에서는 이승만을 따라오지 못했다.

이승만은 그런 학식 위에 문장력과 대중연설 능력마저 뛰어났다. 그의 글을 읽거나 연설을 듣는 사람은 감동하지 않는 사람이 없었다. 솔직히 말해 해방되기 전에 많은 독립지사가 있었지만 이승만을 상대해 국제정세나 시국을 논할 수 있는 사람은 없었다.

그는 19세기를 넘기면서 만민공동회라는 공동 집회를 열어 입헌군주제를 제창해 5년간 투옥생활을 했고, 그 투옥생활 중 《독립정신》이라는 책을 출간하여 민주주의 이념을 구현했다.

노일전쟁이 끝나자 일본이 우리의 주권을 침해할 것이 예상되자 고종황제의 밀사로 미국에 가서 30대 초반에 시어도어 루즈벨트 대통령과 테프트 국무총리를 만났다. 미국이 조정을 하여 대한제국의 주권을 보호해 달라고 교섭하기 위해서였다.

이승만의 독립운동은 4가지 원칙이 있었다.

첫째, 무력항쟁에 의하지 아니하고 외교적 방법으로 독립을 쟁취해야 한다는 것이다. 세계에서 다섯 번째 군사강국인 일본을 상대로 무력항쟁을 하면 실패만 거듭하게 되고 민족의 희생만 더 커진다고 간파한 것이다. 그의 이런 노선은 확고했다.

이로 말미암아 같이 하와이에서 독립운동을 하던 동지 박용만, 미 본토에서 독립운동을 하던 안창호 등과도 사이가 틀어졌다. 그는 안중근 의사의 이토 히로부미伊藤博文 저격사건도 높이 평가하지 않았고, 일제의 앞잡이 스티븐슨을 저격한 독립지사 장지연, 전명운 등이 법정투쟁을 할 때 그 통역을 거절함으로서 한때 미국교포 사회에서 의심을 받기도 했다. 그의 생각은 옳았지만, 욕심 같아서는 다른 노선을 걷는 독립지사들도 포용했더라면 더 좋지 않았을까 하는 생각이 든다.

둘째, 독립을 위한 외교도 세계최강의 나라 미국을 주로 상대해야 한다는 것이었다. 그는 팽창하고자 하는 일본이 겁 없이 미국에 대항해 전쟁을 일으킬 것이며, 일본이 패할 때 우리가 독립할 것이라고 예상했다. 참으로 놀라운 선각자가 아닌가.

1919년 3월 1일 독립운동이 일어난 후 선포된 임시정부가 여덟 개나 되었다. 그 중에 각료 명단을 발표한 정부가 여섯 개였는데 모두 이승만을 최고 수뇌, 혹은 수뇌급으로 추대했다. 이미 그때 이승만은 독립운동의 제1인자로 자리매김 되어 있었다.

이승만은 그 중 서울에서 13도 대표 스물다섯 명이 모여 국민대회를 거처 출발한 한성 정부를 가장 정통성 있는 정부로 인정해 집정관 총재직을 수락했다. 그는 그 임시정부를 '리퍼블릭 오브 코리아Republic of korea'라 호칭하고 집정관 총재를 프레지덴트president대통령라고 번역해 해외에 반포하고 임시정부에서도 이를 승인했다.

임시정부 청사를 상해에 두게 되자 이승만은 힘도 없는 중국에 임시정부를 두는 것보다 미국에 두기를 은근히 희망했다. 그는 임시정부 대통령이었지만 상해로 부임하지 않았다. 상해의 일은 국무총리인 이동휘가 알아서 하고, 미국에서는 자신이 알아서 처리하겠다고 하며 과거 은사였던 미국 윌슨 대통령과 만나 외교 교섭을 하고 우리나라를 국제연맹에서 위임통치해주기를 바라는 제안도 했다.

그런데 윌슨이 '민족자결주의'를 외치자 곧 독립이 될 것이라고 예상했던 순진한 독립지사들이 흥분해 이승만을 성토했다. 특히 민족주의 사학자 신채호는 이승만을 매국노라고 맹렬히 비난했고, 또 어떤 사람은 '위임 통치'라는 단어의 뜻을 잘 몰라 이승만이 우리나라를 미국의

한 주로 편입하려 했다는 모함도 했다.

결국 이승만은 대통령이 청사가 있는 곳에 오지 않는다는 비난 여론을 못 이겨 시체운반선에 몸을 숨기고 상해로 갔다. 역시 상해는 일본의 감시망이 있어서 이를 피해 활동하기가 쉽지 않았다. 무엇보다 임시정부 요인 대부분이 국제정세에 문외한이어서 선각자인 입장에서 보면 조국의 독립을 논할 상대가 되지 않을 뿐만 아니라, 극심한 파벌싸움으로 조직 가동이 거의 불가능해보였다.

이전에 안창호는 상해에 올 때 미국에서 모금한 독립자금을 많이 가져와 임시정부청사를 마련했는데 사용했다. 상해임시정부에서는 이승만도 그럴 것이라고 내심 기대했는데 이승만은 한 푼도 가져오지 않으니 착복한 것이 아니냐며 의심했다. 이승만이 모금한 돈이 있었다 하더라도 그의 입장에서는 소중한 돈을 상해에서 쓰기에는 아까웠을 것이라는 생각이 든다.

그때 마침 새로 미국 대통령이 된 하딩의 제안으로 워싱턴에서 국제군축회의가 개최된다는 소식이 들렸다. 이승만은 거기 참석해 한반도 문제를 제기해야 한다고 주장했다. 임시정부에서도 이를 전폭적으로 지원하기로 하고 이승만은 그 일을 이유로 다시 미국으로 갔다.

그는 동분서주하며 미국을 비롯한 세계 각국의 주요 인사들을 찾아가 한반도문제가 워싱턴회의 의제가 되도록 노력했다. 그러나 일본의 입김이 강해 관철시키지 못했다. 이를 관철시키지 못하자 독립운동 진영에서 이승만의 입지가 더 어려워졌다. 상해임시정부에서는 이승만이 임지에 귀임하지 않는다고 탄핵하고 임시정부 산하 구미위원회도 폐쇄했다. 그러나 이승만은 초지일관 외교적인 방법으로, 주 상대를 미국으로 해야 한다는 신념을 가지고 계속 독립운동을 했다.

세 번째, 교육을 중시했다. 우리 민족이 독립을 하게 되면 민주적 정부를 수립해야 하는데 우리 국민이 무식하므로 민주 시민으로서의 교육을 받아야 한다고 주장한 것이다.

미국에서의 그의 활동무대는 하와이였다. 그는 일찍이 한인학교를 인수해 이를 운영하며 진취적으로 남녀공학을 실시하고, 한인여자대학을 설립해 운영했으며, 한글로 된 신문을 발간해 교포들을 계몽했다.

1933년 그는 국제연맹본부가 있는 스위스 제네바에 가서 각국 대표들에게 한국의 독립을 호소했다. 거기서 58세의 노신사는 26세 연하인 미모의 오스트리아 여인 프란체스카를 만나 두 번째 결혼을 했다.

네 번째, 이승만 독립노선의 특징은 반공노선을 철저히 고수하는 것이었다. 그는 공산주의 치하에서 살아본 적도 없고 공산주의의 피해를 입은 적이 없는데도 반공주의자였다. 그의 반공의식은 편집증일 정도로 철저했다. 아무리 절박한 경우에도 공산주의자의 협조는 거절했다.

그는 공산주의가 인류에게 해악을 주는 사상임을 일찌감치 알아챘다. 러시아혁명이나 중국과 베트남의 공산화 과정에서 본 바와 같이 공산주의자들은 소수로 다수를 장악하는 특유의 조직력과 선전술을 갖고 있는데, 이승만은 이를 파악하는 선견지명이 있었던 것 같다.

김구는 상해임시정부주석으로 취임하게 되자 주미 외교위원회를 신설했다. 그리고 그동안 임시정부와 관계가 소원했던 이승만을 그 책임자로 임명했다.

이승만은 자신의 저서 《자판 인사이드 아웃》 속에서, 일본이 미국을 상대해 전쟁을 일으킬 것이라고 예상하면서 미국은 일본에게 절대 우호적이어서는 안 된다고 피력했다. 이승만이 예언했듯이 일본은 1941년 12월 8일 선전포고도 없이 미국 하와이를 기습적으로 공격했다. 이를 예언한 이승만은 다시 각광을 받게 되었다. 그 당시 미국에서 가장 인기 있는 소설가였던 펄벅 여사가 이 책을 높이 평가해 미국 전역을 순회하며 책을 홍보한 것에 힘입은 바 크다.

이로써 60대 후반 은퇴의 기로에서 그의 독립운동은 다시 불붙기 시작했다. 그가 관심을 가진 것은, 상해임시정부가 연합국으로부터 승인을 받고 연합국의 일원으로 대 일본전에 참전하는 것이었다. 그러나 대다수 참전국들은 임시정부 요인들이 파벌싸움으로 인해 활동이 미약하다는 것을 이유로 들어 임시정부를 승인해주지 않았다.

사실 생각해보면 임시정부라고는 하지만 임시정부는 주미 외교위원회 이승만의 외교활동 외에는 그 많은 다른 임시정부들이 하는 레지스탕스 운동도 1931년에 있었던 윤봉길, 이봉창 두 의사들의 의거 이후에는 거의 없이 시종일관 파벌싸움만 했다.

그럼에도 불구하고 이승만이 끈질기게 승인을 요구하자 당시 미국 대통령 루즈벨트는 우리 임시정부를 '일부 극소수의 망명인사들 사이에서 멤버십을 지닌, 보잘것없는 클럽에 불과'하다고 답변했다. 그러면서도 소련을 의식해, 공산주의와 합작해 임시정부를 조직하고 소련이 승인에 동의하도록 노력하라고 했다.

당시 독립운동 진영에 있던 공산 계열은 그들의 입김이 약할 수밖에 없는 임시정부를 인정하고 싶어 하지 않았다. 그래서 임시정부가 미국에 무기 지원을 요청하자 이를 방해하기 위해 자신들이 따로 미국에 있는 교포 중, 공산주의자인 한길수가 미국에 군사원조를 요청하게 했다. 그 일은, 임시정부의 대표성에 금이 가게 했다. 공산주의자들의 방해에도 불구하고 이승만은 그들을 설득하거나 협조를 구하지 않았다.

이승만은 미국 정보기관과 협력해 한인기습부대를 만들며 자신의 비서였던 임병직으로 하여금 대장직을 맡도록 했다. 소위 말하는 OSS작전을 수립해 적진을 기습 공격하는 것을 구상하고 이를 추진한 것이다. 그것만 실행되었더라면 임시정부가 승인을 받을 수도 있었을 텐데 실행 직전 일본이 항복해버렸다.

태평양전쟁 중 이승만은 '미국의 소리' 방송을 통해 "조국에 계시는 동포 여러분!"이라고 시작하는 독립 연설을 했다. 이 방송을 국내에서 단파 라디오로 일부 인사들이 청취했는데, 이것이 구전되면서 부풀려져 곧 이승만 대통령이 이끄는 우리 정부가 귀국할 것이라는 유언비어가 퍼지기도 했다. 그때부터 이승만은 '독립된 대한민국 대통령'이라고 국민의 가슴에 새겨지기 시작한 것 같다.

### 해방정국과 남한 단독 정부수립

광복 후 많은 정치단체들이 우후죽순처럼 결성되었다. 우익인 한민당은 말할 것도 없고 공산당 계열인 '건국준비위원회', '조선공산당' 등이 구상한 정부조직에서도 이승만을 주석으로 추대하려고 했다.

해방정국은 정말 혼란스러웠다. 1945년 12월 모스크바 삼상회의에서 한반도를 5년간 신탁통치 하겠다는 결정이 나자, 이 찬반을 두고 격렬하게 논쟁했다. 소련공산군이 점령한 38도선 이북은 소련이 점령하기 이전에 치밀한 계획을 짜 소련군으로서 훈련을 받은 김일성을 최고 통치자로 내정했다.

그리고 실질적인 정부인 인민위원회를 구성하고 토지계획을 통해 부르주아 계급인 관리 상공인들을 탄압했다. 우익인사들은 거의 남하할 수밖에 없었고, 남아서 저항하는 사람은 구금을 시키는 등, 공산주의체제로 자리를 잡아가고 있었다.

그러나 미군이 점령한 남한은 점령군사령관 하지 중장이 우유부단해서 갈팡질팡하는 사이 혼란이 더 가중되었다. 수십 개의 정치단체가 결성되어 각기 제 목소리를 내고 공산당을 합법화 했다가 비합법화 하는 등 어지러웠다.

소련과 그 추종세력들은 38도선 이북에 공산정권을 수립하고 미소공동위원회에서 정치협상을 유리하게 이끌어 신탁통치를 하게 되면, 공산주의의 장기인 조직력과 선전술로 한반도 전체를 공산화할 수 있다고 자신했다.

이때 이승만은 위기의식을 느끼고, 정치학 교수이면서 언론인 출신인 호버 T 올리버 박사를 자신의 정치고문으로 삼았다. 그리고 그에게 활동비를 지원하고 미국에 상주하게 해서 한반도에서의 신탁통치가 옳지 않다는 것과 하지 중장이 점령군 사령관으로 부적격자이니 교체해야 한다는 여론을 환기하고 외교교섭을 하도록 했다. 이승만은 자기 자신도 직접 미국에 가서 이를 추진했다.

미국은 처음에 신탁통치를 지지했다. 그러나 소련의 속마음을 알게 되자 이를 철회하고, 유엔 감시 아래 남북한 총선거를 해서 정부를 수립할 수 있게 하려고 했다. 그리하여 유엔 감시단이 유엔에서 결의한 대로 남북한 총선거를 시행하기 위해 내한했다. 그러나 소련군이 점령한 38선 이북으로 감사단이 들어오지 못하도록 저지하는 바람에 남북한 총선거를 할 수가 없었다.

그러자 민족 독립진영 최고의 상징적 인물인 이승만은 유엔의 감시 아래 총선거가 가능한 지역에서만 선거해 정부를 수립하는 남한 단독 정부수립을 제안해 이를 관철했다. 이때 남한 단독정부를 수립하는 유엔 결의에 재미있는 일화가 있다.

처음 남북한 동시 선거를 하기 위해 한국에 온 사람은 유엔 감시단 단장인 인도 대표 메논이었다. 그는 처음에는 단정 반대론자였다. 그런데 이승만이 주선한 감시단을 환영하는 만찬장에 여류시인 모윤숙이 참석했는데, 메논이 그녀에게 깊은 연정을 품게 되었다. 이승만은 이를 단박에 눈치채고 모윤숙에게 메논을 자주 접촉하도록 했다.

그리고 메논이 유엔본부가 있는 뉴욕에 간 후, 모윤숙을 시키거나, 아니면 자기가 모윤숙의 이름으로 '대표단 단장님, 이 여인은 남한 단독이라도 조국의 정부가 하루속히 수립되기를 간절히 바라며, 단독정부 수립 후 그 정부의 유엔 대표단 일원으로 뉴욕에 가서 단장님을 뵈옵기를 고대합니다.'라는 식의 문구가 있는 서신을 수없이 보냈다.

결국 메논은 이에 마음이 움직여 유엔에서 남한 단독정부 결의안이 통과되게 했다. 이때 투표 결과를 분석해 보면 메논이 반대했더라면 부결되었을 것이 명백했다. 메논은 후일 회고록에서 이때 자기는 이성보다 감성이 앞섰다고 솔직히 고백했다.

38선 이남에서 총선거가 시행되었고 이승만의 주장대로 정부 형태를 대통령 중심제로 헌법을 제정하여 국회의원의 간선에 의해 이승만은 대통령이 되었다. 이승만은 남한 단독정부를 수립해 대통령이 된 후, 국가의 기본 방향을 반공친미 노선으로 정했다.

이를 두고 적지 않는 사람들이 시비를 걸기도 한다. 그렇다면 친공 친소 노선이 옳다는 말인지 한번 물어보고 싶다. 제2차 세계대전 후 용공반미 노선을 채택한 나라치고 우리만큼 잘사는 나라는 눈을 씻고 찾아봐도 찾기 힘들다. 그리고 미 제국주의 운운하지만, 미국이 제2차 세계대전 후 그들의 동맹국에서 노동력이나 자원을 착취한 적이 있는가.

미국은 전쟁으로 말미암아 붕괴된 유럽경제를 부흥시켰고, 특히 적국이었던 독일과 일본의 경제도 부흥시켰다. 미개발 국가는 경제개발을 할 수 있도록 도왔고 자유민주주의 이념을 불어넣어주었다.

우리가 친미 반공노선을 걷는 것은 참으로 옳은 선택이었다. 속된 말로 표현하면, 줄을 서도 잘 선 것이다. 혹자는 단독 정부수립을 두고, 이승만과 미국에게 조국 분단의 책임이 있다고 한다. 그렇다면 38도선 이북에서 친공 친소 단독정권을 수립한 김일성과 소련에게도 민족 분단의 책임이 있다고 해야 할 것이 아닌가.

그들이 유엔 감시 하에 남북 동시 선거를 거부한 것은 그들이 점령한 38선 이북에서만은 기필코 친공 친소 정권을 세우기 위해서였다. 그렇다면 미국과 자유 진영이 점령한 38도선 이남도 양보할 수 없는 것은 마찬가지가 아닌가.

해방정국에서 이승만의 라이벌이었던 김구는 불가능한 통일 정부에 대한 미련을 버리지 못해 단정을 반대했다. 만약 그의 뜻을 따랐더라면 결국 통일 정부는 수립하지 못한 채 때를 놓쳐 남한마저 공산화되었을 것이다. 공산화 통일이 남북 분단보다 나은 것이라고 주장한다면, 분명 이승만도 김일성과 함께 민족 분단의 책임이 있다. 그러나 공산주의는 인류에게 해악을 끼치는 사상이며, 인민에게 고통을 주는 체제이다.

그러므로 언젠가는 소멸될 것이라는 것을 예견하고 38선 이남만이라도 공산주의로부터 지켜낸 것이 더 중요하지 않은가. 그래서 그가 선각자이며 위대한 업적을 남긴 위정자라고 생각한다.

21세기에 와서 식량 부족으로 국민이 기아의 고통에서 헤매는 나라가 북한 말고 또 있는가. 지상 낙원이라며 연일 선전하던 그들이 대홍수를 당하게 되자, 최고 위정자가 자존심을 버리고 세계를 향해 식량 지원을 호소한 것은 공지의 사실이다.

남한 주민들을 보다가 체격이 왜소하고 피부에 윤기가 없는 북한 주민들을 보면, 정말 저들이 같은 민족인가 하는 생각이 들기도 한다. 사정이 이런데도 남북한 이산가족 상봉을 할 때 남한 가족이 하느님이나 부처님을 믿으라고 하면 북한 가족은 자신이 사는 북한이 천국이고 극락이며 김일성 부자 외에 신을 믿을 필요가 없다고 한다. 그런 말을 들을 때마다 소름이 끼친다. 한반도에 태어나 남한에 살고 있다는 것이 천만 다행이라는 생각이 절로 든다.

북한의 실상이 공개된 오늘날에도 이승만 대통령의 단독 정부수립과 친미반공노선을 두고 지탄하는 사람들이 있다. 그렇다면 남한까지 적화통일이 되어 북한이나 베트남과 같은 상황이 되지 않은 것이 애석해서 그러는 것인지 물어보고 싶다. 그들은 조국이나 민족보다 공산주의나 김일성 세습체제가 그렇게도 좋다는 말인가. 그 좋은 이유가 무엇인지 궁금하다.

### 친일파 포용과 공산주의자 소탕

대한민국을 건국한 후 이승만 대통령은 친일파를 척결하지 않았다.

국회에서 반민족행위처벌법이 제정되고 그 법에 의해 친일파를 조사하고 처벌하기 위한 반민특위가 구성되었지만 그 활동을 막았다. 결국 친일파를 숙청하지 않고, 정부의 요직에 두루 기용한 것이다.

이승만 대통령이 친일파를 숙청하지 않은 것을 두고 이승만 대통령을 지지하는 사람들까지 이 점만은 큰 실책이라고 한다. 전직 대통령 한 분도 이승만 대통령의 친일파 포용을 두고, 우리 정부는 출범부터 첫 단추가 잘못 끼워졌다고 했다.

그러나 필자는 이승만을 이 점 때문에 더 높이 평가하고 싶다. 해방 직후라 일본에 대한 반감이 고조되어 있었고 친일파 숙청 여론이 비등하였는데도 여론에 개의치 않고 친일파를 포용한 것은 참으로 통 큰 정치를 한 것이라고 할 수 있다. 어지간한 정치가라면 자기의 입장을 공고히 하기 위해 여론에 편승할 것인데, 국가의 장래를 위해 친일파를 포용한 것은 정말로 잘한 처사이다.

우리나라는 을사보호조약부터 따지면 41년간 식민지 통치를 받았다. 한 세대를 넘는 그 장구한 세월을 두고 친일을 하지 않았다고 큰소리 칠 수 있는 사람이 과연 얼마나 될까. 학교에서 일본말을 배우고 일장기에 경례하며 일본 국가를 부르고 천황폐하를 읊는 것 그 모든 것이 친일이다. 현실에 저항하지 않고 순응하는 그 자체가 친일 아닌가. 설령 자신은 친일을 하지 않았다 하더라도, 부모 형제 중에 친일을 한 사람이 전혀 없다고 큰소리를 칠 수 있는 사람이 얼마나 되겠는가.

좌파 정권 때, 집권당 대표가 과거사를 규명해야 된다고 외쳤지만, 그의 아버지가 일제 헌병으로 지내며 독립지사를 고문 수사했다고 주장하는 피해자가 나타나지 않았던가! 정부출범 당시 친일파를 기용한 것을 두고 첫 단추가 잘못 끼워졌다고 한 전직 대통령도, 일제 강점기 때 창씨개명을 하고 식민지 매판 자본가의 충복 노릇을 했던 사실이 드러나 공격을 받았던 적이 있다. 자신의 논리대로 하면, 민족자본이 잠식되도록 협조한 그의 경력은 결코 해방된 조국의 대통령이 되어서는 안 되는 것이었다.

선배들로부터 들은 이야기에 의하면, 일제 강점기 때 일본 경찰의 앞잡이 노릇을 하던 사람이 해방이 되자 자신이 독립운동을 한 사람처럼 '일본 놈 물러가라'고 하면서 구호를 외치고, 일본사람 집에 들어가 물건을 빼앗아 오더라는 것이다. 심지어 자신의 신분을 모르는 다른 고장에 가서 무슨 단체 같은 것을 만들어 친일파 숙청을 외치는 일도 많았다고 한다. 어떤 곳에서는 친일파 숙청을 외치던 사람이 반격을 당하기도 했다. 일제 강점기 때 비밀리에 쓴 '천황폐하에 대한 충성혈서'가 공개된 것이다.

집단 여론은 항상 명분을 중시하고 강경해지기 마련이라, 친일파 숙청을 외치면 얼마나 많은 사람이 희생될지 모른다. 그렇다고 하더라도 상징적으로 악질 친일파는 숙청했어야 하지 않았는가 하는 생각이 들기도 하지만, 그 범위를 어떻게 구분한다는 말인가. 각자 자기 위주로 그 범위를 정하느라 온 나라가 한동안 시끄러웠을 것이다.

앞으로 공산주의와 대결해야 하는 마당에 이승만 대통령이 과거를 불문에 붙이고 친일파를 포용하기로 결정한 것은 그릇이 큰 정치라 할 수 있다. 국가의 기본은 국방과 치안이다. 그리고 국방은 군인이 맡아야 하고 치안은 경찰이 맡아야 한다. 그런데 군인과 경찰은 다년간 훈련을 받아야 되는 전문적인 일이므로 경험이 많은 일제 치하의 군인과 경찰에게 맡길 수밖에 없었다. 특히 공산 세력을 물리치려면 군대나 경찰에서의 경험이 풍부한 전문가가 꼭 필요했을 것이다.

이승만 대통령의 그러한 포용 정책에 친일파였던 군인과 경찰이 감읍하여 과거를 뉘우치며 국가에 충성을 약속하고 나라의 기초를 다지는데 크게 기여한 것은 역사가 증명해 주고 있다. 한 가지 아쉬운 점은, 친일파를 포용하면서도 독립 유공자나 그 후손들을 특별히 배려했더라면 좋았을 것이라는 생각이다.

이와 관련해 1948년에 있었던 제주4・3사건과 1949년 10월에 있었던 여순 반란사건을 보자.

1948년 제주도 주둔군 안에 잠복해 있던 공산 프락치들이 총선을 방해하기 위해 폭동을 일으켰다. 그러자 일부 민간인들이 합류했다. 곧 소탕되긴 했지만, 폭동을 일으킨 자들은 한라산에 숨어 지내다가 그 다음해에 다시 폭동을 일으켰다. 군은 이를 진압하기 위해 여수 주둔군을 출동시키고자 했다.

그러자 여수 주둔군 안에 있었던 공산당 프락치들이 반란을 일으켜 여수시를 장악하고 인근 순천시까지 장악해 군, 관, 민을 사살했다. 다행이 군대가 동원되어 진압이 되고 반란군 패잔병들은 지리산으로 들어가 빨치산이 되었지만 곧 소탕되었다.

제주 폭동 및 여수 순천 반란 사건은 많은 희생자를 낸 불상사였다. 두 사건을 계기로 군 내부에 공산 프락치가 많이 숨어 있다는 것이 드러났고 이를 일망타진할 필요성도 절감하게 되었다. 이때 전향자로부터 입수한 정보로 군 내부에 있는 공산당원 5천 명을 색출해 소탕했다. 그 후 국가 보안법을 제정해 각계각층에 있는 공산주의자를 색출하게 되었는데, 전향자들의 도움이 컸다.

전향자들은 당국의 지원을 받아 보도연맹이라는 단체를 만들어 공산당 타도의 전위대 역할을 했다. 그러나 북한이 6.25 남침을 하자 군경은 보도연맹 가입자 중에서 전향을 확신할 수 있는 사람 외에는, 후퇴하며 모두 처단했다. 억울한 사람이 없지 않아 있었을 것이다. 이는 전쟁 중 작전의 일환인데 이를 두고 평화 시의 기준으로 옳고 그름을 판단하여 왈가왈부하는 것은 무리라고 본다.

만일 그때 공산주의를 일망타진 하지 않았더라면 북한이 6.25 남침을 했을 때 여러 분야에서 공산주의에 호응을 하지 않았겠는가. 생각해보면 끔찍하다. 그래서 제주폭동, 여수반란사건 등은 전화위복이 된 셈이다. 이때를 비롯해 한국전쟁 때 과거 일제 치하에서 군이나 경찰에 있었던 분들이 생명을 아끼지 않고 앞장서서 공산주의를 타도한 것은 빛나는 일이다.

폭동이나 반란을 일으키고 빨치산 활동을 하면서 양민을 무차별 학살하는 것이 민족애인가, 아니면 이를 진압하고 피난하는 사람을 물심양면으로 지원해 수월하게 피난할 수 있도록 돕는 것이 민족애인가. 그대답은 분명하다.

친일파 숙청과 더불어 언급하고 싶은 것은 오늘날 고조되어 있는 반일감정이다. 해방 이후 70여년 중 최근처럼 반일감정이 고조된 적이 없다고 생각한다. 어느 좌석에서 일본에 관해 티끌만큼이라도 호의적인 말을 하면 집단 지탄을 받는다.

이처럼 갑작스럽게 고조된 반일 감정의 이유가 무엇인지 알 수가 없다. 독도나 위안부 문제가 불거져 그런 것이 아닌가 싶지만, 과거에도 그 두 가지는 문제가 된 적이 있다. 이처럼 고조된 반일 감정은 북한이나 그 추종세력의 농간이 아닌지 의심스럽다.

　오늘날 북한의 국력은 우리와 비교할 수 없을 정도다. 이러한 북한이 살아남아 그 존재 의미를 부각시키려면, 남한보다 강한 자주성과 정체성을 내세울 수밖에 없다. 그리고 그 방편으로 북한은 친일파를 척결하였는데, 남한은 그렇게 하지 않고 정반대로 했다고 비판하고 있는 것이다. 그리고 한·미·일 등이 협력해 북한을 고립시키면 궁지에 몰리게 되므로, 이를 이간시키기 위해 친북 세력을 부추겨 정치적으로나 학문적으로 우리의 반일 감정을 고조시키는 것이 아닌가 하는 생각이 든다. 이것은 기우일까.

　우리는 과거보다 미래가 중요하고, 민족의 숙원인 통일이 보다 절실하다. 그러므로 쓰라린 과거의 감정을 되새기기보다 일본과 선린관계를 유지하는 것이 바람직하다고 본다.


## 농지개혁

　'농토는 농민에게'라는 경자 유전의 의식은 당시 시대의 조류였다. 미군정 하에 일본에서도 맥아더 사령관은 농지개혁을 해 일본 국민의 환영을 받았고 북한은 지주로부터 농지를 무상 몰수해 농민에게 무상분배 했다고 떠들어대니 우리도 농지개혁을 하지 않을 수 없었다.

　이승만 대통령은 자신의 지지세력인 보수 지주의 이익을 옹호하는 한민당의 반대도 물리치고 조선공산당에서 전향한 조봉암 씨를 삼고초려 끝에 기용했다. 그리고 농지개혁을 단행했다. 농지개혁은 자본주의의 근본인 사유재산제에 반하는 것으로 계획 수립 단계부터 말이 많았다. 그리고 최종 결론이 나기까지 일 년이라는 세월이 흘렀다.

최종 계획안은 사유 재산제의 본질에 반하지 않도록 유상 몰수, 유상 분배하기로 하고 농지의 지가를 연 평균 수확의 15할로 하여 5년간 상환하는 것으로 정했다. 논의 과정에서 시간이 소요되어 파종기가 다가오자 때를 놓치지 않기 위해 시행령이나 시행규칙이 미처 제정되기 전에 '분배농지예정통지서'라는 행정 조치를 동원해 이를 시행했다.

이승만 정권의 농지개혁은 시의적절하게 진행되었다. 유상몰수, 유상분배의 원칙을 세워 사유재산제의 기본을 유지하는 동시에, 농민에게는 거의 무상분배에 가까운 혜택이 주어졌다. 농지개혁이 실행될 것을 예상한 지주는 미리 농지 일부를 소작인에게 헐값에 팔기도 했고, 또 일부 농지를 농지 소유 상한선까지 소작인들로부터 환수하기도 했다. 그래서 지주들이 농지를 다 빼앗기고 전락하는 경우는 없었다.

농민이 지주에게 상환할 땅값은 연 수확의 15할이라고 했지만 수확량을 책정할 때 농민에게 유리한 산정방식이어서 거의 거저 받는 셈이었다. 일부 지주들이 지주에게 발급된 지가증권地價證券을 다른 산업에 투자해 농업자본이 산업자본으로 전환되는 계기가 되기도 했다. 그 지가증권은 그 뒤 인플레로 말미암아 거의 무가증권이 되어버렸다.

북한 공산정권은 농지를 무상 몰수, 무상 분배했다고 하지만 지주로부터 무상 몰수한 농지 중 많은 부분을 국가기관이 소유했다. 공산주의이니 농민에게 분배한 것도 당연히 사유재산으로 인정하지 않았고, 전쟁비용을 조달하기 위해 현물세를 거의 과거 소작료와 비등하게 징수했다. 지주가 국가로 바뀌었을 뿐, 농민들에게 혜택이 주어진 것이 없었다. 그러다가 한국전쟁이 끝난 후 그것마저 다 집단농장에 흡수되어 농민들은 농지를 분배받은 것이 거의 없는 셈이었다.

농민의 입장에서 보면, 북한 농민보다 남한 농민이 농지개혁으로 혜택을 훨씬 많이 받았다. 북한이 한국전쟁을 일으킨 그해 봄에 남한은 농지개혁을 실시했다. 북한은 남침을 하면 남한 농민이 호응할 것이라고 기대했다. 그러나 남한 농민 중에서 남침에 호응하는 농민들의 봉기는 단 한 건도 없었다.

한국전쟁과 월남전을 비교해보면 월남은 민심이 공산 베트콩에 쏠려 있었지만, 우리나라는 그 반대였다. 북한은 한국전쟁 이전에도 친일파 숙청, 지주 및 반동세력 타도 등으로 사회가 공포 분위기여서 1백만 명 정도 되는 북한 주민이 월남했다. 그리고 한국전쟁 때 강제노동, 강제 수탈을 피해 1백만 명 정도 되는 주민이 더 월남했다. 그리고 전쟁으로 2백만 명 가까운 사상자가 발생하게 되자 북한은 인구가 급격히 감소해 노동력 부족 등 여러 어려움을 겪었다.

이러한 현상은 남한의 농지개혁이 주효했기 때문이다. 자유당 이승만 정권이 도시에서 인기가 없어 선거만 하면 전패했지만 인구가 많은 농촌에서 승리해 항상 다수당을 할 수 있었던 것은 농지개혁의 덕을 본 것이다. 그 당시 농촌에 살았던 터라, 농촌 분위기를 아직도 기억한다. 농지개혁으로 지주는 농지를 거저 빼앗겼다고 생각하고 농민들은 농지를 거저 얻었다고 생각했다.

그런데도 일부 좌파학자들은 북한은 무상 몰수, 무상분배를 하여 농민을 위한 농지개혁을 했는데 남한은 농지개혁을 한다며 농민을 우롱하고 유상 몰수해 농민은 별로 혜택을 본 것이 없다고 주장한다. 그들이 당시 상황을 모르고 글을 쓴 것인지, 아니면 알면서도 고의로 왜곡하여 쓴 것인지 알 수가 없다.


## 이승만 대통령의 전시 외교

1950년 6월 25일 새벽, 북한군은 전면적으로 남침을 했다. 그러나 멍청이 같은 우리 국방부는 안이하게 대처했다. 남북 군인들 사이에 흔히 벌어지는 가벼운 충돌이라 생각하고 재빨리 조치를 취하지 않았으며, 대통령에게도 뒤늦게 보고했다.

대통령은 도쿄에 있는 맥아더 사령관에게 긴급 전화로 미군의 출동을 요청했다. 그리고 서울 주재 미국대사 무쵸에게 연락해 본국 정부에 미군 지원을 요청해 달라고 한 후, 워싱턴 주재 주미대사 장면에게 미국이 신속히 지원해 줄 수 있도록 최선을 다하라고 지시했다. 대한민국이 건국한지 얼마 되지 않아 외무부가 있어도 외교 경험이 없어 제 역할을 못하니, 그야말로 이승만 대통령 단독 외교였다.

미국 정부는 북한의 남침에 즉각 대응했다. 미국은 유엔총회를 개최해 북한군이 원상 복구할 것을 결의하고, 이에 응하지 않으면 유엔군이 참전하기로 했으며 잇달아 열린 안전보장이사회에서 이를 승인했다. 안전보장이사회 상임이사국인 소련이 중공의 중국 대표권 문제로 출석을 보이콧할 때라, 거부권을 행사할 수 없었으므로 다행이었다.

일본 도쿄에 있던 미 극동군 사령관 맥아더 장군이 유엔군 사령관으로 부임해 휘하 군대를 한국에 출동시켰고, 이어서 유엔 16개 회원국이 군대를 파병했고 5개 국이 의료지원에 나섰다.

한 때 '한국은 미국의 극동 방위선 밖'이라고 하던 미국이 이렇게 빨리 참전을 결정하고 출동한 것은 실로 놀라운 일이었다. 민주주의 국가 미국은 정책을 결정할 때 시간을 끌면서 시끄러운 것이 상례인데, 이 때만은 일사분란하게 신속히 결정했다. 이를 근거로 일부 좌파학자들은 미군이 한국 정부수립 후 바로 철수하고 미 국무장관 등이 '한반도는 극동 방위선 밖'이라고 발언을 한 것은, 북한의 남침을 유도하기 위한 술수였다고도 한다.

남침한 북한군은 준비해 내려온 것이고 우리 국군은 무방비상태였으므로, 초전에는 우리가 밀려 사흘 만에 서울을 점령당하고 말았다. 그러나 곧 미국이 제공권을 장악해 대대적으로 공습을 하고 지상군을 파견하자 북한군의 움직임이 느려졌다. 무엇보다 남침만 하면 남한에 있는 수많은 지지 세력이 호응할 것이라고 예상했는데 전혀 그런 기미가 보이지 않자 당황한 기색이 역력했다.

유엔군은 우수한 공군력으로 북한군을 공습해 타격을 가하면서 작전상 후퇴했다. 북한군은 그것도 모르고 전진했는데 전선이 길어지자 보급상 어려움에 봉착하게 되었다. 유엔군과 한국군이 낙동강까지 유인한 후, 우수한 공군력과 화력으로 대대적인 공격을 하자 북한군은 진퇴양난이었다. 길어진 전선에 보급은 어렵고 화력 면에서 뒤지니 날이 갈수록 전세는 그들에게 불리하게 전개되었다.

그러자 맥아더 장군은 그의 탁월한 전술로 1950년 9월 15일 인천상륙작전을 성공시켜 9월 28일 서울을 탈환했다. 서울과 낙동강 사이에 있던 북한군은 고스란히 독안에 든 쥐가 되어 섬멸될 수밖에 없었고, 패잔병은 지리산 등으로 숨어들었지만 결국 소탕되었다.

서울을 탈환한 유엔군과 국군은 3.8선을 돌파하고 한국전쟁 이전의 군사 경계선을 회복했다. 계속 북진할 것인지, 여기서 중지하고 전쟁을 끝낼 것인지 논의가 있었다. 이승만 대통령과 맥아더 사령관은 북진을 하여 한국을 통일시켜야 된다고 주장했다.

미국 정부는 북진을 망설였지만 인천상륙이라는 빛나는 전공을 세워 인기가 급상승한 맥아더의 주장을 받아들이지 않을 수 없는 분위기였다. 뒤이어 인천상륙작전과 유사한 원산상륙작전은 큰 성과를 거두지는 못했지만 평양을 수복하고 10월 26일 압록강까지 진격했다.

그때였다. 중공군이 만주 산악지대에서 내려다보고 있다가 참전해 인해전술을 펼친 것이다. 유엔군과 한국군은 후퇴하지 않을 수 없었다. 중공군의 1, 2, 3차 공격으로 유엔군과 국군은 37도선 이남까지 후퇴할 수밖에 없었다.

이때 특기할 것은, 중공군 2차 공격으로 유엔군과 국군이 1951년 1월 4일 흥남에서 철수하며 북한 주민 16만 명을 남하시켰다는 점이다. 월남하겠다는 주민들을 차마 그대로 두고 올 수 없어서 한 사람이라도 더 태우기 위해 전함에 있는 화약, 대포 등을 버리고 피난민을 실었는데, 이러한 일은 동서고금 어느 전쟁사에서도 볼 수 없는 인류애를 발휘한 것이라 하겠다.

흥남에서 철수할 때 승선한 사람들을 포함해 북한 주민 1백만 명이 한국전쟁 때 월남을 했다. 좌파학자들은, 북한 주민이 월남한 것은 미국의 융단폭격을 못 견뎌 월남한 것이지, 북한 사회가 싫어서 내려온 것이 아니라고 평가 절하를 하기도 한다.

폭격이 무서우면 보따리를 싸서 짊어지고 산속으로 숨어들던지, 헤엄칠 필요도 없이 걸어서 건널 수 있는 압록강이나 두만강 상류에서 만주로 가면 될 것인데, 왜 후퇴하는 유엔군의 선박이나 트럭에 실어달라고 아우성을 치며 사정해 남쪽으로 왔단 말인가.

1, 2, 3차 중공군의 공격으로 유엔군과 국군이 후퇴하게 되자 한때 미군은 전의를 상실해 철군해버릴까 하는 말까지 나왔다고 한다. 그러나 새로 부임한 미8군 사령관 리지 웨인 장군 휘하 프리먼 대령이 2월 11일 원주 및 지평리 전투에서 4차 공격한 중공군을 격퇴하며, 잃었던 전의를 되찾았다.

그 뒤 중공군은 서울을 점령하기 위해 30만 명이 동원되어 5차 공격을 시도했다. 그러나 영국군의 활약으로 의정부에서 이를 저지한 후 반격해 드디어 38도선을 돌파했다. 이승만 대통령과 맥아더 장군은 계속 북진할 것을 피력하며 만주 원폭 공격과 대만 자유중국군의 본토 상륙을 주장했다.

그러나 미국 정부와 다른 연합군 측은 휴전을 주장했다. 휴전을 원하는 측이 대세를 이루자, 맥아더 장군은 교체되었다. 그리고 개성에서 휴전회담이 개최되었다. 이승만 대통령은 휴전을 강력히 반대했다. 미국이 휴전을 실행에 옮기려고 하면 우리는 단독 북진을 감행하겠다고 했다. 이승만 정부는 학생 및 시민들을 동원해 매일 휴전 반대 궐기대회를 열고 시가행진을 했다.

그 당시 필자는 초등학교에 다녔던 터라 시가행진에 참가하지 않았으나, 중·고등학생 및 시민들이 플랜카드를 들고 시가행진하던 모습은 기억이 난다. 어려서 잘 알지는 못했지만, 당시 우리 국민은 정부가 동원하지 않아도 대부분 휴전을 반대하지 않았나 하는 생각이 든다. 휴전조약이 체결되었을 때 어른들이 삼삼오오 모여 휴전을 한 미국을 원망하고, 확전을 주장하던 맥아더 장군을 존경하는 이야기를 자주 들었기 때문이다.

말이 한국전쟁이지 한국은 사람만 참전했다. 무기는 말할 것도 없고 먹고 입는 것이 다 미국 것이어서 우리가 휴전을 반대한다고 해서 휴전이 안 되는 것도 아닌데 우리 정부와 국민이 무얼 믿고 그렇게 휴전을 반대한 것인지 지금 생각해보면 웃음이 나온다.

이승만 대통령이 하도 극렬하게 휴전을 반대하자 미국은 주미대사로 지내다가 국무총리로 부임한 장면을 대통령으로 교체하려고 했다. 그러나 주둔군 지휘관들은 미 국무성의 의견과는 달리, 반공주의자로서 대중적 지지 기반이 두터운 이승만을 교체하는 일에 소극적이었다.

이승만은 1952년 8월 15일에 대통령 임기가 끝나게 될 예정이었다. 후임 대통령 선거는 국회에서 선출하는 것으로 헌법에 규정되어 있었는데, 반 이승만 세력이 다수인 국회에서 선거를 하게 되면 장면이 대통령에 당선될 것이 뻔했다.

대통령은 부산 금정산에 나타난 무장공비사건을 핑계로 계엄령을 선포하고 군을 피난 수도 부산에 출동시키려고 했다. 그러나 당시 육군 참모총장 이종찬은 군의 정치적 중립을 내세워 출동을 거부했다. 그러자 대통령은 헌병사령관 원용덕으로 하여금 헌병을 동원해 국회의원을 버스에 강제로 태워 국회본회의장으로 호송했다. 그리고 총으로 국회의원을 위협해 기립표결로 직선제 개헌안을 통과시켰다. 이것이 역사에 지탄을 받는 소위 '발췌 개헌'이요, '부산 정치파동'이다.

이승만 대통령이 이처럼 비상식적인 통치를 하는데도 미군은 속수무책이었다. 당시 부통령 김성수는 대통령의 비상식적인 조치에 항의해 사임하는 등, 피난 수도 부산의 정치판은 몹시 시끄러웠다. 곧이어 실시된 직선제 대통령 선거에서 이승만은 압도적으로 당선되었고 이승만 대통령은 휴전반대 투쟁을 더 강화했다.

1953년 6월 휴전회담이 양측의 합의로 타결될 무렵이었다. 이승만 대통령은 휴전회담을 결렬시키기 위해 헌병사령관 원용덕을 시켜 비밀리에 반공포로 2만7천 명을 석방시켜 세계를 놀라게 했다. 포로송환은 종전이든 휴전이든 그 협정에 정한 바에 따라 이루어져야 하는데 휴전협정을 조인도 하기 전에 포로를 석방해버린 것이다. 동서고금 어느 전사에도 없는 무모한 짓이었다.

미국 측은 당황할 수밖에 없었다. 그리고 포로석방은 자신들과 상관없이 한국 정부가 단독으로 저지른 것이니 휴전회담을 계속 진행하자고 했다. 중공과 북한은 물자가 부족해 전쟁을 지속할 수 없는 상황이었으므로 빨리 전쟁을 끝내고 싶었다. 그래서 미국의 해명을 받아들였다. 그리고 한국 정부를 제어할 수 있는 방법을 찾아보라고 하며 휴전회담에서 더 이상 문제를 삼지 않았다.

미국은 이승만 대통령을 제거하려는 '에버레이디 작전Plan Everready'까지 세웠다. 그러나 이승만을 대체할 인물을 구하지 못해 결국 이승만을 달래기로 했다. 그렇다면 이승만 대통령은 왜 그렇게 휴전을 극렬히 반대했을까. 군인들의 무기도 식량도 없는 한국이 반대한다고 휴전을 하지 않을 것도 아닌데, 이승만 대통령이 반대한 것은 나름대로 복안이 있었기 때문이다.

이승만 대통령은 미국이 한반도에서 전쟁을 종식시키고 일부 군사고문단만 남겨둔 채 철군한 후, 일본을 경제 발전시켜 한국 방위비를 일본이 부담하게 해 미국의 부담을 줄이려는 것으로 예상했다.

이승만은 러일전쟁 후 미국의 대 한국, 대 일본 태도를 계속 봐왔다. 미국에서 독립운동을 할 때, 한국은 미개국이라며 무시하고 일본에게 호의적인 것을 익히 보았고, 그 결과 그의 독립 외교가 번번이 좌절된 쓰라린 경험도 겪었다. 그런데 또다시 우리가 일본의 경제적 도움을 받는다는 것은, 이승만 본인뿐만 아니라 우리 민족의 자존심에 비추어 봤을 때 도저히 용납될 수 없는 일이었다.

그는 패전 후의 일본 경제가 한국전쟁 덕분에 되살아나는 것을 우려했다. 그리고 휴전회담이 진행되고 있을 때, 한국과 일본 중간에 있는 독도를 우리 영해에 포함시키는 평화선을 긋고, 평화선을 침범한 일본의 어떤 선박도 가차 없이 나포하도록 엄명을 내렸다. 당시 부산 남항과 송도 해안에는 평화선을 월경하여 우리 해군이나 해양 경찰에 의해 나포된 일본 어선이 묶여 있는 것을 자주 볼 수 있었다.

그러자 미국은 또다시 이승만이 반공포로 석방과 같은 불장난으로 세상이 시끄러워지게 할까봐 염려했다. 그래서 한미상호방위조약을 체결하고 그 조약에 따라 계속 미군이 주둔할 것을 약속했으며, 휴전에 대한 그의 동의를 얻어 휴전회담을 타결했다.

이런 과정을 거쳐 체결된 한·미 상호방위조약은 한국의 안정과 번영의 초석이 되었고 그 기반 위에서 박정희 시대의 고도성장이 가능할 수 있었다. 그 의미를 누구보다 잘 설명해주고 있는 인물이 바로 이승만 자신이었다.

그는 1953년 8월 8일 방위조약이 가조인 되던 날, "우리는 앞으로 여러 세대에 걸쳐 이 조약 덕분에 번영을 누릴 것이며, 우리의 안보를 확고하게 될 것이다."라고 예언했고 그 예언은 적중했다.

휴전회담이 타결된 지 1년 후 이승만 대통령은 미국 아이젠하워 대통령의 초청을 받고 국빈으로 미국을 방문했다. 그리고 특별 배려로 백악관 별관에 숙소를 정했다. 7월 25일 1차 정상 회담 후 7월 28일 미 의회에서 연설할 기회가 주어졌다.

그는 직접 원고를 작성해 유창한 영어로 연설했다. "한국의 자유를 수호하기 위해 사랑하는 자식과 남편을 보내주신 미국의 어머니들에게 깊은 감사를 드린다."라고 울먹이며 시작한 그 연설은, 첫 마디부터 우레 같은 박수를 받았으며 무려 서른세 차례 큰 박수를 받았다. 이는 미 의회에서 전무후무한 것이라고 한다. 그의 연설은 시종일관 휴전회담이 잘못되었으며 휴전회담에 따라 개최된 제네바회담이 결렬된 지금, 전쟁을 재개해야 된다는 내용이었다.

7월 30일 2차 정상회담이 예정되어 있었다. 회담이 개최되기 전에 이승만 대통령에게 회담 후 발표할 공동성명서 초안이 제시되었다. 이것이 그의 심기를 건드렸다. 그것은 "한국은 일본과의 관계에 있어서도 우호적이고……" 라는 문구 때문이었다. 이승만은 미국이 씻을 수 없는 원한이 맺힌 일본과의 우호를 강요하기 위해 자신에게 올가미를 씌우려는 것이라고 오해하고 분노했다.

그래서 회담을 거부하려고도 했으나, 마지못해 회담에 임했다. 아이젠하위 대통령은 이승만 대통령에게 한·일 관계를 정상화하라고 권했다. 그러나 이승만 대통령은 그 말에 대답하지 않고, 한반도에서 휴전을 끝내고 다시 북진해야 된다는 말만 거듭했다. 그러자 아이젠하위가 이승만의 자존심을 먼저 건드렸다.

양측 수행원이 있는 자리에서 "미군이 아니었더라면 이 박사 당신이 지금 나와 이렇게 회담할 처지가 될 수 있었겠는가?"라고 말한 것이다. 한 마디로 당신 처지를 알고 처신하라는 말이었다. 아이젠하워는 그렇게 쏘아붙이고 회담장 밖을 나가버렸다. 그러자 이승만은 우리말로 "저 고약한 사람을 보았나."라며 혀를 끌끌 찼다고 한다. 잠시 후 두 정상은 숨을 고르고 다시 만나 의례적인 인사를 나누며 헤어졌다.

이승만 대통령은 그 길로 귀국했고, 두 정상은 계속 관계가 불편했다. 어찌 보면 원조를 받는 나라의 원수가 원조를 주는 나라의 원수에게 너무 무례하게 행동했다고 할 수도 있다. 하여튼 한·미 상호방위조약에 따라 이승만 대통령은 안보를 강화하는데 성공했고, 미국은 유엔의 일원이 아니라 미군의 자격으로 한국에 주둔할 수 있는 법적 근거를 마련하였다.

이 조약에 따라 1954년 11월 17일 체결된 경제 및 군사 문제에 관한 한미 합의 의정서에 의하면, '미국은 한국군의 단독 북진을 막기 위해 한국군의 군사 작전권을 계속 미군이 가지며, 미군 주둔군은 서울과 휴전선 사이에 두기로 약정한다.'고 밝히고 있다. 이는 이승만이 바라는 것이었다.

여기서 북한의 남침이 있으면 미국이 즉각 자동 개입한다는 조항은, 미 의회의 동의를 쉽게 받을 수 없으니 그 편법으로 주한 미군의 주둔지를 아예 휴전선 가까이 둠으로써 유사시 미군이 자동 개입하지 않을 수 없도록 한 것이다. 이는 소위 '인계철선'이라고 하여 남침을 억제하고, 북침도 억제하는 조치였다. 이승만 대통령이 북진을 부르짖었던 것은 바로 이것을 노린 것이었다.

이승만은 이처럼 실속을 차리고도, 반대급부를 톡톡히 받아 챙겼다.

그것은 한국군 2개 사단 증설 및 공군 창설과 현대화를 미국이 실현 시켜주는 것, 그리고 미국이 한국에 무상으로 군사 및 경제 원조를 해주기로 한 것이다. 그 후 미국은 한국에 매년 2억 내지 3억 달러의 경제 및 군사 원조를 했다. 이는 그때까지 제2차 세계대전 후 미국이 우방에 한 원조 중에서 가장 큰 것으로 우리 국민이 내는 세금보다 더 많았다.

이승만의 이런 전시외교 성과는 동서고금을 통해 찾아보기 어렵다. 이승만은 미국에서 지내며 독립외교를 하는 과정을 통해 미국을 속속들이 잘 알게 되었다. 그 결과 미국이 어디까지 참느냐, 그리고 미국의 능력이 어느 정도인지 깊이 헤아려 미국에 대한 벼랑 끝 외교를 펼칠 수 있었기 때문에 가능한 것이었다.

오늘날 북한이 핵을 가지고 미국과 겨루는 것을 두고, 한국전쟁 때 이승만이 했던 벼랑 끝 외교를 연구한 것이라고 한다. 그런데 북한은 그 방법은 이승만과 닮았으나, 실속 없이 고립과 경제적 빈곤만 더 가중시키고 있는 것 같다.

혹자는 이승만 대통령이 좀 더 슬기로워 한국전쟁 당시 서울을 탈환한 후 평양을 수복하고 북진할 때 청천강을 경계로 하는 39도선에서 북진을 멈추고 휴전을 제의 했더라면 중공군의 참전도 없었을 것이라고 한다. 또, 그 시기를 놓쳤다 하더라도 그 후 중공군의 5차 공격을 격퇴하고 38도선을 돌파했을 때 좀 더 북진을 해 39도선까지 점령해 줄 것을 조건으로 휴전에 동의 했더라면, 실질적인 통일을 할 수 있지 않았을까 하고 아쉬움을 드러내기도 한다. 다 지나고 난 다음에 드는 생각일 뿐이다.

**교육 장려**

이승만 대통령의 치적 중 빠뜨릴 수 없는 것은, 교육을 장려했다는 점이다. 그는 미국에 망명해 독립운동을 할 때에도 우리 민족이 교육을 받아야 한다며 하와이 교포들이 다닐 수 있도록 학교를 설립해 운영하고 한글판 신문을 발간했다.

그의 이런 생각은, 대통령이 된 후에도 이어져 학교를 많이 짓도록 장려했다. 전쟁 중이어서 병력 지원이 필요한데도 대학에 진학하면 군 입영을 연기해주고 군복무기간을 단축해주었으므로 대학이 많이 신설되었다. 군대에 가기 싫어 시골에서 논 팔고 소 팔아 대학에 진학하니 대학을 두고 우골탑이라는 말까지 생기게 되었다.

이 대통령은 그가 장려한 교육받은 학생들에 의해 대통령직에서 쫓겨나게 되었지만, 그 때 공부한 풍부하고 우수한 노동력은 그 뒤 박정희 대통령 시대에 경제 성장의 중추적 역할을 하게 되었다.

**떠나간 민심**

이 대통령은 건국 후 국가의 방향을 반공·친미의 올바른 노선을 걷게 하고 중요한 시점에서 최상의 정책을 선택해 기틀을 다진 반면, 오랜 망명생활로 국내 실정을 잘 몰랐고 또 너무 나이가 많았다. 식민지 통치와 전쟁으로 말미암아 민생은 찌들고 부패는 만연했는데 이에 대해 어떤 시정책도 쓰지 않은 것이다.

영부인이라도 이 점을 알고 내조했더라면 좋았을 텐데 프란체스카 여사는 이 대통령이 망명생활을 하던 중에 만난 사람이어서 독립운동을 할 때는 회화 실력과 타자 실력으로 훌륭한 내조자 역할을 했지만,

영부인으로서는 적합하지 않았다.

우리말을 이해하지 못하다 보니 만나는 사람은 이기붕의 부인 박 마리아를 비롯한 극소수의 아첨꾼들뿐이었다. 거기다가 여든이 넘은 남편의 건강을 챙기느라, 남편의 심기를 어지럽힌다거나 불쾌하게 만들 사람을 만나지 못하게 하다 보니 저절로 인의 장막이 생겼다.

필자는 중, 고등학교에 다닐 때였는데, 그 당시에 요즈음 정치인들이 자주 쓰는 '국정 개혁'이니 '서정 쇄신'이라는 말을 들어본 적이 없는 것 같다. 그래서 이승만 대통령을 두고 외교에는 귀신, 경제에는 병신, 인사에는 등신이라고들 했다.

이 대통령은 임기 중에 우리 헌정사에 큰 흠집을 두 번 냈다. 그 하나는 1952년의 발췌개헌이고 또 다른 하나는 1954년의 중임제 제한 조항을 없애기 위한 사사오입 개헌이었다.

발췌개헌은 전쟁이라는 큰 위기를 맞아 나라를 구하기 위해 비상수단을 강구한 것이라 역사상 많은 영웅들이 비상시국에 그런 방법을 쓴 예가 많다. 그러나 사사오입 개헌은 정말로 못할 짓을 한 것이다. 나라도 건국했고 전쟁도 끝났으며 나이도 여든이 넘었으니 그만둘 때가 되었는데, 잘못된 판단을 한 것이다.

개헌 전, 1954년 5월에 실시한 국회의원 총선거에서 그의 자유당 정권은 개헌의석 3분의 2를 넘기기 위해 엄청난 부정선거를 했고 간신히 그 의석을 얻었다. 이어서 국회가 열리고 초대 대통령에 한해 중임제 제한 조항은 적용되지 않는다는 헌법 개정안이 발의되었다. 그리고 표결에서 136석을 얻어야 3분의 2가 되어 통과되는데 1석이 모자라 부결되었음이 선포되었다.

그러자 이승만 대통령은 부결을 선포한 국회부의장을 불렀다. 그리고 수학의 사사오입 이론을 대입해 사람을 사사오입하면 1인이 된다는 기상천외한 논리로 개헌안 부결 선포를 번복하게 하고, 가결 선포를 하게 지시했다. 국회부의장은 그 지시에 따라 의회를 열어 개헌안 가결 선포를 했다. 그러자 야당을 비롯한 모든 민주세력이 궐기했다. 그리고 한민당을 이은 민국당을 중심으로 강력한 야당이 있어야 한다며 민주당을 창당했다.

그런데 이승만 대통령은 헌법을 그렇게까지 해서 개정해 놓고 1956년 대통령 선거를 앞두고 불출마 하겠다는 폭탄선언을 했다. 그가 불출마하는 이유를 요약하면 아래와 같다.

'첫째, 민주 정치에서는 대통령이 두 번까지 나라에 봉사한 뒤에는 물러가고 다른 좋은 사람이 있으면 피선되는 것이 좋은 일이다. 둘째, 내 나이 80이 넘으니 이제 물러앉아 나보다 연부역강한 사람이 나서서 일을 진행하는 것이 더 좋은 일이라 생각된다. 셋째, 통일을 하루 빨리 이루려고 지금까지 노력했지만 아직까지 성공하지 못하고 있으니 나는 이 책임을 지고 물러나는 것이 옳은 줄로 생각한다.'

이것이 그의 진심이고 그렇게 실행되었더라면 나라도, 그도 얼마나 좋았겠는가. 그러나 이승만 대통령의 이 선언은 하나의 정치적인 제스처에 불과했다.

뒤이어 정부와 자유당은 사람을 동원해 '이승만 대통령 불출마 선언을 번의하라'는 시위를 벌였다. 그 때 동원된 사람들 중에 소나 말을 끌고 다니며 짐을 운반하는 사람들이 많았다. 그렇다보니 집회장에 소와 말도 많았다. 그래서 야유조로, '우의牛意 마의馬意'라는 말이 생길 정도였다. 결국 이승만 대통령은 동원된 민의에 의해 불출마선언을 번의하고 대통령 선거에 출마했다.

그러나 선거운동 전개과정은 일방적으로 야당 쪽에 기울어져 있었다. 이승만 자유당은 민심을 잃어 거의 지지율이 바닥이었고, 야당 신익희 후보는 거의 절대적인 지지를 받았다. "못 살겠다 갈아보자"라는 민주당 선거구호는 민주당의 선거 구호를 넘어 전 국민의 외침이기도 했다. 이렇게 국민의 지지가 한 군데로 쏠리니 공무원들조차 야당 후보를 지지해 부정선거를 할 엄두조차 낼 수 없었다.

그런데 이게 웬일인가. 그렇게 국민의 절대적 지지를 받고 있던 야당 대통령 후보 신익희가 선거를 열흘 앞두고 선거유세를 위해 서울에서 이리로 가는 열차 속에서 심장마비로 급사한 것이다.

필자는 그때 영화관에서 단체영화를 보고 있었는데, 극장에서 나와 신익희 후보의 사망을 알리는 호외를 접하고 눈물을 흘리지 않을 수 없었다. 조금 있으니 민주당 선거운동 차에서 신익희 후보를 추모하는 울음소리가 나왔다. 연도에 나와 있는 모든 시민이 숙연해지는 것을 어린 나이지만 직감할 수 있었다.

독립운동을 할 때부터 이승만의 정적이었던 사람들 중에서 세상을 떠난 사람들이 많아, 이승만의 정치활동에 도움이 되었던 것은 사실이다. 독립운동 때 박용만, 안창호, 한길수, 해방 정국에서 여운형, 김구 그리고 한국전쟁 이후 신익희, 조병옥 등이다.

그러나 3대 대통령 선거 때 해공 신익희의 죽음은 그가 죽었기 때문에 이승만이 한 번 더 대통령을 할 수는 있었지만, 그가 죽지 않았다면 이승만은 명예로운 은퇴를 하여 훌륭한 국부로서 길이 존경받는 인물이 되었을 것이다. 신익희의 죽음으로 그 기회를 놓친 것이니 신익희의 죽음이 이승만에게 딱히 좋게 작용했다고 할 수는 없을 것이다.

유력한 대통령후보가 사망한 후, 선거는 이상한 방향으로 흘렀다. 진보당의 조봉암 후보 측은 민주당에 연대를 제안했다. 자신들은 부통령 후보 박기출을 사퇴시키겠으니 대신 대통령 후보로 조봉암을 지지해달라고 했다. 그러나 민주당은 이를 거절했다. 조봉암은 공산당에서 전향해 그 색깔이 다르므로 협력할 수 없다고 한 것이다. 이때 부통령 선거가 중요시된 것은, 이승만 대통령은 노령이었으며 헌법에 대통령 유고시 부통령이 그 지위를 승계하게 되어 있었기 때문이다.

민주당은 부통령 선거에 전념했다. 그리고 대통령 투표는 기권표가 되더라도 사망한 신익희에게 추모 표를 던져 달라고 하는 한편, 조봉암 후보에게 표가 가지 않도록 신경을 썼다. 비록 야당이라 할지라도 공산당의 세가 확장되는 것을 바라지 않았기 때문이다.

투표 결과 대통령 선거는 이승만이 유효 투표 53%인 540만 표, 신익희 후보에 대한 추모표가 185만 표였다. 부통령 선거는 계표 마지막 단계에 이르러 민주당의 장면 후보가 46% 득표한 400만 표로 1등을 달리고, 자유당 이기붕 후보가 380만 표였다.

자유당은 대구에서 부정 개표를 해서 이를 뒤집어보려고 했다. 그러나 대구 시민들이 개표장에 집단적으로 몰려와 농성을 하며 투표함을 지켰다. 개표가 지연되고 이로 인해 전국이 시끄러워지자, 이승만 대통령은 장면이 부통령으로 당선된 것이라고 발표했고 그제야 사태가 진정되었다.

내가 알기로 우리 헌정사 70년에 이때만큼 야당인 민주당이 인기가 좋은 적은 없었던 것 같다. 민주당은 앞서 본 바와 같이 대통령 후보가 사망해도 절대 색깔이 다른 진보당과 협력하지 않았다. 이전에 창당 과정에서도 색깔이 다른 조봉암의 합류를 거절했다. 또 이범석의 족청계도 발췌개헌 때 주도적인 역할을 했다는 이유로 합류를 거절했다. 이처럼 민주당이 철저히 반공 민주 노선을 가며 여당인 자유당과 정면 대결을 하니 국민들이 믿고 민주당을 전폭적으로 지지했던 것이다. 이러한 점은 오늘날의 정당들이 참작할만하다고 본다.

그런데 이승만 대통령은 선거 과정과 투표 결과를 보면서도 민심의 동향을 깨닫지 못했다. 선거가 끝난 후 이 대통령은 "나는 우리 국민을 믿었는데 우리 국민들이 대통령은 나를 지지하고, 부통령은 나를 반대하는 야당 후보를 지지하니 국민의 뜻을 알 수 없다."고 했다. 실로 답답한 일이다. 이승만처럼 노회한 정치인이 민심을 정확히 파악했더라면 무슨 조치를 취했을 터인데 그러지 못한 것이 유감이다.

세월은 빨라 4년이 또 훌쩍 지나가니, 4대 정·부통령선거가 다가왔다. 1956년 10월 26일 거행된 야당 민주당 정·부통령 후보 지명대회에서 대통령 후보는 조병옥, 부통령 후보는 장면이 결정되었다.

조병옥은 미국 유학시절부터 이승만과 각별한 사이였다. 미군정 시절 경무부장으로 이승만의 오른팔이 되어 공산당을 타도하는데 앞장을 섰을 뿐만 아니라, 이승만이 대통령이 되는데 여러 가지로 지원을 했던 사람이었다. 그리고 한국전쟁 때 내무부장관으로 대구를 사수하는데 크나큰 공로가 있었다. 두 사람이 특별히 절친한 사이였으므로 한때 그가 이승만의 후계자로 가장 유력했다. 그런 조병옥이 대통령 선거에서 이승만의 경쟁자가 되었다는 것은 실로 아이러니하다.

조병옥은 민주당 대통령 후보가 되자마자 간경화증으로 의료진의 권고에 따라 미국 월터리드 육군병원에 치료를 받기 위해 도미했다. 선거일이 3월 15일로 결정된 것은 그 무렵이었다. 1956년에 선거를 5월에 치렀으니 5월로 결정될 것으로 알았으나, 과잉 충성하는 내무부장관 최인규가 3월 26일 대통령 생일이 당선 축하의 자리가 되도록 하자고 제의해 내각과 여당이 이를 수용한 것이다.

야당 후보 조병옥은 미국에 가기 전에 부인과 함께 경무대에 가서 이승만 대통령에게 출국 인사를 했다. 대통령은 얼른 쾌유해 귀국하기 바란다며 인편으로 치료비 1백만 원을 보내주었다고 한다. 이 대통령은 주변의 성화에 못 이겨 어쩔 수 없이 이기붕을 후계자로 삼았지만, 마음 한구석에는 조병옥이 선거에서 자기를 이겨주기를 바라는 마음이 있었는지도 모른다.

그런데 조병옥이 2월 16일 수술 후, 갑자기 심장마비로 급사하고 말았다. 야당인 민주당은 새로 전당대회를 열어 대통령 후보를 지명할 수도 없었다. 무소속으로 출마한 장택상은 후보를 사퇴했다. 그러니 대통령 선거는 이승만 후보가 무투표 당선되게 되어 있었고, 문제는 부통령 선거였다.

이미 대통령 당선자가 결정되었으므로 정권 교체는 있을 수 없으니, 공무원들은 윗사람의 지시에 따라 부정선거를 감행하지 않을 수 없었다. 당시 선거 담당인 내무부장관 최인규는 자유당 부통령 후보 이기붕의 심복이었다. 그는 각종 선거지침을 내려 부정선거를 지휘했다. 여당 선거유세장에 청중을 강제 동원하고, 야당 운동원을 납치해 선거 방해를 하는 등, 갖가지 수법의 부정선거가 이루어졌다.

급기야 대구에서는 2월 28일이 공휴일인데도 야당 후보 유세장에 학생들이 참석하지 못하도록 학교에 등교를 지시하자, 이에 학생들이 항의 규탄 시위를 벌였다. 이 대구 학생시위를 시작으로 전국 곳곳에서 부정선거 규탄 데모가 잇달아 일어났다.

그러한 과정을 거쳐 3월 15일 선거일이 되자, 정부 여당은 사전 투표 및 3인조 내지 5인조 공개 투표를 감행했다. 여당의 정·부통령 후보가 80%를 상회하는 득표를 했다고 개표 결과를 발표했지만, 이를 믿는 국민은 아무도 없었다. 일부 지역에서는 여당 후보의 득표가 총 유권자 수를 초과하는 촌극이 벌어지기도 했다. 자유당 기획위원회는 검토를 한 후 발표하기로 결정했고 내무부장관 최인규는 일선 경찰서장에게 일일이 전화를 걸어 이승만 80%, 이기붕 70%~75%로 조정해 개표 결과를 발표하라고 지시했다.

이 정도로 부정한 선거였으니 국민들이 그냥 있을 수 없었다. 부정선거를 먼저 확인하고 규탄 시위를 벌인 곳은 마산이었다. 마산시의 민주당 간부 당원들은 경찰의 제지를 뚫고 투표소 안으로 들어가 40% 사전 투표와 3인조 공개 투표를 비롯한 자유당 부정선거 현장을 확인했다. 이들은 그 내용을 공개하고 규탄 시위를 벌였다. 밤 9시경에 시위 군중이 1만 명으로 불어나자 경찰이 발포했고, 이로 인해 시민 일곱 명이 사망했다.

치안 국장은 이 상황을 두고 공산분자의 책동이라고 대통령에게 보고했다. 그러나 사실이 그렇지 않다는 검찰 수사 결과가 발표되자, 내무부장관 최인규는 인책 사임하고 홍진기가 내무부장관이 되었다.

한편 야당인 민주당은 투표 당일 12시를 넘기자 이번 선거는 부정선거라고 단정 짓고 선거를 보이콧 했다. 그리고 야당 의원들은 모두 의원직을 사퇴하던지 등원을 거부해야 한다고 주장했다.

전국적으로 부정선거를 규탄하느라 한참 시끄럽다가 잠시 소강상태였는데 4월 11일 마산 앞바다에서 마산 상고 1년생 김주열 군의 시체가 얼굴에 최루탄이 박힌 채 발견되었다. 이것이 도화선이 되어 전국적으로 시위가 일어났다. 결정적인 시위는 4월 18일 오후 국회의사당 앞에서 있었던 고려대 학생들의 시위였다. 고려대학교 총장 유진오가 직접 나와 시위 학생들을 설득한 후 시위를 중단시켰지만, 경찰이 정치 깡패를 동원해 학생들을 구타하자 학생들과 시민들이 이에 대항해 또다시 큰 규모의 시위가 벌어졌다.

이 소문이 전국적으로 확산되자 다음날인 4월 19일 전국 방방곡곡에서 부정선거 규탄대회가 열렸다. 그리고 경찰의 발포로 인해 180명이 사망했다. 급기야 자유당 정부는 계엄령을 선포하였다. 서울에 출동한 계엄군은 다행히 질서 유지에 전념했고, 결코 시위 군중에게 발포를 하지 않았다.

4월 19일 저녁, 주한 미 대사 매카너기는 내무부장관, 국방부장관과 함께 경무대에 들어가 이승만 대통령을 접견했다. 매카너기 대사는 이 대통령을 만나자마자, "각하, 일전에 드린 국무성 각서를 검토해 보셨나요?"라고 물었다. 이 대통령은 "각서라니?"라고 의아해했다. 매카너기 대사는 각서가 제대로 전달되지 않았다는 것을 짐작하고, 자신이 갖고 있던 각서 사본을 대통령에게 전했다.

각서에는 아이젠하워 대통령이 6월에 방한할 것이니 그 때 양국 관계의 우호를 더욱 증진시킬 것과 한국 정부가 일본과의 관계를 개선해보라는 것, 그리고 소요 사태에 관한 언급이 담겨 있었다. 한국의 시위 학생 및 시민의 요구는 일리가 있는 것이니 절대 유혈사태가 일어나지 않도록 할 것을 당부하며 수습책으로 이기붕 씨가 부통령 직 당선을 철회하는 것이 한 가지 방법이라고 제시한 것이었다.

이런 내용의 각서가 제때 전달되었더라면 사태가 보다 빨리 좋은 방법으로 수습이 되었을 터인데, 이기붕의 심복인 비서실장 및 경호실장이 이를 대통령에게 보이지 않았던 것은 실로 크나큰 실책이었다.

드디어 4월 22일 미 국무성은 한국의 3.15 정·부통령 선거는 부정선거였으므로 다시 선거를 하기 바란다는 성명을 발표했다. 발표 내용 중에는 이승만 대통령의 거취에 대한 언급은 없었지만, 이승만 대통령은 이제 자신이 물러날 때라는 것을 직감했다.

야당인 민주당도 부정선거를 규탄했다. 그리고 재선거를 하자고 하다가 한걸음 더 나아가 이 대통령의 하야를 외쳤다. 부통령인 장면은 노령인 대통령이 유고 상태가 되면, 자신이 대통령 지위를 승계할 가능성이 있으므로, 몇 달간의 잔여 임기 중에는 결코 사임하지 않겠다고 했다. 그러나 정부 여당 측이 대통령이 하야 하면 바로 야당 출신 부통령에게 정권이 넘어가는 것을 꺼려 이 대통령 하야 주장을 망설이고 있다는 것을 알고 부통령 직을 사임한 후 대통령의 하야를 거듭 촉구했다.

4월 26일 서울 교수단이 이승만 대통령의 하야를 주장하며 시위를 벌였다. 드디어 이승만 대통령이 "국민이 원한다면 하야하겠다"고 발표했다. 그러자 일부 사람들은 하야를 하려면 조건 없이 해야지, '국민이 원한다면'이라는 조건을 왜 다는지, 혹시 예전과 같이 우의 마의를 동원해 하야 반대 궐기대회를 하는 것은 아닌지 반신반의했다.

그러나 그것은 기우였다. 그 사이 대통령의 관저인 경무대에 피신해 있던 이기붕 일가족이 집단 자살했다. 이기붕의 장남으로 이승만 대통령의 양자로 입양된 이강석이 생부와 생모, 동생을 사살한 후 자살 한 것이다. 이승만은 12년 동안 재직했던 대통령직을 그만두고 경무대를 나오며 시민들을 보고, "나를 쏘아라!"라고 했다. 국가를 건설하고 그 기틀을 다진 국부가 이처럼 서글프게 그 직을 그만두게 된 것이다.

## 잊을 수 없는 거인

이승만은 경무대를 나온 후 4.19의거 때 부상을 당한 사람들이 입원해 있는 병원을 찾아가 문병했다. 그리고 '우리나라는 너희들처럼 불의를 보고 일어날 줄 아는 정의로운 청년들이 있어서 장래가 밝다.'고 하며 격려하자, 부상당한 학생들도 대통령의 손을 잡고 울었다고 한다. 이승만은 사망한 이기붕 가족의 빈소에 가서 문상하고, 양자 이강석의 관을 쓰다듬어주었다고 한다.

며칠 후 그는 부인 프란체스카 여사와 함께 미국 대사 매카너기의 주선으로 하와이로 망명의 길을 떠났다. 일부 극렬 세력들은 그가 독재를 한 것에 대해 단죄를 해야 하는데 망명을 허용했다며 허정 내각을 비난했다.

하와이에서의 그의 망명 생활은 매우 적적했다. 조국이 그리워 귀국을 수차례 시도했지만, 여론이 용납하지 않았다. 그는 40년이 넘는 세월 동안 해외에서 망명생활을 했으며 독실한 그리스도교 신자임에도 불구하고 한국인으로써의 삶의 방식을 벗어버리지 못했다. 그래서 가계 계승을 위해 같은 양녕대군의 후손 중에서 양자를 정하고, 서도를 하며 시간을 보냈다고 한다.

일본 식민지 시절 해외에서 독립운동을 했던 김구를 비롯한 대부분의 독립지사들이 편의상 거주국의 국적을 취득했지만, 이승만은 끝내 국적을 바꾸지 않고 망한 대한제국의 국적을 끝까지 고수했다. 하와이에서의 생활비와 병원 요양비는 현지 교포들의 성금으로 마련했다.

자유당 이승만 정권은 부패했지만, 이승만 본인은 역대 어느 대통령보다도 청렴했다. 기증 받은 재산이 없으니 재임 중이나 재임 후에 재단법인 같은 것을 설립할 여지도 없고, 사후 유산이라고는 광복 후 귀국하자 독지가로부터 증여받은 이화장 집 한 채뿐이었다.

일부 좌파 학자들은 이승만을 월남의 응오딘지엠과 같은 사람으로 비유하며 폄훼하지만 이는 말도 되지 않는다. 월남의 응오딘지엠은 자신이 부패했을 뿐만 아니라, 자신이 공산주의에 패할 원인을 제공한 대통령이었다. 그런데 이승만은 공산주의를 극복한 대통령인데 어찌 비교할 수 있단 말인가.

돌이켜 생각해보면 이승만 정권은 부정선거에 의해 정권을 연장했고 부패 정권이었던 것은 틀림없지만, 독재 정권이라고 말하기는 어렵다. 물론 이승만 정권 때 대통령의 출생일을 국경일로 정한 것, 동상을 세운 것, 찬가를 지어 부르게 하는 등, 다소 개인숭배는 있었다. 그렇지만 정권을 다투는 강력한 야당이 있었고, 또 언론의 자유도 있었다. 술좌석이나 공원에서 잡담을 하다가 이 대통령을 두고 갖은 험담을 해도 그것 때문에 처벌 받는 사람은 없었다.

영부인 프란체스카의 회고담에 의하면, 이승만은 망명생활을 하며 3선 개헌한 것을 무척 후회했다고 한다. 그것 때문에 청년들이 아까운 피를 흘렸다고 가슴 아파했다는 것이다. 이승만 대통령은 집권 후 꾸준히 추진하고 육성해 온 언론과 민주주의 교육을 받은 학생들에 의해 쫓겨났다. 그리고 정권 말기에 그의 퇴진을 외치던 정적들은 신익희, 조병옥, 장면, 윤보선 등 그의 문하에서 성장한 인물들이었다.

한국전쟁 때 미 8군 사령관을 지낸 벤 프리트 장군은 그의 회고기에서 '이승만의 값을 매기라고 하면, 그의 몸무게만큼의 다이아몬드 값'이라고 했다. 상해임시정부의 김구 주석의 심복 정화암은 '이승만의 경륜과 수완은 김구 1백 명이 있어도 못 당한다.'고 실토했다. 이승만 그는 실로 선각자인 동시에 애국자로 큰 그릇임에 틀림이 없다.

1965년 7월 그가 사망한 후, 장례차가 서울 시가지를 지날 때 길가에 수많은 인파가 몰려나와 애도를 표했다. 쫓겨난 대통령을 그렇게 애도하는 것을 두고, 우리 국민이 인정이 너무 많다고 하는 사람들도 있었다. 그러나 필자는 그것보다 이승만이라는 인물이 우리 국민의 가슴에 쉽게 지워지지 않을 얽히고설킨 사연을 많이 심어주었기 때문이 아닌가 한다.

## 박정희 대통령의 공과

### 5.16 군사 쿠데타의 정당성

1961년 5월 16일 육군 소장 박정희 지휘 하에 일어난 군사 쿠데타를 두고 그 정당성에 관해 논의가 많다. 국민의 선출에 의한 합법적인 정부를 일부 군인이 반란을 일으켜 전복시키고 정권을 쥔 것은 정권 찬탈이므로 지탄받을 수 있다. 그러나 그 당시 우리나라 상황을 보면, 이를 일부 군인의 정권욕에 의한 정권 찬탈로 매도할 수만은 없다.

수천 년 동안 억압 속에서 살아왔던 우리 국민은 4.19의거로 모처럼 자유를 얻은 국민이 되었다. 그런데 한 번도 제대로 누려보지 못한 자유라 이를 향유할 줄 모르고 남용했다. 데모에 의해 그 무서운 정권을 무너뜨리고 나니, 데모 만능주의가 팽배하게 된 것이다. 자고 나면 데모로 시작해 해가 질 때까지 데모를 하다가, 시간이 흐르자 해가 진 후 밤에도 데모를 했다. 항명과 체제 도전이 정의이며 용기라 생각하고 모든 분야에서 하극상을 벌였고, 위계질서가 무너졌다.

사회 분위기가 그랬으니 민주당 정권을 탓할 수도 없었다. 민주당의 장면 정권은 정권을 창출한지 얼마 되지 않아 통치권을 완전히 장악하지 못한 상태였다. 설령 장악했다 하더라도 데모를 강경 진압했더라면 더 과격한 도전을 받게 되었을 것이다.

프랑스 시민혁명 후 극심한 혼란이 지속되자 나폴레옹이 쿠데타를 일으켜 정권을 장악해 그 혼란을 수습한 것처럼, 박정희도 마찬가지였다. 박정희는 쿠데타를 일으켜 정권을 장악해 나라의 혼란을 수습했으니, 그런 관점에서 보면 구국의 영단이라고 할 수도 있다.

좌파 학자들은 5.16 쿠데타는 미국의 사주에 의한 것이라고 한다. 이는 아무 근거가 없는 말이다. 당시 주한 미군 사령관은 쿠데타가 일어났다는 소식을 접하자 국방부장관인 현석호와 함께 청와대에 갔다. 그리고 국군 통수권을 갖고 있는 대통령 윤보선에게 미군을 출동시켜 쿠데타에 동원된 반란군을 진압하게 해달라고 동의를 구했다. 그러나 윤보선 대통령은 유혈사태가 우려된다고 이를 반대했다. 결국 쿠데타를 용인한 셈이다.

사태가 진전된 후 미 8군 지휘관들은 쿠데타 주동 군 지휘관들과 회담을 하여 군정을 2년간 실시한 후 민정으로 이양하고, 군정에 관련한 군인들은 원대 복귀하는 것으로 협약하고 이를 공포했다. 그런데 어찌 5.16 군사 쿠데타에 미국이 개입했다고 말할 수 있겠는가.

박정희가 이끄는 군사 정부는 정권을 장악하긴 했지만 과정이 순탄하지는 않았다. 민생고를 해결하겠다는 혁명 공약을 지키기 위해 화폐 개혁을 해보았지만 실패하는 바람에 극심한 인플레만 초래하고 민심도 떠나가기 시작했다.

그러다가 약속한 군정 2년이 되자 군정을 연장할 것인지, 아닌지, 민정을 이양하면 군정에 참여한 군인들이 그 민정에 참여할 수 있는지에 관해 많은 논쟁이 있었다. 이 문제로 당시 군부와 미국의 의견이 대립되자 미국은 군정에 압력을 가하기 위해 그동안 해주던 곡물 지원을 끊어버렸다. 그러자 식량난으로 학교들은 조기 방학을 할 수밖에 없었다. 필자도 그 기억이 생생하다.

결국 민정으로 이양하되 군인들은 군복을 벗고 선거에 참여하기로 합의를 보았다. 그리고 1963년 9월, 대통령 선거를 치렀다. 투표 결과 여당인 공화당 박정희 후보가 야당인 윤보선 후보에게 겨우 15만 표 차로 당선되었다. 예전 선거에서 여당 후보가 압도적으로 당선된 것과는 달랐다. 여당이라는 프리미엄이 없었더라면 박정희는 선거에 졌을 것이다. 전폭적인 지지를 얻으며 쿠데타를 성공시켰지만, 그 사이 인기가 떨어진 것을 확인할 수 있었다. 5.16 쿠데타 주체 세력은 이렇게 하여 민정의 정권을 창출하게 되었다.

## 경제개발의 기폭제가 된 한일수교와 월남 파병

선거라는 합법적인 절차를 거쳐 어려운 고비를 넘긴 박정희는 군정에 이어 민정의 대통령이 되었다. 그 사이 미국에서는 쿠데타를 일으켰다고 박정희를 못마땅하게 여기던 케네디 대통령이 피살되는 바람에 부통령이었던 존슨이 그 뒤를 이어 대통령이 되었다.

박정희 대통령은 조금 더 미국에 접근해 미국이 끈질기게 권했던 한일회담을 개최하고, 월남 파병에 응하기로 했다. 월남 파병을 반대하면 용공이라 오해를 받을 수도 있었으며, 그 당시에는 반미의식보다 친미의식이 강했으므로 미국이 요구하는 것이라면 우리 국민도 별다른 이의가 없었다. 야당도 공식적으로는 반대했지만 그것은 어디까지나 형식적인 것이었다.

그러나 한일 회담은 달랐다. 뿌리 깊은 민족 감정이 쌓여 있는 것이어서 예민할 수밖에 없었다. 야당은 이러한 민족 감정을 건드려 현 정부를 곤궁에 빠뜨리고 정권 쟁취를 하기 위한 기회를 노렸다. 야당이 한일 회담 결사반대를 외치니 학생을 비롯한 수많은 국민들이 호응했다.

한일 회담에서 타결해야 할 문제가 다섯 가지였다. 대일 청구권 문제, 재일교포 법적 지위 문제, 문화재 반환 문제, 평화선 존폐 문제, 독도 영유권 등이었다. 어느 하나 조금이라도 양보하면, 매국노라고 지탄받을 수 있는 문제들이었다.

1964년 봄부터 시작한 한일회담 반대 시위가 여름까지 전국적으로 벌어지자 정부는 계엄령을 선포했다. 계엄령을 선포한 후, 국민을 억압하고 굴욕적인 외교를 성사시켰다는 오해를 받지 않으려고 계엄 기간 동안 한일회담을 중단했다.

가을이 되자 계엄령을 해제하고 다시 한일회담을 개시했다. 그러나 1965년 봄 학기가 시작되자 학생들은 다시 한일회담 반대 데모를 극렬히 하기 시작했다. 결국 조기방학을 하고 한일수교조약을 국회에서 날치기로 비준 의결했다. 그러자 야당의원들이 전원 의원직을 사퇴하고 장외 투쟁을 벌였다.

한일간에 체결된 비준 내용은 다음과 같았다. 청구권 3억 불, 상업차관 2억 불, 비준 당시 재일교포는 그 영주권을 인정하고, 문화재 반환은 계속 논의하기로 했으며, 평화선을 철폐하는 대신 국제 관례에 따라 12해리 영해로 정하고, 독도에 대하여는 아무런 언급이 없었으므로 사실상 우리가 관할하는 것이었다.

지금 생각해보니 우리가 일제 식민지 통치를 36년 동안 받고도 국민적인 감정 표시 없이 한일회담을 그냥 보고 있었더라면 기개가 없는 민족으로 보였을 것이다. 또한, 그런 종류의 외교회담은 국민이 반대 시위를 함으로써 회담을 유리한 방향으로 전개시킬 수 있으므로 시위를 하기는 잘한 것 같은데 너무 지나치게 한 것 같긴 하다.

따지고 보면 우리는 북한 공산주의와 대결하는 마당에 일본과 선린관계를 맺고 또 경제를 발전시켜야 되므로 딱한 입장인데 반해, 일본은 그들이 미국과 맺은 샌프란시스코조약을 준수하기 위한 목적뿐이므로 그렇게 간절할 것이 없었다.

정부는 한일회담을 성사시키는 과정에서 민심의 극렬한 저항을 받았는데, 막상 성사시키고 나니 정부 여당에게 민심이 쏠리기 시작했다. 그 이유는 한일회담에 의해 우리가 받기로 한 청구권 자금 3억 불과 상업 차관 2억 불이 들어오게 되자 우리 경제에 숨구멍이 트이기 시작했기 때문이다.

박 대통령이 5.16 혁명을 일으킨 후 국정을 맡고 보니, 도둑을 다 맞고 난 텅 빈집에 들어온 것 같았다고 했다. 아무리 좋은 경제계획을 수립해 공장을 지으려고 해도 돈이 있어야 되고, 장사를 해도 밑천이 있어야 하는데 그런 돈이 한 푼도 없었던 것이다. 그러던 것이 한일회담으로 어느 정도 자금이 마련되었으니, 빈집에 소가 들어온 격이었다.

게다가 그 무렵에 국회에서 가결된 월남 파병을 하게 되자 월남 특수가 시작되었다. 처음에는 군대 보급품 납품부터였다. 그리고 전쟁으로 파괴된 월남의 도로 항만 복구 사업을 우리 건설회사가 수주를 맡게 되자 유사 이래 처음으로 외국과 장사를 해 목돈을 만지게 되었다. 일본이 제2차 세계대전 후 경제가 붕괴되었다가 한국전쟁으로 인한 한국 특수를 통해 경제가 새로이 부흥했던 것과 같은 현상이었다.

드디어 우리 경제가 기지개를 펴기 시작했다. 미국을 비롯한 여러 우방국으로부터 신임을 얻게 되자, 미국 정부 주선으로 차관도 얻어올 수 있게 되었다. 종전에는 전쟁을 하고 있는 분단국이고 원조를 받고 살아가는 나라라고 아무도 차관을 주지 않았는데 차관 얻기가 훨씬 수월해진 것이다.

일본에서 받아온 청구권 자금과 상업 차관, 미국 등에서 빌려온 차관, 그리고 월남에서 벌어온 돈으로 갑자기 공장들이 많이 생기게 되자 그 많던 실업자가 구제되었다. 한일 회담을 할 때 잘못하면 우리 경제가 일본에 예속되지 않을까, 왜식문화가 침투해 우리 고유문화가 변질되지 않을까 우려했는데 세월이 지난 지금 생각해보니 다 기우였다는 생각이 든다. 오히려 일본이 한류로 인해 고민하고 있지 않은가.

박정희 대통령은 신이 나서 첫째도 경제, 둘째도 경제, 셋째도 경제라고 하면서 경제 부흥을 외치고 민족중흥을 다짐했다. 이처럼 한일 수교와 월남 파병은 우리 경제 발전에 중요한 기폭제가 되었다. 그때부터 우리 경제는 연 평균 9%의 고도성장을 하게 된 것이다.

일부 좌파 학자들은 월남 파병으로 인한 우리 경제 성장을 두고 '강도질 하는데 도와주고 용돈 얻어 쓴 것'이라고 폄훼하기도 한다. 그런데 미국이 월남전에 참전한 것은 후진 미개국이 인류의 악인 공산주의에 고통을 당하지 않게 하기 위해서였다.

그리고 우리가 파병한 것은 한국전쟁 때 미국으로부터 신세진 것이 있으니 이를 갚는다는 의미도 있는데 왜 그런 생각을 하는지 이해가 잘 되지 않는다. 그런 말 하는 당신네들은 우리가 북한이나 베트남처럼 되지 않고 오늘날 같이 잘사는 것이 그렇게도 배가 아픈지 도대체 그대들은 우리 민족인지 아닌지 한번 물어 보고 싶기도 하다.

### 3선 개헌과 유신헌법

국민이 피부로 느낄 수 있을 정도로 경제가 성장하니 공화당 박정희 정권은 인기가 치솟았다. 그리하여 1967년에 실시된 대통령 선거와 국회의원 선거에서 압승을 거두게 되었다. 특히 국회의원 선거에서 자유당처럼 부정투표나 개표를 하지 않고서도 3분의 2 의석을 훨씬 초과하는 공화당 당선자를 냈다. 야당은 돈을 많이 쓴 타락 선거라면서 홧김에 등원을 거부하기도 했다.

남한의 경제가 성장하고 체제가 안정되자 북한은 위기의식을 느끼기 시작했다. 북한은 한국전쟁 후 공산주의식 계획 경제로 연 20%씩 초고

속 성장을 하여 우리를 앞질렀으나 1960년대 후반으로 들어서면서 다른 공산주의 국가들처럼 한계에 도달했고 성장이 둔화되어 남한 경제에 추월당할 처지가 되었다.

그러자 우리 경제 성장과 체제 안정을 깨기 위해 박대통령을 제거할 목적으로, 1969년 1월 21일 무장 공비를 남파시켜 청와대 습격을 시도했다. 그 후에도 여러 차례 테러를 시도하다가, 1974년 8월 15일 경축 기념식장에 자객을 보내서 경축 연설을 하는 박대통령을 저격하려 했다. 그러나 총알이 빗나가 영부인인 육영수 여사가 맞고 사망을 하게 되었다. 이런 사건 등으로 대통령은 3선 금지 조항을 삭제 하는 개헌을 시도했고, 야당은 이에 저항했다.

대통령 중임 제한 조항은 미국 헌법에만 있는 것으로, 미국 또한 루즈벨트 대통령 후임 대통령을 선출하며 규정하게 된 것이다. 그 규정이 우리나라에 도입되자 국민들은 이 조항이 하늘에서 떨어진 것인 양, 고칠 수 없는 법이라고 생각했다. 물론 위정자가 자신의 임기를 늘리기 위해 헌법을 고친다는 것은 도덕적으로 부담스러운 일이다.

그러나 꼭 지탄해야 할 일은 아니라고 본다. 어찌 보면 중임 제한 조항은 민주주의의 기본 원리에 반하는 점도 있다. 그것은 국민의 정치적 자유를 보장하는 측면에서 보면, 누구나 대통령에 출마할 수 있는 자유가 있어야 한다. 어느 특정인은 대통령에 출마하면 안 된다는 것은 옳지 않다. 국민이 선택할 수 있는 범위가 넓어져야지 대통령직을 두 번 한 사람은 대통령으로 선출할 수 없다는 것은, 정치적 자유를 제한하는 것이다. 헌법도 주권자인 국민이 바꾸고 싶으면 바꿀 수 있는 것이며 영구불변의 것은 결코 아니다. 자유로운 분위기에서 찬반토론이 이루어지고 투표의 자유와 개표의 공정이 보장된다면, 문제가 될 것이 없지 아니한가.

그러나 당시 야당은 개정이 금기시 되는 천부의 법을 바꾸는 것처럼 이를 비난했고, 일부 국민이 이에 호응을 하자, 박대통령 지지율이 다소 하락했다. 박정희 대통령은 담화로 3선 개헌 의지를 밝히고, 3선 개헌안이 국민 투표에서 부결되면 자신은 대통령직에서 즉시 사임하겠다며 3선 개헌과 신임을 결부시켰다.

그러나 야당이 의사 진행을 막자, 국회 별관에서 날치기로 3선 개헌안은 가결되었고, 국민 투표에서도 압도적으로 표차로 가결되었다. 자유당 때의 발췌개헌이나 사사오입 개헌과는 달리 찬반 토론 및 투개표의 자유가 보장되었으므로 절차상의 하자가 없었다고 본다.

필자는 그 당시 야당과 입장을 같이 하여 3선 개헌을 반대했지만, 지금 생각해보면 국가 경제발전을 위해 박대통령이 10년간 더 집권하는 것이 옳았다는 생각이 든다. 그리고 장기 집권을 염두에 두었다면, 개헌을 할 때 3선까지 중임하는 것으로 개정하지 말고 아예 중임 제한 조항을 자유당 때 사사오입 개헌 때처럼 삭제해 버리는 것이 낫지 않았을까 싶기도 하다. 한 번의 곤욕을 치르면 될 것을 그때 그렇게 하지 않는 바람에 유신 선포를 하게 되었고 국내외 많은 비난과 저항을 받게 되지 않았는가.

1971년, 3선 개헌에 따라 박정희 대통령은 선거에 출마했으며, 대통령으로 당선되었다. 한편, 야당의 도전도 만만치 않았다. 잇따라 이어진 국회의원 선거에서 야당은 충분한 개헌 저지선을 확보한 것이다.

대통령은 우리 경제가 경공업 단계에서 중화학공업으로 넘어갈 때라고 판단했다. 그리고 중화학공업을 육성하기 위해 더 오래 집권해야겠다고 결심했다. 그렇게 하려면 또 개헌을 해야 했다. 그런데 야당이 개헌 저지선을 훨씬 넘는 의석을 가지고 있고, 논의를 하게 되면 자신의 도덕성이 훼손되고 국력이 소진될 가능성이 있다고 보았다.

1972년 6월, 그는 개헌에 앞서 중앙정보부장인 이후락을 평양에 보내어 김일성과 그의 동생 김영주를 만나 회담하게 했다. 뒤이어 양측이 7월 4일 각각 서울과 평양에서 평화 통일을 약속하고, 앞으로 상호 체제 비방을 하지 않기로 선언했다. 국민들은 해방 후 처음으로 남북 당국자간의 회담이 개최되었으니 놀랄 수밖에 없었다. 그리고 전쟁의 공포가 어느 정도 사라지지 않겠는가 하는 기대감으로 들떴다.

그러나 지나고 보니 그 선언은 의심스러운 점이 있다. 남한은 그렇게 해놓고 10월 유신을 선포했고, 북한은 봉건왕조의 폐습이라고 극렬히 비난하던 그 세습 체제로 전환했기 때문이다. 그리고 그전 같으면 그와 같은 조치를 한 상대방을 맹비난했을 터인데, 양측은 비방금지 약정을 했으므로 서로 비방하지 않은 것이다. 어찌 보면, 남북회담은 양측 수뇌부가 이를 노리고 자신들이 원하는 체제를 강화시키기 위해 취한 사전 제스처가 아니었는가 하는 생각이 들기도 한다.

그해 10월 저녁, 박정희 대통령은 담화를 발표했다. 통일을 위해 국력을 조직화하려면 통일 헌법을 만들어야하므로 계엄령을 선포한 후 국회를 해산하고 국민 투표에 따라 개헌을 하겠다는 것이 요지였다. 대통령이 담화 하나로 개헌을 한 것이다.

형식적인 절차로 국민 투표에서 가결된 개정 헌법은, 지역에서 선출된 통일주체국민회의 대의원에 의해 선거를 하며, 박정희 혼자 단독 출마하여 당선될 수 있도록 한 것이다. 그리고 국회의원을 각 선거구마다 2명씩 선출하게 함으로써 1명은 여당 1명은 야당이 당선되도록 하고, 3분의 1은 대통령이 임명하도록 했다.

이는 선거로 서로 경쟁할 필요가 없으니, 그야말로 민주주의의 기본인 선거제도를 유명무실하게 해버리는 것이었다. 정말로 소름끼치는 끔찍한 조치였다. 쿠데타도 이만 저만한 쿠데타가 아니다.

박정희 대통령이 이처럼 끔찍한 결정을 한 것은, 자기 나름대로 중화학공업을 육성해 민족을 중흥시키겠다는 뚜렷한 사명감이 없고서는 할 수 없는 일이었다. 그러나 유신헌법을 선포하더라도, 여야가 정권을 다투고 의석수를 다툴 수 있는 선거제도만은 존치해 두었더라면 하는 부질없는 바람을 해보게 된다. 하여간 유신헌법 선포로 박정희 대통령은 국내외에서 많은 지탄을 받았다.

1971년 대통령 선거 때 야당 후보였던 김대중은 미국에서 유신헌법 선포 소식을 듣자 귀국을 포기하고 거기서 조국 민주화 회복 운동을 했다. 그는 망명정부라고 의심받을 정도로 정치단체를 만들어 자신과 박 대통령과 북한의 김일성과의 3자 회담을 제의하기도 했다. 급기야 중앙정보부에서 김대중을 국내로 납치했고, 이것이 국내외 큰 소동을 일으키면서 우리 정부의 위신을 떨어뜨리기도 했다.

국내에서 유신헌법 개정 운동이 점차 확산되자 대통령은 법률 아닌 긴급 조치로 유신헌법을 반대하는 자는 사형과 무기징역을 처할 수 있도록 했다. 박정희의 이런 강압 정치를 북한의 강압 정치와 비교할 수는 없지만, 공산 진영을 제외한 자유 진영에서는 보기 어려운 가장 강한 강권 정치를 했던 것이다.

유신헌법이 아니더라도 박정희는 1975년까지 대통령을 할 수 있었고, 1979년에 서거하였으니 불과 4년을 더 하기 위해 국내외에서 그렇게 지탄받을 조치를 한 셈이다. 그러나 그 4년이 중화학공업 육성에 중요한 기간이었음은 분명하다.

### 새마을 운동과 산아 제한

박정희 대통령의 치적 중에서 빼놓을 수 없는 것이 새마을운동이다. 새마을운동은 정신계몽운동인 동시에 환경개선운동이기도 했다. 새마을운동은 전국적으로 열기가 번졌고, 도시보다 농촌이 더 많은 영향을 받아 발전하게 되었다. 길이 넓혀지고 포장이 되었으며 지붕이 개량되어 환경이 개선되었다. 국민들이 명랑해지고 긍정적인 사고를 하게 한 새마을운동은 우리 사회를 전반적으로 밝고 활기차게 한 것으로 그 업적을 높이 평가할 만하다.

이와 반대로 박정희 정권 때 장려했던 산아제한은 비판받을 일이다. 물론 식량난과 실업 문제 등을 해결하려다 보니 늘어나는 인구가 큰 문제였다. 급한 김에 인구를 줄여야 되겠다 생각하고 산아 제한을 장려한 것이다.

그러나 세월이 흐르고 보니 무척 잘못된 정책이었다. 박정희 대통령의 이 정책만큼은 깊은 배려가 없었던 것 같다. 정부의 시책이 100% 달성되기가 어려운 일인데, 잘못된 정책인 산아 제한은 100% 이상 달성한 것이다. '아들 딸 가리지 말고 둘만 낳아서 잘 기르자'라는 구호였는데, 지금은 한 부부가 둘도 낳지 않는다. 인구가 점차 줄어들어 노동력 부족 현상이 극심해지니 국가의 장래가 걱정이다.

여기서 한 가지 더 붙여 말하고 싶은 것은 전통적으로 답습해오던 관혼상제를 간소화하기 위해 가정의례에 관한 법률을 제정한 것이다. 산업화가 되고 경제가 발전하면 자연히 편리한 것을 택하고 개인화 되어 폐습은 자연히 사라지게 되어 있는데, 이를 법을 만들어 장려하니 실행이 더 촉진되었다.

모든 의식은 그 속에 깊은 정신이 담겨 있다. 그런데 법률로 그 의식을 간소화하니 의식 속에 담겨 있는 우리 민족 특유의 전통 정신, 즉 가계 계승과 가족 공동체 의식이 사라지게 되었다. 그러다보니 너무 빨리 이기주의, 편의주의에 빠지게 되어버렸다. 물질적으로는 풍족해졌지만, 정신적으로는 너무 각박하게 살게 된 것이다.

## 중화학 공업의 육성

최근 10년간 우리 경제는 어려움을 겪었다. 외환위기로 IMF 관리체제를 수용한 적도 있고, 세계 금융 공황으로 위기에 봉착한 적도 있다. 그러나 우리는 그런 위기를 극복하고 다른 나라처럼 마이너스 성장을 하지 않고 플러스 성장을 해왔다. 이 모든 것은 박정희 시대 때 육성한 중화학공업 덕분이다.

박정희 대통령이 중화학공업을 육성한 것은 40년 전 일이다. 그 때 육성한 중화학공업이 40년이 지난 지금 빛을 발하고 있는 것이다. 박정희는 중화학공업을 육성하기 위해 유신을 선포했다.

40년 전 박정희 정권 때 만들어진 중화학 공장이 40년이 지난 지금도 그 규모나 시설 면에서 국제수준에 뒤떨어지지 않고, 거기서 만든 제품이 국제 경쟁에서 이겨내는 것을 보면 신기하다. 우리나라는 1960

년대 초반에 무척 가난한 나라여서 기아선상에서 허덕였다. 자본 축적이라고 전혀 없었는데 무슨 돈으로 그 큰 공장을 건설할 수 있었을까 곰곰이 생각해 보게 된다.

박정희 대통령은 정권을 잡자마자 우리나라가 농업국에서 공업국이 되기 위해서는 연료와 에너지 그리고 철강이 있어야 되겠다고 생각했다. 그리고 1962년에 석유공사를 설립했지만, 석유 공급은 할 수 없었다. 그래서 1960년 말, 미국의 대형 석유회사와 합자회사를 설립하기로 한 것이다. 미국의 여러 석유회사는 한국의 경제 성장을 검토했고, 그 결과 앞으로 석유 소비가 늘어날 것이니 사업성이 있다고 판단해 적극 호응을 하게 되었다.

기존의 대한석유공사는 걸프사와 합자해 울산에 있는 공장을 확장하고, 럭키는 칼텍스와 합자해 호남정유를 설립했으며, 경인에너지는 유니온 오일과 합자해 인천에 정유공장을 지었다. 이 모든 정유공장은 우리나라 산업이 발전하게 되자 석유 소비량이 늘어 단시일 내에 투자 자본을 회수할 수 있게 되었다. 그리고 이제 외국회사들은 거의 철수했고 국내기업이 단독으로 운영할 정도가 된 것이다. 이리하여 우리 석유화학공업은 날로 성장 발전하게 되었다.

제철 분야는 문제가 더 심각했다. 제철공장은 설립 비용이 엄청나게 소요될 것으로 예상되었고, 우리나라에는 철광석이 나는 광산도 없었다. 그래서 외국의 모든 전문가들이 우리나라에서는 제철공장 설립이 불가능하다고 판단했다. 그런데 박정희 대통령은 미련을 버리지 못해 그 방면 전문가인 박태준에게 이를 검토해 보라고 지시했다.

박태준은 일본에 있는 지인들과 상의한 후, 제철 공장을 설립하고 싶은 의욕이 생겼다. 그러나 의욕은 있어도 공장을 지을 돈이 없었다. 외국 차관을 얻는 길 밖에 없는데, 외국의 어떤 자금도 우리나라에서 제철공장을 짓는다는 것은 사업성이 없다고 봤으므로 투자를 거절했다.

박태준은 고심 끝에, 한일 수교 때 일본에서 받아온 대일 청구권 자금이 생각났다. 이는 그야말로 청구권 자금으로서 임자가 따로 있는 돈이다. 그럼에도 불구하고 대통령에게 그 자금을 유용할 것을 제안하니, 박대통령은 쾌히 승낙했다.

자금이 마련되자마자 1968년 포항에 제철공장을 짓기 시작했다. 포항제철 사장 박태준은 자신이 직접 작업복을 입고 작업에 임하면서 작업이 제대로 진행되지 않으면 임원을 질책하며 작업을 독려했다고 한다. 그리하여 1970년 제철공장이 준공되었다. 용광로에 들어가는 철광석은 뉴질랜드에서 수입했다. 그리고 우리나라의 조선과 자동차 산업 덕분에 철강의 판로는 전혀 걱정할 필요가 없었다.

수요가 늘어나자 시설을 더 확장하게 되었으며, 1983년에는 광양에 제2공장까지 신설했다. 포항, 광양 두 제철공장의 규모와 조강 생산 능력은 룩셈부르크의 아르셀로미탈, 중국의 허베이 강철그룹과 바오강그룹에 이어 세계 4위이며, 광양 제철소의 연간 조강 생산 능력은 단일 공장으로는 세계 1위이다. 포항제철 공장에서 만들어진 철강은 품질이 우수해 신일본제철의 철강을 누르고 아시아는 물론 전 세계로 수출을 하고 있다.

다음은 기계공업에 관해 살펴보자.

1970년도에 들어서자 미국의 새 대통령이 된 닉슨은 월남에서 전쟁을 종식하고 군을 철수하겠다면서 '닉슨독트린'을 선언해 주한 미군 감축이 예상되었다. 그리고 북한은 월남에서 공산주의가 승리한 것에 고무되어 수시로 군사 도발를 해 우리 안보를 위태롭게 했다.

박정희 대통령은 자주 국방을 외치고 우리 군에서 사용할 무기를 우리가 만드는 방위산업을 육성하기로 했다. 이를 위해 한시적인 목적세인 방위세를 신설해 방위산업 공장을 지원하여 총, 대포, 탱크, 군함 등을 만들도록 했다. 이러한 무기 제조는 기계 공업이 발달해야 가능하므로 이를 위해 창원에 기계공업단지를 조성했다.

공장을 짓고 제품을 생산하는데 국가가 지원해주고 또 그 제품을 군에서 모두 납품받아주니 기계공업이 발달하지 않을 수가 없었다. 그리하여 우리나라에서 만든 무기는 1970년도 중반을 넘어서면서부터 그 성능이 북한을 능가하게 되었고, 재래식 무기는 북한이 비교할 수 없을 만큼 좋아졌다.

석유 화학, 제철, 기계공업은 앞서 설명한 바와 같이 육성되었는데 조선, 자동차, 전자공업은 어떻게 육성하게 되었을까?

필자는 당시 박정희 대통령의 정경유착을 지탄했다. 중소기업은 은행 대출을 받기가 너무나 어려운데 재벌들은 수십, 수백억을 담보 없이 신용 대출을 받고 재벌들은 돈을 벌면 소액 주주들에게 이익 배당을 하고 근로자 임금을 인상해주어야 할 것인데 이는 하지 않고 문어발식으로 계열기업을 늘려 손대지 않는 사업이 없으니, 중소기업은 발붙일 곳이 없었다.

재벌들은 여러 계열기업을 만들어서 로봇 월급쟁이 사장을 앉혀놓고 법적 책임이 발생하면 그가 다 지도록 해놓고 자신은 어떤 책임도 지지 않고 모든 기업을 좌지우지 했다. 재벌들의 그러한 짓을 정부가 눈감아

주고 그 대가로 많은 정치자금을 뜯어내는 소위 정경유착으로 보았다. 그러나 세월이 흐르고 보니 오해였다.

박 대통령은 우리 공업이 경공업에서 중화학공업으로 넘어가야 한다고 생각했다. 5.16 혁명 당시 우리나라 수출 총액은 3천 200만 달러 밖에 안 되었는데 집권 10년이 되는 1971년에는 10억 달러를 넘어 보리밥 정도는 굶지 않고 먹을 수 있게 되었다.

그 때 박정희 대통령은 한 번 더 발전하여 북한이 우리를 못 따라 올 정도로 하려면 연간 수출이 100억 달러는 되어야 한다고 생각했다. 당시 북한 수출 총액은 5억 달러 정도였다. 수출을 100억 달러 하려면 여태껏 하던 식대로 섬유제품 및 보세 가공무역을 통해 수출하는 것으로는 불가능하며 중화학공업을 육성해야 한다고 생각했다. 이것이 바로 조선, 자동차, 전자 공업이다. 이런 공장을 만들려면 장기간 엄청난 돈을 투자해야 했다. 그 때까지 축적된 자본이 없으니 재벌을 육성하지 않을 수 없었던 것이다.

재벌들은 섬유, 설탕, 치약, 비누 등을 만들어 팔아 번 돈으로 전자공장에 투자했고, 아파트를 짓고 팔아 번 돈과 건설로 월남이나 중동에서 번 돈을 조선이나 자동차공장에 투자했다. 박정희 대통령이 재벌을 육성한 것은 바로 이를 노린 혜안이었는데 많은 사람들이 정경유착이니 재벌 특혜라고 비난했다.

1974년 여름, 현대 조선에서 10만 톤 유조선을 건조하여 그 진수식을 거행한 것을 언론에서 크게 보도하며 우리가 이제 중화학공업으로 발돋움했다고 했다.

박정희 대통령은 어떤 사업을 육성하고 싶으면 특정 재벌에 그 사업을 맡기고 독점적으로 전폭적인 지원을 해준다. 그리고 어느 정도 자리를 잡으면 경쟁업체를 만들어 지원해주며 서로 경쟁하게 했다. 현대조선 이후 삼성중공업, 대우조선 등이 생기고 현대자동차 이후 대우자동차, 기아자동차 등이 생긴 것이 다 그와 같은 것이었다.

100억 달러 수출 목표 연도는 1980년인데 우리는 3년 앞당겨 1977년에 달성했다. 한 때 세계 반도체업계를 한국이 장악한 적도 있었고 조선 한국이라고도 하지 않았는가. 현대자동차가 판매하는 자동차 수량이 세계 5위이고, 일본의 소니전자가 차지하고 있던 자리를 삼성전자 제품이 차지하고 있는 것이 신기하기만 하다.

오토바이 엔진 하나 제대로 만들지 못한 우리나라가 이렇게 막강한 공업국이 된 것이 꿈만 같다. 이를 계획 수립하여 실행한 박정희 대통령도 우리나라 산업이 이 정도로 발전할 것이라고는 예상치 못했을 것이다. 박정희는 경제인도 공업 기술자도 아닌데 어떻게 중화학 공업을 육성할 계획을 했는지 지금도 의아스럽다.

어떤 사람은 박정희 대통령의 업적을 과소평가하느라 그 시대에 누가 대통령을 했어도 경제는 발전하게 되어 있었다고 말한다. 물론 시대가 발전하면 그에 맞추어 경제가 발전하는 것은 당연하다. 그러나 이렇게 단기간에 중화학 공업으로 발전시키는 것은 박정희 대통령이 아니고서는 누가 할 수 있었겠는가. 기껏 해보아야 대만이나 싱가포르처럼 농업 및 경공업을 발전시킬 정도가 아니었겠는가.

## 중동 진출

1973년 10월 6일, 제4차 중동전쟁이 일어났다. 중동 산유국들은 석유를 무기화했다. 처음에는 원유 값을 올리더니, 원유를 감산하고, 나중에는 중동전에서 아랍 우호국과 비우호국으로 구분해 우호국에 대해서만 1973년 9월 이전 수준으로 원유를 공급하겠다고 발표했다.

그러나 우리나라는 비우호국으로 분류되어 감량 조치를 당했다. 이에 따라 우리나라에 원유를 공급하던 걸프, 칼텍스, 유니온오일 등이 합쳐 22% 원유 공급을 줄이겠다고 통고했다. 원유 공급이 22% 줄면 우리 경제는 마비가 된다. 그리고 예상대로 '에너지 파동'이 왔다.

정부는 미국 석유 3사와 급히 교섭해 우선 피해를 줄이긴 했지만 앞으로 어떻게 해야 할지 큰 문제였다. 그동안 우리가 추진하던 중화학공업육성, 건설, 방위산업 100억 달러 수출 목표 등 목숨을 걸고 추진하던 것이 머지않아 파탄이 날 지경이었다. 대통령은 고심에 고심을 거듭하였다. 마침 일본이 중동에 진출한다는 정보를 접하게 되자 여기에서 힌트를 얻었다. 중동 산유국들이 석유로 말미암아 돈을 많이 벌었으므로 그 돈으로 토목사업을 벌일 것이라고 예상한 것이다.

건설 사업에서 일본을 비롯한 여하한 나라보다 우리가 유리한 것은 첫째, 중동은 열사의 땅으로 덥고 거기에다가 회교국이라 문화가 맞지 않아 어떤 나라 노동자도 그 고생을 이겨 낼 수 없을 것이지만, 우리나라 노동자들은 가난에 찌들고 군대 복무 중 극한의 상황에서 고통을 겪어냈으므로 다른 나라 노동자들이 할 수 없는 일도 거뜬히 할 수 있다고 생각했다. 그리고 둘째는 우리 노동자들은 교육 수준이 높고 천부적인 손재주가 있어서 훨씬 유리하다는 것이고, 셋째는 우리 건설업자는 경부 고속도로 건설 및 월남 전후 복구사업에서 보인 것처럼 공기를 단축하여 건설공사를 하는 노하우가 있어 공사를 맡긴 측이 흡족할 수 있게 할 수 있다는 점이었다.

박대통령의 이런 예측은 적중했다. 그래서 중동 외교에 치중해 우리 건설회사들이 도로공사를 수주 받을 수 있도록 주선했고 우리 건설회사들은 수주 받은 도로공사를 훌륭히 하여 그 평가를 높이 받자 이제 산유국들은 쉽게 건설공사를 맡기고 급기야 공장을 건설해서 넘기는 플랜트 수출까지 맡겼다.

중동에 진출한 우리나라 건설회사들이 모든 공사에서 훌륭한 실적을 올리자 중동 전역에서 한국 붐이 일어났다. 건설 자재를 실은 우리나라 건설회사 마크를 부착한 대형 트럭이 중동 전역을 누빈 것을 회상하면 지금도 가슴이 벅차다. 한때 우리나라는 중동 진출로 기능공이 부족해지자 특별히 국가정책을 수립해 기능공을 양성하기도 했다. 그 무렵 우리나라는 기능 올림픽에서 해마다 우승을 했다.

이리하여 우리 경제는 월남 특수 이후 또 한 번의 목돈이 생겨 도약을 할 수 있었다. 공사비 일부를 원유로 받기도 해서 원유 부족으로 인한 고생을 더 이상 할 필요가 없게 되었다. 중동에 진출하여 붐을 일으킨 그때를 생각하면, 지금 북한에서 우수한 노동력이 썩고 있는 것이 참으로 안타깝다.


## 참담한 최후

우리나라 사람들처럼 사람에 대해 권태를 빨리 느끼는 국민도 없을 것이다. 위정자가 집권한지 얼마 지나지 않았는데도 악평을 하고 바뀌기를 바란다. 새 사람도 곧 헌 사람이 되는데 새로운 사람을 좋아한다. 어느 누가 새로 등장하면 인기가 급상승했다가 곧 추락하기도 한다. 이러한 민족성에 비추어 보면, 좋은 일을 많이 한 박정희 대통령이긴 하지만 18년간의 집권은 너무 길었다. 선거라도 했더라면 욕구 불만이 다소 해소되었을 텐데 막판에는 선거조차 없이 18년 동안 집권을 했으니 국민은 권태를 느낄 대로 느꼈다.

국민의 선택의 자유를 빼앗은 유신헌법은 처음부터 내외의 지탄을 받았다. 처음에는 국내에서 강압정치로 저항을 저지했지만, 미국에서도 망명 정치단체가 만들어져 국내로 들어오게 된 것이다. 그리고 국제 인권단체에서 우리나라 인권을 거론하고, 미국 언론은 박정희의 강권정치를 문제 삼고, 미 정부 당국자도 남의 나라 내정이라 정면으로 비난하지는 못하지만, 간접적으로 비판을 일삼았다.

그러다가 미국은 우리나라 재미교포 로비스트 박동선의 활동을 문제 삼았다. 박동선이 한국 정부의 자금으로 미 의회에서 주한 미군 철수 결의를 막는 로비 활동을 했다는 것이다. 시끄러워지자, 박동선은 한국으로 와버렸다. 그러자 미국 정부는 송환을 요구하다가 직접 특별 검사가 우리나라에 와서 조사를 하고 갔다.

이 모든 것이 우리 정부에 대한 압력이었다. 국내에서도 야당이 공개적으로 정권을 다툴 수 있으면 그러지 않았을 텐데 그것을 못하게 하니 반정부 지하조직이 생기기 시작했다. 유신헌법을 반대해 처벌받는 긴급조치 사범이 날로 늘어났다.

그 무렵, 정보 계통에 근무하다가 여당 국회의원이 된, 평소에 잘 아는 선배 한 분을 만나게 되었다. 그전에는 박정희 치적을 입이 마르도록 했던 분인데 그날은 심각한 표정으로 유신헌법 때문에 우리나라가 국제적으로 고립되고 있고, 국내에도 종교 계통에서 반정부 지하조직이 많이 형성되고 있다고 우려해 시국이 심상치 않다는 것을 느꼈다.

집권당 국회의원이 시국 사태를 심각하게 우려할 정도가 되었으면, 박정희 대통령은 전임 이승만 대통령과 달리 민심을 알아챘을 것이다. 그랬다면 유신체계가 한계에 이르렀다는 것을 깨닫고 결단을 내려야 했다. 그리고 유신 첫 임기를 남겨놓고 중화학공업 육성 등, 자신의 정책을 계속 추진할 수 있는 후계자를 물색하고 양성해 결자해지의 차원에서 유신헌법을 철폐하고 원래의 헌법으로 돌아가 국민들에게 자신이 지명하는 자를 대통령으로 선출해 달라고 했더라면 누가 마다했겠는가.

그렇게 했더라면, 그의 유신정권 7년도 높이 평가받고 박대통령 자신도 길이 추앙받는 대통령이 되었을 것이다. 그는 정령 민심같은 것은 무시해도 된다고 생각했던 것일까. 아쉬운 마음을 금할 수 없다.

박정희 대통령은 1979년 봄 유신 1기를 마감하고, 유신 2기의 대통령 선거와 국회의원 선거를 치르면서 집권을 계속했다. 그러는 사이 미국에서는 도덕 정치를 외치고 인권 외교를 부르짖는 지미 카터가 새 대통령이 되었다. 카터 대통령은 외교 상대국에 인권 개선을 요구하는 것은 내정 간섭이 아니며, 인류 보편의 정의를 실현하기 위한 것이라고 주장했다.

그런 미국 대통령이 방한해 박정희 대통령과 정상회담을 했다. 회담 후 공동 성명은 의례적으로 양국 관계의 우호를 증진하고 북한의 도발을 공동으로 억제하는 것으로 되어 있지만, 사실 양 정상은 의견 대립으로 심각하게 다투었다고 한다.

카터 대통령은 청와대에서 회담을 마친 후 서울 주재 자기 나라 대사관에 가서 여러 수행원과 기자가 있는 자리에서 "박정희, 그 사람은 독재자다. 상대할 수 없는 나쁜 사람이다."라고 험담을 했다고 한다. 카터의 이 말은 널리 퍼졌다. 카터는 박정희 대통령과 회담을 하며 우리나라의 정치적 자유가 탄압받고 있는 것을 거론하였을 터이고, 박정희 대통령은 남의 나라 내정을 간섭하지 말라고 쏘아붙였을 것이다.

박정희 대통령은 18년 전 군사 쿠데타를 일으키고 미국 대통령에게 이를 용인해줄 것을 애걸한 그때의 박정희가 이미 아니었다. 박정희와 카터, 두 정상의 회담 분위기는 널리 알려져 국내외 반정부 인사를 고무시켰고 반 유신운동은 더 확산되었다.

이 바람은 야당에게도 영향을 미쳤다. 유력한 야당 지도자의 한 사람인 김영삼과 지지의원들은, 대통령이 임명한 유정회 소속 백두진 의원은 국민이 선출한 국회의원이 아니므로 국회의장이 될 자격이 없다면서 내정된 국회의장 선출에 불참했다. 이는 유신헌법을 거부한다는 것을 보여주는 실력행위였다.

그리고 잇달아 개최된 야당 전당대회에서 선명 야당을 표방한 김영삼이 총재가 되었다. 야당 총재가 된 김영삼은 시간이 흐를수록 반 유신 발언을 더 자주 강력하게 했다. 급기야 반정부 선언을 하고, 투쟁하는 YH 무역상사 여공들에게 야당 당사를 농성장으로 제공했다. 여공 수십 명이 농성하는 것은 대단한 일이 아니므로 그냥 두면 저절로 해산할 것이다. 그런데 독재의 말기적 현상으로, 정부가 야당 당사에 경찰을 투입해 여공들을 끄집어내는 헌정 초유의 상황이 벌어진 것이다.

이를 막는 야당 중진 국회의원을 비롯한 당원들과 여공들은 경찰의 폭력을 피하기 위해 이층에서 뛰어내리다가 다쳤고, 여공 한 명은 강제 진압 과정에서 사망했다. 그 사건을 계기로 김영삼 총재는 당사가 침입당한 것에 항의하며 더욱더 독재정권 타도를 외쳤다.

그 무렵 김영삼 총재는 자기 반대파 지구당 위원장 세 명을 교체했는데, 교체 당한 위원장들이 법원에 총재 직무 집행 정지 가처분 신청을 한 것이다. 그러자 법원이 이를 받아들였는데, 이 또한 헌정 사상 처음 있는 일이었다. 법원의 가처분 결정에 의해 야당 총재가 직무집행이 정지된 예는 없었다.

김영삼 총재는 법원의 결정이 정부의 압력에 의한 것이므로 승복할 수 없다고 했다. 그는 직무 대행자에게 직무를 인계하지 않고 당 총재실을 지켰고, 당원들이 몰려와 김영삼 총재를 둘러싸서 보호했다. 김영삼 총재는 내외 기자회견을 하며 폭탄선언을 했다. "박정희 정권의 유신독재는 미국의 협조 없이는 있을 수 없는 일이다. 앞으로 미국이 박정희 유신독재를 계속 묵인하면, 우리 국민은 미국을 상대로 투쟁하겠다."고 했다.

이 말은 엄청난 것이다. 이 말을 분석하면, 미국이 박정희 정권을 붕괴시키고자 어떤 조치를 해도 우리는 지지하겠지만, 그렇지 않으면 반미 투쟁을 하겠다는 것이었다. 이는 미국에게 양자택일을 구하는 것으로 박정희 정부에게 치명적인 직격탄을 가한 것이다.

이때에도 박정희 정권은 차분히 대처하지 못하고 말기적인 현상을 보였다. 김영삼 총재의 발언은 사대주의적 망동이라고 지탄하는 선에서 그쳤으면 좋았을 것인데, 국회에서 여야 의원의 심한 몸싸움 끝에 김영삼 총재의 의원직을 제명한 것이다.

이 역시 헌정 사상 초유의 일이다. 이와 같이 헌정 초유의 사건을 정부 여당이 단기간에 잇달아 일으키자 국민들은 흥분하지 않을 수 없었다. 며칠 뒤 10월 16일, 김영삼 총재의 출신지인 부산에서 시위가 일어났다. 부산대학교 교정에서 학생들이 모여 김영삼 총재의 제명을 비판하다가 급기야 5백 명이 모여 성명을 발표하고 구호를 외치며 교문 밖으로 나오자 많은 학생들이 합류해 5천 명이 집결했다. 유신 선포 7년 만에 처음으로 있는 반 유신 거리 시위였다.

5천 명이나 되는 시위 학생들은 저지하는 경찰을 향해 투석으로 대항하다가 삼삼오오 짝을 지어 시내 한복판인 광복동, 남포동에 집결했다. 마침 시내 인근에 있던 동아대학교 학생들도 수천 명이 구호를 외치며 합류했다. 시위 학생들은 구호를 외치고 시위를 하다가 제지하는 경찰에게 투석을 하고 공화당 당사를 부수기 시작했다. 시민도 합세해 피신하는 학생들을 숨겨주었다. 시위는 하루에 그치지 않았다. 다음날, 또 그 다음날에도 계속되었다.

마침내 박정희 대통령은 부산지역에 계엄령을 선포하고 담화를 발표하면서 헌정 질서를 문란케 하는 지각없는 자들은 엄단할 것을 경고했다. 그러나 시위는 중단되지 않았고 마산으로 확산되어 마산 법원 유리창을 모두 파손시켰다.

정부는 10월 20일 계엄 지역을 확대해 마산, 경남 일원에도 계엄을 선포했다. 필자의 친지 중에 민주화 운동을 하는 사람이 있어서 걱정이 되어 전화를 걸었다. 유신반대 데모가 일어나 곧 검거 선풍이 불 것이니 피신하라고 권한 것이다. 그랬더니 그분은 '비로소 국민이 궐기하기 시작했다. 피를 흘릴 각오로 투쟁하겠다.'고 하면서 다음은 대구에서 전국 애국시민들이 궐기할 것이니, 거기 가겠다고 했다.

대구에서의 시위가 계획되어 있었는지 아니면, 자신의 바람일 뿐이었는지는 알 수 없지만 모든 사람들이 부마 사건과 같이 대구, 광주에서도 그와 같이 시위가 일어나 주기를 바랐던 것은 사실이다.

그러다가 며칠 잠잠했는데 27일 아침에 일어나 뉴스를 들으니 박정희 대통령이 중앙정보부가 관리하는 청와대 부근에 있는 궁정동 안가에서 권력 핵심부와 함께 술을 먹다가 술자리에 있는 중앙정보부장 김재규가 쏜 총에 저격당해 사망했다는 것이다.

출근을 하니 모든 동료들이 모여 박정희 대통령 피살 사실에 대해 화제의 꽃을 피웠다. 국가 원수가 흉탄에 맞아 쓰러졌다는 것에 대한 애통함은 없고, 그저 흥미 삼아 이야기를 할 뿐이었다. 특히 그 술자리에 참석한 여인들이 누구였는지에 대해 이야기를 많이 했다.

하루가 지난 후 수사를 총괄 지휘한 보안사령관 전두환이 수사 결과를 발표했다. 김재규가 저격한 동기는 아래와 같았다.

비서실장 김계원이 경호실장 차지철이 자기에게 불손하게 군다고 하면서 분개하는 말을 듣고, 중앙정보부장인 김재규가 "그 버르장머리 없는 놈은 내가 오늘 쏴 죽여 버리겠다"고 했다. 그러자 비서실장이 "각하도" 하니 김재규가 고개를 끄덕여 동의를 표시했다.

술좌석에서 부마사태에 관해서 이야기가 나오자 차 경호실장이 그까짓 부산 시민 250만 명쯤 밀어버려도 괜찮지 않겠느냐고 하면서 강경 조치를 시사하자, 김재규가 권총을 꺼내들고 "각하, 이 버러지 같은 놈하고 정치를 하십니까?"하며 총을 쏘고 연달아 박 대통령에게도 총을 쏘았다고 한다. 차 경호실장이 총을 맞고 기어서 도망가자, 김재규는 따라가 총을 또 쏘았다.

박정희 대통령이 처음 총을 맞고 몸을 숙이고 있는데, 옆에 있던 여인이 '각하, 어떠시냐?'고 하자, '괜찮다'고 하면서 쓰러졌다. 그리고 현장 부근에 대기하고 있던 중앙정보부원이 와서 대통령을 확인 사살했다는 것이 발표된 수사 결과의 줄거리였다.

발표된 수사 결과는 석연치 않았다. 당시 언론은 조선왕조 비화 같다고 했으나, 필자는 그보다 이천년 전 중국 춘추전국시대의 궁중 비화같이 유치하다고 여겼다.

대통령으로부터 신임을 받고 최고 권력기관인 중앙정보부장을 맡고 있는 사람이 사소한 감정으로 총질을 하여 대통령까지 저격했다는 것, 대통령의 가장 가까운 심복인 비서실장이 대통령을 저격하겠다는 말을 듣고도 적극적으로 만류하지 않은 것, 경호를 책임지고 있는 자가 급작스럽게 공격을 받았는데도 아무런 대항도 못했다는 것, 모두 다 납득이 되지 않았다.

그리고 김재규가 그와 같은 끔찍한 일을 저지르면서 거사 후 어떻게 할 것인지 아무 대책도 강구해 놓지 않았다는 것도 수긍하기 어려웠다. 발표된 내용 자체가 전혀 거짓말은 아니지만, 중요한 사실 하나를 빠뜨리고 발표한 것이 아닌가 싶다.

차지철이 "부산 시민 250만을 탱크로 밀어버리면 어때."라고 한 말이 무슨 말끝에 나온 것인지 궁금하다. 발표 내용은 막연히 부마 사태에 관한 이야기를 하다가 그 말이 나왔다고 하는데 구체적인 언급이 없다. 김재규나 김계원이 유신 철폐를 건의 하다가 대통령이 격노했다던지, 아니면 대통령이 김영삼을 검거할 것을 지시하는데 김재규가 난색을 표하자 차지철이 그와 같은 말을 내뱉은 것이 아닌가 하는 생각도 해 볼 수 있다.

어쨌든 18년 동안 그렇게 많은 업적을 남긴 대통령은 참담하게 최후를 마쳤다. 저격당한 그 날도 태안반도 가로림만에 있는 제2 부산항 예정지의 배후도시로 지목된 삽교천 다리 기공식에 다녀온 후 있었던 회식자리였다. 며칠 후 광화문 앞에서 장례식을 거행하고 영구를 실은 장례차가 국립묘지에 가는데 연도에 있던 시민들은 쳐다만 볼 뿐 이승만 대통령 때와는 달리 애도하는 빛이 보이지 않았다.

장례가 끝난 후 최규하 대통령 권한대행은 담화를 발표하면서 개헌을 하여 유신헌법을 철폐하는 것을 추진하겠다고 했다. 삼삼오오 담화를 듣고 있던 사람들은 일제히 환호했다. 박정희 장기집권에 국민들이 권태를 느낄 대로 느끼고 있었기 때문이다.

이리하여 민족중흥의 위대한 업적을 남긴 제2의 국부 역시 공개적으로 추모할 수 없는 처지가 되었다. 그리고 이승만 대통령과는 달리 강권정치를 하였으므로 독재자의 범주에 넣을 수밖에 없게 된 것이다. 특기할 것은 흔히 독재자들이 자신의 동상을 세우는 등 개인숭배를 하게 하는데 박정희 정권에서는 그런 개인숭배 같은 것이 티끌만큼도 없었다는 점이다.

그런데 박정희 대통령이 서거한 후 33년이 지난 2012년 12월 실시된 18대 대통령 선거에서 박정희 대통령의 딸 박근혜가 여당 대통령 후보로 출마했다. 박근혜가 대통령 후보가 된 것은 전적으로 아버지의 후광 덕분이다. 한편 야당에서는 연일 신랄하게 유신독재자의 딸이라고 공격을 퍼부었다. 선거 예상 전문가들은 투표율이 65% 이하이면 종전의 예와 같이 여당 후보인 박근혜가 당선될 것이고, 70% 이상이면 야당 후보가 당선되며 그사이에는 박빙이라 예상할 수 없다고 했다.

그렇게 예상한 까닭은, 야당 성향이 많은 이삼십 대 젊은 층은 전통적으로 기권율이 높으므로 이들이 기권하지 않고 투표에 참여하면 투표율이 올라가고, 야당에게 절대적으로 유리하다는 것이었다.

그런데 투표 당일 새벽부터 투표장에 줄을 서기 시작했다. 이런 식으로 투표가 진행되면 투표율이 70%를 훨씬 넘어설 것이 예상되었다. 야당 당사는 환호성을 올리고 여당 당사는 울상이었다. 그런데 오후가 되니 그 표정이 바뀌기 시작했다. 오후가 되어 투표율이 떨어져서가 아니라 투표에 참가하는 연령층이 이삼십 대가 아닌 50대 이후가 훨씬 많았다는 것이 밝혀졌기 때문이다.

예전의 선거에서도 젊은 층보다 노년층의 투표율이 높았지만, 이때는 더 높아 세대별 투표율의 격차가 크게 벌어졌다. 최종 투표율은 20년 이래 처음으로 75%를 넘었고 박근혜 후보가 차점자보다 120만 표나 앞서 당선되었다.

투표율에 따라 당선자를 예상하는 것은 황당한 것이었다. 겉으로는 박정희를 비판하더라도 그 시대를 살아온 세대들은 기아의 공포에서 해방시켜주고 만족중흥의 터전을 닦아준 박정희를 잊을 수 없어서 투표 당일 새벽부터 줄을 섰던 것이다. 박정희 대통령 장례식 때 담담했던 것과는 전연 대조적이었다.


## 맺는 말

이승만, 박정희 두 분은 국가 민족에 크나큰 업적을 남긴 대통령이다. 그리고 민심을 잃었는데도 억지로 4년 임기를 연장하고 또 한 번 더 연장하다가 국민의 저항에 부딪혀 대통령직을 그만두게 되었다. 국민을 억눌러 집권을 연장하는 것도 4년이 한계인 것 같다.

그래서 두 사람에 대한 역사의 평가는 극과 극이다. 업적을 중시하면 두 분은 아주 높이 평가되고 무리하게 정권을 연장한 점을 중시하면 아주 나쁘게 평가된다. 또 이 점은 대한민국의 역사를 긍정적으로 보느냐 부정적으로 보느냐는 것과 연결되기도 한다.

그런데 두 분의 시대가 끝날 때에는 그 평가가 아주 나빴다가, 시간이 흐르면서 평가가 점점 좋아지는 경향이 있다. 특히 소련을 비롯한 동구 공산권이 붕괴되고 북한의 실상이 만천하에 공개되고 나자 두 대통령에 대한 긍정적 평가는 더욱 높아졌다. 두 사람 정권 때 반독재 반유신 투쟁운동을 하던 사람들 중에서도 태도를 바꾼 사람이 많다.

또 깊이 생각해보면 두 사람의 업적은 역사의 흐름에 큰 영향을 미쳐 오늘날 우리 운명에 결정적인 영향을 미쳤지만 두 사람이 억지로 4년의 임기를 연장한 잘못은 긴 역사의 흐름에서 일과성 사건에 불과한 것 같다. 그래서 역사가 흐를수록 두 사람의 평가는 높아지는 것인지도 모른다. 그리고 역사는 시간이 지날수록 그 평가에 따른 이해관계인이 줄어들기 때문에 그 평가는 더 공정해질 것이다.

필자는 얼마 전 관광여행으로 터키를 갔다. 터키 사람들이 우리에게 40년 전에는 한국이 우리에게 원조를 요구할 정도로 못살았는데 어떻게 지금은 우리보다 훨씬 잘사는 나라가 되었느냐고 물었다.

필자는 그때 당신네 나라에 와서 관광을 해보니 가는 곳마다 당신네들의 국부 무스타파케말 아타튀르크의 동상이 서있고 그 이름을 딴 공원이나 거리를 볼 수 있는데 당신네 나라는 그런 아타튀르크 같은 인물이 한 분밖에 없었지만 우리는 그런 분이 두 분이나 있어서 당신네들보다 잘산다고 했다.

해외에 나가 우리나라를 소개하는 책자를 보면, 우리나라가 아시아에서 일본 다음으로 잘사는 나라인데, 이는 탁월한 반공 영도자 이승만 대통령이 나라를 세워 공산주의 침략을 물리쳤고, 그 기반 위에 박정희 대통령이 훌륭한 경제정책을 추진해 국가를 부강하게 만들었기 때문이라고 쓰여 있다.

그런데 우리나라에서는 어떤가. 마음속으로 두 전직 대통령을 추모하지만, 공개적으로는 지지하는 것을 삼가고 있다. 이는 크나큰 업적이 있는 것은 분명하지만, 두 대통령의 마지막이 좋지 못했기 때문이 아니겠는가.

어찌 생각해 보면, 국민이 싫어하는데 억지로 헌법을 고쳐 임기 4년을 연장하는 것이 그렇게도 역사에 죽을죄를 지은 것인가 하는 생각도 든다. 또 한편으로는 그들이 타의에 의해 그만 둔지 얼마 되지 않았으므로 그 피해자 중 생존자가 있는데도 두 분을 공개적으로 추모하는 것은 이른 감이 있지 않나 생각되기도 한다.

어쨌든 앞으로는 함량이 부족한 정치꾼 나부랭이들이 정당을 바꾸면서 제2차 세계대전의 영웅인 영국의 처칠이 정당을 바꾼 것을 예로 들며 자신들을 합리화 하는 것처럼, 능력이 안 되는 위정자가 부당하게 정권을 연장하면서 이승만, 박정희 두 대통령의 이름을 팔게 해서는 아니 될 것이다.

무엇보다 두 분 대통령에 대한 예우가 계속 이런 상태여서는 안 된다. 은혜를 모르고 위정자의 업적을 인정하지 않는 국민이 되어서는 국가가 발전할 수가 없다. 그래서 제안하노니 그 분들의 동상을 몇 군데 세우고, 그들의 이름을 명명한 공원과 거리를 만들기 바란다. 다만 그 곳에 세워진 추모비의 추모사 말미에 '민심을 잃어 정권을 연장한 것만 잘못되었다'는 문구를 꼭 넣어야 할 것이다.

# 역사 속으로 산책

1판 1쇄 발행 2018년 7월 17일
개정증보판 1쇄 발행 2020년 7월 1일

**지은이** 정창환
**발행인** 김소양
**디자인** 권효선
**마케팅** 이희만

**발행처** 열린지평
**출판등록번호** 제 321-2010-000113호
**출판등록일자** 1998년 6월 3일

**주소** 경기도 광주시 도척면 도척로 1071
**마케팅팀** 02-566-3410 / **편집팀** 031-797-3206 / **팩스** 02-6499-1263 / 031-798-3206
**홈페이지** www.wrigle.com / **블로그** blog.naver.com/wrigle

ⓒ 정창환, 2020

값은 표지에 있습니다.
ISBN  978-89-6426-096-8    03900

이 도서의 국립중앙도서관 출판예정도서목록(CIP)은 서지정보유통지원시스템 홈페이지(http://seoji.nl.go.kr)와
국가자료종합목록 구축시스템(http://kolis-net.nl.go.kr)에서 이용하실 수 있습니다.
(CIP제어번호 : CIP2020026993)